拉萨堆龙德庆年鉴

ལྷ་ས་སྟོད་ལུང་བདེ་ཆེན་གྱི་ལོ་རིམ་མེ་ལོང་།

2023

（总第12卷）

拉萨市堆龙德庆区地方志办公室　编

方志出版社
Publishing House of Local Records

图书在版编目（CIP）数据

拉萨堆龙德庆年鉴. 2023 / 拉萨市堆龙德庆区地方志办公室编.—北京：方志出版社，2023.11

ISBN 978-7-5144-5938-8

Ⅰ. ①拉… Ⅱ. ①拉… Ⅲ. ①区（城市）–拉萨–2023–年鉴 Ⅳ. ①Z527.54

中国国家版本馆CIP数据核字（2023）第236370号

责任编辑：刘方圆
责任校对：张玉霞
责任印制：梅中英
出 版 者：方志出版社
地　　址：北京市朝阳区潘家园东里 9 号（国家方志馆4层）
邮　　编：100021
网　　址：http://www.zgfzcb.cn
发　　行：方志出版社图书营销中心（010–67110500）
印　　刷：河南金宝丽印刷科技有限公司
开　　本：889毫米×1194毫米　1/16
印　　张：19.25
字　　数：612千字
版　　次：2023年11月第1版
印　　次：2023年11月第1次印刷
定　　价：380.00元

数字拉萨堆龙德庆 2022

辖区面积：2413.39平方千米

年末户籍人口：53269人

年末常住人口：91065人

地区生产总值：63.58亿元

第一产业：2.77亿元

第二产业：28.43亿元

第三产业：32.38亿元

社会消费品零售总额：19.64亿元

规模以上工业增加值：4.59亿元

一般公共预算收入：4.34亿元

农牧民人均可支配收入：24534元

2022年4月22日，西藏自治区党委书记王君正（右二）在堆龙德庆区羊达街道专题调研基层社会治理工作

2022年1月28日，西藏自治区党委副书记、自治区常务副主席陈永奇（左三）到堆龙德庆区人民医院督导检查工作

2022年5月7日，西藏自治区党委常委、拉萨市委书记普布顿珠（左二）到堆龙德庆区龙创空间考察调研，堆龙德庆区委书记石运本（左一）等陪同

2022年5月20日，西藏自治区党委常委、组织部部长赖蛟（左三）一行在堆龙德庆区调研公务员考核工作

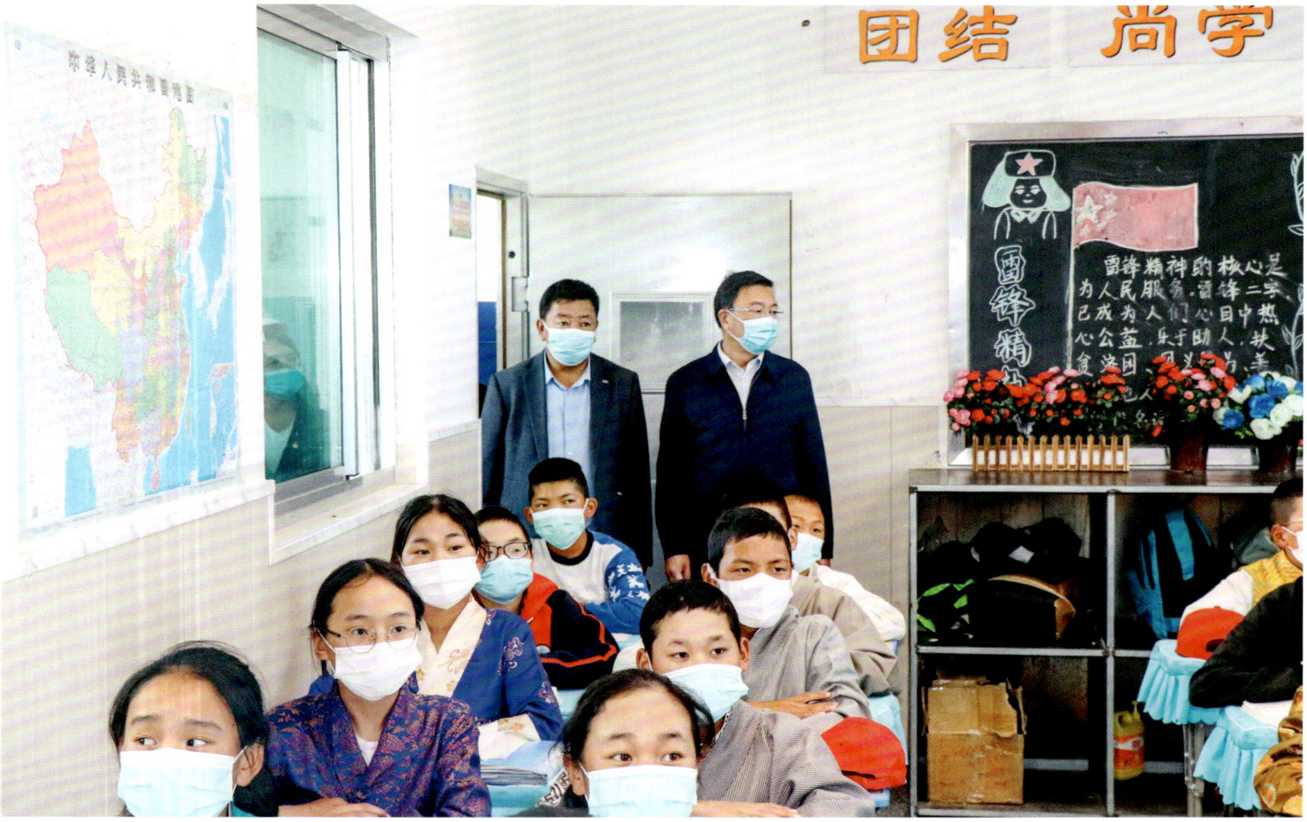

2022年5月24日，西藏自治区副主席孟晓光（后排左二）到堆龙德庆区中学调研教学工作

2022年5月25日，拉萨市委常委、组织部部长张定成（右一）到堆龙德庆区调研党建工作，堆龙德庆区委常委、组织部部长孙玲（右二）等陪同

2022年5月10日，拉萨市人大常委会党组副书记、副主任马军（右排右三）率调研组一行到堆龙德庆区就学习贯彻落实中央人大工作会议精神及人大在以往开展工作中的特色亮点、方法措施、经验教训和工作中存在的困难、问题和矛盾等方面进行调研座谈

2022年3月18日，拉萨市副市长、北京援藏指挥部副总指挥史育斌（右二）到东嘎街道小个专党支部开展“下基层大接访办实事”活动

2022年7月24日，堆龙德庆区委书记石运本（右二）到辖区市直学校调研教育工作

2022年1月6日，堆龙德庆区委理论学习中心组召开“学习近平新时代中国特色社会主义思想·建现代化堆龙”专题学习2022年第1次集中学习研讨（扩大）会议

2022年1月12日，德庆镇召开2021年度党组书记抓基层党建述职评议会

2022年1月30日，堆龙德庆区举办以“合家欢·团结颂·中华情”为主题的春节藏历新年联欢会

2022年2月10日，中国人民政治协商会议第三届拉萨市堆龙德庆区委员会第二次会议召开

2022年2月23日，中国共产党拉萨市堆龙德庆区第三届纪律检查委员会第二次全体会议召开

2022年2月24日，堆龙德庆区召开2022年生态环境保护工作暨迎接第二轮中央生态环境保护督察工作部署会议

2022年3月28日，团区委组织50名西部计划志愿者（优秀团员）及学生代表参观西藏百万农奴解放纪念馆

2022年3月28日，为纪念西藏百万农奴解放纪念日，古荣镇组织农牧民群众举办锅庄比赛

2022年4月8日，堆龙德庆区开展戏曲进校园暨藏戏广场舞推广活动

2022年6月13日，堆龙德庆区召开干部任前集体谈话会，区委书记石运本（主席台中）出席会议，县级领导以及160余名新任职干部参加会议

2022年6月30日，拉萨市公安局堆龙德庆区分局举行庆祝中国共产党成立101周年——“喜迎二十大 忠诚保平安”文艺会演活动

2022年6月30日，西藏自治区人大代表团一行在堆龙德庆区乃琼街道调研指导工作

2022年7月11日，堆龙德庆区玉妥文化旅游季开幕仪式在堆龙德庆区滨河体育公园举行

2022年7月11日，第二届林卡音乐节在堆龙德庆区滨河体育公园举行

2022年8月1日，堆龙德庆区羊达社区开展“八一”主题党日活动——传承红色记忆 争做时代先锋

2022年9月17日，马镇组织党员干部、农牧民群众有序开展秋收工作，切实做到防疫秋收“两不误”

2022年12月20日，中国共产党拉萨市堆龙德庆区第三届委员会第四次全体会议召开

《拉萨堆龙德庆年鉴》编纂委员会

主　　任：李晓强

副 主 任：刘静静

委　　员：林　芸　刘长景　陈俊宇　黄　敏
扎　多　任　威　田德全　王定平
梅　星　贺　进　雷　凤

《拉萨堆龙德庆年鉴》编辑部

主　　编：李晓强

副 主 编：刘静静

编　　辑：雷　凤　宁新民

编辑说明

一、《拉萨堆龙德庆年鉴》以马克思列宁主义、毛泽东思想、邓小平理论、“三个代表”重要思想、科学发展观、习近平新时代中国特色社会主义思想为指导，坚持辩证唯物主义和历史唯物主义的立场、观点和方法，始终坚持“实事求是、质量第一、存史资政、服务大众”的办鉴宗旨，旨在全面、系统、翔实地记述堆龙德庆区上一年度政治、经济、文化、社会等各项事业的基本情况，为社会各界人士了解和研究堆龙德庆区提供翔实资料。

二、《拉萨堆龙德庆年鉴（2023）》分为正文与彩页两部分。正文采取分类编辑法，以类目、分目、条目为主要框架结构，条目为主要记事单元。记述时间为2022年1月1日至2022年12月31日，根据需要，个别事项适当上溯或下延。

三、《拉萨堆龙德庆年鉴（2023）》载录堆龙德庆区2022年经济社会发展的基本资料，设有特载、大事记、区情概览、中共拉萨市堆龙德庆区委员会、堆龙德庆区人民代表大会、堆龙德庆区人民政府、中国人民政治协商会议堆龙德庆区委员会、纪检·监察、人民团体、军事、法治、经济管理、农业农村、城市建设·环保、社会事业、交通·通信、金融、乡镇、国有企业、附录、索引等内容。

四、《拉萨堆龙德庆年鉴（2023）》数字用法、标点符号用法分别采用国家标准《出版物上数字用法》（GB/T 15835—2011）、《标点符号用法》（GB/T 15834—2011），计量单位等用国家技术监督局1993年12月发布的《量和单位》系列国家标准，个别常用成习惯且不便换算的用市制，如农田单位用“亩”。

五、《拉萨堆龙德庆年鉴（2023）》入鉴资料、图片均由各撰稿单位提供，并经主要负责人审核。部分资料由编辑部收集，主要数据和统计资料由统计局提供，部分数据由各相关部门提供。由于统计口径等原因，相关部分的个别数据与统计资料不一致的，以统计资料为准。

目 录

特 载

大事记

区情概览

综 述

经济社会发展

中共拉萨市堆龙德庆区委员会

综 述

办公室工作

组织工作

宣传工作

统战工作

巡察工作

堆龙德庆区创先争优强基础惠民生活动第十一批驻村工作

党　校

直属机关工作

堆龙德庆区人民代表大会

综　述

办公室工作

堆龙德庆区人民政府

综　述

办公室工作

行政审批和便民服务

应急管理

消防救援

信访工作

藏语言及编译工作

地方志工作

中国人民政治协商会议堆龙德庆区委员会

综　述

办公室工作

纪检·监察

综　述

主要工作

人民团体

总工会

共青团

妇　联

工商联

军　事

人民武装

武警堆龙德庆中队

法 治

政法委与综治

公 安

检 察

法 院

司法行政

经济管理

发展和改革

财 政

审 计

统 计

自然资源

经济和信息化

税 务

市场监督管理

工业园区

农业农村

综 述

乡村振兴

水 利

城市建设·环保

住房和城乡建设

生态环境保护

城市管理和综合执法

社会事业

民 政

人力资源和社会保障

退役军人事务

卫生健康

堆龙德庆区疾控中心

堆龙德庆区人民医院

医疗保障

文化和旅游

教育

堆龙德庆区中学

交通·通信

交通运输

电 信

移 动

邮 政

金 融

农行堆龙德庆区支行

中国邮政储蓄银行堆龙德庆区支行

西藏堆龙民泰村镇银行股份有限公司

乡 镇

东嘎街道

乃琼街道

羊达街道

古荣镇

马 镇

德庆镇

国有企业

堆龙德庆区龙腾国有资产投资运营有限公司

象雄美朵生态旅游文化产业园区管委会

堆龙德庆区净土产业投资开发有限公司

附 录

特 载

在中共拉萨市堆龙德庆区第三届委员会第四次全会上的工作报告

（2022 年 12 月 20 日）

中共堆龙德庆区委书记 石运本

2022 年是党的二十大胜利召开之年、是贯彻落实“十四五”规划的关键之年，也是堆龙发展历史上极不平凡、各种挑战与机遇并存的特殊一年。面对复杂严峻形势和艰巨繁重任务，区委坚持以习近平新时代中国特色社会主义思想为指导，深入贯彻落实党中央和区市党委决策部署，以迎接服务、宣传贯彻党的二十大为工作主线，锚定“四件大事”“四个确保”，聚焦“四个创建、四个走在前列”，聚力“当好七个排头兵”，高效统筹疫情防控和经济社会发展，团结带领全区各族干部群众积极应对各种风险挑战，办成了一批难办的实事、做成了一批该做的好事，社会主义现代化新堆龙建设迈出坚实步伐，进一步增强了我们向前进、向上走、向高攀的底气。

这份底气来自凡事讲政治的忠心自觉。回顾感恩奋进的一年，我们在看齐中诠释忠诚，“两个确立”深入人心、“两个维护”坚定坚决，忠诚核心成为党员干部最鲜明的政治品格，成为政治生态最鲜明的政治底色。政治统领更加坚实。坚决把忠诚捍卫“两个确立”、忠实践行“两个维护”作为最高政治原则和根本政治规矩，全面推行贯彻落实习近平总书记重要讲话精神和重要指示批示“对标对表、校准偏差、跟踪问效、狠抓落实”闭环机制，始终做到“第一议题”学习、“第一遵循”贯彻、“第一要件”落实，今年以来，召开区委常委会会议 18 次、理论学习中心组会议 12 次，及时跟进学习、定期督导检查、全面检视成效，确保党的路线方针政策落地见效。坚持把迎接服务保障党的二十大胜利召开作为重要政治任务，配合做好自治区出席党的二十大代表推选工作。党的二十大胜利闭幕后，区委第一时间召开领导干部大会、常委会扩大会议、理论学习中心组学习会进行学习贯彻、全面部署，研究制定贯彻落实方案，分类分众开展广泛宣讲，常委同志带头深入基层示范宣讲，有力推动全区上下在情感上衷心爱戴核心、思想上高度认同核心、政治上绝对维护核心、组织上自觉服从核心、行动上紧紧跟随核心。管党治党更加严实。牢固树立“大抓基层、大抓基础”的鲜明导向，选派 148 名政治素养高、工作思路清、业务能力强、责任担当实的党员干部驻村社开展工作，创建基层党组织示范点13个，常态化排查整顿软弱涣散党组织，集体经济收入超过100万元的村社达到14个，基层战斗堡垒和党员先锋模范作用持续巩固加强。坚持以正确用人导向引领干事创业导向，全国公务员平时考核试点工作纵深推进，圆满完成第九、十批援藏干部轮换工作，累计提拔使用干部561人、人员数量创堆龙历史之最。严格落实“两个责任”，全面完成三届区委第二轮巡察，完成“强化警示教育、深化以案促改”工作，给予党纪政务处分15人、诫勉谈话9人，实现本级监督执纪“第四种形态”零的突破，全面从严治党螺丝越拧越紧。深化巩固贯彻落实中央八项规定及其实施细则精神成果，常态长效推动改进作风狠抓落实，风清气正的政治生态持续向好、整体向好、越来越好。民主法治更加扎实。坚持党的领导、人民当家作主、依法治国有机统一，充分调动一切积极因素，广泛凝聚智慧力量。支持和保证人大依法行使职权，围绕中心大局开展执法检查和专题调研。支持人民政协发挥专门协商机构作用，协商民主更加广泛活跃。爱国统一战线进一步巩固发展，支持做好民营经济领域统战工作，努力找到最大公约数、画好最美同心圆。法治堆龙建设步伐加快，办事依法、遇事找法、解决问题用法、化解矛盾靠法的法治氛围更加浓厚。工会、共青团、妇联等群团组织桥梁纽带作用进一步发挥，始终与党委、政府工作同向合拍、同频共振。

这份底气来自事事抓落实的恒心毅力。回顾慎终如始的一年，我们在前行中因势利导，社会安全稳定状况持续向好，宗教和顺、民族团结进步局面持续巩固，各族群众安全感显著增强，呈现出团结一致向前进、心齐劲足向未来的良好局面。社会大局持续稳定向好。坚持把维护稳定作为第一位的任务，把应对十四世达赖去世转世作为最大风险、最大考验、最大责任，抓牢斗争主动权，大力实施反制、筑墙、净土、攻心“四大工程”，始终保持对民族分裂势力和各种违法犯罪行为的高压态势，做到露头就打、绝不手软。持续深化社会治理创新和群众思想政治引领，圆满完成党的二十大安保攻坚战，精心开展基层治理大讨论，先后举办基层干部能力素质提升培训班4期，长治久安的群众基础和思想基础不断夯实。常态化开展公共安全隐患排查治理，依托常态化“四联四包”工作机制暨“大宣讲大调研大排查大落实”活动，毫不放松抓好社会矛盾排查化解，实现“减存量、控增量”“零搁置”目标。民族团结进步繁荣发展。坚持在有形、有感、有效上下功夫，以社会主义核心价值观凝聚共识，以正确舆论引领社会风尚，以优秀文化浸润各族群众，持续推动民族团结进步创建向更大范围、更广领域、更深层次拓展，打牢了民族团结进步思想根基。党史、新中国史、改革开放史、社会主义发展史、中华民族发展史和西藏地方与祖国关系史宣传教育深入推进，民族团结“九进”活动扎实开展，中华民族共有精神家园建设不断深入，国家通用语言文字在学前儿童、中小学生、寺庙僧尼和基层党组织中全面推广普及，涌现出一批民族团结先进典型，各民族像石榴籽一样紧紧抱在一起。宗教事务管理依法推进。有寺有僧寺庙财税监管全覆盖，僧尼维护所在寺庙稳定责任制全面建立，稳步推进公共服务保障进寺庙，宗教事务管理实现制度化、法治化、规范化。“三个意识”教育深入开展，活佛转世政策法规阐释培训实现全覆盖，广大僧尼争做“四个好僧人”的思想意志更加坚定自觉。意识形态工作平稳向好。主流思想舆论不断壮大，网络空间正能量更加强劲、主旋律更加高昂，特别是疫情发生以来，广泛宣传抗疫典型事迹，及时回应群众诉求关切，营造起强信心、暖人心、聚民心的浓厚氛围。健全完善“管肚子”和“管脑子”长效机制，新时代文明实践活动广泛开展，群众精神文化生活不断丰富，成功创建西藏自治区公共文化服务体系建设示范区，开展宣传宣讲、公共文化、志愿服务、移风易俗等活动1300余场次，受教育群众超过11.7万人次，各族干部群众的思想凝聚力、发展向心力全面增强。

这份底气来自干事不避难的决心意志。回顾充满挑战的一年，我们在“危”“机”中赢得主动，直面经济下行压力、转型升级挑战、扩大开放趋势，主动服务和融入新发展格局，全面落实区市稳经济若干临时性措施，大力推进复工复产、复商复市，经济基本盘总体稳定，最大限度降低了疫情对经济社会发展的消极影响。2022 年前三季度，全区完成地区生产总值 53.02 亿元，全社会固定资产投资 33.09 亿元，一般公共预算收入 3.54 亿元，规上工业增加值 4.11 亿元，社会消费品零售总额 10.54 亿元，农村居民人均可支配收入 24534 元。产业经济蓄势勃发。坚持抓发展必须抓经济、抓经济必须抓项目，大力储备产业发展、城乡建设和环境提升类项目，严格落实重点项目包保推进工作机制，把着力点放在抓前期、抓落地、抓进度上来，39 个重点工程和民生项目建设强势推进。坚持“稳粮、兴牧、强特色”，推动净土健康产业规模化、品牌化、市场化发展，绿色生态有机的品牌效应不断彰显。坚持走绿色工业发展新路子，产业园区综合承载力有效提升，传统产业转型升级，新兴产业培育壮大。坚持大力发展以现代化服务业为主的城域经济，努力推动区位、产业等基础优势转化为发展优势、经济优势，高品质商圈、城市综合体、夜间经济街区、文旅融合产业等逐渐成为城市经济发展新的增长极。城乡建设更显质感。坚持城乡一体化发展，以城带乡、协调并进，城乡面貌焕然一新、发展成效明显。以堆龙新城核心区建设为引领，以全国文明城市创建为契机，深入实施城市更新行动，全面整治违法建筑、交通拥堵、施工扬尘等城市管理难题顽症，生态、宜居、和谐、奋进的城市品格逐步凸显，一座基础设施和公共服务日益完善的现代化新城正在崛起。高质量推进“美丽乡村・幸福家园”建设行动，全力推进 20 个人居环境综合整治项目，农牧区户用厕所改造覆盖率达 90.9%。农牧业新型经营主体蓬勃发展，农村产权制度改革稳步推进，有效推动农村集体经济提质增效。发展动能有效激发。科学谋划、持续推进重点领域和关键环节改革，深入推进政务服务大厅标准化、规范化建设，持续优化营商环境，市场活力不断激发。大力开展招商引资“百日攻坚行动”，累计完成招商引资项目 31 个，预计全年到位资金 22.84 亿元。国企三年改革行动主体任务基本完成，国有经济布局优化和机构调整加快推进。深化受援合作交流，扎实推进 8 个援藏项目建设，预计完成投资 5150 万元。今日的堆龙发展动力十足、活力迸发，正日益成为投资热土、创业乐土、兴业沃土，荣获 2022 年度全国投资潜力百强区。

这份底气来自成事顺民意的初心使命。回顾共建共享的一年，我们在发展中用心用情，致力民生提档，人民群众生活越来越安逸、日子越来越幸福，更加坚定了各族群众听党话、感党恩、跟党走的铿锵步伐。民生福祉稳步增进。秉承“坚持每年力所能及地集中力量办好一批民生实事”的工作理念，民生支出比重始终保持在 80% 以上，教育、就业、住房、医疗、养老、文化等社会事业全面进步。全力办好年度“十大民生实事”，下达“民生微实事”专项资金 9159.21 万元，有效解决群众的急难愁盼问题。全面落实项目吸纳就业、产业带动就业、园区稳定就业、培训促进就业等积极举措，城镇新增就业 1300 人，城镇登记失业率控制在 2% 以内，应届高校毕业生就业率达 97.54%，农牧民转移就业 11040 人、实现劳务收入 1.13 亿元。城乡居民基本养老、医疗保险参保、低保等社会保险和救助体系更加健全，家庭、社区、机构“三位一体”养老服务新格局基本形成，“医共体”改革持续深化，医疗报销标准化、规范化、便利化程度大幅提升。生态环境持续改善。深入践行“绿水青山、冰天雪地就是金山银山”和生态优先理念，积极融入国家生态文明高地创建，生态文明建设整体性跃升。聚焦蓝天、碧水、净土保卫战，持续巩固污染防治攻坚战成果，大力实施南北山造林绿化、绿色围城等工程，新增国土绿化面积 385 亩，持续巩固拓展全国生态文明示范区创建成果，高标准完成中央环保督察反馈 66 个问题整改销号，一批“散乱污”企业和环境违法行为得到针对性整治，生态环境实现根本性、整体性好转。疫情防控取得重要成果。在经济快速发展的“黄金八月”，新冠疫情突袭而来，在以习近平同志为核心的党中央亲切关怀下，在区市党委的高效指挥下，在包保领导的精心指导下，在各级工作组的专业帮助下，我们以非常之举应对非常之事，迅速形成统一指挥、全面部署、蹲点包保、立体防控的抗疫体系，精准防控、以快治快。出台滞留货车服务保障等临时措施，管好领峰物流智慧园等重点场所，充分展现了堆龙在全市抗疫大局中的政治担当。广大医务工作者白衣执甲、逆行出征，各级党员干部昼夜坚守、冲锋在前，公安干警闻令而动、听令而行，无数志愿者响应号召、挺身而出，兄弟县区和社会各界人士守望相助、共克时艰，全区各族群众团结一心、众志成城，构筑起同心抗疫的严密防线和强大合力。

大疫如大考，烈火炼真金。这场没有硝烟的战争，是堆龙弘扬伟大抗疫精神的生动实践，是堆龙在磨难中成长、从磨难中奋起的发展历程，所有的努力和付出、辛酸与憾恨都值得铭记，所有的经验教训都值得认真总结和反思。我们坚信，经历此次抗疫之战，全区各族干部群众面对任何风险挑战，势必会变得更加从容、更加自信、更加勇毅。

各位委员、同志们，以上报告的是区委常委会2022年以来的主要工作。这些成绩来之不易，是以习近平同志为核心的党中央擘画蓝图、掌舵领航的结果，是习近平新时代中国特色社会主义思想和习近平总书记关于西藏工作的重要指示及新时代党的治藏方略科学指引、精准导航的结果，是自治区党委和拉萨市委正确领导、关心支持的结果，是全区上下团结奋斗、苦干实干的结果，饱含着各族干部群众、社会各界人士的智慧和力量。在此，我代表区委常委会，向同志们致以最崇高的敬意！向所有关心、帮助、支持堆龙发展的社会各界致以最诚挚的感谢！

堆龙德庆区三届人民代表大会常务委员会工作报告

——在堆龙德庆区第三届人民代表大会第四次会议上

堆龙德庆区人大常委会主任　赵长胜

（2023 年 1 月 5 日）

2022 年工作回顾

过去的一年是极为不平凡的一年。这一年，我们迎来了党的二十大胜利召开，党的历史和中国特色社会主义现代化进程翻开了新的一页；这一年，我们抗击了突如其来的新冠疫情，各条战线各级干部各族群众都经受住了严峻考验；这一年，区党委和市委先后召开人大工作会议，为新时代人大工作谋篇布局，开启了人大工作新征程；这一年，两级人大常委会机关和人大代表，忠于职守，踔厉奋发，为堆龙经济社会发展贡献了智慧和力量。

一、深入学习贯彻中央和区市党委人大工作会议精神，不断增强做好新时代人大工作的思想自觉政治自觉行动自觉

中央、区党委和市委人大工作会议召开后，区人大常委会坚持把学习贯彻中央和区市党委人大工作会议精神作为首要政治任务，制订了学习方案，拟定了学习计划表，先后召开人大常委会、专题学习会等集中学习 20 余次，面对面向人大代表宣讲和辅导 30 余次，人大常委会组成人员和人大代表撰写心得体会 100 余篇。通过深入学习、广泛研讨，两级人大工作人员和人大代表对三个会议的主要精神和主要内容有了较为全面的理解和把握，进一步增强了坚持和完善人民代表大会制度、坚持和发展全过程人民民主、坚持做好新时代人大工作的政治自觉、思想自觉和行动自觉，为今后人大工作奠定了坚实基础。中央关于新时代坚持和完善人民代表大会制度、加强和改进人大工作的意见，区党委关于新时代坚持和完善人民代表大会制度、加强和改进人大工作的实施意见以及市委关于新时代坚持和完善人民代表大会制度、加强和改进人大工作的实施意见下发后，我们根据意见精神，及时研究制定了贯彻意见，并向区委作了报告，为今后我区人大工作提供了有力指导。

二、坚决执行区委的决策部署，在围绕中心服务大局中充分发挥人大作用

区人大常委会始终坚持党的领导不动摇，坚持做到区委的决策部署在哪里，人大的工作就在哪里；区委的重点工作在哪里，人大的力量就集中在哪里。

区委作出抗疫部署后，区人大常委会立即发出《致全区各级人大代表的倡议书》，号召全区 300 余名两级人大代表提高政治站位、服务抗疫大局，积极投身防疫抗疫工作。疫情发生后，30 余名两级人大机关干部迎难而上，迅速到位，第一时间下沉一线开展工作。在抗疫工作中，涌现出了一批先进人物，如区人大常委会副主任钦热洛珠、西藏雄巴拉曲神水藏药公司总经理索朗白吉代表，急地方之所急，无偿捐赠抗疫物资，有力支援了抗疫工作；德庆村党委书记罗桑卓嘎代表，在抗疫工作中一人身兼多职，在父亲意外发生交通事故的情况下，始终工

作在抗疫第一线，受到群众的一致好评。

区委作出领导干部“下基层大接访办实事”活动部署后，区人大常委会班子成员主动下沉一线，走村入户，与基层干部和群众同吃同住，面对面了解社区、村（居）存在的问题和群众反映的痛点、难点、堵点问题，共办结实事20余件，办结信访4件。

区委作出“四联四包”暨“大宣讲、大调研、大排查、大落实”活动工作部署后，常委会班子成员和人大机关干部立即行动，分别深入4个镇（街道），先后开展“大宣讲”活动8场次，入户宣讲329户700余人次，办结群众急难愁盼问题10余件。

区委作出迎接中央生态环境保护督察工作部署后，区人大常委会坚持问题导向，先后3次组织人大代表对区生态环境保护情况进行集中视察，提出意见建议13项。

三、聚焦重点领域重点工作，人大监督实效切实增强

认真履行宪法法律赋予的监督职责。全年组织人大代表开展专项督查16次，工作督查10余次，有力推动了区委决策部署落地落实。

聚焦宪法和法律法规实施开展监督。严格落实宪法宣誓制度。全年组织开展宪法宣誓3次，委托“两院”开展宪法宣誓2次。积极配合区市人大常委会对《西藏自治区民族团结进步模范区创建条例》和《西藏自治区国家生态文明高地建设条例》贯彻实施情况进行执法检查。

聚焦促进司法公正开展监督。组织代表先后深入“两院”进行督查和调研，督促两院准确理解和把握法律精神，依法公正行使审判权、检察权，切实维护司法公正和社会公平正义。

聚焦保障和改善民生开展监督。根据区委安排，牵头开展民生和生态环境保护专项督查指导工作。先后10次组织人大代表对我区人居环境整治、十大民生实事等民生热点问题进行专项督查，面对面听取人大代表、城镇居民和农牧民群众的意见建议，有力促进了民生项目的落地和实施。

聚焦预决算执行情况开展监督。定期召开常委会，听取和审议预算执行、预算调整、财政决算等报告，促进预算更加全面规范、公开透明。预算联网监督系统建设工作进展顺利，预计今年开始运行。

四、充分发挥人大代表主体作用，全过程人民民主不断推进

代表履职服务保障有序开展。坚持严把人大代表能力关、培训关、履职关，有针对性地开展人大代表履职培训。先后2次组织人大代表进行集中培训，从政策理论、业务知识、法律法规等各方面对人大代表进行了全方位培训。同时，在区委的关心支持下，我们组织人大代表前往山南和林芝进行考察学习，这是三届人大常委会以来，首次组织人大代表到外地考察学习，开阔了人大代表的思维和视野，增强了人大代表履职尽责的责任感和荣誉感。

代表议案建议办理有序开展。为推进代表意见建议办理工作，我们根据堆龙实际，研究制定了人大代表意见建议办理考核办法，从8个方面对各级各部门办理人大代表意见建议工作进行评分，在制度层面进一步规范了人大代表议案建议办理工作。常委会班子成员先后5次分别到实地督查代表议案建议办理工作，面对面征求代表意见。先后召开代表议案建议办理座谈会2次、质询会1次，协调解决代表议案建议办理中的困难。

人大代表“双联系”工作有序开展。严格落实常委会成员同人大代表、人大代表同群众的联系制度，不断加强“人大代表之家”规范化建设。认真执行代表列席人大常委会会议制度，先后共组织本级代表5批次30余人次列席常委会会议。组织两级人大代表100余人次参加各类执法检查、专项视察等活动。

人事任免工作有序开展。坚持党管干部和人大依法任免相统一，全年依法任命国家机关工作人员43人，免职24人。

人大常委会机关建设有序推进。持续推进机关作风建设，严格落实“改进作风狠抓落实”的工作要求，建立“四查四问”清单，开展学习交流，相互监督整改，机关作风不断改善。持续推进机关组织建设，我们在无专门委员会、无专门工作人员、无专门工作经费的情况下，研究制定了法制专班、财政经济专班和教育科学文化卫生专班、社会建设专班，有力解决了人大工作专业力量薄弱的问题。

各位代表！

过去的一年，成绩来之不易，这些成绩是区委正确领导的结果，是全体人大代表、人大常委会机关工作人员辛勤工作的结果，是“一府一委两院”协同工作的结果，也是各级各部门和全区人民大力支持的结果。在此，我代表人大常委会，向大家表示衷心的感谢！

同时，我们也要清醒地认识到，我区人大工作仍然存在着不少问题，主要是：人大代表意见建议的办理率还不是很理想，人大代表的能力和素质还需要进一步提升，人大代表的主体作用发挥有待进一步加强，两级人大常委会机关的干部队伍建设还比较滞后等等。这些问题，我们要高度重视，在今后的工作中，采取有效措施，加以改进和解决。上一年，因为疫情原因，人大常委会年初制定的一些工作未能如期开展，在当年的工作中，务必安排好落实好。

2023 年主要工作

2023 年区人大常委会工作总体要求是：坚持以习近平新时代中国特色社会主义思想为指导，深入贯彻落实党的二十大精神，认真贯彻落实中央第七次西藏工作座谈会精神，全面贯彻落实中央和区市党委人大工作会议精神，锚定“四件大事”“四个确保”，聚焦“四个创建、四个走在前列”，聚力“当好七个排头兵”，在奋力实施“强中心”战略和“七大行动”中找准人大定位，依法履职尽责，主动担当作为，为建设社会主义现代化新堆龙贡献人大力量。

一是进一步强化人大监督。坚持正确监督、有效监督、依法监督，紧紧围绕区委三届四次全体会议确定的目标任务，聚焦群众关心的急难愁盼问题，认真开展专项督查，确保区委的决策部署落地落实，确保群众的利益得到有效保护。依法定期对“一府一委两院”进行监督调研，确保国家机关依法行使权力，依法落实相关工作责任。

二是进一步密切同人大代表的联系。落实好人大常委会组成人员联系人大代表制度和人大代表联系群众制度，年底对两个制度落实情况进行综合考评。利用好领导干部下基层大接访办实事、“四联四包”等有力平台，推动双联系制度有效落实。持续推进“人大代表之家”和村（居）人大代表活动室（站）规范化建设，发挥好基层人大代表在政策宣讲、维护稳定、联系群众、化解矛盾、党风政风监督等方面的积极作用。

三是进一步提高代表议案建议办理质量。坚持内容高质量、办理高质量，扎实推进人大代表议案建议办理工作。严格落实人大代表意见建议办理考核办法，我们将会同区委和区政府督查室对各级各部门落实人大代表议案建议办理情况进行通报。适时召开人大代表议案建议办理座谈会、质询会，让人大代表与承办单位面对面座谈交流，不断推动办理工作由“答复满意”向“结果满意”转变。积极与相关部门进行对接，尽快将代表议案建议办理情况纳入办理单位年度绩效考核体系。

四是进一步强化人大代表履职服务保障。在依托党校、人大代表之家等对人大代表进行培训的基础上，进一步拓宽培训渠道，丰富培训形式，不断加大人大代表培训培养力度。年内拟定在区内集中培训 2 次，区外培训 1 次。坚持请进来、走出去，年内拟定组织人大代表赴区外考察学习 1 次，区内考察学习 1 次。结合堆龙实际，在年内建立健全代表履职激励和退出机制，实施民生实事项目人大代表票决制。

五是进一步强化人大常委会机关建设。贯彻落实区党委人大工作会议和市委人大工作会议精神，按照“四个机关”建设的要求，持续加强常委会和人大常委会机关建设。上半年，尽快落实“三个专委会”（法制委员会、财政经济委员会、教育科学文化卫生和社会建设委员会）的设立和人员配备问题，尽快解决镇（街道）配备专职副主席（副主任）和专职人大专干问题。

各位代表、同志们，新时代的使命光荣艰巨，新堆龙的前景催人奋进。让我们更加紧密地团结在以习近平同志为核心的党中央周围，高举习近平新时代中国特色社会主义思想伟大旗帜，在区委的正确领导下，勇于担当、砥砺奋进，不断开创人大工作新局面，为建设社会主义现代化新堆龙作出新的更大贡献！

堆龙德庆区政府工作报告

——在堆龙德庆区第三届人民代表大会第四次会议上

堆龙德庆区人民政府

（2023 年 1 月 5 日）

一、2022 年工作回顾

2022 年是极不寻常、极其难忘的一年。这一年，举世瞩目的党的二十大胜利召开，科学描绘了以中国式现代化全面推进中华民族伟大复兴的宏伟蓝图和实践路径。这一年，我们全力统筹疫情防控和经济社会发展，顶住压力、克难前行，推动经济社会发展取得新成效。一年来，我们重点开展了以下八个方面工作：

一是万众一心、众志成城，打好疫情防控阻击战。疫情发生后，在区市党委、政府的高效指挥下，在国家指导组的精心指导下，在兄弟县区的赤诚援助下，我们团结带领全体干部群众，畅通群众物资配送和就医渠道，确保了群众基本生活需求，最大限度保护了人民的生命安全和身体健康。

二是稳字当头、高效调度，打好经济发展攻坚战。深入落实“疫情要防住、经济要稳住、发展要安全”的要求，疫情防控取得阶段性成效后，我们把主要精力向复工复产、复商复市转移，扎实落实稳经济一揽子政策举措和若干临时性帮扶措施，累计减税降费 1.62 亿元，最大限度降低疫情对经济发展的冲击和影响。全年预计完成地区生产总值 67.68 亿元，全社会固定资产投资 47.9 亿元，社会消费品零售总额 19.02 亿元，规上工业增加值 5.9 亿元，一般公共预算收入 4.34 亿元，农村居民人均可支配收入 24534 元，同比增长 7.2%。成功上榜“2022 年度全国投资潜力百强区”，充分展现了我们巨大的发展潜力和强劲的发展动力。

三是建管并重、协调推进，打好城乡统筹阵地战。我们坚持规划引领，国土空间总体规划编制和“三区三线”划定取得阶段性成果。持续推进“畅通堆龙”行动，滨河路柳东段、经开段进展顺利，桑木二路、乃加二路加快建设，北环西延线前期工作推进有力，新城路网总里程达 9.3 公里。完成 4 个棚户区改造、惠及群众 1192 户。堆龙河两岸综合治理工程、民族团结公园、中心公园、拉贡路景观工程等项目加快推进。脱贫成果持续巩固拓展，防返贫监测预警机制健全完善，消除返贫风险户 91 户、325 人。整合四级涉农资金 3.02 亿元，实施帮扶项目 14 个。推进群众住房改造和新建 547 户，实施乡村人居环境整治项目 12 个，完成户用洁厕改造 594 户、覆盖率达 90.9%。

四是发挥优势、务实举措，打好产业升级主动战。推广良种良技良法，完成高标农田建设 5000 亩，撂荒地复垦 9143 亩，粮食产量达 1.22 万吨，蔬菜产量达 3.73 万吨。牲畜存栏达 11.67 万头（只）、出栏 2.59 万头（只）。依托“古荣糌粑”优质品牌，探索推进糌粑加工企业整合发展。完成区工业园区 B 区燃气管网供暖工程，加快推进吉祥哈达、金谷农业等工业项目建设，扎实落实助企纾困帮扶措施，新培育规上企业 1 家。象雄美朵生态文化旅游园成功创建国家 AAAA 级景区，乡村各类休闲旅游林卡发展至 57 个，成功举办“玉妥”文化旅游季推介活动，全年累计接待游客 101.03 万人次、实现收入 3570.33 万元。聚力建设拉萨国家陆港型物流枢组核心区，完成现代物流产业发展规划编制，领峰智慧物流园建成运营，城乡物流配送“最后一公里”全面打通。

五是挖掘潜力、激发活力，打好发展动能培育战。落实招商引资项目32个，实际到位资金22.84亿元。深入挖掘消费潜力，开工建设堆龙万达广场、龙腾创业创新大厦、净土便民服务中心、欧西钻石广场等商业综合体。研究制定《夜间经济奖励办法》，打造推出全市首家沉浸式夜市“上谷之夜·老电影”主题夜市，开业以来累计人流量达15万余人次。充分发挥文体活动拉动作用，组织举办“万达杯”足球赛，“净土杯”篮球赛等系列文体活动，累计线上线下观看达70余万人次，既充分展示了城市形象和活力、又广泛汇聚了人气和商气。不断优化营商环境，持续推进“放管服”改革。推进国企瘦身强体，注销区属国企子公司50家、村级国企2家。深化受援工作，完成援藏干部人才轮换，高效推进8个援藏项目建设、完成投资5150万元。

六是问民所需、纾民所困，打好民生改善持久战。面对财政持续减收压力，我们高效统筹各类资金，压减一般性支出和非急需、非刚性支出，全力办好年度“十大民生实事”，涉及34个建设项目或具体事项，目前12项已办结，22项因疫情、土地等因素影响，正在加快办理。应届高校毕业生就业率97.4%，城镇新增就业1699人，农牧民转移就业11010人、实现劳务收入1.13亿元。国家义务教育优质均衡发展示范区创建有力推进，完成区第二小学建设，人大附中拉萨学校、区第二中学、第三小学加快建设。深入开展基层医疗巡诊、家庭医生签约服务、健康体检、慢病管理等工作，区人民医院二甲综合楼建设项目完成初验。各类社会保险应保尽保，建成运营2家老年人日间照料中心。为疫情期间生活困难和外来人员发放补贴资金1400余万元。三级公共文化服务覆盖城乡，文艺队伍遍布村居，文化活动常态开展。

七是点面兼顾、精准施策，打好生态环境保卫战。全力做好中央环保督察及森林督查反馈问题整改，中央环保督察反馈66条问题，已完成整改59条、取得阶段性整改成效7条；森林督查反馈60条问题均已整改到位，并建立区、镇（街道）、村（社区）三级林长组织体系。持续推进环境突出问题治理，大力开展“散乱污”企业专项整治，常态化从严开展环境监察执法。加快推进南北山造林绿化，完成乡村“四旁”植树19.84万株，新增国土绿化面积385亩。全年空气质量优良率99%，江河湖泊、饮用水水源地水质达标率100%。

八是严密防范、系统治理，打好维护稳定守护战。一年来，我们全力推进军民融合、国防动员、审计统计、外事编译、档案史志等工作取得新的进展。我们始终坚持党的领导，自觉接受区人大法律监督和区政协民主监督，认真办理人大代表意见和政协委员提案。我们深入践行改进作风狠抓落实要求，大力整治形式主义、官僚主义，全面加强政府系统党风廉政建设，政府效能、政府形象、政府公信力持续提升。

各位代表，过去一年的成绩，彰显着习近平总书记的领袖伟力，凝结着党中央、国务院的亲切关怀，汇聚着援藏单位的无私奉献，是区市党委、政府和区委坚强领导，区人大、区政协监督支持和全区各族干部群众团结奋斗的结果。在此，我代表区人民政府，向各位人大代表、政协委员和全区各族人民，向援藏单位、离退休老同志、驻区部队、武警官兵、政法干警、各人民团体和社会各界朋友，表示诚挚感谢，并致以崇高的敬意！

在肯定成绩的同时，我们也清醒地认识到，堆龙高质量发展和长治久安还面临诸多困难和挑战，主要表现在：反分裂斗争形势依然尖锐复杂，基层治理体系还不健全；有效投资增长乏力，消费供给水平不足，特色产业基础弱规模小，工业企业结构单一，财政增收压力较大；城市建设管理标准缺失，项目前期工作质量不高，城乡污水处理设施滞后；公共服务效能有待提升，公共卫生应急管理存在短板，民生保障与群众期盼还有差距；少数干部作风不实、担当不足、能力不强，落实各级决策部署说得多、做得少，表态多、行动少，甚至“光说不练”等现象不同程度存在。我们将始终坚持问题导向，采取有力有效措施，认真加以解决。

二、2023 年总体要求

2023 年是贯彻落实党的二十大精神的开局之年。做好 2023 年政府工作的总体要求是：坚持以习近平新时代中国特色社会主义思想为指导，深入贯彻落实党的二十大精神，贯彻落实中央第七次西藏工作座谈会精神、习近平总书记关于西藏工作的重要指示和新时代党的治藏方略，贯彻落实自治区第十次党代会和区党委十届三次全会精神，贯彻落实拉萨市第十次党代会和市委十届四次全会精神，贯彻落实区第三次党代会和区委三届四次全会精神，捍卫“两个确立”，增强“四个意识”、坚定“四个自信”、做到“两个维护”，坚持以人民为中心思想，坚持稳中求进工作总基调，立足新发展阶段，完整、准确、全面贯彻新发展理念，服务和融入新发展格局，锚定“四件大事”，聚焦“四个创建、四个走在前列”，全面落实以“强中心”战略为抓手、“七大行动”为支撑的若干举措，对标“两城三区”发展定位，推动在“当好七个排头兵”上走在前、作表率，努力谱写堆龙长治久安和高质量发展新篇章。

综合考虑各种因素，2023 年全区经济社会发展的主要预期目标是：地区生产总值增长 10%；一般公共预算收入平稳增长；社会消费品零售总额增长 10%；规模以上工业增加值增长 8%；城镇调查失业率控制在 5% 以内；城乡居民人均可支配收入分别增长 10% 和 13%；居民消费价格涨幅控制在 3.5% 以内。

三、2023 年重点任务

贯彻总体要求，实现预期目标，2023 年我们要始终保持发展定力，充分挖掘发展潜力，持续催生发展动力，重点抓好以下工作。

（一）坚持城乡统筹，着力优化区域发展布局。紧紧围绕拉萨“一心三城、四门相映”的城镇空间格局，以堆龙新城为核心，沿堆龙河和拉萨河打造城市主轴，东西向贯通城市交通体系和经济动脉，实现功能区互联互通，南北向拓展城市周边发展空间，增强人口和经济承载力，着力构建“一心一轴、东西贯通、南北延展”的城市发展布局，全面融入全市“百里活力城乡长廊”建设。一是突出规划控制引领。高质量完成国土空间总体规划编制，用好村庄规划、镇域规划以及各类专项规划成果，实现规划一张图、建设一盘棋、管理一体化，推进“多规合一”，实现“一张蓝图绘到底”。开展城市体检工作，推动城市功能完善提升。二是完善城乡交通体系。持续深化“畅通堆龙”行动，完成滨河路柳东段、经开段、桑木二路、乃加二路等市政道路建设，启动北环西延线、乃加桥、乃加三路、拉青南路等项目建设，推进区、镇（街道）、村三级客运站建设，提升堆龙河两岸、各产业功能园区、城乡之间的网络串联和通达能力，促进与城关、柳梧、经开等城市核心区内部的全程融入和无缝衔接。三是提升城市发展品质。围绕建设宜居、宜业、宜学、宜游高品质新城的目标，开展城市更新行动，聚焦棚户区、大杂院、群租房等领域，补齐给排水、户用洁厕、污水垃圾处理等短板。开展城市“四化”行动，加快南北山绿化工程，实施堆龙河流域造林绿化，完成一批城市公园、街旁游园、街区绿化，开展城区“见缝插绿”行动，努力实现“绿满城”。完成城区水系连通工程和堆龙河两岸综合治理，打造沿堆龙河休闲、娱乐、健身、景观活力带，努力实现“水润城”。开展城市管理提升行动，系统治理车辆乱停、交通乱行、广告乱飞、摊位乱摆、工程乱挖、绿化乱毁、工地乱建、污水乱排、垃圾乱扔等顽症，推进城市治理数字化，加快“智慧交通”“智慧城管”建设，努力实现“数兴城”。四是加快建设特色城镇。按照“一带衔接、区域组团、片区集聚”的乡村空间布局，以古荣镇作为城乡发展过渡带，衔接城市和乡村两个区域，承接城市功能疏解转移，打造古荣“水磨糌粑”文化特色小镇、马镇“红韵田园”文创特色小镇、德庆镇“温泉康养”文旅特色小镇，形成以特色城镇为牵引的城乡融合发展格局。五是全面推进乡村振兴。巩固拓展脱贫成果同乡村振兴有效衔接，严格落实“四个不摘”要求，坚决守住不发生规模性返贫致贫的底线。扎实开展“美丽乡村 · 幸福家园”建设行动，系统提升农牧民住房、乡村基础设施、村容村貌、产业发展和乡村治理水平。

（二）坚持三产融合，着力推动产业提质增效。项目是点、产业是线、经济是面，今天的项目就是明天的产业、今天的投资结构就是明天的产业结构，要通过项目建设推动产业结构转型升级，全面融入全市“百亿产业走廊”建设。一是推动净土健康产业优质发展。严守耕地红线和粮食安全底线，完成高标准农田改造 3.4 万亩。抓好“菜篮子”保供，推动“上三镇”现代农业设施园区提档升级。大力发展现代化种养殖和农畜产品加工，完成古荣糌粑加工企业整合。健全“国企＋合作社＋农户”的发展模式，构建生产基地在乡村、加工基地在园区、品牌营销在公司的发展格局，加快“伴手礼”产品研发，打造涵盖农产品生产、物流、加工、品牌、营销的完整产业链。二是推动绿色工业扩能发展。围绕绿色食饮品加工、绿色建材、民族手工、藏医药等发展方向，改变单一结构，拉长产业链条，提升园区产业集聚化水平。深化闲置土地开发利用，清理低产低效企业。推进净土乳制品加工厂、古荣糌粑加工厂等企业年内投入生产运营，完成藏泉白酒技术改造升级，实现金谷农业、吉祥哈达等重点工业项目年内建成投产，推动更多实体经济落地发展，培育新增规模以上工业企业不少于 2 家，加快推进自治区级工业园区创建申报。三是推动文体旅融合发展。有力推进楚布沟、药王谷景区整体打造工程，启动实施“德吉藏家”文旅提升改造、邱桑村乡村旅游民宿、雄巴拉曲林卡民宿等文旅项目建设。提升象雄美朵生态旅游文化园区吸引力，继续办好“玉妥文化旅游季”推介活动，加快堆龙旅游“伴手礼”产品研发。探索商业化运作“万达杯”“龙腾杯”足球赛、“净土杯”篮球赛和赛马节、自行车赛等体育活动，促进生态观光、文化体验、运动康养、体育赛事等文化、旅游、体育融合发展。四是推动现代物流业壮大发展。立足建设拉萨国家陆港型物流枢纽核心区定位，依托综合保税区、西货站等平台，运营好领峰智慧物流园、拉萨城投物流园、航龙钢铁物流园、高原食品冷链中心等物流园区，加快通嘎仓储物流、色玛振通仓储物流等物流项目建设，推进马镇陆港型物流园区前期工作，布局面向“川藏”“青藏”“新藏”大通道的进出藏物流基地，提升堆龙物流枢纽辐射能力和口岸后置功能，打造面向南亚的区域商贸中心和现代商贸物流示范城市。

（三）坚持双轮驱动，着力扩大投资促进消费。始终从投资和消费两端共同发力，持续释放内需潜力，拉动经济发展。一是狠抓重点项目建设。继续实行领导干部包保重点项目机制，全力推进年度计划安排的固投项目建设。提升项目前期工作质量，进一步规范项目选址、论证、立项等环节，提高审批效率。准确掌握国家、区市投资方向和重点，加大“争、抢、快、跑”力度，争取更多上级资金和专项债券支持，适度超前抓好重大项目储备。二是狠抓招商引资落地。围绕特色优势产业发展，发挥产业扶持资金的最大效益，紧盯大型国企、民企等，定向精准大招商、招大商，加快引进一批知名物流企业落地。注重以项目招商，高水平谋划实施一批体现区域发展战略高度、体现产业发展方向、引领产业发展和完善城市配套功能的重大项目，以重点项目建设带动招商引资取得突破。坚持“走出去”“请进来”相结合，用好雪顿节等招商引资推介平台，建设招商引资专业队伍。优化项目招引和落地的要素整合方式，统筹采取专班服务、全程代办的服务方式，系统开展全产业链招商、园区招商、以商招商、项目招商。三是狠抓消费潜力挖掘。加快推进万达广场建设，完成龙腾创业创新、净土便民服务中心、欧西钻石广场建设，启动东嘎康运大厦建设，打造一批集休闲、购物、娱乐于一体的商业综合体。恢复运营“上谷之夜·老电影”主题夜市，打造推出一批特色旅游、文化演出、节庆赛事、温泉康养等消费精品，用好用足各种刺激消费的政策措施，不断满足群众品质化、多元化、个性化、便利化消费需求。

（四）坚持改革开放，着力激活高质发展动能。以深层次改革促进高水平的开放，带动高质量发展。一是深化重点领域改革。深化农村土地‘三权分置”改革，盘活村集体经济土地资源。加大金融机构引进，提升金融服务实体经济的能力水平。完善财政专项资金“管理清单”，实施全过程预算绩效管理。深化国企改革成果，提升市场化、规范化经营能力，确保总体营业收入、利润总额均增长 10% 以上。二是大力优化营商环境。开展营商环境专项整治，深化“放管服”改革，完成新市民服务中心建设，深入推进“政务服务一网通办”，全面推行权责清单、市场准入负面清单管理制度,充分激发各类市场主体活力。三是持续扩大对外开放。深化援藏内涵,拓展在人才、教育、医疗、产业等领域的合作交流,加大援藏资金争取,强化援藏项目建设及储备。依托综合保税区、领峰物流园、高原冷链中心、西货站等平台,深度融入国内国际双循环和全国统一大市场。

(五)坚持人民至上,着力保障改善民生福祉。深入贯彻“三个赋予、一个有利于”,只要对群众有利的事就大胆创新干,变“被动”为“主动”,变“陪跑”为“引领”。一是促进更高水平就业。优化“订单式”“以工代训”“以岗代训”技能培训,严守项目“三规”,提高农牧民转移就业组织化程度。深化高校毕业生“一对一、多对一”结对帮扶机制。二是办好人民满意教育。大力推进教育现代化建设,持续提升教育资源供给水平,高标准打造国家义务教育优质均衡发展示范区。完成区第二中学、第七幼儿园建设,加快人大附中拉萨学校、区第三小学建设,加快区第五小学,第八、九、十幼儿园前期工作。实施“名校长、名教师、骨干教师”培养计划和乡村教师专项培养计划,强化师德师风建设。举办区第二届全民运动会。三是推进健康堆龙建设。深化县域医同体建设,制定医共体内部和县域外转诊管理办法,推进医共体“五大中心”建设。保障自治区医院年内建成投用,完成区疾控中心能力提升工程,加快区人民医院综合楼能力提升、波玛村卫生室建设。大力普及健康文明生活方式,常态化开展爱国卫生运动。加强食品药品监管,守护好百姓“舌尖上的安全”。四是健全社会保障体系。深入推进全民参保工作,推动社保业务“一窗式”办理、医疗保障“一单式”结算。健全社会救护体系,保障好妇女儿童及老年人合法权益。推进特困人员集中供养服务中心提升改造,争取实施贾热村、邱桑村、朗巴村三个农村幸福苑建设。持续推进多主体供给、多渠道保障、租购并举的住房保障制度。五是促进文化事业繁荣发展。深入实施文化惠民工程,持续扩大公共文化服务活动场所开放率、覆盖率。依托三级新时代文明实践中心(所、站)阵地,推动文明实践活动常态开展。完善文艺创作扶持政策,加大文物保护力度。

(六)坚持绿色发展,着力建设生态文明高地。坚定不移走生态优先、绿色发展之路,全面融入全市“百里生态绿廊”建设。一是加快绿色低碳发展。巩固拓展“国家生态文明建设示范区”创建成果,实现自治区生态文明建设示范镇(街道)、村(社区)创建全覆盖,加快推进“两山”实践创新基地创建。按照国土空间规划布局,建立健全管控体系、严守生态保护红线。强化资源利用刚性约束,严控“两高”项目。加强生态保护宣传教育,持续巩固“禁白”成果,让绿色发展成为全社会共识和行动。二是强化生态保护修复。加快东嘎污水处理厂和污水管网配套工程建设,全面提升城区污水收集处理能力。深化国土绿化和乡村“四旁”植树行动,完成草原生态修复治理,深化林长制改革。三是加强环境综合治理。做好中央环保督察整改“后半篇”文章,推动危险废物规范化管理,深化扬尘污染治理,强化“散乱污”企业整治,推动河湖“清四乱”常态化开展,综合整治农业面源污染,完善垃圾分类回收处理体系,确保空气质量优良率在98%以上,天然水体全部优于三类标准。

(七)坚持稳定第一,着力营造安全发展环境。各位代表,以人民为中心是我们的坚定立场。2023年,我们将坚持量力而行、尽力而为,继续办好群众所急、所需、所盼的“十大民生实事”。一是新增学前教育学位800个、义务教育学位2565个。二是城区新增停车位1000个,解决停车难、停车乱问题。三是完成8个村人居环境整治项目,实现城市规划区外村庄环境整治全覆盖。四是完成岗德林社区4、5、6、7组棚户区和羊达社区达江组棚户区改造。五是完成民族团结公园、中心公园和滨河市政景观工程建设。六是实现年度农牧民转移就业1万人以上,城镇新增就业1000人以上,高校毕业生就业率保持在95%以上;通过“以工代训”“以岗代训”等技能培训方式,培养2000名本地技术工人。七是实现超过30%的镇(街道)卫生院和15%的村(社区)卫生室服务能力达到基本标准。八是实现“美丽乡村·幸福家园”健康饮水项目102饮水点投入使用。九是完成祥和苑搬迁点基础设施提升改造。十是加快客运公交总站建设，实施 23 个公交站台新建。

各位代表，发展的重任和人民的期盼，对政府工作提出了更高要求。我们要旗帜鲜明讲政治，捍卫“两个确立”、增强“四个意识”、坚定“四个自信”、做到“两个维护”，始终把党的领导贯穿到政府工作全过程，确保上级和区委各项决策部署不折不扣贯彻落实。我们要依法行政守规矩。持续推进法治政府建设，规范重大行政决策程序，健全科学、民主、依法决策机制，主动接受区人大法律监督和区政协民主监督，高质量办好建议提案。我们要持之以恒转作风。始终牢记“空谈误国、实干兴邦”，深入践行“改进作风、狠抓落实”要求，说实话、谋实事、务实功、求实效，切实把上级各项决策部署转化为具体项目、转化为具体举措，形成“凭能力用干部、以实绩论英雄”的鲜明导向。我们要清正廉洁作表率。坚决落实全面从严治党主体责任和“一岗双责”，严格执行中央八项规定及其实施细则精神，始终把纪律规矩挺在前面，驰而不息纠治“四风”。

各位代表，为政以公、行胜于言。堆龙当前经济社会发展取得的成绩是各族干部群众齐心协力、接续奋斗的结果。全面建设社会主义现代化新堆龙，不断满足堆龙各族人民对美好生活的向往，需要我们持之以恒、坚持不懈地奋斗。让我们更加紧密地团结在以习近平同志为核心的党中央周围，在区市党委政府和区委坚强领导下，以高质发展的成果说话、以干事创业的实绩交卷，奋力开创堆龙长治久安和高质量发展的新篇章。

政协拉萨市堆龙德庆区委员会
常务委员会工作报告

——在中国人民政治协商会议第三届拉萨市堆龙德庆区委员会第三次会议上

堆龙德庆区政协主席 洛桑强巴

（2023 年 1 月 5 日）

2022 年工作回顾

2022 年是党的二十大胜利召开之年，是贯彻落实“十四五”规划的关键之年。一年来，在区委的坚强领导下，政协堆龙德庆区委员会及其常务委员会以习近平新时代中国特色社会主义思想为指导，全面贯彻落实习近平总书记关于加强和改进人民政协工作的重要思想，坚持发扬民主和增进团结相互贯通、建言资政和凝聚共识双向发力，在服务大局中主动融入，在推动发展中积极作为，在促进和谐中发挥优势，切实担负起把党中央决策部署和区市党委及区委工作要求落实下去，把全区各族群众智慧和力量凝聚起来的政治责任，在推动堆龙长治久安和高质量发展进程中贡献政协力量。

一、坚持统一思想，坚定政治方向

一年来，我们毫不动摇地坚持中国共产党的领导，深刻领悟“两个确立”的决定性意义，增强“四个意识”、坚定“四个自信”、做到“两个维护”，并以一贯之落实到政协工作的全过程和各方面，切实打牢团结奋斗的共同政治基础。把学习宣传和贯彻党的十九大、十九届历次全会精神，特别是党的二十大精神作为首要的、长期的政治任务，系统学习党对新时代人民政协工作提出的新部署、新要求，不断提高政治判断力、政治领悟力、政治执行力，团结教育引领各族各界委员在思想上政治上行动上同以习近平同志为核心的党中央保持高度一致。始终坚持在区委领导下履行职能，严格落实重大事项请示报告制度。全年组织召开常委会会议 4 次，党组会议 8 次，主席会议 4 次，各类学习 18 次。

二、坚持协商建言，传递民声民意

协商建言是政协的主责主业，我们始终围绕大局，瞄准抓重点、补短板、强弱项的重要问题，深入协商集中议政，强化监督助推落实。

协商议政献良策。一是全会整体协商。政协三届二次全会期间，委员们以高度的历史使命感和饱满的政治热情，紧紧围绕区委的决策部署，认真讨论“一府两院”工作报告、国民经济发展计划、财政工作报告，提出提案 22 件，意见建议 47 条，为我区顶层决策科学化、合理化提供重要参考。二是专题会议协商。围绕“推进市域社会治理现代化试点工作，健全平安建设社会协同机制”课题进行协商，政协委员同区委平安建设领导小组成员单位协商座谈，为进一步推进全区社会治理现代化试点工作、健全平安建设社会协同机制各项工作充分协商，广泛交流，提出中肯建议。三是提案办理协商。不断优化提案办理前协商、办中协推、各方协办的

工作机制。组织政协委员、提案承办、协办单位、区委区政府督查室等部门对“关于修建祥和苑社区幼儿园”“推进书香城市建设”等提案办理情况开展专项视察。通过一年的不懈努力，22 件提案、47 条意见建议全部办复，委员满意与基本满意率达到 100%。

视察调研建真言。一是聚焦疫情防控、医疗建设等中心工作，组织委员和政府职能部门负责人，围绕“新冠疫情常态化防控工作”“医疗保障业务一站式服务、一窗口办理、一单制结算”等开展视察调研，深入镇(街)社区村组，同群众、基层干部交流，提出工作建议 10 余条。二是深入开展“领导干部下基层大接访办实事”活动及“四联四包”责任制工作。深入开展“大宣讲大调研大排查大落实”工作，其间入户、走访农牧民家庭 194 户，召开座谈会 26 次，宣讲 21 次，收集社情民意信息 16 条，并向相关部门反馈均已得到落实。三是积极协助自治区、拉萨市政协围绕“实施固体废物处理和利用服务生态文明高地建设”“政协系统两个薄弱”开展专题调研 2 次，向上级部门反映工作意见建议 7 条。

三、坚持围绕中心，彰显政协担当

常委会始终紧扣党委政府中心工作，坚持与区委、区政府同频共振、同向推进，以高质量履职展现人民政协的责任担当。

在维护社会稳定工作中担当作为。始终把维护稳定作为第一任务，深入学习贯彻中央、区市党委和区委关于维护稳定工作指示要求，在重要会议、敏感时段及时安排部署维稳工作，严格履行国安指挥部带班值班职责，认真开展维稳督导检查工作。党外副主席带头开展“三个意识”教育活动，全面贯彻党的宗教工作基本方针，为堆龙长治久安汇聚起宗教界人士各方力量。政协常委、党员委员发挥自身优势，通过宣传党的大政方针、参与社会综合治理、“四讲四爱”等活动积极投身到社会治理各项工作中。

在服务高质量发展中担当作为。常委会围绕“十大民生实事”项目建设等中心工作开展专题视察。组织开展堆龙河(下游)两岸综合治理、滨河公园柳东路段下穿隧道、拉贡路景观以及民族团结主题公园等项目建设专题视察 2 次，详细了解项目实施进度，为有序推进项目建设提出政协建议。

在改善生态环境建设中担当作为。一年来督导检查全区环保整改工作特别是中央环保督察转办督办问题整改办理情况 30 余次。有序开展“河长制”责任制落实、禁白专项督导检查 5 次，提出针对性整改意见建议 6 条。

在增进民族团结中担当作为。一年来，常委会加强与党外委员和宗教界代表人士、非公有制经济代表人士的联系沟通。全年走访慰问委员 32 人。与包村共同举办“3·28”纪念日联谊活动，通过召开主题座谈会，开展有奖知识竞答等形式多样、内容丰富的活动，引导广大政协委员和各族各界群众不断增进“五个认同”，自觉做“维护祖国统一、加强民族团结”的坚定维护者和主动践行者。加强合作，扩大交往，先后接待省市、县区 9 家政协系统各界别委员赴我区开展学习考察活动，积极讲好堆龙故事，不断扩大堆龙影响。

四、坚持与时俱进，强化职责使命

打铁还需自身硬。我们持之以恒推进“两支队伍”建设，不断提高委员履职能力和机关服务能力。一是勤学善思强素质。通过常委会集体学习、主席会专题学习、党支部“三会一课”等多种形式，组织委员和机关干部系统学习党的最新理论成果，不断提升政治理论素养，举办委员履职能力提升专题培训班 1 次。二是完善制度抓规范。进一步完善三席联系常委、常委联系委员，党内委员联系党外委员各项制度。加强委员履职管理服务，建立档案，完善评价、激励和约束机制，形成有效衔接联动机制，充分调动委员履职尽责的主观能动性。镇(街)“政协委员之家”进行提档升级，通过委员之家平台，深入开展“喜迎党的二十大 铸牢中华民族共同体意识”系列活动，组织开展“委员讲三亲故事”和“六史”读书活动。三是大力加强机关作风建设，深入开展常态化改进作风狠抓落实工作，全面加强政协机关干部政治思想、能力素质、纪律作风建设，锤炼过硬履职本领和工作作风，干出新时代人民政协的新样子，努力推动堆龙政协走在全市各县(区)

前列。

各位委员，2022年区政协取得的工作成绩，是区委坚强领导的结果，是区人大常委会、区政府以及各部门、社会各界大力支持的结果，是广大委员团结奋斗的结果。在此，我谨代表区政协常委会，向所有关心、支持政协工作的各级组织、各位领导以及广大政协委员表示衷心的感谢，并致以崇高敬意！

在看到成绩的同时，我们也清醒地看到在我们工作中还存在一些不足和短板：协商议政重点还不够突出，协商议事和民主监督平台载体还需创新丰富，"两支队伍"能力和水平还要进一步提升。因疫情影响，一些既定的工作任务未能如期完成，还需继续推动落实。对于这些问题，我们必须高度重视，深入研究，采取措施，认真解决。

2023年工作建议

2023年区政协工作总体思路是：坚持以习近平新时代中国特色社会主义思想和党的二十大精神为指导，聚焦区委中心工作，坚持建言资政和凝聚共识双向发力，锚定"四件大事""四个确保"，聚力"四个创建""四个走在前列"大局，当好"七个排头兵"，积极投身"强中心"战略和"七大行动"，为建设社会主义现代化新堆龙作出新的更大贡献。

一、加强思想引领，凝聚政治共识

新征程上毫不动摇坚持党的领导，切实把思想和行动统一到习近平新时代中国特色社会主义思想和党的二十大精神上来，统一到中央和区市党委、区委重大决策部署上来，统一到以中国式现代化全面推进中华民族伟大复兴使命任务上来，把党的主张转化为社会各界共识，把党的领导贯穿政协工作全过程各方面。深刻领悟"两个确立"的决定性意义，增强"四个意识"、坚定"四个自信"、做到"两个维护"。充分发挥政协党组在政协组织中的领导核心作用，更好发挥把方向、管大局、促落实的重要作用，按照区委决策部署和对政协工作的要求，及时研究制定政协常委会年度工作要点，以更高标准和更大力度，推动履职工作提质增效。全面推进政协党的政治建设、思想建设、组织建设、作风建设、纪律建设，促进党建和履职深度融合，更好发挥基层党组织战斗堡垒作用和党员委员先锋模范作用。

二、围绕中心工作，积极参政议政

围绕中心，服务大局，是人民政协性质职能和在国家治理体系中的政治功能决定的。必须自觉主动把政协工作放在全区工作大局中研究思考和推动落实，始终与区委、区政府同频共振、同向发力。要聚焦区委三届四次会议确定的目标任务，通过调研、视察、提案、反映社情民意信息、民主监督等方式，积极协商议政。要聚焦基础设施建设、重点项目、产业发展等主题开展协商议政活动。要围绕生态环境、乡村振兴、基层治理、城市管理等主题开展专题调研和学习考察，提出务实管用的意见建议。要围绕促进民生改善、防范化解重大风险等作为调研课题，提出更具针对性和操作性对策建议。

三、紧扣民生热点，务实建言献策

始终坚持把实现好、维护好、发展好最广大人民的根本利益作为人民政协工作的出发点和落脚点，紧紧抓住人民最关心最直接最现实的利益问题，务实建言献策。围绕区委区政府高度关注、人民群众普遍关心、政协大有可为的议题作为议政主题，召开1—2次专题议政性常委会。选择年度协商计划中的重点议题，开展2—3次重要协商调研活动，形成协商报告。深入推进界别协商，由分管副主席牵头，有计划地组织界别委员开展专题调研，提升协商实效。积极探索专题协商、界别协商、对口协商等协商民主新形式，改进协商方式，拓展协商渠道，注重营造协商讨论的民主氛围，让社会各界有序参与政协协商。加强提案办理工作，坚持主席会议专题听取重点提案办理落实情况的汇报制度，推动建立重点提案办理工作长效机制。

四、加强自身建设，提升履职效能

主动适应新形势新任务的要求，认真落实《中共西藏自治区委员会办公厅关于加强和改进新时代市县政协工作的实施意见》，充分发挥政协党组核心作用，发挥政协常务委员关键少数作用和委员的主体作用，找准开展工作的着力点，按照"懂政协、会协商、善议政，守纪律、讲规矩、重品行”的要求，狠抓委员学习培训和履职考核有关工作的落实，强化委员为国履职、为民尽责的责任担当。健全完善委员履职档案，激励委员以实际行动当好人民政协制度的参与者、实践者和推动者，切实把区委决策部署转化为一项项具体工作、一件件具体抓手，不断提升政协履职实效。

各位委员、同志们，让我们更加紧密地团结在以习近平同志为核心的党中央周围，高举中国特色社会主义伟大旗帜，以习近平新时代中国特色社会主义思想为指引，在区委的坚强领导下，不忘初心、牢记使命，踔厉奋发、主动担当，为建设社会主义现代化新堆龙而团结奋斗！

大事记

1月

6日　堆龙德庆区委理论学习中心组“学习习近平新时代中国特色社会主义思想·建现代化堆龙”专题学习2022年第1次集中学习研讨（扩大）会，专题学习自治区党委关于改进作风、狠抓落实的工作部署。会议由区委副书记巴珠主持，全体在岗县级领导干部、各镇（街道）、区直各单位、区属国有企业主要负责人参加会议。

6日至7日　堆龙德庆区新时代文明实践推动日活动暨网络文明进校园、进机关、进社区、进企业启动仪式在东嘎街道祥和苑社区举行。

12日　西藏自治区生态环境保护专项督察组到堆龙德庆区督导检查环境保护工作。

13日　堆龙德庆区委召开书记专题会议，听取三届区委第一轮巡察情况汇报。会议由堆龙德庆区委书记、区委巡察工作领导小组组长石运本主持。区委副书记巴珠，区委常委、纪委书记、监委主任、区委巡察工作领导小组副组长边巴索朗，区委常委、组织部部长、区委巡察工作领导小组副组长孙玲出席会议。

同日　堆龙德庆区召开改进作风狠抓落实工作动员部署会。会议由堆龙德庆区委书记石运本主持，全体在岗县级领导干部、各镇（街道）、区直各部门主要负责人参加会议。会议传达学习了自治区和拉萨市改进作风狠抓落实工作动员部署会议精神，通报了《中共拉萨市堆龙德庆区委员会关于常态化推进改进作风狠抓落实的实施方案》。

14日　中国共产党拉萨市堆龙德庆区第三届委员会第三次全体会议召开。出席这次全会的有堆龙德庆区委委员18人、候补委员3人；堆龙德庆区中共十九大代表，非区委委员、候补委员的县级干部，区纪委委员和有关方面负责人列席会议。

20日　堆龙德庆区委召开2021年度镇（街道）党（工）委书记行业系统党（工）委书记抓基层党建工作述职评议会。会议由区委书记石运本主持，市委组织部编制综合科科长曾祥学到会指导。全体在家区委常委、区委党的建设工作领导小组成员、区委员会、候补委员、镇（街道）党（工）委书记等110余名领导干部和6名“两会代表一委员”参会。

25日　拉萨市堆龙德庆区委常委会班子召开党史学习教育专题民主生活会。

26日　拉萨市委副书记廖恳，拉萨市人大常委会党组书记、主任贺鹏，拉萨市政协党组成员、副主席拉巴顿珠一行，到青藏铁路堆龙段高天护路大队检查指导铁路护路联防工作，并对全体专职护路联防队员进行慰问。

同日　堆龙德庆区委书记石运本组织召开堆龙德庆区2022年春节、藏历新年节前安排部署会议。各镇（街）党政主要领导、纪（工）委书记，区直部门负责人，区属国有企业负责人共计83人参会。

会议传达学习《关于四起违反中央八项规定精神典型问题的通报》《关于全区各级各部门学习贯彻中央经济工作会议和区党委经济工作会议精神情况的通报》《中共拉萨市纪律检查委员会关于进一步严明元旦、春节、藏历新年期间纪律要求的通知》。

同日　堆龙德庆区党史学习教育总结会议在区财政三楼会议室召开。

27日　堆龙德庆区委书记石运本主持召开全区"两节"期间疫情防控安排部署会议，区委常委、副区长达娃卓玛及16个单位疫情防控负责人参加会议。

29日至30日　堆龙德庆区委副书记巴珠一行到区公安局、区应急管理局、区教育局、区消防救援大队等重点部门和机关大院外部分单位、个别寺庙、基层警务室、护路大队检查指导节前安全稳定工作措施部署落实情况。

30日　堆龙德庆区举办2022年"合家欢·团结颂·中华情"春节藏历新年联欢会。

2月

9日　堆龙德庆区委书记石运本和区人大常委会领导班子看望慰问参加第三届人民代表大会第三次会议的人大代表。

同日　由堆龙德庆区委、区政府主办，区委宣传部、区新时代文明实践中心、区志愿服务总队承办，乃琼街道新时代文明实践所协办的——堆龙德庆区2022年2月新时代文明实践推动日之"五下乡"暨"新春走基层"宣传服务活动启动仪式在乃琼街道色玛社区举行。

10日　堆龙德庆区第三届人民代表大会第三次会议第一次全体会议开幕。

11日　中国人民政治协商会议第三届拉萨市堆龙德庆区委员会第二次会议开幕。

16日　堆龙德庆区委书记石运本主持召开区委进一步改进作风狠抓落实工作部署会议。在岗全体县级领导，区直各单位、各镇（街道）党政正职、区属国有企业主要负责人参加会议。

18日　堆龙德庆区委书记石运本主持召开2022年度全区高校毕业生座谈会议，23名在校学生、高校毕业生代表及区直有关单位主要负责人参加会议。

同日　堆龙德庆区委书记石运本主持召开堆龙德庆区2022年度国防动员工作部署会议。区委副书记巴珠，区人大常委会副主任、古荣镇党委书记索朗曲珍，区政府副区长旦增平措，区委国防动员委员会成员单位，各镇（街道）党（工）委书记、基层人武部部长，区直有关单位、驻区国有企业以及应急救援队相关负责人参加会议。

28日　堆龙德庆区召开2021年度述职述廉质询评议会议。会议由区委副书记李晓强主持。区委书记石运本出席会议，全体在家县级领导，各镇（街道）党（工）委书记、镇（街）纪（工）委书记、村（社区）党组织第一书记，区（中）直部门负责人，区属国有企业负责人，寺管会负责人，受邀的"两代表一委员"、老干部和普通干部代表等159人参加会议。

同日　堆龙德庆区召开宗教界代表人士座谈会，区委副书记巴珠，区委常委、副区长达娃卓玛出席会议，会议由区委常委、统战部部长达瓦次仁主持。区宗教界代表人士及寺管会（专职特派员）负责人共50余人参加座谈会。

3月

4日　为持续深化拓展党史学习教育成果，按照区市党委和区委关于常态化开展领导干部"下基层大接访办实事"活动要求，堆龙德庆区委书记石运本到德庆镇开展"下基层大接访办实事"活动。

9日　拉萨市副市长、北京援藏指挥部副总指挥史育斌带队到东嘎街道祥和苑社区开展"下基层大接访办实事"活动。

11日　堆龙德庆区召开挂职干部见面会，区委书记石运本出席会议，区委常委、组织部部长孙玲主持会议。

13日 堆龙德庆区安委办组织开展2022年灭火救援实战演练活动，拉萨市副市长、北京援藏指挥部副总指挥史育斌，堆龙德庆区委书记石运本等在岗县级领导和区直部门主要负责人40余人现场观摩。拉萨市公安局堆龙分局、区教育局、区卫健委、区应急管理局、区消防救援大队在区教育局院内开展了灭火救援实战演练活动。此次活动共出动人员37名，各类车辆7台。

14日 堆龙德庆区委书记石运本到达扎寺、觉木龙寺、雄巴拉曲拉康和雄巴拉曲神水藏药有限公司督导检查近期重点工作。

15日 拉萨市委副书记廖恳带队在东嘎街道桑木社区开展"下基层大接访办实事"活动。

21日 堆龙德庆区2022年度重点项目开复工仪式在区中心公园举行。拉萨市副市长史育斌出席仪式，堆龙德庆区委书记石运本下达开复令。区人大常委会主任赵长胜，区政协主席洛桑强巴，区政府副区长旦增平措，区直相关部门、代建单位、施工单位、监理单位、跟踪审计单位等单位代表，以及工人代表、群众代表等参加仪式。

24日 堆龙德庆区委财经工作委员会2022年第一次会议召开，会议由区委书记石运本主持。会议审议了《中共拉萨市堆龙德庆区委员会财经工作委员会2022年工作要点研究部署相关工作要点》。

同日 堆龙德庆区委全面深化改革委员会2022年第1次全体会议召开，会议由区委书记石运本主持召开。会议深入学习贯彻习近平总书记关于全面深化改革的重要论述和中央全面深化改革委员会第二十四次会议上的重要讲话精神。

28日 堆龙德庆区"3·28"西藏百万农奴解放纪念日"升国旗、唱国歌"和"永远跟党走"签名寄语活动在区委政府大院举行，活动由区委副书记李晓强主持。全体在岗县级领导，区直机关全体干部职工以及城市管理、市场监督执法代表和环卫人员代表等参加活动。

同日 堆龙德庆区召开2022年党建暨宣传思想文化工作会议，区委书记石运本出席会议，区委副书记李晓强主持会议。

30日 堆龙德庆区召开2022年区委农村工作会议，区委书记石运本出席会议，区委副书记李晓强主持会议。会议传达学习中央和区委农村工作会议精神，并对全区"三农"工作进行系统总结和全面部署。

31日 为巩固党史学习教育成果，缅怀革命先烈，继承先烈遗志，传承先烈精神，教育引导党员干部进一步坚决捍卫"两个确立"，增强"四个意识"、坚定"四个自信"、做到"两个维护"，堆龙德庆区委理论学习中心组成员到拉萨烈士陵园开展"弘扬先烈革命、砥砺奋进之路"清明祭英烈活动。

同日 在第44个植树节来临之际，堆龙德庆区开展2022年"依法履行植树义务，携手共建美丽堆龙"主题义务植树活动。区委书记石运本以及在家的全体县级领导干部、区直各单位干部职工、羊达街道群众共400余人参加活动。

4月

1日 堆龙德庆区委书记石运本带队慰问组先后到贡嘎机场、柳梧火车站看望慰问奋战在抗疫一线的工作人员。区委副书记李晓强，区委常委、副区长达娃卓玛，区委常委、区委办主任尚栓斌及相关单位负责人陪同。

2日 堆龙德庆区召开迎接第二轮中央生态环境保护督察工作领导小组会议。

4日 堆龙德庆区委书记石运本一行对辖区内中央生态环境保护督察反馈问题整改工作开展督导调研，详细了解反馈问题整改情况，并对下一步工作进行安排部署。

12日 堆龙德庆区委书记石运本一行到辖区项目施工现场调研项目建设推进情况。区委常委、区委办主任尚栓斌，区政府副区长杨开颜、扎西拉旺及相关部门负责人陪同。

18日 堆龙德庆区委书记石运本一行先后到日月湖水景花园小区、东嘎街道嘎东村、路缘居小区等地对辖区内中央生态环境保护督察反馈问题线索进行实地督导调研。区政协党组书记、主席洛桑强巴，区委常委、副区长罗俊峰，区委常委、区委办主任尚栓斌以及相关单位负责人一同督导。

20日 堆龙德庆区委组织部副部长、片区负责人贺舒州在区委民族会议室主持召开堆龙德庆区（柳梧新区）片区挂职第二次学习交流会。

21日 堆龙德庆区委书记、区委巡察工作领导小组组长石运本主持召开三届区委巡察工作领导小组第3次会议，会议学习了《关于2021年中央巡视工作领导小组重点工作情况的通报精神》《关于加强巡视整改和成果运用的意见精神》以及《普布顿珠同志在十届市委巡察工作领导小组会议上的讲话精神》，研究贯彻落实措施，安排部署三届区委巡察工作。区委常委、纪委书记、监委主任、区委巡察工作领导小组副组长边巴索朗，区委常委、组织部部长、区委巡察工作领导小组副组长孙玲及区委巡察工作领导小组成员出席会议。

同日 在第27个“4·23”世界读书日到来之际，堆龙德庆区委宣传部联合团区委、区妇联、区总工会、区文旅局在马镇中心小学开展“书香满堆龙 喜迎二十大”主题阅读活动，此次活动共有100余人参加。

22日 堆龙德庆区召开安全生产工作部署会议，区委书记石运本出席会议，全体在岗县级领导、各镇（街道）党政主要负责人、区（中）直单位和区属国有企业、辖区重点企业主要负责人参加会议。

同日 西藏自治区党委书记王君正先后到堆龙德庆区羊达街道人民调解委员会办公室、派驻法庭、道交一体化调解室、婚姻家庭调解室和综合服务中心，详细了解矛盾纠纷多元化解和流动法庭整合等综合治理创新工作。

同日 西藏自治区党委宣传部副部长周黎明一行到堆龙德庆区专题调研融媒体中心功能运转和媒体平台建设情况，拉萨市委宣传部副部长卞光辉陪同。

同日 堆龙德庆区委组织召开“以案促改”工作部署会，全区在岗县级领导、副科级以上党员干部共计300余人参加会议。会上，与会人员集中观看堆龙德庆区纪委监委、区委宣传部联合制作的反腐倡廉题材剧《忏悔录》，全文通报了《拉萨市堆龙德庆区“强化警示教育、深化以案促改”工作实施方案》。

25日 堆龙德庆区委书记石运本带队看望慰问坚守在疫情防控一线的工作人员，详细了解当前疫情防控工作开展情况。区委副书记李晓强，区委常委、副区长达娃卓玛及相关单位负责人陪同。

26日 堆龙德庆区卫健委协调南京医科大学第二附属医院专家到堆龙德庆区开展先天性心脏病筛查工作，拉萨市卫健委副主任叶晓梅到场看望慰问专家组。

同日 堆龙德庆区委书记石运本组织召开堆龙德庆区中央环保督察整改问题阶段性工作部署会。区政协党组书记、主席洛桑强巴，区委常委、副区长罗俊峰，区人大常委会副主任、古荣镇党委书记索朗曲珍，区人民法院院长欧阳建川，区人民检察院检察长索朗旺庆出席会议。各镇（街道）、区直各部门、区属国有企业主要负责人参加会议。

28日 三届堆龙德庆区委巡察工作领导小组组织召开第二轮巡察工作动员部署会，区委书记、区委巡察工作领导小组组长石运本出席会议并作动员讲话。区委常委、组织部部长、区委巡察工作领导小组副组长孙玲及区委巡察工作领导小组成员出席会议。各镇（街道）纪（工）委书记，区纪委监委、组织部、宣传部、政法委、财政局、审计局、信访局、环督办主要负责人，第二轮被巡察党组织全体班子成员，区委巡察办、巡察组全体干部参加会议。区委常委、纪委书记、监委主任、区委巡察工作领导小组副组长边巴索朗主持会议。

29日 共青团堆龙德庆区委员会举办“喜迎二十大·纪念五四运动103周年、共青团成立100周年庆祝活动”。堆龙德庆区委副书记李晓强，团拉萨市委副书记慈旦德吉，区委常委、宣传部部长杨丽出席活动，各镇（街道）、区直各部门主要负责人以及各行各业代表等共150余人参加活动。

5月

3日 堆龙德庆区被评选为西藏自治区生态文明建设示范区（第一批）。

5日 堆龙德庆区委书记石运本以“四不两直”的方式，深入辖区实地调研民生实事推进情况。区委常委、区委办主任尚栓斌及区委作风办负责同志陪同调研。石运本一行先后到东嘎社区、南嘎社区、贾热社区，通过实地察看、听取汇报等方式，详细了解民生实事推进和基层社会治理工作情况及存在的困难问题。

6日至7日 西藏自治区党委常委、拉萨市委书记普布顿珠深入堆龙德庆区古荣镇和东嘎、乃琼、羊达街道，调研维护稳定、文旅产业、冷链物流、城市建设、基层党建等工作。拉萨市委常委、秘书长张春阳陪同调研。

8日 2022年西藏自治区“五好文明家庭”暨百户“最美民族团结家庭”候选名单公示，堆龙德庆区仁增家庭上榜。

9日 由堆龙德庆区委宣传部、区新时代文明实践中心主办的书香堆龙之“喜迎二十大·礼赞新时代”农牧民国家通用语言诵读比赛开赛。

10日 拉萨市人大常委会党组副书记、副主任马军率调研组一行到堆龙德庆区就学习贯彻落实中央人大工作会议精神及人大在以往开展工作中的特色亮点、方法措施、经验教训及工作中存在的困难、问题和矛盾等方面进行调研座谈。

同日 堆龙德庆区委书记、区委巡察工作领导小组组长石运本到乡村振兴局、农业农村局等被巡察单位，调研指导三届区委第二轮巡察各组工作，了解巡察组工作进展情况和被巡察单位的支持配合情况，对下一步巡察工作提出具体要求。

同日 堆龙德庆区2022年度教育工作会议在区政府综合楼二楼会议室召开。拉萨市教育局党组成员、三级调研员巴珠，堆龙德庆区委副书记李晓强出席会议。各镇（街）分管教育副镇长、主任，区直相关部门负责人，各学校校长、幼儿园园长、区教育（体育）局班子成员和局机关干部职工共90余人参加会议。会议由区委常委、副区长达娃卓玛主持。

11日 堆龙德庆区新任科级干部（年轻干部）培训班在区文化活动中心开班，区委书记石运本出席开班式并讲授“开学第一课”，区委副书记李晓强主持开班式。在岗全体县级领导、全体参训学员及全区“85后”科级干部共300余人参加开班仪式。

12日 堆龙德庆区减灾委员会组织区应急管理局、水利局、住建局、交通局等11家单位在团结路开展主题为“减轻灾害风险 守护美好家园”宣传活动，向群众宣传防灾减灾知识，进一步强化群众防灾减灾意识。

17日 堆龙德庆区组织召开第十一批驻村工作总领队见面会，会议由区委书记石运本主持。拉萨市委组织部副部长禹春辉，拉萨经济技术开发区管理委员会安全生产监督管理局局长、堆龙德庆区驻村工作总领队西若伟色，拉萨市强基办综合协调组组长冯俊涛，堆龙德庆区在岗县级领导干部，第十一批驻村工作队队长参加会议。

同日 堆龙德庆区举办2022年第一期人大代表提升履职能力培训班开班，各镇街道（含柳梧街道）50名人大代表参加培训。

18日 堆龙德庆区委书记石运本一行实地督导辖区森林督查案件整改工作进展情况，区政府副区长扎西拉旺以及乃琼街道、区自然资源局等部门主要负责同志陪同。

同日 堆龙德庆区人民检察院与区人民法院首次召开检法两院民事行政执行工作联席会议，区法院党组书记、院长欧阳建川，区检察院党组书记、检察长索朗旺庆及两院部分班子成员、部门负责人参加会议。

同日 四川大学工程设计研究院院长、教授唐柳一行就堆龙德庆区新城规划建设和乡村振兴建设等工作进行实地调研。拉萨市委副秘书长谷祥楚、堆龙德庆区委副书记李晓强、区政府副区长旦增平措等陪同。

19日 堆龙德庆区中学与西藏自治区人民政府驻格尔木办事处中学（简称“西格办中学”）签订

为友好交流学校。

20日　西藏自治区党委常委、组织部部长赖蛟一行到堆龙德庆区羊达、乃琼街道调研公务员平时考核工作，实地了解党建引领基层治理工作情况。

23日　堆龙德庆区召开宗教界深入开展“国家意识、公民意识、法治意识”教育动员部署会。区委书记石运本出席会议，区委副书记巴珠主持会议，在岗县级领导、各镇（街道）、区（中）直部门和单位主要负责人，寺庙管理机构负责人，寺庙僧尼代表，僧尼宣讲员等120余人参加会议。会议传达学习了自治区、拉萨市宗教界深入开展“国家意识、公民意识、法治意识”教育动员部署会议精神。

24日　堆龙德庆区委书记、区委机构编制委员会主任石运本主持召开2022年度区委机构编制委员会第一次会议。会议传达学习中央编委文件精神、西藏自治区党委书记王君正在自治区党委机构编制委员会议上的讲话精神以及自治区编办主任会议精神和拉萨市委编委文件精神，审议通过《中共拉萨市堆龙德庆区委员会机构编制委员会2022年工作要点》，研究部署近期机构编制重点工作，并就继续做好堆龙德庆区机构编制工作，提出具体要求。区委机构编制委员会副主任李晓强、尚栓斌、孙玲，区委机构编制委员会成员单位负责人出席会议。

同日　堆龙德庆区委老干部局联合区委政法委、拉萨市公安局堆龙德庆分局、区应急管理局、区人民武装部等部门，组织退休干部举办以“强化安全意识 筑牢安全防线”为主题的安全知识和防范养老诈骗专题讲座，共有120余名退休干部参加此次讲座。

25日至27日　区直机关工委联合区纪委监委、组织部、宣传部、党校、国有企业党工委、“两新”工委举办堆龙德庆区（中）直机关党组织党务基础知识培训班，区（中）直机关各党组织、国有企业党工委、“两新”工委党务工作者共90余人参加培训。

30日　堆龙德庆区工商业联合会（商会）召开第二次代表大会。拉萨市工商联党组副书记、主席黄前敏，堆龙德庆区委常委、统战部部长达瓦次仁出席会议，辖区企业和区直有关单位代表共计57人参加会议。会议听取审议堆龙德庆区工商业联合会（商会）一届执行委员会工作报告，回顾了一届执委所取得的工作成果并提出今后五年的奋斗目标及工作任务，同时选举产生堆龙德庆区工商业联合会（商会）二届执行委员会执委、主席、副主席、会长、副会长、秘书长。

同日　堆龙德庆区委常委、政法委书记、公安分局局长赵宏忠在公安分局4楼党委会议室主持召开全区“雪亮工程”建设推进会。区委政法委、公安分局、自然资源局、城市管理和综合执法局、交通局、施工及监理等单位负责人和各镇（街道）综治分管人员参加会议。

同日　为进一步增强广大妇女的自我保健意识，提高广大妇女的健康素养、生活质量、幸福指数，堆龙德庆区区疾控中心在区委党校举办以“迎端午 送健康”为主题的健康知识讲座，拉萨市疾控中心健康教育科专家扎西尼玛老师受邀主讲，全区共有40名党政机关妇女职工参加活动。

30日至6月1日　堆龙德庆区政协举办2022年第一期政协委员履职培训班，44名基层政协委员参加培训。区政协党组书记、主席洛桑强巴出席开班仪式并作动员讲话，拉萨市政协提案委主任巴次、西藏大学文学院历史系主任达瓦次仁、堆龙德庆区委党校老师米玛曲珍、达瓦受邀作专题授课。

31日　堆龙德庆区召开“安全生产月”活动启动会议，安排部署活动相关工作。区委书记石运本出席会议，区委常务副书记、常务副区长赵岩，各镇（街道）、区直有关部门负责人参加会议。

6月

1日　拉萨市人大常委会党组书记、主任、联系寺庙地级领导贺鹏到乃朗寺检查指导工作，堆龙德庆区委常委、统战部部长达瓦次仁等陪同。

同日　堆龙德庆区委书记石运本一行到羊达

街道鑫诚水泥制品厂有限公司实地督导查看中央环保督察转办问题线索整改情况。区委常委、政法委书记、公安分局局长赵宏忠，区委常委、副区长罗俊峰，羊达街道及相关单位负责人陪同。

同日　按照企业主导、政府引导的工作思路，“堆龙上谷之夜主题夜市”盛大开业。夜市占地面积 7000 平方米，共有摊位 33 个，其中大学生创业摊位 3 个，涉及餐饮、服装、文创、花卉、儿童游乐等多种业态，当日人流量达 3 万人次，销售总额达 11 万余元。

2 日　堆龙德庆区委宣传部、区新时代文明实践中心联合马镇组织开展 6 月新时代文明实践推动日暨“我们的节日・端午”活动。区委常委、宣传部部长杨丽，马镇党政班子成员、各村第一书记、宣传委员、宣传专干、党员志愿者及农牧民宣讲员等共 60 余人参加活动。

同日　由西藏自治区生态环境厅、拉萨市生态环境局、堆龙德庆区人民政府联合主办，区委宣传部、生态环境分局承办的 2022 年“6・5”世界环境日主题宣传活动，在东嘎街道祥和苑社区易地扶贫搬迁集中安置点正式举行。西藏自治区生态环境厅党组成员、副厅长达娃，拉萨市生态环境局党组成员、副局长德吉央宗，堆龙德庆区委常委、副区长罗俊峰出席活动，自治区生态环境厅、拉萨市生态环境局等 11 家区市单位及堆龙德庆区公安分局、生态环境分局等 5 家区直单位和堆龙德庆区西部计划志愿者、社区工作人员、干部群众参加活动。堆龙德庆区各镇（街道）、各相关部门同步开展“6・5”世界环境日宣传活动。

7 日　堆龙德庆区召开贯彻落实全国和区市稳住经济大盘会议精神部署推进会议，深入研判全区经济运行情况，分析面临的困难问题，动员全区上下知难而进、迎难而上、多措并举推动经济平稳运行，努力实现经济社会发展预期目标。

13 日　堆龙德庆区召开新任职干部任前集体谈话会，区委书记石运本出席会议，县级领导以及 160 余名新任职干部参加会议。

同日　堆龙德庆区委书记、区委巡察工作领导小组组长石运本主持召开三届区委巡察工作领导小组第 4 次会议，听取第二轮巡察中期汇报。

14 日　拉萨经济技术开发区管委会安全生产监督管理局局长、堆龙德庆区委副书记、第十一批驻村工作总领队西若伟色，堆龙德庆区人大常委会党组成员、副主任、第十一批驻村工作副领队巴桑罗布带队到乃琼街道 6 个行政村（社区）督导调研驻村工作开展情况。

16 日　2022 年西藏初中班（校）招生考试（小升初考试）开考，堆龙德庆区委书记石运本在考务指挥中心通过视频监控系统实时画面查看各考场情况，认真听取考点负责人关于考务安排、考场管理、考试安全、防疫措施、交通管控、治安秩序维护、应急处置、考务人员后勤保障等各项情况介绍。随后，到学生考试场所、学生食堂实地查看考试情况及考生饮食卫生保障情况，并慰问考务一线工作人员。

17 日　堆龙德庆区委书记石运本主持召开拉萨市堆龙德庆区林（草）长制工作部署会，在岗全体县级领导，各镇（街道）、区直单位、区属国有企业、村（社区）主要负责人参会。

19 日　西藏自治区第十三届“优秀少先队员”“优秀少先队辅导员”“优秀少先队集体”评选公示，拉萨市堆龙德庆区姜昆黄小勇希望小学等 4 个少先队大队集体上榜。

20 日　堆龙德庆区文旅局在觉木隆寺管会会议室组织召开 2022 年文物暨消防安全工作会议。区政府副区长旦增平措，区民宗局、区文旅局、区消防救援大队、各镇（街道）及 18 个文物保护单位（野外文物点）相关负责人参加会议。

同日　堆龙德庆区委书记石运本带队调研组一行实地调研辖区重大项目推进情况，区委常委、区委办主任尚栓斌及相关部门负责同志陪同调研。调研组一行先后到堆龙河两岸综合治理工程（下游）、滨河景观市政工程项目施工现场详细了解项目规划、施工进度等相关情况，现场对接工作推进中遇到的困难和问题。

同日　为持续深化党史学习教育成果，提升退休老干部党支部的组织力和凝聚力，区委老干部局组织区内 3 个退休支部 56 名退休老干部参观藏传佛教活佛转世专题展和谭冠三纪念园。

同日 堆龙德庆区妇联在党校会议室举办“巾帼心向党·喜迎二十大”暨“推进家庭美德·弘扬时代新风尚”树清廉家风宣讲活动,各区直部门、镇(街)分管党风廉政建设相关负责人、妇联工作者共80余人参加活动。

21日 堆龙德庆区委书记、区委党的建设工作领导小组组长石运本主持召开区委党的建设工作领导小组2022年第一次会议暨基层党建工作重点任务推进会。会议传达学习全国、自治区、全市组织部长会议和基层党建工作重点任务推进会精神,会上部分单位进行交流发言,研究审议相关文件,并安排部署下一步工作。

同日 堆龙德庆区委平安堆龙建设领导小组会议暨市域社会治理现代化试点迎检工作动员部署会召开。区委平安堆龙建设领导小组成员,各镇(街道)党(工)委书记、副书记,以及区直各单位主要负责同志参加会议。

22日 拉萨市信访局宣讲组赴堆龙德庆区开展《信访工作条例》巡回宣讲暨培训会,市政府副秘书长、信访局局长格桑卓嘎到场指导,市信访局党组成员、副局长普布卓玛,党组成员、副局长米玛扎西围绕新颁布的《信访工作条例》及“如何发挥信访联席会议机制作用”进行专题授课。

同日 堆龙德庆区召开政法系统新任职干部任前集体谈话会,区委书记石运本出席会议,区委副书记李晓强,区委常委、组织部部长孙玲等县级领导及200余名新任职干部参加会议,会议由区委常委、政法委书记、公安分局党委书记、局长赵宏忠主持。

同日 堆龙德庆区举办2022年藏语文工作者国家通用语言文字素养提升暨第五期汉藏双语翻译培训班,区直各单位、各镇(街)相关人员,驻寺干部、各学校工作人员共86人参加培训,区政府副区长刘静静出席开班仪式。

23日至24日 堆龙德庆区教体局组织举办“儿童心理健康培训讲座”,全区各幼儿园园长、教师、教体局相关工作人员共计180余人参加培训。

25日至7月2日 由堆龙德庆区人民政府、拉萨市体育局、西藏城市置业集团主办,堆龙德庆区教育体育局、堆龙德庆区体育总会、拉萨市足球协会承办,西藏享动体育科技有限公司协办的“堆龙万达杯”十一人制足球邀请赛在堆龙德庆区滨河体育公园足球场举行。该次赛事有拉萨队、拉萨市教育代表队(满天星)、拉萨市净土传媒队、堆龙德庆区队、拉萨交通产业集团队、那曲队、日喀则队等7支球队参加比赛。

26日 西藏自治区党委常务副书记、区政协党组书记庄严到堆龙德庆区马镇措麦村和东嘎街道祥和苑居委会调研工作。

27日 堆龙德庆区委书记石运本实地调研“雪亮工程”项目推进情况。区委常委、政法委书记、公安分局局长赵宏忠,区委常委、区委办主任、区委国安办主任尚栓斌,区委常委、宣传部部长杨丽,以及相关部门负责人陪同调研。石运本一行先后到指挥中心建设现场、智慧安防小区试点和项目建设指挥部,详细了解项目规划、施工进度等情况,详细询问“雪亮工程”服务公安实战应用和城市精细化管理中发挥作用等情况。

27日至29日 堆龙德庆区委组织部在东嘎社区党员培训基地开展2022年第十一批驻村(社区)干部(三类专干)普遍培训,培训采取集中授课方式进行,31个村(社区)驻村工作队副队长、队员参加培训。

29日 西藏自治区信访联席会议办公室副主任、自治区信访局副局长巴桑一行到堆龙德庆区调研“全国信访工作示范县(区)”创建工作开展情况。拉萨市信访局副局长米玛扎西,堆龙德庆区委副书记李晓强、区政府副区长刘静静陪同调研。

7月

6日 堆龙德庆区(含经开区、柳梧新区)召开“四联四包”工作机制暨“大宣讲大调研大排查大落实”活动部署会。拉萨市委副书记、常务副市长王强出席会议。会上,传达学习了西藏自治区党委常委、拉萨市委书记普布顿珠在全市推行领导干部常态化“四联四包”工作机制暨“大宣讲大调研大排查大落实”活动动员部署会上的讲话精神。市人大常委会副主任达瓦，市政府副市长洛色，市政协党组成员、秘书长邹玉明参加会议。

同日　堆龙德庆区“喜迎二十大·建功新时代”《信访工作条例》宣传活动启动仪式在羊达社区举行。西藏自治区信访局接访处副处长赵从波，拉萨市政府副秘书长、信访局局长格桑卓嘎，市信访局副局长米玛扎西，堆龙德庆区政府副区长刘静静出席启动仪式。各镇（街道）信访分管领导、区直各单位分管信访工作副职及农牧民群众共220余人参加活动。

8日　为加强党员发展对象、预备党员的教育培养工作，堆龙德庆区委党校联合区（直）机关工委举办了为期15天的党员发展对象、预备党员理论培训轮训。本轮培训针对全区区直机关、“两新”党工委、国资委以及农牧民等不同群体的党员发展对象和预备党员，分批次在区委党校进行，参训学员共计656人。

9日　由堆龙德庆区委、区政府联合主办的“嗨！堆龙”2022年堆龙德庆区“玉妥”文化旅游季在堆龙德庆区滨河体育公园盛大开幕，拉开了为期3个月的文化旅游季活动序幕。拉萨市旅发局党组副书记、局长高建红以及有关单位和企业负责人出席开幕式，区委常委、副区长杨蕾参加活动并致辞。开幕式上，杨蕾代表区政府分别与净土公司、龙腾公司、康达汽贸3家企业代表签订了合作协议，涉及投资9.3亿余元。

11日　堆龙德庆召开堆龙德庆区安全生产工作会议，贯彻落实全国、区市安全生产电视电话会议精神，安排部署下一阶段重点工作。区委常务副书记、常务副区长赵岩以及区安委会全体成员单位主要负责人参加会议。

同日　堆龙德庆区2022年意识形态工作责任制暨全媒体业务培训班正式开班。区委副书记李晓强出席开班仪式。各镇（街道）宣传委员、村（社区）宣传文化专干，区直部门相关单位负责宣传工作的工作人员，国企、寺管会、各中小学相关负责人共90余人参训。

14日　堆龙德庆区德庆镇联县包乡地级领导、自治区党委巡视办主任、拉萨市委常委、纪律检查委员会书记、监察委员会主任王洪勇到德庆镇昂嘎村、邦村、德庆村开展“四联四包”工作机制暨“大宣讲大调研大排查大落实”指导调研活动。

19日　堆龙德庆区召开北京市门头沟区第十批援藏干部人才见面会，第十批援藏干部人才领队史运德等11名援藏干部人才以及堆龙德庆区委常委、副区长杨蕾，区委常委、区委办主任、区委国安办主任尚栓斌，区委常委、组织部部长孙玲参加会议，会议由区委副书记李晓强主持。

20日　拉萨市副市长陆从福到堆龙德庆区调研教育领域重点项目建设工作，堆龙德庆区相关领导以及区直各有关单位负责人陪同调研。陆从福一行先后到人大附中拉萨学校和堆龙德庆区第二中学施工现场，详细了解项目建设进展情况以及项目建设中存在的难点问题。

同日　为深入贯彻落实习近平总书记关于做好新时代老干部工作指示精神，根据《西藏自治区党委老干部局 西藏自治区财政厅关于印发〈西藏自治区离退休干部健康疗养办法〉的通知》及自治区、拉萨市老干部工作会议精神，堆龙德庆区委老干部局组织26名退休干部职工到山南、林芝开展为期一周的健康疗养活动。

21日　按照堆龙德庆区委、区政府统一部署，东嘎街道牵头联合区委宣传部、区委政法委、区司法局、区自然资源局等15家单位，对拉萨市恒升物资再生利用有限公司违建点位进行依法搬离拆除。

22日　堆龙德庆区举办2022年高校毕业生大型专场招聘会，共有90家企业参与招聘会，提供3000余个招聘岗位，其中区内岗位2000余个，区外岗位1000余个。

23日　堆龙德庆区第三届“龙创集市杯”大学生足球赛在滨河体育公园开幕，区委副书记李晓强及区教育（体育）局、区经信局、各镇（街道）、协办单位负责人出席此次活动。此次比赛共有8支球队参赛，其中6支来自各镇（街道）的返家乡大学生代表队，1支机关青年代表队、1支创业青年代表队，共计120名球员参加比赛。

25 日　堆龙德庆区疾控中心开展创建慢性病综合防控示范区工作推进会暨专题培训会，邀请江苏省疾病预防控制中心慢病所所长陶然博士进行授课，区委常委、副区长达娃卓玛，市疾控中心慢病科科长杨永艳，以及各成员单位共计 40 余人参加活动。

同日　由堆龙德庆区人民政府主办，堆龙德庆区人社局承办的“2022 年堆龙德庆区高校毕业生暨退役军人大型专场招聘会”在区滨河体育公园内举办。此次专场招聘现场求职 800 余人次，现场收到求职简历 522 份，其中区内企业收到简历 497 份，区外企业收到简历 25 份，经现场交流洽谈及双向选择，达成初步意向 51 人。

同日　拉萨市卫健委联合堆龙德庆区卫健委在城区开展大型义诊和专家健康宣讲活动。义诊活动中共接诊老人 100 余名，赠送慢性病常用药品价值 1.5 万余元。

27 日　堆龙德庆区退役军人事务局联合区武装部、南嘎社区居委会及驻村工作队开展悬挂光荣牌、送喜报活动，集中为退役军人家庭悬挂光荣牌。区政府副区长达瓦次仁为立功受奖的 8 位现役军人家属送去立功喜报并颁发奖金，为全区第四批“光荣之家”悬挂光荣牌，送去区委、区政府对军属的关心关怀。

29 日　堆龙德庆区委书记石运本到羊达街道调研指导“大宣讲大调研大排查大落实”活动开展情况，并与街道、村（社区）干部进行座谈交流。

同日　堆龙德庆区召开深化全国文明城市创建推进会，总结分析 2022 年创城工作，研判问题短板，对全区文明城市创建工作进行再动员、再部署、再发力。区委副书记李晓强出席会议，各镇（街道）宣传委员；区直机关工委、团区委、文旅局、教育局、公安分局、城管局等区（中）直单位主要负责人；驻区金融系统、通信系统、商超等负责人共 30 余人参加会议。

同日　堆龙德庆区乃琼老年人日间照料中心举行揭牌仪式。拉萨市民政局党组成员、副局长琼吉，拉萨市民政局四级调研员巴桑，乃琼街道党工委副书记、办事处主任四郎平措应邀出席揭牌仪式，区民政局、区融媒体中心、第三方运营公司、乃琼街道波玛村村“两委”相关人员及 50 余名 60 岁老人参加揭牌仪式，区政府党组成员、副区长刘静静主持揭牌仪式。

7 月　为加强基层党建工作，打通基层党员干部教育培训“最后一公里”，堆龙德庆区各镇（街道）挂牌成立乡镇党校，实现 6 个镇（街道）乡级党校平台建设、党员教育管理“2 个 100%”全覆盖。

8月

1 日　堆龙德庆区组织开展庆祝八一建军节系列活动，进一步巩固和发展军政军民团结的良好局面，营造了军民鱼水情深的浓厚氛围。

同日　堆龙德庆区“四大班子”县级领导、各镇（街道）、区直各部门负责人共 60 余人，到堆龙德庆区民兵训练基地开展“军事日”活动。

22 日　堆龙德庆区委书记石运本到羊达街道看望慰问一线抗疫志愿者，并送上慰问物资，激励志愿者坚定战胜疫情的信心，积极投身疫情防控阻击战。

同日　堆龙德庆区政协党组成员、副主席王考昌带领堆龙德庆区抗疫支援组（由 104 名医护人员、青年志愿者、党员干部职工组成）一行到城关区开展疫情防控工作。区委副书记李晓强，区委常委、组织部部长孙玲参加出征仪式。

24 日　堆龙德庆区委书记石运本走村入户督导检查疫情防控工作，看望一线值守工作人员。

同日　那嘎村委会组织有意愿捐赠物资的群众，为东嘎街道、乃琼街道、羊达街道捐赠包括大米、糌粑、土豆、面粉、酥油、奶渣等价值 6.5 万余元的爱心物资。

同日　乃琼街道组织开展“口罩募捐”专项公益活动，辖区企业和农牧民施工队共计募捐 30 余万只医用防护口罩，向辖区每名群众各发放 10 只。

9月

6日至7日 堆龙德庆区总工会联合区净土公司开展“月满中秋，情暖‘疫’线”中秋关怀慰问活动。此次慰问活动中，堆龙净土公司彰显国企担当，将442盒月饼捐赠给堆龙德庆区总工会，通过工会组织向坚守在“疫”线防控人员送上中秋祝福。

7日 第四世达扎活佛个人捐资1万元、达扎寺捐资5万元，经多方联系协调购置防护服、防护口罩、免洗酒精凝胶、方便面、饮料等防疫物资，分别向区民政局（慈善协会）和乃琼社区一线防护工作人员进行捐赠。

10月

3日 堆龙德庆区委书记石运本以“四不两直”方式，深入疫情防控一线督导检查工作。他强调，当前疫情防控正处于收尾攻坚阶段，要进一步坚定信心决心，增强工作责任感，针对存在的问题不足补短板、强弱项，奋力夺取疫情防控全面胜利。

4日 由拉萨市委宣传部、拉萨市文明办主办，堆龙德庆区委宣传部、羊达街道协办的“我们的节日·重阳”隔空不隔爱——2022年敬老爱老活动，在堆龙德庆区羊达街道帮普村举行，为老人们送上真挚的问候和浓浓的节日祝福。

6日 西藏自治区公安厅党委委员、拉萨市委常委、政法委书记、公安局党委书记普卫东到堆龙109国道出藏卡点开展疫情督导检查工作，堆龙德庆公安分局局长赵宏忠等陪同。

10日 拉萨市生态环境局党组书记格桑巴珠、副局长唐丽琼带领检查组一行针对疫情期间医废处置工作到堆龙德庆区进行督导检查。

11日 堆龙德庆区委书记石运本一行到各街道督导检查中共二十大安保和疫情防控工作，看望慰问奋战在一线的广大工作人员。

12日 堆龙德庆区委常务副书记、常务副区长史运德带领区消防救援大队、区应急管理局等部门深入6个镇（街）开展消防安全专项检查及调研工作。

13日 堆龙德庆区委书记石运本一行到东嘎、乃琼、羊达街道下辖的各村（社区）、居民小区和街巷卡点等地检查指导工作，详细了解值守巡逻、群防群治、台账登记、防疫物资等工作落实情况。

30日 由团区委、区教育厅、区少工委联合开展的2021—2022年度西藏自治区“红领巾奖章”四星章评定结果揭晓。经逐级评审，决定授予热旦加措等110名少先队员“红领巾奖章”个人四星章，授予堆龙德庆区小学三（1）中队等35个少先队集体“红领巾奖章”集体四星章。

31日 司法部、民政部关于拟命名第九批“全国民主法治示范村（社区）”的名单公示，堆龙德庆区马镇马村上榜。

同日 堆龙德庆区召开全区领导干部大会，区委书记石运本主持会议。会议传达学习中国共产党第二十次全国代表大会精神，安排部署全区学习宣传贯彻工作，动员和号召全区上下统一思想、提高认识，形成深入学习宣传贯彻落实中共二十大精神的强大合力。

11月

10日 在严格落实各项疫情防控措施、全面对经营区域和设施设备进行消毒消杀的基础上，堆龙德庆区东嘎农贸批发市场正式恢复生产经营，市场内已经有77家不同类型的商铺在经过多方研判后，有序复商。

同日 西藏自治区文化厅印发《关于组织开展第一批西藏自治区公共文化服务体系示范县（区）创建工作的通知》，堆龙德庆区作为拉萨市唯一入选的县（区），入选第一批西藏自治区公共卫生文化服务体系示范县（区）。

15日 为加强基层消防治理建设，提高城乡火灾防控能力，确保全区火灾形势稳定，堆龙德庆区“一委一站一队”挂牌仪式在各镇（街道）分别举行。区常务副书记、常务副区长史运德，区政府党组成员、副区长、古荣镇党委书记梅星等出席揭牌仪式。

18 日　2022 年中国中小城市高质量发展指数研究成果发布，堆龙德庆区上榜 2022 年度全国投资潜力百强区。

28 日　西藏高级人民法院常务副院长赵宇彦、拉萨市中级人民法院院长李世蓉一行到堆龙德庆区人民法院检查指导复工复产工作。

同日　堆龙德庆区召开今冬明春安全生产暨防灾减灾工作会议，分析研判当前全区面临的形势，深刻吸取近期国内事故教训，动员各镇（街道）、区直各部门进一步认清当前安全生产形势，及时查找工作中的困难和问题，找准工作切入点，切实抓好安全生产各项基础工作。区委常委、副区长罗俊峰主持会议，区安委会成员单位相关人员以线上 + 线下方式参加会议。

30 日　堆龙德庆区委书记石运本深入疫情防控一线，为尼木、林周和当雄县增援的堆龙德庆区疫情防控工作人员送去慰问物资。

同日　堆龙德庆区委常委、副区长罗俊峰带领堆龙德庆区复工复产领导小组先后到高争建材、高争商混、高争骨料、宝利沥青 4 家规上企业详细了解企业复工复产和生产经营情况。

12 月

4 日　堆龙德庆区农业农村局举办以“学习贯彻中共二十大精神、铸牢中华民族共同体意识”为主题的农牧民国家通用语言文字演讲比赛。各镇（街道）、区委宣传部、区民宗局、农业农村局、乡村振兴局等相关负责人参加活动。比赛中，12 名来自各镇（街道）、各行各业的农牧民参赛，经过激烈的角逐，最终评选出一等奖 2 名、二等奖 3 名、三等奖 7 名及优秀组织单位 3 个。

8 日　堆龙德庆区委书记石运本一行到羊达街道，面向基层党员干部群众宣讲中共二十大精神。区委常委、区委办主任尚栓斌，区委常委、宣传部部长杨丽参加活动。

同日　在第二批自治区级民族团结进步模范单位名单中，堆龙德庆区新时代文明实践中心上榜；宗教活动场所堆龙德庆区达扎寺、堆龙德庆区乃朗寺上榜；学校堆龙德庆区中学上榜。

9 日　西藏自治区卫健委副主任张耕耘到堆龙德庆区人民医院检查指导发热门诊建设运行情况。

10 日　堆龙德庆区委常务副书记、常务副区长、包村县级领导史运德一行到马村开展中共二十大精神宣讲，村“两委”、下沉干部、驻村工作队成员和全体农牧民党员现场聆听。

12 日至 14 日　学习贯彻中共二十大精神和区党委十届三次全会、市委十届四次全会精神拉萨市巡回宣讲团到堆龙德庆区各镇（街道）开展巡回宣讲。各镇（街道）班子成员，机关党员干部，各村第一书记、书记、主任，驻村工作队负责人及全区基层农牧民宣讲员共 500 余人参加此次报告会及专题培训。

15 日　堆龙德庆区东嘎街道“小个专”党支部党建案例上榜“年度百个党建创新案例”。

16 日　堆龙德庆区委召开书记专题会议，听取三届区委第二轮巡察情况汇报。区委书记、区委巡察工作领导小组组长石运本主持会议，区委副书记史运德，区委副书记西若伟色，区委副书记李晓强，区委常委、组织部部长、区委巡察工作领导小组副组长孙玲参加会议。区纪委、区委组织部、区委巡察办相关负责人列席会议。

同日　堆龙德庆区残疾人联合会第一次代表大会在区财政局三楼会议室召开，拉萨市残疾人联合会党组书记、理事长格桑平措，区委副书记李晓强，区人大常委会党组成员、副主任马勇，柳梧新区管委会四级调研员史祥国，经开区管委会四级调研员柳杨梅等应邀出席，特邀代表、残疾人代表、列席代表等共 50 余人参会，会议由区政府党组成员、副区长刘静静主持。

19 日　西藏自治区 2022 年度全国学雷锋志愿服务“四个 100”先进典型拟推荐名单公示。按照中宣部、中央文明办等 19 个部门工作部署，自治区文明办在全区范围内组织开展了宣传推选 2022 年度全国学雷锋志愿服务“四个 100”先进典型活动。拉姆普赤获得拉萨市堆龙德庆区乃琼街道办事处新时代文明实践志愿队“最美志愿者”称号。拉萨市东嘎先锋集结号应急救援志愿服务队获得“最佳志愿服务组织”称号。

20 日　中国共产党拉萨市堆龙德庆区第三届委员会第四次全体会议召开。出席全会的有区委委员 18 人，区委候补委员 5 人。不是区委委员、候补委员的堆龙德庆区县级党员领导、镇（街道）党（工）委书记、镇长（主任）列席会议。全会由区委常委会主持，区委书记石运本作讲话。

29 日　堆龙德庆区召开 2023 年第一季度暨“三大节日”期间安全生产工作部署会议，区委常委、副区长罗俊峰主持会议并作工作部署，各镇（街道）、安委会成员单位、部分企业主要负责人参加会议。

区情概览

综 述

【概况】 堆龙德庆区藏语意为“上谷神地”，位于拉萨市西北部，拉萨河下游，是拉萨“一心两翼”发展格局的“西翼”。辖区经济以农业为主，农作物包括青稞、小麦、蚕豆、油菜籽等，畜牧业以饲养牦牛、山羊、绵羊为主。国家级野生保护动物有白唇鹿、马麝、藏原羚、黑颈鹤、胡兀鹫等，已经探明的矿产资源有石灰石、红土、煤、铁、铅、锌等。主要旅游景点为以楚布寺为龙头的楚布沟风景区及拥有小气候的柳梧尼玛塘自然保护区内的“邱桑温泉”“雄巴拉曲”等景点。全区下辖3个镇、3个街道，共计21个行政村、10个社区，常住人口9.1万人。

【自身建设】 2022年，堆龙德庆区召开区委常委会会议18次、理论学习中心组会议12次，配合做好自治区出席中共二十大代表推选工作。区委在第一时间部署学习贯彻中共二十大精神，分类分众开展广泛宣讲，常委领导带头深入基层示范宣讲；选派148名政治素养高、工作思路清、业务能力强、责任担当实的党员干部开展驻村工作，创建基层党组织示范点13个，常态化排查整顿软弱涣散党组织，集体经济收入超过100万元的村社达14个。全面完成三届区委第二轮巡察，完成“强化警示教育、深化以案促改”工作，给予党纪政务处分15人、诫勉谈话9人，实现本级监督执纪“第四种形态”零的突破。

经济社会发展

【经济发展】 2022年，堆龙德庆区完成地区生产总值67.68亿元，全社会固定资产投资47.9亿元，社会消费品零售总额19.02亿元，规上工业增加值5.9亿元，一般公共预算收入4.34亿元，农村居民人均可支配收入24534元，同比增长7.2%。成功上榜“2022年度全国投资潜力百强区”。疫情防控取得阶段性成效后，累计减税降费1.62亿元。

【民生实事】 2022年，堆龙德庆区办好年度“十大民生实事”，涉及34个建设项目或具体事项，12项已办结，22项因疫情、土地等因素影响处于办理中。应届高校毕业生就业率97.4%，城镇新增就业1699人，农牧民转移就业11010人、实现劳务收入1.13亿元。国家义务教育优质均衡发展示范区创建有力推进，完成区第二小学建设，人大附中拉萨学校、区第二中学、第三小学加快建设。深入开展基层医疗巡诊、家庭医生签约服务、健康体检、慢病管理等工作，区人民医院二甲综合楼建设项目完成初验。各类社会保险应保尽保，建成运营2家老年人日间照料中心。为疫情期间生活困难和外来人员发放补贴资金1400余万元。三级公共文化服务覆盖城乡，文艺队伍遍布村居，文化活动常态开展。深化受援工作，完成援藏干部人才轮换，高效推进8个援藏项目建设，完成投资5150万元。

【城乡建设】 2022年,持续推进“畅通堆龙”行动,滨河路柳东段、经开段进展顺利,桑木二路、乃加二路加快建设,北环西延线前期工作推进有力,新城路网总里程达9.3千米。完成4个棚户区改造,惠及群众1192户。堆龙河两岸综合治理工程、民族团结公园、中心公园、拉贡路景观工程等项目加快推进。脱贫成果持续巩固拓展,防返贫监测预警机制健全完善,消除返贫风险户91户325人,整合四级涉农资金3.02亿元,实施帮扶项目14个。推进群众住房改造和新建547户,实施乡村人居环境整治项目12个,完成户用洁厕改造594户、覆盖率达90.9%。

【产业升级】 2022年,堆龙德庆区推广良种良技良法,完成高标准农田建设5000亩,撂荒地复垦9143亩,粮食产量达1.22万吨,蔬菜产量达3.73万吨。牲畜存栏达11.67万头(只)、出栏2.59万头(只)。依托“古荣糌粑”优质品牌,探索推进糌粑加工企业整合发展。完成区工业园区B区燃气管网供暖工程,加快推进吉祥哈达、金谷农业等工业项目建设,扎实落实助企纾困帮扶措施,新培育规上企业1家。象雄美朵生态文化旅游园成功创建国家AAAA级旅游景区,乡村各类休闲旅游林卡发展至57个,成功举办“玉妥”文化旅游季推介活动,累计接待游客101.03万人次,实现收入3570.33万元。聚力建设拉萨国家陆港型物流枢纽核心区,完成现代物流产业发展规划编制,领峰智慧物流园建成运营,城乡物流配送“最后一公里”全面打通。

【招商引资】 2022年,堆龙德庆区落实招商引资项目32个,实际到位资金22.84亿元。深入挖掘消费潜力,开工建设堆龙万达广场、龙腾创业创新大厦、净土便民服务中心、欧西钻石广场等商业综合体。研究制定《夜间经济奖励办法》,打造推出全市首家沉浸式夜市“上谷之夜·老电影”主题夜市,开业以来累计人流量达15万余人次。

【项目建设】 2022年,全区确定实施项目123个,总投资近244亿元,年度计划完成投资77.2亿元;集中开复工重点项目39个,总投资近205亿元,年度计划完成投资53.5亿元,涵盖基础设施、民生保障、产业发展、环境保护等多领域。

【文化体育】 2022年,堆龙德庆区成功创建西藏自治区公共文化服务体系建设示范区,开展宣传宣讲、公共文化、志愿服务、移风易俗等活动1300余场次,受教育群众超过11.7万人次。组织举办“万达杯”足球赛,“净土杯”篮球赛等系列文体活动,累计线上线下观看达70万余人次。

【生态环境】 2022年,堆龙德庆区全力做好中央环保督察及森林督查反馈问题整改,中央环保督察反馈66条问题,已完成整改59条、取得阶段性整改成效7条;森林督查反馈60条问题均已整改到位,并建立区、镇(街道)、村(社区)三级林长组织体系。持续推进环境突出问题治理,大力开展“散乱污”企业专项整治,常态化从严开展环境监察执法。加快推进南北山造林绿化,完成乡村“四旁”植树19.84万株,新增国土绿化面积385亩。全年空气质量优良率99%,江河湖泊、饮用水水源地水质达标率100%。

(雷 凤)

中共拉萨市堆龙德庆区委员会

综 述

【概况】 年内，堆龙德庆区全面贯彻党中央和区市党委各项决策部署，聚焦“四个创建、四个走在前列”“当好七个排头兵”“八个方面具体工作要求”“七个坚定坚决”，对标“首府城市副中心”发展定位，蓄势进发、砥砺前行，奋力谱写长治久安和高质量发展新篇章。

【社会大局和谐稳定】 深入开展反分裂斗争。2022年，堆龙德庆区筑牢组织基础，动态调整区委国安委、党政军警民联防等指挥体系，健全完善“周研判、月调度、季度部署”等工作机制，细化研究反自焚、防暴恐等具体措施。筑牢群众基础，基层“红马甲”“红袖标”等群防群治力量参与日常巡防工作，收集整理并核查研判情报信息1300余条。筑牢思想基础，常态化开展“底线、防范、揭批、感党恩”四项教育。

2022年1月29日，堆龙德庆区委石运本书记（中），区政协党组书记、主席洛桑强巴（右一），区人大常委会副主任马勇（左一）到区交警大队慰问

稳步提升社会治理水平。纵深推进市域治理现代化试点工作，深度建设“社区党委+小区物业业主”党群联盟、“社区党委+企业商户户主”居商联盟。在全市首创“接诉即办”区长热线，受理群众问题163件，均已妥善办理。常态化开展公共安全隐患排查治理，专项开展大走访、大排查、大服务、大整治、大收缴等七大行动，刑事案件破案率达90.4%，排查矛盾纠纷25起、化解24起，接待群众来信来访169件、已化解162件。

【产业转型升级】 经济运行下行压力较大。2022年，堆龙德庆区受新冠疫情影响，经济下行压力较大，各项主要指标下滑严重。全区地区生产总值63.58亿元，按可比价计算，同比下降0.6%，增速居全市第七位（8个区县、3个功能园区排位，下同），完成全年目标任务的87.11%。实现社会消费品零售总额196387.6万元，同比减少5.6%，增速较全市平均水平高5.9个百分点，全市排名第一。

农村居民人均可支配收入24534元，同比增长7.2%，指标位居全市第三。

做优净土健康基础产业。推广良种良技良法，粮食产量达1.21万吨，牲畜存栏达11.67万头（只）、出栏2.59万头（只）。5个农业设施园区提档升级，蔬菜产量达3.7万吨。依托“古荣糌粑”国家地理标志品牌，加快推动糌粑资源整合和企业重组。

做强绿色工业主导产业。完成区工业区B区燃气管网供暖入户工程，加快推进吉祥哈达、金谷农业等工业项目建设，强化企业复工复产指导服务，落实好助企纾困各项帮扶措施，新培育规上企业1家，共有规上企业12家。

做大现代服务优势产业。抓住拉萨国家陆港型物流枢纽建设机遇，发挥区位、产业基础优势，完成物流产业发展规划编制，领峰智慧物流园、高原食品冷链中心等重大项目全面建成运营，持续打通物流配送“最后一公里”。象雄美朵生态文化旅游园成功创建AAAA级景区，德吉藏家、邱桑温泉等文旅景点吸引力不断提升，各类乡村休闲娱乐林卡达57个，加快推进楚布沟景区、药王谷景区整体打造，圆满举办“玉妥”文化旅游季推介活动，截至10月，累计接待游客99.7万人次，实现旅游收入3498.13万元。

持续有效激发发展动能。加大招商引资力度，落实招商引资项目31个（续建16个、新建15个），实际到位资金21.74亿余元。持续推进政务服务大厅标准化、规范化建设，22个部门进驻大厅可办理146项行政许可和公共服务事项。深化国企改革，优化资源重组、推进瘦身强体，注销区属国企50家、村级国企2家。深化受援工作，推进8个援藏项目建设，完成投资5150万余元。

2022年8月23日，堆龙德庆区委书记石运本（左一）到区政协调研指导工作

【城乡建设】 高品质打造堆龙新城。2022年，堆龙德庆区推进国土空间总体规划编制并精准划定“三区三线”，完成城市规划区外20个村庄规划编制，推进城市体检和造林绿化空间专项规划编制。加大“两违”治理力度，共计拆除存量“两违”127宗、45.35万平方米。持续推进“畅通堆龙”行动，桑木二路完成工程量的95%，乃加二路完成工程量的12%，滨河路柳东段、经开段分别完成工程量的21%和28%，北环西延线已确定总体方案，启动实施4个村组公路新（改）建工程。实施城市更新行动，完成2021年3个棚户区改造，加快推进2022年3个棚户区改造，色玛安置点燃气管网供暖入户和排污管网建设项目已完成工程量的80%。启动实施民族团结公园、新城中心公园、拉贡路景观工程和滨河景观市政工程等市政重点项目，加快推进18个新（续）建房地产项目。

高质量推进乡村振兴。深入推进“美丽乡村·幸福家园”建设行动，已完成8个村人居环境整治项目，正在加快其余12个村人居环境整治。完成94户农牧民群众新建住房选址测量，700户群众的住房改造提升。完成760余户群众的厕所改造，户卫生厕所改造覆盖率达93%。

【民生福祉】 用力践行为民承诺。2022年，堆龙德庆区全力办好年度“十大民生实事”，配套“民生微实事”专项资金9159万元下达至各镇（街道），解决群众急事难事70余项。做好防返贫监测和帮扶工作，摸排确定18户、53名易返贫致贫对象，逐户落实帮扶责任人。整合涉农资金30185.5万元，实施产业项目14个，资金支出进度为55.7%。

坚持优先发展教育。多措并举加强师资队伍建设，持续提升教育教学质量，加快区第二中学、第二小学、第三小学等项目建设。

促进更加充分就业。实现城镇新增就业1699人，农牧民转移就业8909人、实现收入0.86亿元，732名应届高校毕业生实现就业501人、就业率68.44%，发放各类就业创业补贴资金1898万元。

加快健康堆龙建设。开展基层医疗巡诊、家庭医生签约服务、健康体检、慢病管理，稳步实施“三医”联动改革，完成区人民医院二甲综合楼建设，区疾控中心能力提升、波玛村卫生室等项目加快推进。

完善社会保障体系。各类社会保险实现应保尽保，累计实施临时救助4931人，发放困难群众一次性生活补贴111.8万元，建成运营老人日间照料中心3个。

【生态环境】 严守生态保护红线。2022年，堆龙德庆区始终坚持“绿水青山就是金山银山、冰天雪地也是金山银山”的发展理念，有序推进《拉萨市堆龙德庆区国土空间总体规划》编制工作，持续开展生态文明建设示范创建，统筹推进山水林田湖草沙冰一体化保护和系统治理，实行最严格的环境保护制度，不断强化“三线一单”刚性约束，“三同时”执行率保持100%。

强化生态综合整治。全面做好中央环保督察迎检和反馈问题整改，第二轮中央环保督察涉及堆龙德庆区66条问题线索，已完成整改59件、取得阶段性整改成效7件。持续推进“净土”“净水”“净空”和“静音”工程，深化“河长制”和扬尘治理工作成效，严厉打击各类环境违法行为，推进环境突出问题治理，开展“散乱污”企业专项整治，做到高耗能、高排放项目零审批、零引进。推进国土绿化，完成乡村“四旁”植树19.84万株，新增国土绿化面积385亩，加快推进年度2700亩南北山造林绿化工程，建立区、镇（街道）、村（社区）三级林长组织体系，完成60件森林督查反馈问题整改，加快推进城区水系连通工程和堆龙两岸综合治理工程建设。

2022年1月25日，拉萨市堆龙德庆区委常委会班子召开党史学习教育专题民主生活会

【党的建设】 坚持政治建设从严。2022年，堆龙德庆区深刻把握“两个确立”的决定性意义，把“两个维护”作为最高政治原则，健全任务分解、跟踪督办、考核问效的落实机制，以及县级干部牵头、专班推进、部门协作的责任体系，把推动上级决策部署落地落实作为检验忠诚的“试金石”。坚持把政治纪律和政治规矩挺在前面，持续教育引导广大党员干部主动置身于党内政治生活“大熔炉”，不断加强党性锤炼。各级党组织广泛开展“重温入党志愿书”“党员政治生日”等活动，党员政治教育培训实现全覆盖。

坚持思想建设从严。不断完善区委常委会会议“第一议题”制度和理论学习中心组学习制度，以迎接服务和学习宣传贯彻中共二十大精神为重点巩固党史学习教育成果，广泛开展“感悟领袖风范·锤炼优良作风”读书、“日学一小时”学习等活动，开展区委理论学习中心组学习研讨9次、交流发言40余人次、撰写调研报告30余篇，各级党组织跟进学800

余场次。持续深化群众性精神文明创建，以“四联四包”机制为基础，高效统筹“党的二十大精神进千家万户”“三个意识”“铸牢中华民族共同体意识”等教育活动，开展各类宣讲500余场次、受众达6万余人次，有效推动党的创新理论家喻户晓、人人皆知。

坚持组织建设从严。牢固树立大抓基层的鲜明导向，新发展党员70人，常态化排查整顿软弱涣散党组织2个，“两新”三有企业党组织覆盖率达到97.66%，圆满完成22个机关党组织换届选举。坚持把“抓书记、书记抓”作为第一切入点，举办基层干部能力素质提升、乡村振兴专题培训班4期，定期开展村（社区）干部能力提升“擂台比武”活动、党组织“书记论坛”。培育民族团结进步、高原特色经济高质量发展、生态文明建设、固边兴边富民基层党组织示范点13个。全面夯实基层党校主阵地，6个镇（街道）实现党校教育全覆盖。坚持把各领域党建工作任务“清单化”作为第一要求，打造48个“支部品牌”，东嘎街道“小个专”党支部党建工作入选全国年度百个两新党建优秀案例，寺管会、国有企业、中小学、离退休等各领域党建工作提质增效。

坚持选人用人从严。全力打造全国公务员平时考核试点，健全完善工作测评可量化、可比较，工作成效可落实、可追溯的公务员平时考核体系，建立起后备干部人才库动态调整机制，2022年调整使用和晋升职级4批次600余人，对2名“差”等次、11名月工作计划落实滞后的干部分别进行诫勉谈话、提醒谈话，切实形成鼓励先进、鞭策落后的良好干事氛围。

坚持纪律建设从严。强力开展监督执纪问责，有序推动三届区委第二轮巡察，2022年受理问题线索22件，立案10件，“双开”2人，开除党籍1人，党纪处分5人，诫勉谈话2人，特别是查处何虹、杜曾涉嫌违纪违法案，实现“第四种形态”的新突破。聚焦群众反映强烈问题，跟进惠农财政补贴资金“一卡通”管理、涉粮领域、学生餐“微腐败”和“私车公养”等问题专项治理，督促纠改问题18个。启动实施新一轮“强化警示教育、深化以案促改”工作，督促各级党组织建立廉政风险清单，分批次、分层级组织各级党员干部收听收看《忏悔录》《零容忍》等警示教育片280余场次、2700余人次，参观拉萨市“身边事教育身边人警示教育展览”320余人次，签订《严守纪律、拒绝酒驾》等承诺书5700余份。

坚持作风建设从严。持续深化巩固贯彻落实中央八项规定精神及其实施细则成果，认真贯彻落实自治区党委、拉萨市委的决策部署，贯彻落实西藏自治区党委书记王君正“坚持任务清单化”指示要求，常态化开展改进作风狠抓落实工作，建立“1+3”清单，梳理“学习”清单96项、“抓落实”清单107项、“改作风”清单43项、“办实事”清单197项，对全区党员干部思想之弊、行为之垢进行一次“大清理”“大扫除”。

（尼玛次吉）

【机构领导】

区委书记

石运本

区委副书记、区长

米玛次仁（藏族）

区委常务副书记、常务副区长

赵　岩（北京援藏，6月免）

史运德（北京援藏，7月任）

区委副书记

西若伟色（藏族，5月任）

巴　珠（藏族）

李晓强

区委常委、区人武部政委

孙振立

区委常委、政法委书记、市公安局堆龙分局党委书记、局长

赵宏忠

区委常委、区纪委书记、监委主任

边巴索朗（藏族）

区委常委、副区长

杨　蕾（北京援藏，6月免）

丛欣江（北京援藏，7月任）

罗俊峰

区委常委、统战部部长

达瓦次仁（藏族）

区委常委、区委办公室主任、国安办主任

尚栓斌（6月任国安办主任）

区委常委、组织部部长

孙　玲（女）

区委常委、宣传部部长

杨　丽（女）

区委常委、副区长

达娃卓玛（女，藏族，8月免）

宋宜青（8月任）

办公室工作

【概况】2022年，区委办公室紧紧围绕区委中心工作和年初工作计划，始终坚持以“建一流队伍、树一流形象、干一流工作、创一流业绩”为目标，以“五个坚持”为引领，立足“三提升”，做好“三服务”，积极发挥参谋助手、综合协调、督查落实、保障服务等职能作用，较好地完成了各项工作任务，为区委各项决策落实和各项工作开展打下良好基础。

【党的建设】2022年，区委办公室坚持把党建工作与办公室业务工作同安排、同部署、同落实，研究制定年度党建工作计划和责任清单，及时完成支部班子成员调整、补选工作，对支部委员工作职责进一步完善，做到既有分工、又互相协作，推动形成齐抓共管的工作格局。规范完成年度组织生活会，利用微信公众号、“学习强国”平台等开展自主学习，组织区委办党支部集中学习15次，支部书记讲党课2次，观看教育片2场次，专题学习2次，召开主题党日活动7次，召开党员大会8次，召开支委会3次。深入乃琼社区走访调研5次，组织区委办党员干部参与创城活动，累计参与爱国卫生运动6次，参与志愿活动60余次。

【协调服务】2022年，区委办公室坚持原则性与灵活性相结合，做好区委领导的协调服务工作，建立健全区领导每日活动、每周工作安排机制，保障提升工作的科学化、规范化水平。不断加强与人大办、政府办、政协办之间协调沟通，完善了“四大办”联席会议制度，形成了以区委办牵头、区四大办公室整体联动、互相配合的服务机制。抓好上下级之间协调，及时传达区委重大决策部署，及时反映基层意见和建议。

【办文办会】2022年，区委办公室坚持“精简、规范、优质”标准，严把报备、收发、阅办、归档等环节，进一步健全完善各项公文办理制度和流程，及时掌握文件去向，及时催办、督办，确保公文快速有序流转。持续抓好会议精简、督查整合、改进作风各项工作，严格控制发文数量、规格和范围，收到各级来文734件，传阅文件1526次，下发公文128件，同比减少27.68%。办会上以开短会、开小会、开有用的会议为原则，进一步压减会议数量、精简会议议程、缩短会议时间，高水平完成区委组织召开的共44次会议的服务保障工作，其中区委常委会21次、区委专题会2次、书记专题会21次。筹备全区综合性会议53次，对确定召开的重要会议坚持做到提前准备、分工负责、层层把关，会前认真制定会务方案和工作流程，认真检查会务细节，力求不留死角，确保会场布置整洁庄严、会风会纪严肃认真、会议材料齐无差错，切实保障区委各项会议的质量和效率。

【工作】2022年，区委办公室推进机要保密工作标准化、规范化建设，加强保密执法检查，强化保密“两识”教育，对全区6个镇（街道）、47家区直各单位、辖区内5个打字复印广告店进行保密常规检查，查处1起涉密计算机违规外联案件，对该涉事计算机进行封存、核查，对2名相关责任人在全区范围内进行通报曝光。以“4·15”国家安全教育

2022年4月11日，堆龙德庆区委办党支部召开2022年第四次集中学习会议

2022年7月2日，堆龙德庆区委办举行庆祝中国共产党成立101周年重温入党誓词活动

日为契机开展4次保密宣传，设置线下宣传点7个，悬挂横幅20余条，LED显示屏滚动播放宣传标语60余条，组织各单位各部门集中观看保密警示教育片《别让微信成为危信》1000余人次，发放《全民国家安全宣传手册》100余册、《保密法宣传册》1000余册、保密鼠标垫1000余个，保密便签记事本500余本，订购保密光盘2万张和保密知识主题鼠标垫2500个，发放至各镇（街道）、区直各单位及各行政村（社区）等50余家单位。完成视频会议保障160余场，累计接办中央、自治区、拉萨市电报、机要业务电文262份。

【党史、档案工作】 2022年，区委办公室持续推进堆龙德庆区档案馆搬迁升级改造工作，按照县（区）级超标准对档案馆搬迁及内部功能分区进行升级改造和库房安全设施建设，共计收进馆文书档案1833件，脱贫攻坚一户一档456卷；照片档案229张，实物档案22件，勘界档案10卷；图纸5张。主动开展档案服务工作，为61人次提供利用档案199件，其中为单位工作查考提供利用档案183件；为个人权益维护提供利用档案16件。

【督促检查】 2022年，区委办公室以打造“大督查”格局为重点，既加大“督”的力度，又深化“导”的成效，将维稳工作、生态环境保护、民生事业纳入实地联合督导内容，专项推进第二轮中央生态环境保护督察整改、拉萨市森林督察发现问题整改及疫情防控督导，统一建立5名“督察专员”、82名“兼职督察员”队伍名册，开展联合督导检查860家次，发布通报23期，通报批评单位208家次、16人次。

【文稿服务】 2022年，区委办公室紧紧围绕区委中心工作和全区重大决策部署，坚持谋在新处、研在实处、辅在关键处，为区委科学决策提供重要参考。累计起草区委主要领导出席重要会议、活动的讲话稿、调研报告、新闻通稿等各类文稿120余篇，字数50余万字，组织撰写《堆龙德庆区“领导干部下基层大接访办实事”活动调研报告》《中共堆龙德庆区委员会关于深入贯彻党的二十大精神全面建设社会主义现代化新堆龙的实施方案》《中共堆龙德庆区委

2022年3月31日，堆龙德庆区委办党支部举办主题党日活动——义务植树

员会关于贯彻落实市委奋力实施“强中心”战略和“七大行动”当好长治久安和高质量发展排头兵的若干举措》等多篇综合性文稿，切实推动“国之大者、区之要事、市之重点”落地见效，较好地发挥了参谋助手作用。

【信息工作】 2022年，区委办公室坚持把信息工作摆在重要位置，改变以往习惯做法，采取约稿和调研相结合的办法，把捕捉信息的视角放在落实中央和区市党委及区委决策部署上，拓展到学习兄弟县区经验做法上，延伸到县域经济社会发展的方方面面上来，为区委决策部署提供参考，做到了把准上情，吃透下情。深入推进14个［1个街道、6个村（社区）、7个寺管会］自治区信息直报点试点工作，着眼领导宏观决策需要，努力提升信息服务质量。累计向市委上报各类信息1099条，其中，17条信息被自治区党委采用，120条信息被市委采用。累计编发信息177.8万字，及时为区主要领导掌握社情民意和各镇（街道）、区直各单位交流学习提供参考服务。

【政策研究】 2022年，区委办公室健全完善贯穿调查研究、方案审核、试点管理、成效评估、健全机制、经验推广等环节的“全链条”工作机制，研究制定和印发深化国防动员体制改革等改革文件，全面梳理和深入挖掘全区各领域改革工作的典型做法和成熟经验，先后撰写《公务员平时考核试点经验做法》《改进作风狠抓落实典型材料》《强化警示教育、深化以案促改工作实施方案》等文稿；研究起草《深入贯彻党的二十大精神全面建设社会主义现代化新堆龙实施方案》《贯彻落实拉萨市奋力实施“强中心”战略和“七大行动”当好长治久安和高质量发展排头兵的若干举措》等文稿，为区委决策提供有效参考。

（次仁德吉）

【机构领导】

区委常委、区委办公室主任、国安办主任

尚 栓 斌

区委办常务副主任

陈 俊 宇（2月免）

林 芸（女，2月任）

区委办副主任

郭 龙（2月任）

索朗扎西（藏族，6月免）

张 顺 滔（2月免）

次仁德吉（女，藏族，6月任）

区委机要局局长

樊 晓 瑞（女）

区委机要局副局长

唐 晓 颖（女，藏族）

区档案馆馆长

张 毅（女）

区党史办负责人

巴 桑（女，藏族，6月退休）

组织工作

【概况】 年内，区委组织部坚持以习近平新时代中国特色社会主义思想为指导，认真贯彻落实新时代党的建设总要求和组织路线，聚焦“四件大事”“四个确保”，聚力“四个创建”“四个走在前列”，把政治建设、思想建设、队伍建设、组织建设深度融合，全面推动各项工作落地落实。2022年，区委组织部行政编制7人，实有人员9人。下设组织编制信息中心有事业编制3人，实有人员5人。

【党的建设】 2022年，区委组织部以党章为根本遵循，严格执行新形势下党内政治生活的若干准则，认真贯彻落实民主集中制，认真执行“三会一课”、主题党日、领导干部双重组织生活、谈心谈话、民主评议党员等党内生活制度。全区284个基层党组织召开组织生活会，5412名党员参与民主评议，提出批评意见3232条。开展政治生态谈心谈话活动，涉及人数110余人；开展领导干部家访工作，实现“一把手”全覆盖；举办预备党员、发展对象培训班4期，新发展党员112人；审核党员档案3304个，整改87个。加大基层党建工作统筹谋划力度，及时制定堆龙德庆区党建领导小组工作要点和党建重点任务清单，明确全年党建工作重点任务；按规定召开党的建设（基层组织建设）工作领导小组会议，确保全区基层党建工作有抓手、有安排、有部署、有跟进。出台《堆龙德庆区关于加强对“一把手”和领导班子监督的工作方案》，将党建和党风廉政建设工作情况纳入各级领导

2022年3月28日，堆龙德庆区召开2022年党建暨宣传思想文化工作会议，区委书记石运本（左二）出席会议，区委副书记李晓强（左三）主持会议

班子和领导干部述职、评议、考核的全过程。

【党员教育】 2022年，区委组织部制定《堆龙德庆区2023年度党员教育工作计划》，明确党员教育培训工作任务、规划教育培训工作课时、细化教育培训科目。开展“送教下乡”活动，组织党校教师分批包片到各镇（街道）党校、村（社区）、村民小组进行形势政策、中心工作、业务知识等方面的宣传和讲解，开展中共二十大精神、中央第七次西藏工作座谈会、党史教育、党员政治教育、习近平新时代中国特色社会主义思想等专题培训56期、受训党员群众4950余人次，宣讲400余场次，受众4万余人次，中共二十大和二十届一中全会精神学习达到全覆盖；聚焦“创建民族团结进步示范区”，自主编印、发放藏语和汉语版《新时代干部群众思想应知应会学习要点手册》《农牧民群众应知应会50题》及全国两会宣讲提纲等2000余份；举办“祝福祖国、祝福党”书法寄语比赛、“旧貌换新颜的家乡变化”主题演讲、农闲时节新时代文明实践十项活动等400余场次，营造构建和谐社会的良好氛围。制定《堆龙德庆区镇（街道）党校建设方案》，6个镇（街道）实现党校全覆盖，80名专兼职教师被纳入党员教育培训师资库，全面强化基层党校党员教育托底保障作用。举办县、科级干部培训班23场、受训900余人次，组织党组织书记讲党课500余场，召开党员专题学习会182次，开展党建专题研讨12次，培训基层党组织书记16场、430人次；围绕增强法治意识、提高服务履职能力，培训村（社区）“两委”干部360余人次；通过学党章党规，强化党员意识，举办党员培训班2期、培训330余人次；围绕“两新”党建工作开展党员培训1期，培训130余人次；组织举办党务干部培训班5期，发展对象理论培训班2期，参训人员达400余人次。以致富带头人为切入点，带领群众主动使用多媒体学习技能，自学成才“土专家”“田秀才”3人。常态化开展党史学习教育，把领导干部“下基层大接访办实事”实践活动作为拓展实践党史学习教育的重要途径，解决群众急难愁盼问题34件、已办结7件，梳理民生实事163件、已办结39件；开展理论政策宣讲115次，覆盖群众3713人次。以喜迎二十大为契机，开展“感悟领袖风范·锤炼过硬作风”主题读书、庆祝建党101周年、喜迎中共二十大等活动，组织新老党员开展“讲幸福故事、颂党恩党情”签名寄语活动；“七一”期间，组织开展“重温入党誓词”、“先锋党员社区亮身份”、联合主题党日等活动200余场次，参与人数3000余人。组织党员干部签订《严守纪律、拒绝酒驾》等承诺书5700余份，引导群众签订《遵规守纪带头反分裂承诺书》《爱国守法反分裂承诺书》1万余份。

【干部队伍管理】 2022年，区委组织部制定《堆龙德庆区镇、村（社区）两级换届“回头看”工作方案》，组织1550余人对班子运行状况、个人工作表现、群众满意度、工作履职尽责和作用发挥等情况进行民主测评，总体评价优秀率达91.3%，收集意见建议47条，均已反馈并按要求完成整改。选派党群干部、经济干部、政法干部、农牧干部等148人精准驻村，帮助驻在村制定《经济社会发展规划》31 份，因地制宜申报强基惠民项目 15 个；围绕产业带头人、农牧业大户、生产能手，精心培养乡村振兴人才，全区共有致富带头人 88 人，其中党员致富能手 74 人；组织部成立专门调研小组，全覆盖摸排村级力量，分析现状、研究措施，起草《堆龙德庆区村居队伍建设工作调研报告》，上报市委组织部并予以肯定。围绕人员配备、薪酬待遇、工作任务等方面，持续完善社会工作者职业体系建设，以社工人才队伍建设实务经验为背景的《校地协同育人才，“社”入人心稳边疆》入选全国 MSW（社会工作硕士专业学位）研究生案例大赛全国百强。聚焦打造全国公务员平时考核联系点相关要求，坚持边探索、边推进、边完善，在指标设置、考核方式、结果运用等不同维度上创新探索，建立起工作测评可量化、可比较，工作成效可落实、可追溯的公务员平时考核体系，切实将干部管理校准，把干部特点把准，将干部实绩考准；对 2 名“差”等次的干部进行诫勉谈话，7 名党组织书记对 11 名月工作计划落实滞后的干部进行提醒谈话。树牢“唯才唯能不唯情、唯实唯干不唯上、唯德唯贤不唯钱”的选人用人标准，调整使用和晋升职级共 6 批次 561 人，全区“90 后”正科级实职干部 3 人，“95 后”副科级干部 10 人，全区职级使用率达 82%。调整交流长期在同一岗位的干部 18 人，提拔晋升寺管会干部 8 人，区直与寺管会间交流干部 6 人。全区调整使用受党纪政务处分影响期已满且表现优秀的干部 10 名，抗疫期间提拔使用干部 1 人、交流 2 人；调整不适宜担任现职干部 11 人，形成鼓励先进、鞭策落后的良好氛围。

2022年4月7日，堆龙德庆区召开公务员平时考核工作推进会

【基层党组织建设】 2022 年，区委组织部举办村干部能力素质提升培训班 2 期，基层干部乡村振兴专题培训班 2 期；开展村（社区）干部能力提升“擂台比武”活动，31 个村（社区）党组织书记围绕“基层社会治理”举办“书记论坛”；整合使用援藏资金 320 万元，全面打造措麦村组织振兴示范村，根据村（社区）优势，规划打造民族团结进步、高原特色经济高质量发展、生态文明建设、固边兴边富民等乡村振兴示范点 6 个。为弥补发展后劲、抵御市场风险，通过加大发展特色农牧业、乡村旅游业、民族手工业、农村电商等新产业新业态，全区村（社区）村集体经济均在 10 万元以上，其中达 100 万元以上的 14 个、500 万元以上的 5 个，名列全市前茅。制定《堆龙德庆区村（居）干部业绩考核奖励办法》，健全村居干部激励约束机制，充分调动村干部干事创业、服务发展、维护稳定的积极性和创造性；举办村干部能力提升“擂台比武”活动，让村干部在比学赶超中共同进步。制定《堆龙德庆区抓党建促乡村振兴工作任务分解方案》，巩固拓展脱贫攻坚成果，推动服务乡村振兴的能力素质进一步提升。联合区委政法委、区信访局印发《深化城市基层党建引领基层治理实现“街镇吹哨、部门报到”的实施方案》，推动职能部门专业力量重心下移、力量下沉、保障下倾。制定发放“拉萨市堆龙德庆区便民联系卡”4000 张，羊达街道推广为民办实事“群众点单”二维码，乃琼街道打造“乃琼邀您回家”服务党建平台，开门纳言真诚听取基层群众意见建议，收集调解社情民意 133 条，引导群众合理表达诉求；建立以 158 名老党员、优秀

2022年4月22日，堆龙德庆区委组织部开展主题党日活动

共产党员、村（社区）"两委"班子为主体的基层"发言人"队伍，深入揭批十四世达赖及达赖集团反动本质，引领广大群众自觉争做神圣国土守护者、幸福家园建设者；按照新时代基层治理要求，及时更新全区31个村（社区）村规民约，进一步推进居民自治。根据"四联四包"工作需求，优化党员"三包"形式，主动搜集社情民意信息53条，解决矛盾纠纷6起。加大整顿软弱涣散基层党组织工作力度，按照软弱涣散基层党组织整顿要求以及党组织建设和作用发挥情况，发现1个评定1个整顿1个，不达标不销号，排查软弱涣散基层党组织2个，均完成整顿整改。

【机关党建和老干部工作】 2022年，为不断提高机关党组织的凝聚力、战斗力和创造力，区委组织部制定《区直机关"一支部一品牌"党建活动实施方案》，推动全区打造48个"支部品牌"，不断提升机关党建整体水平。指导党支部按期换届22个，选优配强支部"领头雁"。"两新"党组织中，重新摸排"两新"企业2641家，"三有"企业党组织覆盖率达98%；开展"小个专"经济组织党建工作示范区创建工作，东嘎街道"小个专"党支部党建工作入选全国年度百个两新党建优秀案例。推进国有企业党支部书记、董事长一肩挑，开展离退休党支部"1对N"党建联系指导，进一步提升各领域党建工作质效。围绕规范党务工作，成立专班，配合各单位开展党务工作，共排查问题线索15项，发现问题均已立行立改。加强对老干部的关心关爱力度，组织老干部赴林芝疗养2次，在疫情期间加大对老干部的关注力度，确保老有所依。

（李　永）

【机构领导】

区委常委、组织部部长

孙　　玲（女）

区委组织部副部长、机构编制委员会办公室主任、老干部局局长

杨　　莉（女，6月任机构编制委员会办公室主任）

区委组织部常务副部长

平　　旺（藏族，1月免）

区委组织部副部长、机构编制委员会办公室主任

邱弋桓（6月免）

区委组织部副部长

丹增贡觉（藏族，2月任）

组织编制信息中心主任

王　　敏（女，2月任）

宣传工作

【概况】 年内，堆龙德庆区宣传思想和意识形态工作坚持以习近平新时代中国特色社会主义思想为指导，以学习宣传贯彻中共二十大精神为主线，深入学习贯彻习近平总书记关于宣传思想工作的重要论述，深入学习贯彻区市党委、堆龙德庆区委关于宣传思想文化工作的决策部署，紧紧围绕"两个巩固"根本任务，自觉承担起举旗帜、聚民心、育新人、兴文化、展形象的新时代宣传思想工作使命任务，围绕中心、服务大局，守正创新、稳中求进，踔厉奋发、勇毅前行，为推进新时代堆龙长治久安和高质量发展提供坚强思想保障，全区意识形态主流思想舆论不断壮大，意识形态领域平稳向好。2022年，区委宣传部行政编制7名，其中副县级1名，正科1名、副科2名，一级主任科

员1名，普通干部2名。下属事业单位有文明委办公室、互联网评论中心（编制3名）、新闻出版广电局、融媒体中心（编制10名）、新华书店（编制2名）。

【加强党的领导】 2022年，区委宣传部坚持党管意识形态、党管宣传、党管媒体，成立意识形态和宣传思想工作领导小组，强化对意识形态领域重大问题的分析研判和重大战略性任务的统筹指导，全力推动意识形态各项工作落实落地。制定印发《堆龙德庆区2022年宣传思想文化工作要点》《堆龙德庆区2022年度意识形态目标管理考核细则》，谋篇布局2022年全区意识形态工作，扎实推动意识形态各项工作落地落实。牢牢掌握意识形态领域领导权主导权，开展全区意识形态责任制工作落实情况专项督导调研，联合区委统战部对寺管会意识形态工作进行督导检查。深入排查全区意识形态领域可能存在的风险隐患，并向区委提交专题调研报告1篇。开展意识形态专项巡察工作，完成对扶贫办、自然资源局等6家党组织落实意识形态责任制情况的巡察。加强意识形态和宣传思想工作队伍建设，举办意识形态责任制培训班，对全区宣传思想文化战线骨干进行为期5天的培训，不断提升宣传思想文化战线队伍水平。牢牢守住意识形态阵地，坚持主管主办和属地管理原则，加强对各类媒体、讲台课堂、讲座报告等的管理，深入开展“扫黄打非”联合专项行动，确保意识形态领域的绝对安全，不断开创全区意识形态工作新格局。

【筑牢理论根基】 2022年，区委宣传部坚持把学习宣传贯彻习近平新时代中国特色社会主义思想和中共二十大精神作为首要政治任务，稳步推进习近平新时代中国特色社会主义思想全民性宣传教育体系建设，理论武装扎实有效。

抓好理论学习中心组学习，推动领导干部带头学。印发《堆龙德庆区各级党委（党组）理论学习中心组2022年专题学习重点内容安排》，围绕习近平新时代中国特色社会主义思想，区委理论学习中心组开展学习研讨13次，交流发言40余人次，全区各级党委（党组）跟进开展各类学习研讨800余场次。为区委理论学习中心组成员征订发放《党的二十大精神辅导读本》等理论读物4500余册。严格落实理论学习中心组调查研究制度，区委理论学习中心组成员结合学习工作思想实际和分管领域，撰写调研报告30余篇。

抓好党员干部学习，推动党员干部自觉学。以常态化开展党史学习教育为契机，结合全区“改进作风·狠抓落实”工作及“强化警示教育、深化以案促改”工作，在全区机关事业单位干部职工中开展“日学一小时”主题学习活动，要求加强个人自学，定期开展学习研讨、不定期举办读书分享活动，各镇（街）、区直各单位每月推荐1篇较好的心得体会，由区委宣传部择优推荐到区委理论学习中心组学习会上进行交流研讨并在媒体上刊播。用好“学习强国”平台，制定下发《关于对全区“学习强国”学习平台情况进行按月通报的通知》，实行每日个人“43积分达标线”制度及月度单位学习情况通报制度，开展“学习强国”学习标兵评选，每季度对前100名学习标兵给予表彰

2022年8月5日，堆龙德庆区举办“三个意识”教育示范宣讲团巡回宣讲报告会

奖励，提高干部职工学习的自觉性、主动性。组织开展“改进作风狠抓落实”“学习党的二十大精神”线上答题活动，全区4000余人次干部职工参与答题，平均分达90分。广泛开展“感悟领袖风范·锤炼优良作风”读书活动，引导广大党员深研细读《习近平谈治国理政》第四卷，坚持读原著、学原文、悟原理，做到学而信、学而悟、学而行。

抓好群众学习教育，推动广大群众全面学。印发《党的十九届六中全会精神西藏自治区宣讲提纲》《西藏自治区第十次党代会精神宣讲提纲》《铸牢中华民族共同体意识读本》等资料6000余册，编印《新时代干部群众思想应知应会学习要点手册》《农牧民群众应知应会50题》等宣传手册9000余册。高效统筹“党的二十大精神进千家万户”宣讲活动、“三个意识”群众性教育活动、“铸牢中华民族共同体意识”宣讲教育、新旧西藏对比教育及“四联四包”大宣讲活动，依托新时代文明实践中心（所、站），通过“宣讲＋文明实践”“宣讲＋文艺”“宣讲＋融媒体”“宣讲＋有奖问答”等多种“接地气”方式，组织开展宣讲进机关、进企业、进农牧区、进学校、进寺庙、进社区、进网格，切实将习近平新时代中国特色社会主义思想、中共二十大精神传达到广大群众当中。全年共开展各类宣讲650余场次，受众达6万余人次。其中，马镇成立镇级“基层宣讲团”，开设马镇干部大讲堂，通过邀请专家教授讲、班子成员带头讲、宣讲员讲发展变化的“三讲”模式，确保党的各项方针政策家喻户晓、人人皆知；德庆镇全面推广普及国家通用语言文字，将反分裂斗争教育、民族团结教育纳入群众教育、干部教育、学校教育中，教育引导辖区群众自觉与十四世达赖和达赖集团划清界限、坚决斗争。

2022年2月9日，堆龙德庆区举办以“建设美丽幸福西藏·共圆伟大复兴梦想”为主题的2022年新时代文明实践推动日之“五下乡”暨“新春走基层”宣传服务活动，旨在丰富和活跃广大基层群众的精神文化生活

【唱响时代主旋律】 2022年，全区宣传思想文化战线围绕迎接宣传贯彻中共二十大精神主题主线，高标准高质量开展各类宣传活动，大力唱响共产党好、社会主义好、改革开放好、伟大祖国好、各族人民好的时代主旋律，全力营造迎接、宣传、贯彻中共二十大精神的浓厚氛围。

安排部署到位。先后制定印发《堆龙德庆区喜迎党的二十大宣传文化活动总体方案》《中共拉萨市堆龙德庆区委员会关于认真学习宣传贯彻党的二十大精神的通知》《堆龙德庆区深入学习宣传党的二十大精神的实施方案》，对全区迎接、学习宣传贯彻党的二十大精神进行全面细致的安排部署。

理论学习到位。制定《堆龙德庆区各级党委（党组）理论学习中心组深入学习党的二十大精神工作安排》，细化区委理论学习中心组深入学习中共二十大精神学习计划表。各级各部门通过党委（党组）会议、理论学习中心组学习、“三会一课”等方式广泛开展多形式、多渠道、多层次学习讨论200余场次。

宣讲培训到位。研究制定《堆龙德庆区学习贯彻党的二十大精神宣讲工作细化方案》，印发《宣讲提纲》（藏语和汉语版本）930册，编印《堆龙德庆区干部群众二十大精神应知应会手册》。开展农牧民宣讲，依托新时代文明实践所、站，充分发挥驻村工作队力量和农牧民宣讲员力量，在严格落实疫情防控措施的前提下开展“板凳课堂”“田间宣讲”“农村大喇叭宣讲”“微信群宣讲”等宣讲活动。创新开展网络宣讲，充分发挥“服务群众微信群”作用，第一时间向广大群众推送中共二十大精神解读等链接、视频250条次，覆盖群众2万余人次。推出《党的二十大精神每日一学》系列视频和《党的二十大精神标语》视频5条，播放量达6.9万次。

氛围营造到位。专项列支40余万元，更换城区主干道、109国道和环线高炮、单立柱、龙门架等大型户外公益广告62面(幅)，面积达8000余平方米。各企事业单位、各镇(街道)、各村居精心制作学习宣传中共二十大精神宣传展板100余个。

实践活动到位。以“强国复兴有我”群众性主题宣传教育活动为抓手，组织开展“没有共产党就没有新中国”群众快闪活动；举办“喜迎二十大、宣讲进万家”金牌宣讲员宣讲比赛、“喜迎二十大·礼赞新时代”农牧民国家通用语言诵读比赛；结合疫情防控实际，在上三镇及部分方舱开展“喜迎二十大·永远跟党走”群众性庆祝活动20余场次，最大限度凝聚起全社会团结奋斗迎盛会的磅礴伟力。乃琼街道举办“喜迎二十大，欢乐进千家”小品比赛。区教育局组织青少年学生开展“喜迎二十大·我想对党说说心里话”“红色润童心·喜迎二十大”征文、绘画、演讲活动。

【提升文明程度】2022年，区委宣传部制定印发《堆龙德庆区精神文明建设指导委员会2022年工作要点及任务分工》《堆龙德庆区2022年全国文明城市创建工作方案》，持续深化文明实践、文明创建、文明培育。

持续深化新时代文明实践。优化阵地建设。开展“每月5日”新时代文明实践推动日活动，推进“月月有安排、周周有计划、天天有活动”工作落地。不断健全中心、所、站、点四级体系建设，投入45万余元积极打造堆龙滨河体育公园新时代文明实践点。深化志愿服务活动。创新打造“守护羊达”“马村春风绿色”志愿服务品牌。全区18支志愿服务队累计开展“新春走基层·美满全家福”、免费拍摄证件照、义务理发、爱国卫生运动、理论宣讲、爱心帮扶、邻里互助、助力疫情防控等各类志愿服务活动400余场次，惠及群众2万余人次。推荐乃琼街道志愿者拉姆普赤、“东嘎先锋集结号”应急救援服务队、马村“绿色春风”志愿项目入围拉萨市申报2022年度全国学雷锋志愿服务“四个100”先进典型拟推荐名单。区新时代文明实践中心被推荐评选第二批自治区级民族团结进步模范区模范单位。

持续推进群众性精神文明创建工作。成立堆龙德庆区区级文明称号评选表彰工作领导小组，制定《堆龙德庆区区级文明称号评选表彰流程图》。着眼弘扬和践行社会主义核心价值观，开展第一届堆龙德庆区文明家庭、文明村镇、文明单位、文明校园、道德模范等评选活动。开展先进典型评选活动，先后评选推出基层党员干部代表、搬迁群众代表、农牧民宣讲员代表、创业典型代表、劳动模范代表、抗疫典型等各行各业典型49名。在“堆龙融媒”微信公众号设立不文明行为曝光台，每月以专题内容的方式推送播出，推送堆龙德庆区不文明行为曝光11期。深化移风易俗，制定印发《堆龙德庆区关于进一步推进移风易俗建设文明乡风的工作方案》，完成31个村(居)“村

2022年5月21日，堆龙德庆区委理论学习中心组成员参观学习“两路”精神纪念馆

规民约”修订工作，持续推进全区“村民议事会、道德评议会、红白理事会”建设工作。羊达街道积极打造了“美丽通嘎”道德评议会品牌。选取7个村居试点开展树立农牧民新风貌行动，带领群众改陋习树新风，着力培育文明乡风、良好家风、淳朴民风。共开展各类移风易俗活动80余场次，受益群众7000余人次。

【繁荣公共文化事业】 2022年，成功创建公共文化服务体系建设示范县（区），建成“网络健全化、供给均衡化、队伍专业化”的公共文化服务体系，创作文艺作品8个。开展文化惠民演出及春节、藏历新年、清明、端午等“我们的节日”系列活动、“三下乡”宣传服务活动、“送电影”下乡活动等各类文化活动300余场次，覆盖群众3万余人次。圆满举办“第三届玉妥文化旅游节”和“万达杯”足球比赛，通过“堆龙融媒体”抖音平台开展线上直播，线上线下参与群众达20万余人次。充分发挥文化活动中心、青少年活动中心作用，累计免费培训学员7000余人次。开展文物保护、非遗申报、藏戏展演等工作，马镇创新开展新时代文明实践推动日活动之传承非遗文化·阿吉拉姆交流演出活动，深受群众欢迎。解决新华书店历史遗留问题，推动新华书店正常化运营。深化“书香堆龙”建设，为农家书屋、寺庙书屋补充书籍3000余册，进一步丰富农家书屋、寺庙书屋图书资料。满足农牧民群众电视视听需求，为农牧民群众维修户户通设备800余台，为楚布寺更换32寸电视机90台，为古荣镇置换四代机直播卫星接收器404套。

【提高管网治网用网水平】 2022年，区委宣传部制定《堆龙德庆区网络舆情应对处置预案》《堆龙德庆区网络舆情联动处置机制（试行）》《堆龙德庆区网络舆情应对处置流程图》，进一步健全网络舆情应对处置机制。利用联通公司舆情通云平台提升舆情收集及分析能力，对于网络舆情，第一时间回复网民留言，提出解决建议，并将网民诉求转办相关部门，用响亮的声音和态度回应网民，真正解决群众难题。

【推进融媒建设】 2022年，区委宣传部主动适应新时代信息传播规律，全力推动区融媒体中心机构编制、基础设施、体制机制、人才队伍、内容生产建设，进一步增强堆龙融媒的影响力、传播力。

强化融媒体中心自身建设。协调组织编办部门，推动堆龙德庆区融媒体中心机构编制获正式批复。完成对区融媒体中心物理空间、设施设备升级改造，通过招聘、政府购买服务人员的方式，组建了一支专业的融媒人才队伍。探索实施符合堆龙德庆区融媒体中心实际的内容生产、薪酬体系、奖励机制等内部管理制度。围绕“习近平新时代中国特色社会主义思想”“生态保护”“经济发展”“乡村振兴”“文化发展”等重点工作，共推出《堆龙融媒提醒你，一定要戴口罩》《虽然很累，但要顶住——给他们多点理解和鼓舞》等新媒体产品1420个，全网播放量1亿人次，视频点赞量203.2万人次，抖音号粉丝达到10.8万人，连续多月在全区新媒体抖音账号网络数据传播力排行榜中位列前十名。

坚持内容为王，创新融媒产品。创作的《反对家庭暴力》《遇事不要慌，记住这几点》《不打疫苗，你保护我啊》《堆龙融媒提醒你，一定要戴口罩》《虽然很累，但要顶住——给他们多点理解和鼓舞》《让我们像石榴籽一样团结起来共同抗击疫情》《堆龙好房东、主动免房租》《你安心在家、我送菜上门》《群星助力，同心抗疫，西藏加油》等视频，并被中央、自治区等多家主流媒体采用转发。

盘活融媒矩阵，形成融媒合力。将各镇街、各部门新媒体平台纳入区融媒体中心媒体矩阵管理，有效推动媒体融合向基层延伸，打通了信息沟通的“最后一公里”。古荣镇、乃琼街道、东嘎街道主动适应信息化趋势，开通视频号、抖音号。其中，古荣镇实现公众号关注量翻两番，抖音月度播放量百万人次。德庆镇策划制作的防疫知识微视频《误会》系列作品在堆龙融媒平台播放量达118万人次。

（蒲玲琳）

【机构领导】

区委常委、宣传部部长

杨　丽（土家族）

常务副部长

米　　玛（藏族，6月免）

王丹丹（女，6月任）

副部长

王丹丹（女，6月免）

杜军毅

扎西泽仁（藏族，6月任）

网评中心主任

索南央吉（藏族）

统战工作

【概况】 年内，堆龙德庆区委统战部（民宗局）在上级业务部门的精心指导下，在区委、区政府的正确领导下，坚持以习近平新时代中国特色社会主义思想为指导，认真学习贯彻中共二十大精神，牢牢把握统战民族宗教工作正确方向和时代使命，聚焦“四件大事”、瞄定“四个创建”、当好“七个排头兵”，推动统战民族宗教工作再上新台阶，汇聚堆龙长治久安和高质量发展的统战智慧和力量。2022年，区委统战部（民宗局）实有工作人员10名，其中，县级领导1名，干部6名，第一书记1名，大学生村官1名，工人1名。

【创新寺庙管理】 2022年，区委统战部（民宗局）制定应急预案，进一步细化工作措施，把工作落实到具体人、具体事，加大对寺庙安全工作的督导检查力度，开展督导检查60余次，举行安全消防演练16次，检查宗教活动场所368家次，发现安全隐患64处，整改完成53处，限期整改11处，发现问题均已要求各寺庙管理机构整改完毕。为各寺庙配备价值7万余元的防暴器材，组织各寺管会（专职特派员）开展风险隐患排查4次，召开宗教领域基层治理讨论会1次，开展防暴演练12场、消防演练14场。制定下发《关于在全区宗教界深入开展“国家意识 公民意识 法治意识”教育的实施方案》，堆龙德庆区、各寺管会（专职特派员）召开动员部署会13次，召开寺庙僧尼、涉宗干部座谈交流会1次，举办法律知识测试1次，开展“国家意识、公民意识、法治意识”大讨论2次。结合“三个意识”教育活动开展培训6场，参与僧尼300余人次。兑现了各寺管会（专职特派员）班子僧尼成员及宗教界党外人士岗位补贴资金，为各寺庙送去慰问金共计9万余元。采取上门体检、集中在镇（街道）

2022年1月28日，堆龙德庆区召开宗教界代表人士“喜迎藏历新年、共话和谐稳定”座谈会

2022年5月18日，堆龙德庆区举行宗教领域学习“国家通用语言文字”僧尼学习用品发放仪式

2022年7月8日，堆龙德庆区宗教领域开展主题党日活动——参观谭冠三纪念馆

卫生院和区人民医院体检三种方式，对全区持证僧尼进行体检，覆盖率达100%。

【民族团结教育和创建工作】 2022年，区委统战部(民宗局)为做好民族团结工作。各镇(街道)结合自身实际，开展参观村史馆、寄语签名、文艺演出等形式多样的民族团结活动。开展民族团结创建九进宣传活动3次，发放宣传资料500余册、宣传品1500余份，发送宣传短信2万条，涉及700余人次。充分利用新技术、新媒体、多渠道、全方位开展宣传教育活动，通过横幅、LED屏、手机短信、宣传单等形式宣传民族团结进步知识。同时，充分运用微信群、公众号等新媒体，加大传播力度，积极构建面向社会、服务群众的思想文化宣传阵地，营造全社会关注和支持创造民族团结进步工作的浓厚氛围。

贯彻落实习近平总书记“建设美丽幸福西藏，共圆伟大复兴梦想”的重要指示，紧紧围绕“铸牢中华民族共同体意识”这一新时代民族工作主线，以巩固和发展平等、团结、互助、和谐的社会主义民族关系为主要任务，全面深化民族团结进步模范创建工作，形成了各民族群众手足相亲、守望相助、和睦共处、和衷共济、和谐发展的生动局面，涌现出了一批民族团结进步模范集体、模范个人和模范家庭。为表彰先进、树立典型、推动民族工作向纵深发展，经层层推荐、择优评审、社会公示，对25家“2022年民族团结进步模范集体”、36名“2022年民族团结进步模范个人”、13户“民族团结家庭”进行表彰。

【工商联换届】 2022年，区委统战部(民宗局)联合区工商联严格按照“条块结合”工作要求，推荐提名人选，联合组织部、工商联等13家单位，对新一届工商联拟提名人选进行评价推荐。

【党外人士】 2022年，全区共有党外爱国人士62名、党外干部139名，新的社会阶层代表人士17人。组织召开堆龙德庆区新阶层工作领导小组联席会、堆龙德庆区党外干部知识分子数据统计安排部署会，建立健全党外知识分子和新的社会阶层人士工作档案和数据库。

(李伟永)

【机构领导】

区委常委、统战部部长、政协党组副书记

达瓦次仁(藏族)

常务副部长

朗杰次成(藏族，3月免)

米玛次仁(藏族，3月任)

民宗局局长

米玛次仁(女，藏族，3月免)

强巴卓嘎(女，藏族，3月任)

副部长

李 伟 永

巡察工作

【概况】 2022年，区委巡察办以习近平新时代中国特色社会主义思想武装头脑、指导实践、推动工作，在区委巡察工作领导小组的直接领导下，始终坚持把“两个维护”作为根本政治任务，树牢“四个意识”、坚定“四个自信”，全面落实巡视整改工作要求，深化政治巡察，坚持问题导向，强化“靶向治疗”，借鉴系统内兄弟单位巡察经验，按照先试点、再实践、全面推进的步骤，坚持“发现问题、形成震慑、推动改革、促进发展”工作方针，高质量推进巡察工作全覆盖。

【组织领导】 2022年，堆龙德庆区“一把手”切实履行巡察工作第一责任人责任，主持并参加巡察工作书记专题会议2次，听取三届区委第一轮、第二轮巡察工作，点人点事点问题；亲自参加区委巡察工作领导小组会议3次，为区委巡察工作指方向、交任务、画航线；亲自参加动员部署会议并作动员讲话，统一全区干部对巡察工作的思想认识，对巡察组、被巡察单位以及其他相关单位提出具体要求，为顺利完成区委第二轮巡察工作凝聚不竭动力；亲自指导调研巡察组工作，了解巡察组工作进展情况和被巡察单位的支持配合情况，对巡察工作提出具体要求、作出安排部署。区委层面研究《中共拉萨市堆龙德庆区委员会2022—2026年巡察工作规划》，明确今后五年巡察工作的总体部署；研究《堆龙德庆区委巡察工作协调配合机制》，为推动区委巡察工作与各部门之间的协调配合，增强巡察质效，加强巡察监督与其他监督贯通融合，有效凝聚监督合力提供坚强制度保障；分工授权三届区委第二轮巡察组长，健全完善区委巡察组长库、人才库，抽派优秀干部参加巡察，切实把好巡察干部政治素质关，为巡察工作规范运行提供了有力人才支撑。

【夯实巡察工作基础】 2022年，区委巡察办组织召开区委巡察工作领导小组会议1次，审议《堆龙德庆区委巡察工作协调配合机制》《三届堆龙德庆区委巡察工作领导小组成员分工》《堆龙德庆区委2022年巡察工作计划》相关文件，安排三届区委第二轮巡察工作，部署具体的年度巡察工作任务。出台《三届堆龙德庆区委巡察工作领导小组成员分工方案》，进一步规范堆龙德庆区委巡察工作领导小组工作。印发《三届堆龙德庆区委第二轮巡察工作方案》，为巡察组把握巡察方式、时间进度和监督重点提供针对性强、操作性高的指导性文件。

2022年5月10日，堆龙德庆区委书记、区委巡察工作领导小组组长石运本（左三）到巡察一线调研指导工作

【抓好巡察干部队伍】 2022年，区委巡察办始终把学深悟透用好习近平新时代中国特色社会主义思想作为基本功、必修课。坚持旗帜鲜明讲政治，始终把坚决做到“两个维护”、捍卫“两个确立”作为最高政治原则和根本政治要求，认真落实党支部“三会一课”、组织生活会、主题党日活动等基本制度，充分结合党史学习教育常态化长效化要求，推进深入开展“习近平新时代中国特色社会主义思想”大学习、改进作风狠抓落实、“三德”主题教育、“学习领袖风范 锤炼过硬作风”读书活动，教育引导党员干部增强“四个意识”、坚定“四个自信”。先后组织全体党员开展书记讲党课2次，集中学习12次、专题研讨2次，警示教育2次，党员志愿服务5次，开展主题党日3次。中共二十大召开以来，将学习贯彻中共二十大精神作为首要政治任务，10月16日，组织全体党员干部观看中共二十大开幕会，并通过“线上+线下”相结合的方式召开2次专题学习研讨会，撰写学习心得12篇。落实“将支部建在组上”要求，巡察期间，以巡察组为单位成立临时党小组，巡察办党支部和各临时党小组深度融合，在家巡察干部“化整为零”按照分组分别

2022年6月30日，三届堆龙德庆区委巡察工作领导小组第5次会议召开

参加各临时党小组学习，各临时党小组“化零为整”集中参加巡察办党支部组织的“七一”建党党员“政治生日”暨“传承光荣使命 共话巡察初心”主题察话会活动，推动巡察工作有序开展的同时丰富党内组织生活，教育引导巡察干部学在经常、抓在日常，以坚定的党性修养、过硬的工作作风、扎实的业务水平，完成巡察任务，充分发挥巡察政治“探照灯”和“显微镜”作用。

【有序推进巡察工作】 2022年，因疫情影响，三级区委共开展1轮巡察。巡察启动前，根据市委巡察工作方案，结合堆龙区工作实际，制定《三届堆龙德庆区委第二轮巡察工作方案》，围绕“三个聚焦”及被巡察单位“三定”方案和职能责任，将中央环保督察、乡村振兴、改进作风狠抓落实工作、党建带团建等内容纳入巡察监督范围，并经区委巡察工作领导小组审核定稿印发。4月26日至29日组织开展第二轮巡察干部培训，根据巡察工作和巡察干部实际需求，本次培训先后学习了《如何做好巡视报告起草工作》《巡察情景教学》《巡察工作流程及注意把握的问题》《合理把握谈话方式 善于发现突出问题》《提高政治站位 夯实业务基础 精准发现及规范管理问题线索》《提高巡察报告质量 充分体现监督成果》等内容，从工作流程、谈话方式、撰写巡察报告多个方面进行教学，内容丰富、覆盖面广、针对性强，不断提高巡察干部发现问题、分析问题、定性问题的能力，确保三届区委第二轮巡察工作取得实效。4月28日，三届堆龙德庆区委巡察第二轮巡察工作动员部署会召开，区委书记、区委巡察工作领导小组组长石运本出席会议；4月29日，2个巡察组完成对区经信局、区自然资源局、区农业农村局、区乡村振兴局4家区直机关单位党组的进驻工作，第二轮巡察全面启动；6月13日、6月30日，分别召开三届区委巡察工作领导小组会议听取巡察工作情况报告；12月16日召开书记专题会议听取三届区委第二轮巡察情况汇报；12月27日全面完成巡察反馈。

【凸显巡察工作效力】 2022年，区委巡察办持续跟进已撤点巡察，做实“后半篇文章”。针对二届区委巡察和三届区委已完成的巡察轮次，制订第九、十、十一轮巡察回访督查方案，对整改遗留问题、未办结的巡察移交事项，按照“群众满意率、整改到位率、移交事项办结率”三个指标对被巡察单位整改和办理效果予以评估。与区纪委、区委组织部成立联合督查组，对市委涉粮问题专项巡察和第一轮巡察反馈问题整改进展情况进行实地督查检查。与区纪委、区委组织部联合审查被巡察单位整改方案、整改报告，压实被巡察单位整改责任。

（扎西曲珍）

【机构领导】

区委巡察办主任

唐　玲（女）

区委巡察一组组长

琼卓玛（女，藏族，4月免）

朗杰次成（藏族，4月任）

区委巡察二组组长

拉巴曲珍（女，藏族）

区委巡察办副主任

扎西曲珍（女，藏族）

堆龙德庆区创先争优强基础惠民生活动第十一批驻村工作

【概况】 年内，堆龙德庆区第十一批驻村工作队全面贯彻党中央和区、市党委各项决策部署，以迎接服务、宣传贯彻中共二十大为工作主线，锚定“四件大事”“四个确保”，聚焦“四个创建、四个走在前列”，聚力“当好七个排头兵”，高效统筹疫情防控和经济社会发展，团结带领全区各族干部群众积极应对各种风险挑战，社会主义现代化新堆龙建设迈出坚实步伐。

【队伍建设】 严格人选条件。2022 年，驻村工作队按照“党群干部进弱村、经济干部进穷村、农业干部进产业基础薄弱村”的要求，采取“3+X”或“2+X”的模式，精准选派 148 名干部、大学生村干部和各类专干进驻 31 个村（社区）。实行动态调整机制，坚持“能者上庸者下”，对驻村期间不胜任、身体不适应的 3 名驻村干部及时提出调整建议。

严格教育管理。坚持“充电赋能”强化本领，对驻村工作队队员全覆盖进行培训，提升驻村干部理论知识水平和群众工作能力。围绕驻村五项重点任务，制定《堆龙德庆区驻村工作重点任务清单》，细化措施，明确职责，牢牢把握驻村工作“风向标”。严格执行考勤管理、请销假、工作日志、请示汇报等制度，确保人员规范化管理。

推进驻村领域作风建设工作。制定《堆龙德庆区驻村工作队“作风建设年”实施方案》，区级层面召开 3 次作风建设专题会议，各驻村工作队召开作风建设部署会 70 余场次，督促所有驻村工作队队员查摆问题，细化整改措施，切实让驻村工作队队员担当作为。

强化激励保障。将驻村工作作为培养锻炼考察干部的重要载体，提拔使用 8 名群众认可度高、工作能力强的驻村干部，12 名在驻村工作队中的乡村振兴专干考核评定为优秀。加强对驻村工作队队员的关心关爱，由区委书记带队开展驻村调研 1 次，总领队带队开展调研 3 次，并组织开展问卷调查、谈心谈话等工作，摸清驻村干部生活情况和思想动态，帮助为其解决实际问题。严格落实驻村干部工作经费、休假、体检等制度，组织全体驻村干部进行体检，并在重要节点开展慰问工作，确保驻村干部人心暖、干劲足。

【全面贯彻落实中共二十大精神】 夯实党的理论基础。2022 年，驻村工作队充分发挥临时党支部示范引领作用，制定支部学习制度，开展集中学习 57 次、主题党日 15 次、讲党课 39 次，开展中共二十大精神专题学习 73 次，提升队员理论水平。开展习近平新时代中国特色社会主义思想系列宣讲 900 余场次，覆盖群众 5 万余人次，确保习近平新时代中国特色社会主义思想武装头脑。

做好中共二十大迎接和学习宣传工作。配合区委宣传部开展红色主旋律领航大合唱视频拍摄活动，营造喜迎中共二十大的良好氛围，凝聚团结奋进的强大精神力量。拓宽宣传渠道、创新特色方式，组建学习宣传贯彻中共二十大精神堆龙德庆驻村工作队“国家通用语言”宣讲团，到全区 31 个村（社区）开展宣讲活动，增

2022年5月17日，堆龙德庆区委副书记、驻村工作总领队西若伟色（左二），区委常委、组织部部长孙玲（左三）到桑木社区调研驻村工作

2022年6月2日，堆龙德庆区人社局到联系派驻单位那嘎村举办中式烹调师技能培训班

强基层宣讲工作实效。各驻村工作队到群众家中开展中共二十大精神各类宣讲活动213场次，覆盖群众2万余人次，教育引导全区党员群众自觉主动做习近平新时代中国特色社会主义思想的坚定信仰者和忠实践行者。

强化典型宣传。发行《新时代堆龙驻村风采》月报7期，为全区驻村干部搭建一个集工作交流、感情沟通、解决民生实事为一体的宣传平台。结合“3·28”西藏百万农奴解放纪念日等时间节点，开展一系列驻村成果汇报演出，进一步引导群众听党话、感党恩、跟党走。注重典型挖掘创建，向区、市强基办上报强基惠民简报129篇、微视频172条。做好典型宣传，古荣镇巴热村工作副队长陈仕琼先进事迹被西藏卫视报道。

【铸牢中华民族共同体意识】 2022年，驻村工作队推进全国民族团结进步示范区创建“九进”工作，组织开展民族团结宣传教育大型宣传活动9场次，覆盖群众1500余人次，引导群众树立“团结稳定是福、分裂动乱是祸”的意识。指导村（社区）将民族团结进步教育融入村规民约（居民公约）中，通过村规民约“约”出团结，2021年1个村（社区）获评自治区民族团结进步模范集体、1个村（社区）获评拉萨市民族团结进步模范集体。充分调动驻村工作力量，建立“一对一”帮扶责任制，开展结对帮学793期，村（社区）主干国家通用语言达标率达94.8%。协助完成中央统战部、国家民委开展铸牢中华民族共同体意识调研工作，组织举办“铸牢中华民族共同体意识”专题论坛3期，起草《铸牢中华民族共同体意识实践与思考》，提出建议。

【带领群众增收致富】 理清发展思路。2022年，驻村工作队以高质量发展为导向，开展村情调研，与村“两委”座谈242场次，走访群众10837户，建立走访台账5871份（册），帮助村（社区）理清发展思路，协助制定《经济社会发展规划》31份。全区集体经济收入超过100万元的村（社区）达24个，其中，超过1000万元的村（社区）达3个（东嘎街道东嘎社区、南嘎社区，乃琼街道波玛村），共向群众分红5836.36万元。通过村（社区）上报、镇（街道）初审、强基办实地调研复审、召开联席会联审，实施强基惠民项目3个（东嘎街道东嘎社区基层党建培训基地提升改造项目、东嘎街道祥和苑社区居民澡堂惠民项目、乃琼街道岗德林社区购买绿化洒水车项目），涉及资金193万元。

推进乡村振兴。以提升党组织领头人能力素质为目的，协助开展村（社区）干部能力提升“擂台比武”活动，31个村（社区）主任围绕“集体经济发展思路”开展“主任论坛”。落实“三个培养”要求，积极推动乡村振兴人才的培养，31个村（社区）共有致富带头人88人，其中，党员致富能手74人。协调上级职能部门，不断推动高标准农田建设、“美丽乡村幸福家园”建设行动等项目落实。持续拓宽群众增收渠道，开展技能培训5次。开展基层党组织示范点创建活动，结合村（社区）优势，打造民族团结进步、高原特色经济高质量发展、生态文明建设、固边兴边富民等党组织示范点3个，其中，申报马镇措麦村为自治区生态文明建设基层党建示范点、德庆镇邱桑村为自治区高原经济高质量发展基层党建示范点、东嘎街道东嘎社区为自治区民族团结进步基层党建示范点。

优化联系服务群众措施。发放拉萨市堆龙德庆区便民联系卡4000张，开门纳言真诚听取基层群众意见建议，收集调解社情民意133条。积极帮助困难群众，解决家庭临时困难，累计捐款捐物价值50万余元，惠及群众2.2万余人次。

【推动反分裂斗争和社会维护稳定工作】 强化政治教育。2022年，驻村工作队准确把握西藏工作面临的“五期叠加”阶段性特征，坚持将马克思主义“五观”“两论”、反分裂斗争、民族团结、新旧西藏对比以及习近平总书记给卓嘎、央宗姐妹的回信精神等纳入党员政治教育内容，组织5900余名党员群众参与签订《遵规守纪带头反分裂承诺书》《爱国守法反分裂承诺书》，建立157人的基层“发言人”队伍，深入揭批十四世达赖及十四世达赖集团反动本质，引领广大群众自觉争做神圣国土守护者、幸福家园建设者。

推动感党恩教育。持续深入推进以反分裂斗争应知应会法律知识为主的底线教育，组织新老党员开展“讲幸福故事、颂党恩党情”签名寄语活动，共开展宣传活动200余场次，受教育群众8万余人次，打牢反分裂斗争的思想基础和群众基础。

维护社会稳定。牢固树立“稳定压倒一切思想”，认真贯彻落实各项维稳防控措施，严格遵守驻村纪律、落实重要节点全员全时在岗要求，开展维稳巡逻514次，协助村“两委”完善各类应急预案179份，开展方案预演和实战演练31次，圆满完成中共二十大、春节、藏历新年等重要节点的维稳安保攻坚战。

法治宣讲。依托常态化“四联四包”工作机制暨“大宣讲大调研大排查大落实”活动开展法治宣传88次，引导群众执法用法，防止矛盾恶化升级，维护了社会稳定。羊达街道通嘎社区、马镇马村被评为全国民主法治示范村（社区）。

（邹　颖）

【机构领导】

拉萨经济技术开发区管理委员会安全生产监督管理局局长，堆龙德庆区委副书记、驻村工作总领队

西若伟色（藏族）

强基办主任

孙　玲（女，区委常委、组织部部长）

驻村工作副领队

巴桑罗布（藏族，区人大常委会党组成员、副主任）

党　校

【概况】 年内，堆龙德庆区委党校深入学习贯彻中共十九大和十九届历次全会精神，突出习近平新时代中国特色社会主义思想在教学中的中心地位，深化教学改革，加强教学管理，以不断提升教学质量为己任，认真贯彻执行《中国共产党党校（行政学院）工作条例》，紧紧围绕区委、区政府工作思路和安排部署，全面推进了区委党校各项工作任务。2022年，区委党校内设办公室、教研室、学员管理培训科3个部门，共有干部职工16名，其中事业单位管理

2022年3月28日，堆龙德庆区委党校驻村干部在包村点——乃琼镇加木村组织开展‘3·28’百万农奴解放纪念日活动

人员2名，专技人员12名（讲师11名，高级讲师1名），工人1名，公益性岗位1名。

【自身建设】 2022年，把师资队伍建设作为党校工作的一项基础性关键工作来抓，把“忠诚于党的干部教育事业”的要求转变为党校人的深刻理念，转化为党校人的自觉行动，努力打造一支适应党校工作要求的、党性强素质高的专业师资队伍、管理干部队伍，坚持以“学为人师，行为示范”为标准，建立健全教师培养成长考核评价机制，先后确立了党校教师集体备课、校外名师讲课评课、新任教师试讲评估等教研活动，严把教师授课质量关。按照专职为主、专兼职结合的原则，组织教师开展集体备课、新课试讲12场次；邀请上级党校专家教授评课7场次；组织教师到自治区党委党校、拉萨市委党校旁听名师课程22场次，推动师资水平提升。

【业务培训】 2022年，面向全区科级及以下党员干部和基层党员举办各类主体班14期，其中，中共十九届六中全会和区市第十次党代会精神专题培训班6期，参训学员400余人；堆龙德庆区新任科级干部（年轻干部）培训班1期，参训学员79人；堆龙德庆区党员发展对象理论培训班5期，参训学员452人。联合其他部门举办各类专题讲座3场次，受训人数达220人，开展巡回宣讲5轮，全年共开展基层宣讲83场，覆盖党员群众2万余人次，为全面提高基层党员干部的理论水平，增强农牧民群众知党情、感党恩、跟党走的决心奠定了基础。

【课研工作】 2022年，深化以研促教，推动教研咨一体化发展，一项一般课题在自治区党委党校成功立项；组织1名教师参与拉萨市委党校重点课题子项目研究工作；着眼于基层党校教育培训质量的提升，确立校级课题1项，推动教学培训、科学研究与决策咨询相互促进、协同发展。

（泽花甲）

【机构领导】

校　长

　　朗　珍（女，藏族）

副校长

　　赵　鑫（1月免）

　　何　平（1月任）

支部书记

　　巴　珠（藏族）

直属机关工作

【概况】 年内，堆龙德庆区直机关工委以习近平新时代中国特色社会主义思想为指导，全面贯彻落实中共二十大和二十届一中全会精神，贯彻落实习近平总书记在中央和国家机关党建工作会议上的重要讲话精神，不断增强“四个意识”、坚定“四个自信”、做到“两个维护”，当好“三个表率”，坚持新时代党的建设总要求，始终坚持党要管党、从严治党的方针，以全面提升机关政治属性和党员干部综合素质为主线，围绕中心、服务大局，切实加强机关党组织的政治、思想、组织、制度、作风建设，有效提高机关党员的素质和工作效率，增强机关党组织的创造力、凝聚力和战斗力，充分发挥机关党组织在推动发展、服务群众、凝聚人心、促进和谐方面的先锋引领作用，为全堆龙改革发展稳定各项事业提供坚强的组织保

2022年5月25日，堆龙德庆区（中）直机关工委联合区纪委监委、区委组织部、区委宣传部、区委党校举办2022年党务基础知识培训班

障。2022年，区直机关工委有下属党组织48个，其中，党总支3个（法院党总支、政法委党总支、卫健委党总支），党支部84个，中共党员1458名。

【压实主体责任】 层层压实责任，细化工作任务。2022年，区直机关工委把政治建设放在机关党建的首位，全面压紧夯实抓机关党建工作主体责任，深入学习宣传贯彻好中共二十大精神，围绕强化机关党组织政治建设，共召开4次机关工委会书记会议，研究机关党建工作思路、发展党员、支部换届等工作。制定年度党建工作要点以及工作思路，针对要点制订详细的工作计划，制定下发《堆龙德庆区直属机关工作委员会2022党建工作要点》，进一步细化工作目标，提出14项提升机关党建工作质量的措施和要求，增强机关党员干部的政治意识。机关各级党组织参照责任清单，结合各自党组织工作实际，及时梳理党建工作任务，按照“规定动作不走样，自选动作有创新”的原则，分层分类制定党建工作责任清单，层层传导压力，使机关党建工作有抓手、有目标、有计划，确保各项工作按计划有序推进。

落实调研制度，提升工作质量。对照“责任清单”，加强对区直机关单位日常监督和指导了解机关各党组织党建、党风廉政建设责任制落实情况，深入48家单位了解掌握机关党建建设情况和党组织书记落实双制度情况，一对一指导党务工作者92人。

2022年6月15日，堆龙德庆区（中）直机关工委联合区委党校举办2022年党组织政治教育暨入党理论知识培训班

【党组织建设】 理顺党组织关系，优化党组织结构。2022年，区直机关工委按照《中国共产党党和国家机关基层组织工作条例》有关规定，根据党组织隶属关系，区直机关工委通过工作群、电话通知等方式，对任期届满的党组织提前进行换届提醒，全面梳理换届选举工作的基本原则、范围时限、方式方法和注意事项，利用举办机关党组织党务干部培训班契机，开设换届选举主题课程，加强指导工作，完成11个党支部换届选举。对因人事调动、工作需要等原因需要调整支部委员的党支部，严格按照支部打请示、机关工委召开书记办公会审批的程序进行，完成37个党支部委员调整补选工作。

推进标准化建设，落实党内基本制度。制订下发《区直机关开展“一支部一品牌”党建活动实施方案》，在全区机关单位挖掘工作亮点，培养机关党建工作精品，促进机关党建工作始终走在前、做表率。支部书记讲党课76次，召开党员专题学习会182次，开展党建专题研讨12次，中共二十大和二十届一中全会精神学习达到全覆盖。“七一”期间，开展“重温入党誓词”、“先锋党员社区亮身份”、联合主题党日等活动18场次。加强党的制度建设，坚持严格执行“三会一课”、组织生活会、谈心谈话、民主评议党员等制度，各支部做到坚持上党课、按时召开支委会、坚持党费收缴制度，做到按时、按标准交纳党费，充分发挥了党组织的战斗堡垒作用。

结合“支部建设规范年”活动，推进基层组织规范化建设。开展软弱涣散基层党组织整顿排查工作，加强党支部标准化建设，健全机关党支部组织生活会监督管理办法，完善机关党建工作监督检查、考核评价、结果运用等机制。严格执行“三会一课”、组织生活会、谈心谈话、民主评议党员等基本制度，从严管理党员、严肃组织生活，党组织战斗堡垒作用进一步发挥。

强化基础保障工作。按照《堆龙德庆区（中）直机关各党组织党建活动经费使用办法（试行）》，实现党建活动经费管理规范化，全年共列支党建35.07万余元。严格落实党费收缴“四有”工作要求，实现党费收缴规范化，上缴党费共计49.3万余元。

【党员教育管理】 2022年，区直机关工委组织90余名党务干部参加党务基础知识培训班，全面提升机关党务工作者业务能力。按照“控制总量、优化结构、提高质量、发挥作用”的方针，联合区委党校，组织314名学员参加入党理论培训班，引导发展对象和入党积极分子增强党性修养，坚定理想信念，共发展党员89人、吸收积极分子26人、按期转正56人。为推动党员材料管理的系统化、标准化，组织人员对机关党员档案进行梳理，按照《中国共产党发展党员工作细则》对党员发展流程和党员档案规范进行全面审查，并向所在支部提出整改要求，确保档案材料的真实性与完整性。

（谢雪晗）

【机构领导】

书　记

李 晓 强（区委副书记）

常务副书记

孙　　玲（女，区委常委、组织部部长）

副书记

边巴索朗（藏族，区委常委、纪委书记、监察委员会主任，6月免）

达娃卓玛（女，藏族，区委常委、政府党组副书记、副区长、三级调研员，8月免）

尚 栓 斌（区委常委、区委办主任）

杨　　丽（女，区委常委、宣传部部长）

马　　勇（区人大常委会党组成员、副主任）

王 考 昌（区政协党组成员、副主席）

专职副书记

丹增贡觉（藏族，区委组织部副部长）

堆龙德庆区人民代表大会

综 述

【概况】 年内，堆龙德庆区人大常委会党组在区委的坚强领导下，坚持以习近平新时代中国特色社会主义思想为指导，全面贯彻中共二十大精神和中央人大工作会议精神，增强“四个意识”、坚定“四个自信”、做到“两个维护”，坚持党的领导、人民当家作主、依法治国有机统一，充分发挥宪法和法律赋予的职责，围绕全区发展大局和人民关切，坚持依法履职、担当尽责，各项工作取得积极成效。2022 年，区人大常委会设主任 1 名，副主任 4 名，委员 23 名。全区有自治区级人大代表 4 名，拉萨市级人大代表 19 名，堆龙德庆区级人大代表 134 名。2022 年，共召开常委会会议 5 次，听取和审议专项工作报告 6 项，开展专项督查 16 次，工作督查 10 余次、满意度测评 1 次，依法任免地方国家机关工作人员 67 人次，配合上级人大视察调研 4 批次，接待其他市县区考察 6 批次，较好地完成了区三届人大三次会议确定的各项任务，为促进堆龙经济社会发展和民主法治建设做出了新的贡献。

【坚持党的领导】 2022 年，区人大常委会党组坚守政治纪律和政治规矩，在思想上政治上行动上同以习近平同志为核心的党中央保持高度一致，始终坚持在区委的领导下统筹安排和推进监督、讨论决定重大事项、人事任免、代表履职等各项工作，把党的领导贯彻到人大工作各方面、全过程，严格执行重大事项请示报告制度。坚持加强人大工作与区委中心工作相融合，确保区人大与党中央、区市党委和区委思想同心、目标同向、工作同力。切实承担党组的政治领导责任，严格落实全面从严治党和党风廉政建设主体责任，制订年度工作计划和方案，明确党组及党组成员的责任。严格规范党内政治生活，开展集体谈话、书记讲党课、主题党日等活动，

2022年3月23日，堆龙德庆区人大常委会组织常委会委员、各级人大代表对堆龙德庆区生态环境保护落实情况进行集中视察

党组成员积极参加支部每周集中学习和组织生活会。坚持推动政治理论学习和政治思想教育制度化常态化，开展党组理论学习中心组集中学习8次，党组成员参加区委理论学习中心组学习40余人次。严格贯彻执行《中国共产党党组工作条例》，召开党组会议研究决定重大问题、重要工作、重要任务等事项，按照先党组研究讨论再依程序办理，增强党组的政治领导责任。

【增强监督实效】 认真履行宪法法律赋予的监督职责。2022年，组织开展宪法宣誓3次，委托“两院”开展宪法宣誓2次。配合区市人大常委会对《西藏自治区民族团结进步模范区创建条例》和《西藏自治区国家生态文明高地建设条例》贯彻实施情况进行执法检查。聚焦促进司法公正开展监督。组织代表先后深入“两院”进行督查和调研，督促两院准确理解和把握法律精神，依法公正行使审判权、检察权，维护司法公正和社会公平正义。聚焦保障和改善民生开展监督。根据区委安排，牵头开展民生和生态环境保护专项督察指导工作，先后10次组织人大代表对全区人居环境整治、十大民生实事等民生热点问题进行专项督查，面对面听取人大代表、城镇居民和农牧民群众的意见建议，有力促进了民生项目的落地和实施。聚焦预决算执行情况开展监督。定期召开常委会，听取和审议预算执行、预算调整、财政决算等报告，促进预算更加全面规范、公开透明。

【发挥代表作用】 *代表履职服务保障有序开展。*2022年，区人大常委会坚持严把人大代表能力关、培训关、履职关，有针对性地开展人大代表履职培训，先后2次组织人大代表进行集中培训，从政策理论、业务知识、法律法规等各方面对人大代表进行培训。同时，组织人大代表到山南和林芝进行考察学习，这是三届人大常委会以来，首次组织人大代表到外地考察学习，开阔了人大代表的思维和视野，增强了人大代表履职尽责的责任感和荣誉感。

*代表议案建议办理有序开展。*为推进代表意见建议办理工作，研究制定《人大代表意见建议办理考核办法》，从8个方面对各级各部门办理人大代表意见建议工作进行评分，在制度层面进一步规范人大代表议案建议办理工作。常委会班子成员先后5次分别到实地督查代表议案建议办理工作，面对面征求代表意见。先后召开代表议案建议办理座谈会2次、质询会1次，协调解决代表议案建议办理中的困难。

*人大代表“双联系”工作有序开展。*严格落实常委会成员同人大代表、人大代表同群众的联系制度，不断加强“人大代表之家”规范化建设。认真执行代表列席人大常委会会议制度，先后组织本级代表5批次30余人次列席常委会会议。组织两级人大代表100余人次，参加各类执法检查、专项视察等活动。

2022年1月28日，堆龙德庆区人大常委会党组班子召开党史学习教育专题民主生活会

【自身建设】 2022年，区人大常委会高度重视自身建设，承担好党和人民交给的光荣任务，做对党忠诚、担当作为、依法履职、本领过硬、改进作风的模范。坚持党要管党、全面从严治党，把党的政治建设摆在首位，全面推进党的建设各项工作。制定常委会党

2022年5月17日，堆龙德庆区举办2022年人大代表第一期提升履职能力培训班，各镇街道（含柳梧街道）50名人大代表参加培训

组工作规则，严格遵守，认真执行。每季度召开党建、党风廉政建设工作会议，狠抓思想从严、管党从严、作风从严、反腐从严，切实把主体责任扛起来、任务要求落下去、各项工作抓到位，推动全面从严治党向纵深发展。持续改进工作作风，制订调研计划，深入开展调查研究，提高调查研究实效。贯彻落实中央八项规定及其实施细则精神，着力解决“四风”问题，集中整治形式主义、官僚主义。严格落实“改进作风狠抓落实”的工作要求，建立“四查四问”清单，开展学习交流，相互监督整改，机关作风不断改善。持续推进机关组织建设，研究设立法制专班、财政经济专班和教育科学文化卫生专班、社会建设专班，有力解决人大工作专业力量薄弱的问题。

（陈　翔）

【机构领导】

区人大常委会主任

赵长胜

区人大常委会副主任

马　勇

钦热洛珠（藏族）

索朗曲珍（女，藏族）

巴桑罗布（藏族）

堆龙德庆区出席西藏自治区第十二届人民代表大会代表一览表

表 1

姓　名	性别	民族	职务	类别
赵长胜	男	汉族	堆龙德庆区人大常委会党组书记、主任	党政干部
次　珍	女	藏族	区财政局工人	工人
罗桑卓嘎	女	藏族	德庆镇德庆村党委书记	农牧民

堆龙德庆区出席拉萨市第十二届人民代表大会代表人选一览表

表 2

姓　名	性别	民族	籍贯	现任（或原任）职务	政治面貌	类别	备注
石运本	男	汉族	山东蒙阴	区委书记、一级调研员	中共党员	党政干部	继续提名、自治区人大代表
赵长胜	男	汉族	山东聊城	区人大常委会党组书记、主任	中共党员	党政干部	
欧阳建川	男	汉族	四川绵阳	人民法院党组书记、院长、四级高级法官	中共党员	党政干部	
次　珍	女	藏族	西藏札达	城投公司工人	中共党员	一线工人	继续提名、自治区人大代表

续表2

姓　名	性别	民族	籍贯	现任(或原任)职务	政治面貌	类别	备注
索朗央金	女	藏族	西藏堆龙	德庆镇邱桑村群众	中共党员	农牧民	
巴　珠	男	藏族	西藏堆龙	古荣镇嘎冲村党委书记	中共党员	农牧民	
扎　桑	女	藏族	西藏堆龙	羊达街道通嘎社区居务监督委员会主任	中共党员	农牧民	
卓玛次仁	女	藏族	西藏堆龙	东嘎街道桑木社区群众	中共党员	农牧民	
巴桑罗布	男	藏族	西藏堆龙	乃琼街道色玛社区党总支副书记、主任	中共党员	农牧民	继续提名
达瓦桑布	男	藏族	西藏堆龙	柳梧街道柳梧村党委书记	中共党员	农牧民	继续提名
王玲玲	女	汉族	四川绵阳	区人民医院工作人员	中共党员	专技人员	
拉巴次仁	男	藏族	西藏堆龙	觉木龙派藏戏老师,自治区级非物质文化遗产传承人	中共党员	专技人员	
拉　巴	男	藏族	西藏当雄	楚布寺管委会副主任(僧人)	群众	宗教界人士	
次　仁	男	藏族	西藏堆龙	拉萨远大建材有限责任公司总经理、党支部书记	中共党员	非公有制经济人士	
旦　增	男	藏族	西藏堆龙	马镇二级科员,设兴村党总支第一书记	中共党员	其他	继续提名
旦　增	男	藏族	西藏堆龙	莫嘎护路队教导员	中共党员	其他	继续提名
旦增群培	男	藏族	西藏城关	东嘎街道党工委副书记、办事处主任	中共党员	其他	
周　文	女	汉族	江苏淮安	德庆镇一级科员、邱桑村大学生村官	中共党员	大学生村官	

堆龙德庆区第三届人民代表大会代表一览表

表3

姓　名	性别	民族	政治面貌	工作单位及职务	类别	是否连任
石运本	男	汉族	中共党员	堆龙德庆区委书记	领导干部	是
赵长胜	男	汉族	中共党员	堆龙德庆区人大常委会主任	领导干部	否
李晓强	男	汉族	中共党员	堆龙德庆区委副书记	领导干部	否
孙振立	男	汉族	中共党员	堆龙德庆区委常委、武装部政委	解放军代表	是
赵宏忠	男	汉族	中共党员	堆龙德庆区委常委、政法委书记、公安分局局长	领导干部	否
达娃卓玛	女	藏族	中共党员	堆龙德庆区委常委、副区长	领导干部	否
罗俊峰	男	汉族	中共党员	堆龙德庆区委常委、副区长	领导干部	否
尚栓斌	男	汉族	中共党员	堆龙德庆区委常委、办公室主任	领导干部	否

续表3

姓 名	性别	民族	政治面貌	工作单位及职务	类别	是否连任
孙 玲	女	汉族	中共党员	堆龙德庆区委常委、组织部部长	领导干部	否
杨 丽	女	土家族	中共党员	堆龙德庆区委常委、宣传部部长	领导干部	否
马 勇	男	汉族	中共党员	堆龙德庆区人大常委会副主任	领导干部	是
钦热洛珠	男	藏族	僧人	堆龙德庆区人大常委会副主任	领导干部	否
索朗曲珍	女	藏族	中共党员	堆龙德庆区人大常委会副主任、古荣镇党委书记	领导干部	是
巴桑罗布	男	藏族	中共党员	堆龙德庆区人大常委会副主任	领导干部	否
欧阳建川	男	汉族	中共党员	堆龙德庆区人民法院院长	领导干部	否
索朗旺庆	男	藏族	中共党员	堆龙德庆区人民检察院检察长	领导干部	否
刘长景	女	汉族	中共党员	堆龙德庆区人大办主任	其他代表	是
拉 珍	女	藏族	中共党员	堆龙德庆区总工会主席	领导干部	是
刘 敏	女	汉族	中共党员	共青团堆龙德庆区委书记	领导干部	否
林 芸	女	汉族	中共党员	堆龙德庆区教育局局长	其他代表	否
洛 布	男	藏族	中共党员	堆龙德庆区市场监督管理局局长	其他代表	是
王栋栋	男	汉族	中共党员	堆龙德庆区行政审批和便民服务局局长	其他代表	否
强巴卓嘎	女	藏族	中共党员	堆龙德庆区乃琼中心小学校长	专技人员	是
巴 桑	女	藏族	中共党员	堆龙德庆区人民医院内科主任	专技人员	是
玉 措	女	藏族	中共党员	堆龙德庆区农业农村局兽医站站长	专技人员	是
桑 姆	女	藏族	中共党员	堆龙德庆区圣洁保洁服务中心环卫工人	一线工人	否
平措仁吉	男	藏族	中共党员	堆龙德庆区城市管理和综合执法局协管员	一线工人	否
格 桑	男	藏族	中共党员	堆龙德庆区南嘎退休党支部书记	其他代表	否
索朗白吉	女	藏族	中共党员	西藏雄巴拉曲神水藏药有限公司党支部书记、总经理、副董事长	非公经济人士代表	否
骆翰墨	男	汉族	中共党员	堆龙德庆区龙腾国有资产投资运营有限公司总经理	一线工人	否
胥国庆	男	汉族	群众	西藏双新科技发展有限公司总经理（堆龙德庆区众创空间运营负责人）	新就业形态从业人员代表	否
平措旺堆	男	藏族	中共党员	经开区德吉康萨社区书记	农牧民代表	否

续表3

姓　名	性别	民族	政治面貌	工作单位及职务	类别	是否连任
洛桑次成	男	藏族	中共党员	堆龙德庆区委政法委古荣护路大队大队长	一线工人	是
扎　多	男	藏族	中共党员	德庆镇党委书记	其他代表	否
谢远晋	男	汉族	中共党员	德庆镇党委副书记、人大主席	其他代表	否
顿珠罗杰	男	藏族	中共党员	德庆镇中心小学副校长	专技人员	否
邓增次来	男	藏族	中共党员	邱桑寺管委会主任（驻寺干部）	其他代表	否
索朗央金	女	藏族	中共党员	德庆镇邱桑村村医	专技人员	是
阿旺晋巴	男	藏族	群众	德庆镇邱桑寺僧人	其他代表	是
罗桑卓嘎	女	藏族	中共党员	德庆镇德庆村党委书记	农牧民代表	是
达　娃	男	藏族	中共党员	德庆镇德庆村党委副书记、村委会主任	农牧民代表	是
边　巴	男	藏族	中共党员	德庆镇德庆村二组组长	农牧民代表	否
洛桑旦增	男	藏族	中共党员	德庆镇德庆村副主任、治保主任	农牧民代表	否
曲　宗	女	藏族	中共党员	德庆镇邦村妇联主席	农牧民代表	否
尼　玛	男	藏族	中共党员	德庆镇邱桑村村委会主任	农牧民代表	是
晋美贡布	男	藏族	中共党员	德庆镇群众	农牧民代表	是
群培次仁	男	藏族	中共党员	德庆镇门堆村党总支副书记、村主任	农牧民代表	否
阿旺旦增	男	藏族	中共党员	德庆镇昂嘎村宣传委员、村委会副主任	农牧民代表	是
王定平	男	汉族	中共党员	马镇党委书记	其他代表	否
旦增欧珠	男	藏族	中共党员	马镇党委副书记、人大主席	其他代表	否
达瓦次仁	男	藏族	中共党员	马镇中心小学书记、校长	专技人员	否
多吉曲扎	男	藏族	中共党员	马镇卫生院院长	专技人员	否
旦增曲珍	女	藏族	中共党员	马镇措麦村党总支书记	其他代表	否
桑　珠	男	藏族	中共党员	马镇措麦村委员会主任	农牧民代表	否
阿旺尼布	男	藏族	群众	马镇措麦寺主任	其他代表	否
德　庆	男	藏族	中共党员	马镇马村党总支书记	农牧民代表	是
格桑顿珠	男	藏族	中共党员	马镇常木村党总支书记	农牧民代表	是
次仁旺姆	女	藏族	中共党员	马镇朗巴村妇联主席	农牧民代表	是

续表3

姓　名	性别	民族	政治面貌	工作单位及职务	类别	是否连任
次仁扎西	男	藏族	中共党员	马镇朗巴村委会主任	农牧民代表	否
次吉达娃	男	藏族	中共党员	马镇设兴村党总支书记	农牧民代表	是
尼玛德吉	女	藏族	中共党员	马镇设兴村委会主任	农牧民代表	否
巴　桑	男	藏族	中共党员	马镇岗吉村党总支书记	农牧民代表	否
平措朗杰	男	藏族	中共党员	古荣镇党委副书记、人大主席	其他代表	否
拉巴次仁	男	藏族	中共党员	古荣镇巴热村党委书记	农牧民代表	是
巴桑卓嘎	女	藏族	中共党员	古荣镇嘎冲村统战委员、妇联主席、会计	农牧民代表	是
格桑次仁	男	藏族	中共党员	古荣镇嘎冲村藏鸡养殖专业合作社法人	非公经济人士代表	否
次旦卓玛	女	藏族	中共党员	古荣镇古荣村妇联主席	农牧民代表	否
嘎　松	男	藏族	中共党员	古荣镇古荣村委会主任	农牧民代表	是
边　巴	男	藏族	中共党员	古荣镇加入村党委副书记、村委会主任	农牧民代表	否
旺　堆	男	藏族	中共党员	古荣镇加入村1组群众	农牧民代表	是
格桑卓嘎	女	藏族	中共党员	古荣镇南巴村党委副书记、村委会主任	农牧民代表	否
普　布	男	藏族	中共党员	古荣镇南巴村监督委员会	农牧民代表	否
扎　西	男	藏族	中共党员	古荣镇那嘎村副主任	农牧民代表	否
嘎玛索朗	男	藏族	中共党员	古荣镇那嘎村委员、那嘎庄园负责人	非公经济人士代表	否
嘎玛晋美	男	藏族	群众	楚布寺管委会委员	其他代表	是
米　玛	男	藏族	群众	乃朗寺管委会主任	其他代表	否
田德全	男	汉族	中共党员	羊达街道党工委书记	其他代表	是
米玛次仁	男	藏族	中共党员	羊达街道羊达社区党总支副书记、居委会主任	农牧民代表	是
达娃曲珍	女	藏族	中共党员	羊达街道羊达组联户长	农牧民代表	否
旦　增	男	藏族	中共党员	羊达街道泽巴组支部委员	农牧民代表	否
次仁桑珠	男	藏族	群众	羊达街道朗仲组联户长	农牧民代表	否
普布卓玛	女	藏族	中共党员	羊达街道朗仲组支部委员	农牧民代表	否
拉巴欧珠	男	藏族	中共党员	羊达街道羊达社区治保协调委员	农牧民代表	否
仓卓玛	女	藏族	中共党员	羊达街道仁青岗组支部委员	农牧民代表	否

续表3

姓　名	性别	民族	政治面貌	工作单位及职务	类别	是否连任
次仁平措	男	藏族	中共党员	羊达街道达康组支部委员	农牧民代表	否
尼玛旺堆	男	藏族	中共党员	羊达街道通嘎社区居委会主任	农牧民代表	是
米玛次仁	男	藏族	中共党员	羊达街道通嘎社区居委会副主任	农牧民代表	是
扎　桑	女	藏族	中共党员	羊达街道通嘎社区居务监督委员会主任	农牧民代表	否
扎　西	男	藏族	中共党员	羊达街道帮普村党总支副书记、村委会主任	农牧民代表	否
平措卓嘎	女	藏族	中共党员	羊达街道帮普村组宣委员、妇联主席	农牧民代表	否
贺　进	男	汉族	中共党员	东嘎街道党工委书记	其他代表	否
文　兵	男	汉族	中共党员	街道党工委副书记、人大工委主任	其他代表	否
平　措	男	藏族	中共党员	东嘎社区党委副书记、居委会主任	农牧民代表	是
边　巴	男	藏族	中共党员	东嘎社区党委副书记	农牧民代表	是
达　娃	女	藏族	中共党员	东嘎社区宣传委员、妇联主席	农牧民代表	否
阿　奴	男	藏族	中共党员	东嘎社区夏果党支部书记	农牧民代表	否
达瓦次仁	男	藏族	中共党员	南嘎社区党委副书记、居委会主任	农牧民代表	否
旺　啦	男	藏族	中共党员	南嘎社区纪检委员、监督委员会主任	农牧民代表	否
大尼玛次仁	男	藏族	中共党员	南嘎社区党委副书记、治保调解委员	农牧民代表	是
卓　嘎	女	藏族	中共党员	南嘎社区妇联主席、组织委员、文教卫生委员	农牧民代表	否
次仁多杰	男	藏族	中共党员	桑木社区党委副书记、居委会主任	农牧民代表	否
达　珍	女	藏族	中共党员	桑木社区监督委员会委员	农牧民代表	否
卓玛次仁	女	藏族	中共党员	桑木社区村医	专技人员	否
杰　阿	男	藏族	中共党员	祥和苑社区党委副书记、居委会主任	农牧民代表	否
珠　杰	男	藏族	中共党员	祥和苑社区党委副书记	农牧民代表	否
桑　吉	女	藏族	中共党员	祥和苑社区妇联主席	农牧民代表	否
任　威	男	汉族	中共党员	乃琼街道党工委书记	其他代表	是
阿　奴	男	藏族	中共党员	乃琼街道党工委副书记、人大工委主任	其他代表	是

续表3

姓　名	性别	民族	政治面貌	工作单位及职务	类别	是否连任
德吉玉珍	女	藏族	中共党员	乃琼街道卫生院医师	专技人员	否
旦增罗布	男	藏族	中共党员	乃琼街道乃琼社区副书记、主任	农牧民代表	否
玉　珍	女	藏族	中共党员	乃琼社区一组妇女主任	农牧民代表	否
洛桑加央	男	藏族	中共党员	乃琼社区组织委员	农牧民代表	否
扎巴索朗	男	藏族	中共党员	乃琼街道岗德林社区党委书记	农牧民代表	是
次　松	女	藏族	中共党员	乃琼街道岗德林社区群众	农牧民代表	否
罗　布	男	藏族	中共党员	乃琼街道贾热社区党委书记	农牧民代表	是
洛桑克措	男	藏族	中共党员	乃琼街道贾热社区宣传委员、社会保障委员	农牧民代表	否
拉　巴	男	藏族	群众	乃琼街道党木龙寺僧人	其他代表	是
巴桑罗布	男	藏族	中共党员	乃琼街道色玛社区副书记、主任	农牧民代表	是
卓　嘎	女	藏族	中共党员	乃琼街道色玛社区副书记、妇联主席	农牧民代表	否
次仁顿珠	男	藏族	中共党员	乃琼街道加木村群众	农牧民代表	是
索　朗	男	藏族	中共党员	乃琼街道波玛村党委书记	农牧民代表	是
巴　加	男	藏族	中共党员	乃琼街道波玛村群众	农牧民代表	否
扎西卓玛	女	藏族	中共党员	柳梧街道卫生院院长	专技人员	否
秦　炜	男	汉族	中共党员	西藏博炜律师事务所主任	专技人员	是
扎　西	男	藏族	中共党员	康乐社区党支部书记	农牧民代表	否
次旦平措	男	藏族	中共党员	柳梧村车队工人	一线工人	是
扎　桑	女	藏族	中共党员	柳梧社区“两委”委员	农牧民代表	否
旦增罗布	男	藏族	中共党员	达东村党总支副书记、村委会主任	农牧民代表	否
拉　琼	男	藏族	中共党员	达东村党总支纪检委员	农牧民代表	否
次仁旦巴	男	藏族	中共党员	德阳村党委书记	农牧民代表	否
益西克卓	女	藏族	中共党员	德阳村党委副书记、居委会主任	农牧民代表	否
边巴次仁	男	藏族	中共党员	桑达村党总支书记兼主任	农牧民代表	否
索朗旦巴	男	藏族	中共党员	桑达村会计	专技人员	否

办公室工作

【概况】 年内，堆龙德庆区人大常委会办公室坚持以习近平新时代中国特色社会主义思想为指导，全面贯彻中共十九届历次全会、中共二十大精神和中央人大工作会议精神，增强“四个意识”、坚定“四个自信”、做到“两个维护”，坚持党的领导、人民当家作主、依法治国有机统一，充分发挥宪法和法律赋予的职责，围绕全区发展大局和人民关切，坚持依法履职、担当尽责，各项工作取得积极成效。2022 年，区人大常委会办公室有主任 1 名，副主任 2 名，工作人员 3 名。

【政务工作运行规范】 2022 年，区人大常委会办公室围绕常委会工作部署，及早谋划各项工作，不断改进工作方法，认真办文办会，政务工作程序不断规范，效率不断提高。

办文质量。严格执行《国家行政机关公文处理办法实施细则》和《人大常委会机关公文处理办法》，规范公文处理工作，做好文件的签收、登记、初审、分发、传阅、拟办、批办、承办工作，确保所收每件公文都得到及时有效正确处置。认真做好公文起草、审核、签发、印制、校对、核发工作，确保人大常委会的决策部署通过公文落到实处，累计起草各类文件材料 200 余件。

会议等协办会井然有序。围绕人大工作安排，严格按照会议议题和常委会领导的要求，及早谋划，精心准备会议材料，认真做好会议通知、议题安排、会场服务、有关材料准备、会议记录、审议意见传达等各项工作。圆满地完成了区三届人大四次会议筹备和服务工作，同时主动参与协调做好各种调研、视察等活动的前期准备工作，为常委会依法履职提供服务保障工作。

2022年4月2日，堆龙德庆区人大办党支部召开2022年党建暨“清明节”节前安排部署会

【抓学习强素质】 理论学习。2022 年，区人大常委会办公室机关干部职工深入学习中共二十大精神，坚定不移向党中央看齐，自觉坚持正确的政治方向，自觉贯彻落实中央决策部署，自觉坚持原则严于律己，真正筑牢思想根基，与党组同心同德，同事间同心协力。以作风建设为契机，结合人大工作实际，坚持问题导向，讲好专题党课，回顾党的百年历程，回顾自身成长经历，充分展现了基层人大干部、人大代表昂扬向上、奋发有为的精神风貌，进一步明确作为新时代人大系统干部和人大代表肩负的历史使命与责任。

法律学习。结合人大工作法律性、规范性、程序性强的实际，狠抓机关干部法律知识学习。购买人大工作实践与理论类书籍 10 余本。在人大常委会开展的视察检查活动前，均开展学法活动，尊法用法能力得到提高。

业务知识学习。把外出培训、在线学习作为提升业务能力的“第二课堂”来抓。班子成员及科级以上干部根据区委党校安排，完成各类培训工作。严格按照区委宣传部的要求组织机关干部在“学习强国”学习平台的学习工作，不断吸收学习人员。

【事务服务】 中心工作稳步推进。2022 年，区人大常委会办公室与区委、“一府一委两院”相关部门、人大代表沟通交流经常化，确保信息畅通。为人大常委会开展的视察调研起草方案和有关报告材料，对生态环境保护、十大民生实事、流浪犬监督管理等工作进行专题视察，积极配合自治区人大开展《中华人民共和国旅游法》《中华人民共和国固体废物污染环境防治法》执法检查工作，接待6批次兄弟县区人大考察团到堆龙德庆区考察工作。

后勤保障到位。坚持从机关高效运转大局出发，从小事做起，及时配备办公器材，满足机关和领导日常工作需要。加强车辆、财务等后勤事务管理，对应邀参与常委会活动的代表和镇（街）人大主席（主任），做好食宿和车辆安排，按规定发放误工补助。

制度化推动廉政建设。认真学习贯彻《中国共产党廉洁自律准则》《中国共产党纪律处分条例》《关于新形势下党内政治生活的若干准则》《中国共产党党内监督条例》，严格执行党风廉政建设责任制，坚决贯彻民主集中制；进一步完善制度、强化措施、加强监管，优化经费支出，建设节约型、廉洁型机关，不给腐败留下任何缝隙、死角和机会。深化标本兼治，推动中央八项规定精神在区人大常委会机关的全面落地见效。

（陈　翔）

【机构领导】

区人大常委会办公室主任

刘长景（女）

区人大常委会办公室副主任

巴　桑（女，藏族，12月退休）

程鹏斌（3月免）

陈　翔（3月任）

堆龙德庆区人民政府

综 述

【概况】 2022年举世瞩目的中共二十大胜利召开，科学描绘了以中国式现代化全面推进中华民族伟大复兴的宏伟蓝图和实践路径。堆龙德庆区全力统筹疫情防控和经济社会发展，顶住压力、克难前行，推动经济社会发展取得新成效。疫情防控取得阶段性成效后，扎实落实稳经济一揽子政策举措和若干临时性帮扶措施，累计减税降费1.62亿元，最大限度降低疫情对经济发展的冲击和影响，成功上榜“2022年度全国投资潜力百强区”，展现了堆龙德庆区巨大的发展潜力和强劲的发展动力。

【经济发展】 2022年，全区实现地区生产总值63.58亿元，同比下降0.6%；三次产业结构为4.36∶44.72∶50.92；全社会固定资产投资同比下降40.8%；社会消费品零售总额19.64亿元，同比减少5.6%；农村居民人均可支配收入24534元，同比增长7.2%。

【城乡融合】 2022年，堆龙德庆区持续推进“畅通堆龙”行动，滨河路柳东段、经开段进展顺利，桑木二路、乃加二路加快建设，北环西延线前期工作推进有力，新城路网总里程达9.3千米。完成4个棚户区改造工作，惠及群众1192户。堆龙河两岸综合治理工程、民族团结公园、中心公园、拉贡路景观工程等项目加快推进。脱贫成果持续巩固拓展，防返贫监测预警机制健全完善，消除返贫风险户91户、325人。整合四级涉农资金3.02亿元，实施帮扶项目14个。推进群众住房改造和新建547户，实施乡村人居环境整治项目12个，完成户用洁厕改造594户、覆盖率达90.9%。

【产业发展】 2022年，堆龙德庆区完成高标准农田建设5000亩，撂荒地复垦9143亩，粮食

2022年5月5日，堆龙德庆区召开中央环保督察反馈问题阶段性工作部署会

2022年3月30日，堆龙德庆区在乃琼街道色玛社区广场举办纪念西藏百万农奴解放63周年特别节目——“拥抱幸福”

产量达1.22万吨，蔬菜产量达3.73万吨。牲畜存栏达11.67万头(只)、出栏2.59万头(只)。依托“古荣糌粑”优质品牌，探索推进糌粑加工企业整合发展。象雄美朵生态文化旅游园成功创建国家AAAA级旅游景区，乡村各类休闲旅游林卡发展至57个，成功举办“玉妥”文化旅游季推介活动，累计接待游客101.03万人次、实现收入3570.33万元。完成区工业园区B区燃气管网供暖工程，加快推进吉祥哈达、金谷农业等工业项目建设，扎实落实助企纾困帮扶措施，完成规上工业增加值4.6亿元，同比下降51.9%，新培育规上企业1家。聚力建设拉萨国家陆港型物流枢纽核心区，完成现代物流产业发展规划编制，领峰智慧物流园建成运营，城乡物流配送“最后一公里”全面打通。

【生态环境】 2022年，堆龙德庆区全力做好中央环保督察及森林督查反馈问题整改，中央环保督察反馈66条问题，已完成整改59条、取得阶段性整改成效7条；森林督查反馈60条问题均已整改到位，并建立区、镇(街道)、村(社区)三级林长组织体系。持续推进环境突出问题治理，开展“散乱污”企业专项整治，常态化从严开展环境监察执法。加快推进南北山造林绿化，完成乡村“四旁”植树19.84万株，新增国土绿化面积385亩。全年空气质量优良率99%，江河湖泊、饮用水水源地水质达标率100%。

【民生保障】 2022年，堆龙德庆区面对财政持续减收压力，高效统筹各类资金，压减一般性支出和非急需、非刚性支出，全力办好年度“十大民生实事”，涉及34个建设项目或具体事项，12项已办结，22项因疫情、土地等因素影响处于办理阶段。应届高校毕业生就业率97.4%，城镇新增就业1699人；农牧民转移就业11010人，实现劳务收入1.13亿元。国家义务教育优质均衡发展示范区创建有力推进，完成区第二小学及推进人大附中拉萨幸福学校、区第二中学、第三小学建设工作。开展基层医疗巡诊、家庭医生签约服务、健康体检、慢病管理等工作，区人民医院二甲综合楼建设项目完成初验工作。各类社会保险应保尽保，建成运营2家老年人日间照料中心。为疫情期间生活困难和外来人员发放补贴资金1400余万元。三级公共文化服务覆盖城乡，文艺队伍遍布村居，文化活动常态开展。

【社会局势和谐稳定】 2022年，堆龙德庆区保持对分裂破坏活动和违法犯罪行为的高压严打态势，抓好实战演练和应急处突准备，反分裂斗争各项准备更加充分，社会治安治理能力持续提升，扫黑除恶打非治乱专项斗争常态化开展。全区安全生产形势总体平稳，矛盾纠纷妥善调处，严厉打击生产假冒伪劣产品、哄抬物价、商标侵权等违法行为34件。全国民族团结进步示范区创建成果巩固拓展，法治政府建设水平明显提升。政府常务会议研究解决各类历史遗留问题10余项，涉及资金6亿多元，保持了宗教和顺、民族和睦、社会和谐的局面。

【深化改革】 2022年，堆龙德庆区落实招商引资项目32个，实际到位资金22.84亿元。深入挖掘消费潜力，开工建设堆龙万达广场、龙腾创业创新大厦、净土便民

2022年7月29日，堆龙德庆区乃琼老年人日间照料中心举行揭牌仪式

服务中心、欧西钻石广场等商业综合体。研究制定《夜间经济奖励办法》，打造推出全市首家沉浸式夜市“上谷之夜·老电影”主题夜市，开业以来累计人流量达22.5万余人次，实现营业额260万余元。充分发挥文体活动拉动作用，组织举办“万达杯”足球赛，“净土杯”篮球赛等系列文体活动，累计线上线下观看达70余万人次，展示了城市形象和活力，汇聚了人气和商气。优化营商环境，持续推进“放管服”改革。推进国企瘦身强体，注销区属国企子公司50家、村级国企2家。

【受援合作】 2022年，堆龙德庆区依托北京市优势资源和组团式援藏新机制，深化经济贸易、教育科技、文化旅游、创业创新、卫生健康等各领域的受援工作。完成援藏干部人才轮换，高效推进8个援藏项目建设，完成投资5150万元。

【自身建设】 2022年，堆龙德庆区深入开展党史学习教育、“下基层大接访办实事”和“四联四包”活动，全力推进军民融合、国防动员、审计统计、外事编译、档案史志等工作取得新的进展。始终坚持党的领导，自觉接受区人大法律监督和区政协民主监督，认真办理人大代表意见和政协委员提案。深入践行改进作风狠抓落实要求，大力整治形式主义、官僚主义，全面加强政府系统党风廉政建设，政府效能、政府形象、政府公信力持续提升。

（秦　川）

【机构领导】

区委副书记、政府党组书记、区长
　　米玛次仁（藏族）
区委常务副书记、政府常务副区长
　　赵　　岩（援藏，7月免）
　　史 运 德（援藏，7月任）
区委常委、政府副区长
　　杨　　蕾（援藏，7月免）
　　丛 欣 江（援藏，7月任）
区委常委、政府党组副书记、副区长
　　达娃卓玛（女，藏族，8月免）
　　罗 俊 峰
　　宋 宜 青（女，8月任）
区政府党组成员、副区长
　　王　　晋（6月免）
　　达瓦次仁（藏族，6月任）
　　旦增平措（藏族）
　　杨 开 颜
　　扎西拉旺（藏族）
　　刘 静 静（女）
　　梅　　星

办公室工作

【概况】 2021年，区政府办公室以习近平新时代中国特色社会主义思想为指导，紧紧围绕区委、区政府中心工作和重大决策部署，立足参谋助手、统筹协调、办文办会、督查督办、服务保障等五大职能，进一步创新工作方法，完善工作机制，切实保障政府各项工作高效运转。

【党的建设】 2022年，区政府办把严格落实好“三会一课”作为开展好党史学习教育和“三更”专题教育的重要抓手，把习近平新时代中国特色社会主义思想、党史学习和中共二十大精神作为支部学习重点，促进党员加强党性锻炼，教育引导党员筑牢信仰之基、补足精神之钙。组织开展书记讲党课3次、支部集中学习11次，召开党组会议7次、专题交流研讨4次，党员干部撰写学习心得3次。围绕提升政治功能和服务功能，坚持每月开展主题党日活动和党员志愿者服务，结合党史学习教育为民办实事活动开展调研走访活动，为包村点解决急难愁盼事情，严格落实领导干部“下基层大接访干实事”“四联四包”以及党员“三包”要求，组织支部党员定期走访慰问结对帮扶对象，巩固拓展脱贫攻坚成果。组织党员干部参加全国文明城市创建志愿服务活动5次、主题党日活动7次，深入包村点结对帮扶群众家中开展结对帮扶活动2次，帮助解决困难问题10余项。

【廉政建设】 2022年，区政府办按照党风廉政建设责任制要求和党风廉政建设重点任务分工，严格落实班子成员党风廉政建设和意识形态工作“一岗双责”责任清单。坚持抓早抓小，提前预防，加强对支部党员干部的日常监管，扎实开展理想信念和宗旨教育、党风党纪和廉洁自律、示范警示以及岗位廉政教育，筑牢党员干部拒腐防变思想防线。组织党员参观区市廉政教育基地和爱国主义教育基地2次，观看《零容忍》《保密》等警示教育片2部。

【业务工作】 办文办会细致严谨。2022年，区政府办坚持办文、办会、办事“精简、规范、优质”的标准和要求，压缩发文数量、规范发文流程，累计办理传阅件、领导批示件、机要件等各类来文来电965件，以区政府和区政府办名义印发各类字号文件257件，同比减少11.7%；承办各类重点专项会议93次，同比减少4%。严格落实中央八项规定及其实施细则精神，严控会议次数和规模，认真做好会前通知、会中服务、会后收集，特别是对区政府常务会议、政府党组会等会议，严格议程、议题审核把关，报区政府领导审定同意后提交会议研究，从源头上确保了会议的权威性和高效性。组织完成区政府各类会议46次，起草会议讲话、工作报告和其他综合材料300余篇，高效推动各项工作顺利开展。

2022年3月23日，堆龙德庆区政府办参加三届堆龙德庆区人民政府第三次全体会议暨廉政工作会议

督查联络发挥实效。围绕区委、区政府工作重心，坚持督办检查和联络协调紧抓不懈，不断提高政府各项工作实效，为领导掌握区情、科学决策提供参考。对主要经济指标、疫情防控、重大项目、环境整治、信访案件等方面开展督查事项300余件，形成《督查专报》29期。办理区人大代表建议107件、区政协提案69件，均在规定时间内按要求办理完毕，并回复代表，代表委员的满意、基本满意率达98%，做到了事事有回音、件件有着落。

政务信息准确高效。围绕全区中心工作，增强信息工作的敏锐性，多角度挖掘信息，有效拓展信息源，共上报政务信息1713多条，得分排名全市前列。坚持“公开为常态、不公开为例外”原则，持续推进政务公开规范化建设，拓展主动公开内容。

稳步推进信息公开。及时向全社会公开政策文件、通知公告等信息37条，包括疫情防控、民生保障、权责清单、财政收支、乡村振兴、污染防治、创业创新政策等，回应群众关注热点信息38次，有效保障人民群众的参与权、监督权。通过政府网站向社会公开各类政府信息1296条，政务公开全市各县区排名第一。

【统筹经济发展】 2022年，区政府办认真贯彻落实各级党委政府决策部署，充分发挥党组织战斗堡垒作用，围绕防疫要求，全体党员干部迎难而上，坚守防疫一线。围绕复工复产、民生保障等发展需求制定完善各项政策措施，确保重点工作顺利推进。

（秦　川）

【机构领导】

主　任

巴桑罗布（藏族，4 月免）

陈 俊 宇（4 月任）

副主任

次仁拉姆（女，藏族，4 月免）

次　　啦（女，藏族，4 月免）

郭　　龙（4 月免）

张 顺 滔（4 月任）

索朗多吉（藏族，4 月任）

德青曲珍（女，藏族，4 月任）

行政审批和便民服务

【概况】 年内，堆龙德庆区行政审批和便民服务局按照守初心、担使命、找差距、抓落实的总要求，紧密结合优化营商环境重点工作，扎实开展主题教育，聚焦企业和群众关心关注的痛点难点堵点问题，特别是漠视群众利益问题，下功夫、想办法、出实招，为企业和群众解难题、办实事、促发展，持续擦亮堆龙政务服务品牌。2022 年，区行政审批和便民服务局有工作人员 6 名，行政审批便民服务中心有工作人员 39 名。

【党的建设】 政治理论学习。2022 年，区行政审批和便民服务局紧紧围绕学习贯彻习近平新时代中国特色社会主义思想这一主线，扎实落实“三会一课”制度，重点组织党员干部开展党纪党规、中共十九届历次全会和中央第七次西藏工作座谈会精神和区委会议精神的学习，同时跟进中央、区市党委以及区委重要会议文件精神的学习，开展理论学习中心组学习 14 次，交流发言 56 人次，撰写心得体会 30 余篇。

正风肃纪。将廉政警示教育同“两学一做”学习教育结合起来，引导党员从身边违法违纪案件中吸取教训、引以为戒、警钟长鸣，促进党员干部进一步提升党性修养，增强自律意识，提高廉政自觉，进一步筑牢对党忠诚、廉洁自律的思想防线，真正做到“以案明纪、引以为戒”，时刻警钟长鸣、永葆共产党人的政治本色。严格制定各项工作规章制度，规范窗口单位服务、规范公文处理程序、规范业务处理流程，执行上下班签到签退制度，通过制度规范，提高党员服务群众意识，提升服务效果。切实做到“四杜绝”，严格依法依规办事，杜绝徇私越权；严格信息管理，杜绝泄露服务对象隐私；工作时间坚守岗位认真履职，杜绝脱岗“空窗”现象；保持饱满工作热情和精神状态，杜绝慵懒散漫现象。

增强创先争优意识。开展“党员示范先锋岗”“服务之星”创建活动，让党员在单位里把自己的身份亮出来，在岗位上把良好的形象树起来，在群众中把先锋模范作用显出来，从而实现“推动科学发展、促进机关和谐、服务人民群众、加强组织建设”的目标。党员领导干部采取入户走访、群众反映方式，围绕包村点群众所盼所急所需开展工作，解决贫困户家庭就业难问题。成立党员及青年志愿者队伍，开展志愿义工活动，结合创建全国文明城市、主题党日活动等，开展政策宣传、文明劝导、环境清理、品牌宣传等活动，推动志愿者活动向深度发展。

2022年5月31日，堆龙德庆区行政审批和便民服务局组织人员到达孜区政务服务大厅参观学习

【政务服务大厅运行情况】为贯彻落实中共中央办公厅、国务院办公厅《关于深入推进审批服务便民化的指导意见》《拉萨市深化政务服务"综窗受理"改革工作方案》文件精神和区、市深化政务服务"综窗"模式的有关部署，突破现有场地制约，2022年5月底对窗口进行改革，将已进驻业务共分设人社医保窗口、不动产登记交易综合窗口、其他综合事务窗口、专业窗口，并新增出件、跨省通办、区内通办、代跑代办、办不成事、综合咨询窗口，共有21个部门进驻政务服务大厅，可办理114项行政许可和公共服务事项，并严格按照政务大厅标准化、规范化建设要求，设置前台咨询、免费寄存、预约服务、窗口办件、卫生间、母婴室、监控室、投诉受理室等，为群众提供填报表格、复印、自助饮水、充电、针线包、医疗箱等便民措施。

【行政审批制度改革】"最多跑一次"工作。2022年，区行政审批和便民服务局为提高办事指南可读性和易用性，梳理形成形式直观、易看易懂的办事指南，先后3次征求部门意见，完成13家单位一次性告知单，放至政务大厅显眼处让群众自取；按照网上服务与实体大厅相结合、线上服务与线下服务相结合的一体化模式，建立"堆龙德庆区行政审批和便民服务局"抖音号"堆龙德庆区行政审批和便民服务局"微信公众号，实现与政务服务大厅无缝对接，将每一个行政服务事项办事流程以短视频形式向群众公开公示，公众号还公开了办理事项所需材料、预约取号、事项办理咨询、失物招领等在线服务；聚焦办事指南精准度和事项标准化等"短板弱项"，进一步提升网上政务服务能力，登录自治区平台对法定时限、承诺时限、跑动次数、即办情况进行规范梳理。

"你体验、我改进"工作。5月25日，邀请包村点妇女主任、群众采取亲身办、代理办、主要领导陪同办等形式，从事前咨询到表格填写，从排队取号到事项办结，全程体验办事流程，体验办事感受，从中发现办事不便、效率不高等问题，促进服务工作整改提效。为提升基层服务人员专业素质和服务能力，努力打造一支业务能力强，综合素质高的政务服务队伍。5月30日至31日，对三级政务服务大厅工作人员开展业务知识和政务礼仪培训，并组织到达孜区、城关街道、社区参观学习，开阔视野，借鉴学习其他县区的先进经验，促进政务服务改革迈上新台阶。

帮办代办工作。各镇（街道）持续推进帮办代办业务工作，不断完善代跑代办清单，建立健全相关制度，做到"应代全代、能代尽代"。2022年，镇（街）、村（居）两级便民服务中心共受理帮办代办事项5444件；区级政务大厅有帮办代办事项29项，共受理帮办代办事项7500余件。

"敞口征集问题"工作。通过开通线上"堆龙融媒""堆龙德庆区行政审批和便民服务局"发布及线下下发和张贴问卷调查二维码等方式，发布藏语和汉语版征求意见表，最大限度收集政务服务堵点问题及还需进驻大厅的其他便民事项，着力解决群众办事"慢繁难"等突出问题。

"接诉即办"工作。2022年，区政务服务平台共受理咨询1件，投诉0件，办结率100%。按照"群众利益无小事"的工作原则，充分发挥"12345"热线办理工作贴近民生、体察民意、解决难题的服务功能，全面规范办理程序、不断完善考核机制，逐步提高办理时效，不断提高工作的主动性、服务性和实效性，有效化解各类矛盾纠纷，减轻信访压力。特别是对未按照办结期限反馈办理结果的单位及时督促，对派发的工单提到的群众诉求，经1次催办仍超过办理时限且不报告说明正当理由的，通过《政务服务中心工作月报》在全区范围内进行通报。2022年，受理"12345"政务服务热线1190件，办结1124件，办结率94.5%，群众回访满意率达100%。自疫情以来接到转办件406件，并及时对接各相关部门，做好协调和群众安抚工作，最大限度地解决群众急难愁盼问题。

（赖　恒）

【机构领导】

局　长

王栋栋（3月免）

拉巴卓玛（女，藏族，3月任）

副局长

拉　珍（女，藏族）

张楠楠（女）

应急管理

【概况】 年内，堆龙德庆区应急管理局以习近平新时代中国特色社会主义思想为指导，深入学习贯彻落实习近平总书记关于应急管理的重要指示的精神和关于安全生产的重要论述，积极推进应急管理体系和能力现代化，提升防灾减灾救灾能力，持续推进安全生产专项整治三年行动，有效防范和遏制了各类事故的发生，全区安全生产形势总体平稳。2022年，区应急管理局实有工作人员14名，其中，行政编制4名，事业编制1名，工人4名，公益性1名，政府购买人员2名，“三支一扶”人员1名，西部计划志愿者1名。

【党的建设】 2022年，区应急管理局要求全体党员干部要把学习贯彻会议精神作为首要政治任务，第一时间全文学习中共二十大报告内容，认真撰写学习心得。组织下沉一线、应急值守的全体党员干部认真学习中共二十大和二十届一中全会精神，围绕工作职责，畅谈学习感悟，推动防灾减灾、应急管理和安全生产工作上新台阶，不断创造应急管理事业发展新局面。

【筑牢复工复产安全生产底线】 2022年，区应急管理局结合工作实际，成立2个工作专班检查组，统筹做好复工复产安全验收和平安护航中共二十大工作任务，复工复产专班检查组联合相关职能部门，先后对16家拟复工复产企业（项目）进行安全验收，坚持“验收一家、通过一家、复工一家”的原则，制定安全验收“五要素”，确保安全有序推进复工复产。平安护航中共二十大专项检查组联合相关部门对辖区复工复产企业进行专项检查，按照“全覆盖、零容忍”的原则，坚持底线思维，坚决稳住安全形势，陆续检查5家复产复工企业（项目），发现问题隐患3处，对1家存在突出隐患的企业由行业主管部门责令其停业整顿。

【扛稳扛牢安全责任】 2022年，始终坚持区委、区政府高位主导，成立了以区委、区政府主要领导为组长的堆龙德庆区安全生产风险隐患“大检查大排查大整治”工作领导小组，形成安委会牵头抓总、部门协调联动、干群齐抓共管的工作思路。召开全区性安全工作会议6次，专题研究部署安全生产工作，制定下发了《堆龙德庆区岁末年初安全生产大检查方案》《堆龙德庆区安全生产风险隐患“大检查大排查大整治”工作方案》《关于疫情防控期间安全生产工作提醒》《关于切实做好党的二十大前后期间安全生产工作的通知》等文件。

【防灾减灾】 2022年，区应急管理局最大程度地减少各种灾害造成的人员伤亡和对社会经济发展的危害，做好应急处置与救援工作。马镇朗巴村被国家减灾委员会命名为“全国综合减灾示范社区”。“全国防灾减灾日”主题活动在团结路两侧举行，各参与部门设立知识展板18块，悬挂横幅26条，发放宣传手册（物品）3000余份，借助咨询解答、展板宣传等多种形式，向广大过往群众普及防灾减灾知识，提高广大群众的灾害风险防范意识和自救互救等基本技能。区普查办圆满完成全国第一次自然灾害风险普查国务院灾普办的验收，并同时完成国

2022年2月15日，堆龙德庆区应急管理局召开节前工作部署会议

2022年4月25日，堆龙德庆区应急管理局执法人员到辖区志成燃气公司开展安全生产专项检查

务院安委会办公室对全区2021年度安全生产和消防安全工作现场考核巡查延伸的各项工作。

【监管执法】2022年，区应急管理局持续推进风险隐患“大检查大排查大整治”专项行动，坚持计划执法和联合执法有机结合，重点开展各类专项整治、打非治违行动，开展消防百日攻坚、道路交通安全整治攻坚战，开展高危行业打非治违行动，通过执法检查、专项检查、密集督查组合方式，消除各种隐患，整治各种乱象。全年，共检查企业188家次，下达行政执法文书216份，营业整顿2家，打掉非法储存汽油窝点1处，处罚3起，罚款金额49万元，另外2起受疫情原因还在办理中，下发重大隐患督办单1份，完成烟花爆竹经营换证1家，危险化学品企业延期换证许可5家，危化品贸易经营企业备案32家，生产安全事故应急救援预案备案22件。

2022年12月8日，堆龙德庆区应急管理局开展企业复工检查

【及时报送应急信息】2022年，区应急管理局明确信息报告职责、报送主体、报告范围、报告时限、报告程序、续报方式和值班要求，严格规范工作程序、信息报告规定和职责追究制，保证了政令畅通。日常值班采取全员轮流值班，重点时段统一安排值班（带班）领导和值班人员，严格值班制度，提高应急值守与应急反应能力，处理好重要事项，认真做好值班记录和交接班工作。坚持实行值班工作定期抽查、通报制度、职责追究制度等，确保24小时电话畅通，做到早发现、早报告、快应对，保证突发事件处理及时、信息报告及时，信息渠道畅通无阻，因特殊状况不能书面报告的先口头报告再书面报告，资料不完整的实行续报，全年未出现迟报、漏报、谎报和瞒报现象。

【创新安全宣教模式】2022年，区应急管理局广泛开展多层次、全方位的应急知识宣教活动，结合6月“安全生产月”，联合相关部门分别在堆龙德庆区“网红夜市”开展以安全生产为主要内容的宣传教育活动，现场通过设置宣传展板、发放宣传资料（物品）、接受群众咨询、发送《安全倡议书》等形式，大力宣传安全常识，推动安全生产水平提升。组织成员单位和生产经营单位负责人观看《生命重于泰山》和生产安全事故警示片3次，引导各生产经营单位从事故警示片中吸取教训，压紧压实安全生产责任，并通过堆龙德庆区主流媒体发出《安全倡议书》，发布安全生产宣传视频，与通信公司合作发送安全宣传提示短信51000余条，营造了浓厚的安全生产氛围。

（王浩宇）

【机构领导】

局　长

唐　靓（4月免）

程鹏斌（4月任）

副局长

马玉华（4月免）

达瓦次仁（藏族，4月任）

邱宝良

消防救援

【概况】 年内，堆龙德庆区消防救援大队始终以习近平新时代中国特色社会主义思想和重要训词精神为统领，在区委、区政府坚强领导和大力支持下，坚持“两严两准”建队标准，持续向“全灾种、大应急”转型升级精准发力，以实现队伍高度稳定、辖区火灾形势稳定、维护社会局势稳定为目标，推动全区消防工作和队伍建设科学持续发展。2022年，大队（金珠西路站）共有指战员41人，其中，干部17人（党员16人、团员1人），消防员24人（党员19人、团员5人）。

【班子建设】 2022年，大队党委始终把班子建设置于突出位置，坚持“以过硬班子带过硬队伍，以一流队伍创一流业绩”的理念，不断加强党委班子自身建设。坚持按照学习型、团结型、服务型党组织建设，严格党的“七项组织生活”制度落实，结合人员变动情况，及时对大队党委、大队部党支部、金珠西路消防救援站党支部进行调整充实，为遂行好各项急难险重任务奠定了坚实的组织保障。突出抓好重点环节、重点时段的管控，将安全工作纳入经常性管理之中，形成了秩序正规的队伍管理格局。

【灭火及抢险救援】 2022年，大队对标“全灾种、大应急”应急救援新形势，按照总队、支队部署要求，紧贴实战开展全员岗位大练兵活动，开展了易燃易爆、车辆交通事故处置、文物古建筑火灾扑救、远距离供水、高层建筑、大型综合体、隧道事故处置、水域灾害救援、危险化学品处置技术等各类操法训练，提升了队伍应急救援综合能力。辖区共接警出动84起，其中火灾扑救13起（其中亡人火灾1起、死亡4人），抢险救援9起，社会救助62起，公务执勤260起，完成拉萨南北山绿化工程供水6448吨，出动车辆486辆次，出动指战员1740人次。圆满完成各类重大活动、重要节点等消防安全保卫任务及多起急难险重的灭火救援任务，提升队伍应急救援的综合能力。

【火灾防控】 坚持党政同责，深化顶层统筹。2022年，大队联合公安、应急、住建、文旅、宗教、市监等部门开展消防安全联合检查21次。4月29日，堆龙德庆区召开2022年消防安全工作会议，部署消防安全工作。为确保辖区消防工作形成联勤联动、信息共享、协调配合、运转高效的新机制，10月成立堆龙德庆区消防安全委员会。

坚持防控并举，夯实火灾防控基础。以消防安全专项整治三

2022年2月6日，堆龙德庆区消防救援大队开展消防救援工作

年行动为主线，大力宣贯新修订的《西藏自治区消防条例》，严格落实区委、区政府关于安全生产和消防安全工作系列要求，部署开展“打通生命通道”工程、电动自行车消防安全综合治理、燃气消防安全专项检查、寺庙消防安全专项治理、居民自建房、仓储物流等消防安全专项行动，整治10类重点场所和9类突出风险，共检查社会单位1435家，督促整改火灾隐患1062处，下发责令整改通知书817份、行政处罚决定书21份，临时查封3家，责令“三停”3家，罚款金额14.65万元。

吸取经验教训，推动行业标准化治理。为深刻吸取“4·22”亡人火灾教训，结合人和汽配汽贸市场“三合一”乱象，联合多部门开展消防安全基层治理专项行动，共检查、教育引导商户1051家次，拆除可燃易燃材料搭建夹层及隔断48处，使用不燃及难燃材料更换聚氨酯泡沫夹层及木质隔断、夹层26处，并喷涂防火涂料面积1250余平方米，拆除影响人员逃生、疏散及救援的障碍物、店招、广告牌378处，新增4千克干粉灭火器570具，安装624个感烟探头及11处声光报警、手动报警器。

坚持服务先行，预防为主。结合辖区工业园区燃气管网供暖入户、祥和苑消防基础设施建设等项目，积极联系建设方、施工方全力帮扶指导消防工程，提出切实可行的综合性、专业性建议意见。同时，针对辖区居民小区、街道社区电动自行车停放充电不规范的实际，联系协调铁塔集团在人和汽配汽贸市场、日月湖小区免费设置安装电动自行车集中停放充电试点区6处。

【宣传教育】 2022年，大队以“防灾减灾日”“科普宣传日”“五下乡”“开学第一课”“复工复产”“119消防宣传月”为契机，先后到乡镇、企业、厂房、学校、农村开展有针对性的消防安全宣传活动。同时，依托辖区电子显示屏、微信公众号等媒介平台拓展宣传阵地，刊播消防知识，在社会面营造了“全民参与、防治火灾”的良好局面。按照年度消防宣传教育培训推进表，上门为机关、团体、企事业单位开展培训86次，分阶段、分层次组织村“两委”、派出所民警、消防安全责任人和管理人、高层建筑物业人员和寺庙僧尼等不同群体开展集中培训30余次，累计培训达3000余人，发放宣传资料2万余份，接受咨询650余次。

（嘎玛伟色）

【机构领导】

大队长

洛桑朗卡（藏族，8月免）

次仁旺久（藏族，8月任）

教导员

罗布桑珠（藏族，8月免）

李 永 原（8月任）

信访工作

【概况】 年内，堆龙德庆区信访局围绕全区经济社会发展大局，有效化解各类社会矛盾，全力维护群众合法权益，为全区经济社会平稳发展营造了良好的社会环境。2022年，区信访局内设群众接访大厅和区长热线“接诉即办”指挥中心，共有干部8人，其中信访专干7人。

【信访案件受理】 2022年，全区接待受理来信来访事项193件343人次，涉及资金7856.24万元，化解193件，化解率达100%，信访总量较上年上升24%，及时受理率100%，群众对信访机构满意率99.07%，对责任单位满意率97.32%。

【区长热线】 2022年，全区受理群众反映的各类问题249件（解答群众咨询问题19件），已办结249件，办结率100%。

【矛盾纠纷化解】 2022年，区信访局结合“领导干部下基层大接访办实事”及“三月信访走出家门”等活动，深入矛盾纠纷多发频发地，运用定点接访、重点约访、带案下访等有效方式，“拉网式”排查矛盾纠纷，有效化解矛盾纠纷，排查化解矛盾纠纷377件。

【信访联席会议】 2022年，堆龙德庆区信访工作联席会议充分发挥统筹、协调、调度、督办等职能，共下发信访事项督办函29件、县级领导温馨提示函7件，有效推动信访积案案结事了。

2022年6月22日，拉萨市信访局相关人员到堆龙德庆区开展《信访工作条例》巡回宣讲培训

【镇（街）党（工）委信访工作】 2022年，堆龙德庆区镇（街）整合司法、综治、信访力量，对辖区内的矛盾纠纷事项实行联合接访、联合调处，领导班子成员坚持定期排查矛盾纠纷，主动办理信访积案，真正实现大事不出镇（街）、矛盾不上交，推动了一大批信访矛盾在镇（街）一级有效化解。

【法治宣传】 2022年，区信访局加强信访法治宣传教育，结合“五下乡”“综治宣传月”“综治宣传周”“平安西藏宣传日”“宪法宣传周”等各类宣传活动，通过采取悬挂横幅、显示屏、播放宣传片、发放宣传册和宣传物品等形式，紧紧围绕《中华人民共和国宪法》《中华人民共和国民法典》《信访工作条例》等与广大干部群众息息相关的政策法规开展宣传，共发放各类宣传资料及宣传物品1万余份，切实增强群众的法治意识，在全社会营造尊法学法、守法用法的浓厚社会氛围。

【队伍建设】 2022年，为提高信访干部专业能力水平，区信访局组织举办信访干部培训班，培训内容主要为“三率”工作提升、信访基层基础规范化建设、“6512345区长热线接诉即办网上系统操作”，通过培训不断提高全区信访干部业务水平和工作能力，促进及时就地解决群众合理诉求，推动全区信访工作再上新水平。

【增强民族团结意识】 2022年，区信访局本着“属地管理、分级负责”的原则，把来访群众当作家人以礼相待，紧紧围绕服务态度好、工作质量好、干部素质好、服务环境好、服务评价好的“五好”工作要求，探索推广让群众“最多访一次”做法，严格落实首接首办责任制，及时就地解决群众合理诉求，不断提升各族群众对信访业务工作的满意度。

（强　桑）

【机构领导】

党组书记、局长

强　勇（藏族，6月免）

索朗扎西（藏族，6月任）

党组成员、副局长

唐　菲（3月任）

格　桑（藏族，3月任）

藏语言及编译工作

【概况】 年内，堆龙德庆区藏语文编译工作始终把学习使用和发展藏语文规定，作为藏语文编译工作指导思想和行动指南，深入开展藏语文编译、宣传、服务、规范等一系列工作，为全区经济社会长治久安和高质量发展做出积极贡献。2022年，区藏语委办（编译局）实有工作人员9名，其中，行政编制5名，事业编制4名，中共党员8名。

【编译工作】 2022年，区藏语委办（编译局）围绕区委、区政府中心工作，切实扛起全区各类重要文件、会议材料等翻译任务，特别是“两会”政府工作报告、人大政协议案、提案办理情况报告的翻译工作，有力推动党委政府决策和工作落实情况向基层传播。翻译各类重要文件、会议材料、基层宣讲、应知应会、疫情防控知识等文件47份，翻译量达14.7万余字。

【微信平台】 2022年，堆龙藏语文微信公众平台关注总人数1977人，其中，头条新闻阅读累计达9926人次，单篇文章最高点击率达882人次。推送文章176篇，其中原创文章17篇。

【创新载体】 2022年，为促进民族交往、交流、交融，进一步铸牢中华民族共同体意识，区藏语委办（编译局）邀请拉萨市专家学者和堆龙德庆区委党校资深讲师，采用“专题讲座+实践操作+互动交流”相结合的方式，举办为期3天的藏语文工作者国家通用语言文字素养提升暨第五期汉语和藏语翻译培训，共有86人参加培训，发放《常用藏语和汉语词汇100句》86册。

【规范用字】 2022年，区藏语委办（编译局）持续开展藏语文社会用字规范工作，检查个体工商户经营主体415户，道路交通指示牌12个，广告牌、标语横幅、电子显示屏53个，对存在问题的商户和门店下发整改通知单30份，其中，翻译错误11处，无藏文7处，藏语和汉语比例不协调、出现错字和漏字12处，并责令限期整改。

【深入基层办实事】 2022年，按照堆龙德庆区“四联四包”工作机制暨“大宣讲大调研大排查大落实”活动部署会上的安排部署，区藏语委办（编译局）开展领导干部下基层大接访办实事活动，联合区委政法委入户走访全村193户家庭，详细了解门堆村村民的生活水平、就业就学、经济来源等情况，收集到共性问题诉求6个，个性问题11个。开展领导干部常态化“四联四包”工作机制暨“大宣讲大调研大排查大落实”活动，采取集中宣讲与入户宣讲的形式，用通俗易懂的语言向牧民群众详细宣讲党的政策，宣讲西藏自治区党委书记王君正和自治区党委常委、拉萨市委书记普布顿珠的讲话精神，引导牧民群众进一步增强感党恩意识，不断增强跟党走的信心和决心。

2022年6月22日，堆龙德庆区举办2022年藏语文工作者国家通用语言文字素养提升暨第五期汉语和藏语翻译培训班，区直各单位、各镇（街）、驻寺干部、各学校工作人员共86人参加培训

【国家通用语言文字工作】 2022年，区藏语委办（编译局）针对群众国家通用语言文字识别率、使用率较低等方面的实际，为消除基层干部群众藏语和汉语交流障碍，全面提升农牧民群众学习国家通用语言文字能力水平，专门派1名工作人员到包村点门堆村从群众日常生活中使用率较高的词汇及日常交流语抓起，以耐心、灵活、互动的教学方式，轮流为门堆村开展国家通用语言文字培训。

（多吉玉加）

【机构领导】

局　长

普央卓嘎（女，藏族）

副局长

央吉拉姆（女，藏族）

地方志工作

【概况】 2022年，堆龙德庆区地方志办公室发挥地方志“存史、资政、育人”功能，肩负“为党立言、为民修志”职责，围绕服务中心工作、服务经济社会发展、服务人民群众，扎实开展推进各项工作，较好地完成了年度工作目标和任务。

【政治学习】 2022年，区地方志办公室认真学习习近平总书记重要讲话、重要指示批示精神，通过集中学习、研讨和在线学习等方式，学习中共十九届五中全会、十九届中央纪委六次全会、自治区纪委十二届二次全会、市纪委六届二次全会精神。开展力戒形式主义，推动“疫情要防住、工作要推进”的部署，以学习为契机，组织干部职工深入学习理论业务知识等，分享经验、交流思想，提升干部职工政治能力、业务能力。

【年鉴编撰工作】 2022年初，区地方志办公室按照年鉴体例要求，研究拟定年鉴编纂方案。3月由区人民政府办公室印发《堆龙德庆人民政府办公室关于印发〈堆龙德庆年鉴（2022）〉编纂方案的通知》，开始年鉴组稿工作。4月开始催收年鉴稿件，大部分承编单位未能按时报送稿件，针对交稿慢的问题，积极采取有力措施，向各承编单位提出收稿催交意见。7月形成初稿，后经三审三校，形成19类目、79分目、683条目、312张图片及70余万字的《拉萨堆龙德庆年鉴（2022）》终稿工作。同时，完成《西藏年鉴（2022）》《拉萨年鉴（2022）》堆龙篇的组稿上报工作。

【启动《拉萨堆龙德庆区扶贫志》编纂工作】 2022年7月，根据自治区《西藏扶贫志编纂工程和西藏全面小康志编纂工程实施方案》及拉萨市《关于印发〈拉萨扶贫志编纂工程和拉萨全面小康志编纂工程实施方案〉的通知》，区地方志办公室立即向有关领导汇报，成立由区主要领导为组长的领导小组，并与乡村振兴协局协商安排专人负责，制定实施方案，开始着手编写编辑大纲等工作。

（雷 凤）

中国人民政治协商会议堆龙德庆区委员会

综　述

【概况】2022年是中共二十大胜利召开之年，是贯彻落实“十四五”规划的关键之年。在区委的坚强领导下，政协堆龙德庆区委员会及其常务委员会以习近平新时代中国特色社会主义思想为指导，全面贯彻落实习近平总书记关于加强和改进人民政协工作的重要思想，坚持发扬民主和增进团结相互贯通、建言资政和凝聚共识双向发力，在服务大局中主动融入，在推动发展中积极作为，在促进和谐中发挥优势，切实担负起把党中央决策部署和区市党委及区委工作要求落实下去，把全区各族群众智慧和力量凝聚起来的政治责任，在推动全区长治久安和高质量发展进程中贡献政协力量。政协第三届拉萨市堆龙德庆区委员会有委员125人，其中常务委员19人，共设8个界别。

2022年2月9日晚，堆龙德庆区委书记石运本（左二）在区政协党组书记、主席洛桑强巴（右二）的陪同下到基层委员驻地看望委员

【全体委员会议】三届二次会议。中国人民政治协商会议第三届拉萨市堆龙德庆区委员会第二次会议于2022年2月9日召开，大会应出席委员125人，因事、因病请假36人，实到委员89人，符合政协章程规定。区委主要领导以及其他在岗县级领导应邀出席会议。区政协党组成员、副主席尼玛主持会议。区政协党组书记、主席洛桑强巴代表政协第三届拉萨市堆龙德庆区委员会常务委员会向大会作报告。会议主要议程：听取和审议政协拉萨市堆龙德庆区委员会常务委员会工作报告；听取和审议堆龙德庆区人民政府关于政协三届一次会议提案办理情况的报告；党内委员参加“两会”党员大会；列席堆龙德庆区第三届人民代表大会第三次会议，听取并讨论政府工作报告及其他报告；审议通过政协第三届拉萨市堆龙德庆区委员会第二次会议关于常务委员会工作报告的决议；审议通过政协第三届拉萨市堆龙德庆区委员会第二次会议关于三届一次会议以来提案

办理情况报告的决议；审议通过政协第三届拉萨市堆龙德庆区委员会关于政协三届二次会议提案审查情况的报告；审议通过政协第三届拉萨市堆龙德庆区委员会第二次会议政治决议；其他有关事项。

【常务委员会会议】 三届三次常委会。2022年2月8日，政协第三届拉萨市堆龙德庆区委员会常务委员会第三次会议召开，政协主席洛桑强巴主持会议。会议应到常委19人，因事因病请假4人，实到15人，符合政协章程规定。会议审议《政协第三届拉萨市堆龙德庆区委员会第二次会议议程、日程(草案)》《政协第三届拉萨市堆龙德庆区委员会第二次会议秘书长建议名单》《政协第三届拉萨市堆龙德庆区委员会第二次提案审查委员会建议名单》《政协第三届拉萨市堆龙德庆区委员会第二次会议上作常委会工作报告建议名单》《政协第三届拉萨市堆龙德庆区委员会第二次会议列席人员名单》《政协第三届拉萨市堆龙德庆区委员会第二次会议上开幕会、闭幕会主持人建议名单》《政协拉萨市堆龙德庆区委员会工作报告(草案)》。

三届四次常委会。2022年2月10日，政协第三届拉萨市堆龙德庆区委员会常务委员会第四次会议召开，政协主席洛桑强巴主持会议。会议应到常委19人，因事因病请假5人，实到14人，符合政协章程规定。会议听取了各组对政府工作报告、检察院、法院工作报告的讨论情况；审议并通过了《政协第三届堆龙德庆区委员会第二次会议政治决议》《政协第三届堆龙德庆区委员会常务委员会工作报告决议》《政协第三届拉萨市堆龙德庆区委员会第二次会议关于政协三届一次会议以来提案办理情况报告的决议》《政协第三届堆龙德庆区委员会第二次会议提案审查情况报告》。

三届五次常委会。2022年3月22日，政协第三届拉萨市堆龙德庆区委员会常务委员会第五次会议召开，政协主席洛桑强巴主持会议。会议应到常委19名，因事因病请假5人，实到14人，符合政协章程规定。会议学习传达了全国政协十三届五次会议精神、关于加强和改进新时代市县政协工作的意见、习近平总书记看望参加全国政协十三届五次会议的农业界社会福利和社会保障界委员时的重要讲话精神、习近平总书记在全国政协十三届五次会议上参加内蒙古代表团审议时的重要讲话精神，审议《政协堆龙德庆区委员会常务委员会2022年工作要点》《政协堆龙德庆区委员会常务委员会2022年度协商、视察调研和民主监督计划》。

三届六次常委会。2022年8月3日，政协第三届拉萨市堆龙德庆区委员会常务委员会第六次会议召开，政协主席洛桑强巴主持会议。会议应到常委19名，因事因病请假7人，实到12人，符合政协章程规定。会议学习传达了《中国共产党政治协商工作条例》，西藏自治区党委书记王君正在自治区党委统一战线工作领导小组会议上的讲话精神，西藏自治区党委常务副书记、区政协党组书记庄严在全区政协工作交流座谈会上的讲话精神，西藏自治区党委常委、拉萨市委书记普布顿珠在市政协调研时的讲话精神以及《关于深入开展“喜迎党的二十大铸牢中华民族共同体意

2022年2月10日，堆龙德庆区政协提案审查委员会对大会期间收到的提案进行集中审查

识”系列活动的通知》《政协委员讲故事》；听取了“一府两院”上半年工作情况报告。

三届七次常委会。2022年12月27日，政协第三届拉萨市堆龙德庆区委员会常务委员会第七次会议召开，政协主席洛桑强巴主持会议。会议应到常委19名，因事因病请假8人，实到11人，符合政协章程规定。会议听取《政协第三届拉萨市堆龙德庆委员会第三次会议筹备工作情况》；审议《关于召开政协第三届拉萨市堆龙德庆区委员会第三次会议的决定》《政协第三届拉萨市堆龙德庆区委员会第三次会议议程、日程》《审议政协第三届拉萨市堆龙德庆区委员会第三次会议常务委员会工作报告和报告人》《政协第三届拉萨市堆龙德庆区第二次会议以来提案工作情况的报告和报告人》《政协第三届拉萨市堆龙德庆区第三次会议秘书长、副秘书长名单》。

2022年3月30日，堆龙德庆区政协开展“推进市域社会治理现代化试点工作，健全平安建设社会协同机制”视察工作

【坚定政治方向】 2022年，区政协常委会毫不动摇地坚持中国共产党的领导，深刻领悟“两个确立”的决定性意义，增强“四个意识”、坚定“四个自信”、做到“两个维护”，并一以贯之落实到政协工作的全过程和各方面，切实打牢团结奋斗的共同政治基础。把学习宣传和贯彻中共十九大、十九届历次全会精神，特别是中共二十大精神作为首要的、长期的政治任务，系统学习党对新时代人民政协工作提出的新部署、新要求，不断提高政治判断力、政治领悟力、政治执行力，团结教育引领各族各界委员在思想上政治上行动上同以习近平同志为核心的党中央保持高度一致。始终坚持在区委领导下履行职能，严格落实重大事项请示报告制度。全年组织召开常委会会议4次，党组会议8次，主席会议4次，开展各类学习18次。

【坚持协商建言，传递民声民意】

协商议政献良策。政协三届二次全会期间，委员们以高度的历史使命感和饱满的政治热情，紧紧围绕区委的决策部署，认真讨论“一府两院”工作报告、国民经济发展计划、财政工作报告，提出提案22件，意见建议47条，为全区顶层决策科学化、合理化提供重要参考。围绕“推进市域社会治理现代化试点工作，健全平安建设社会协同机制”课题进行协商，政协委员同区委平安建设领导小组成员单位协商座谈，为进一步推进全区社会治理现代化试点工作、健全平安建设社会协同机制各项工作充分协商，广泛交流，提出中肯建议。组织政协委员、提案承办、协办单位、区委区政府督查室等部门对“关于修建祥和苑社区幼儿园”“推进弓香城市建设”等提案办理情况开展专项视察。2022年，22件提案、47条意见建议全部办复，委员满意与基本满意率达100%。

视察调研建真言。聚焦疫情防控、医疗建设等中心工作，组织委员和政府职能部门负责人，围绕“新冠疫情常态化防控工作”“医疗保障业务一站式服务、一窗口办理、一单制结算”等开展视察调研，深入镇（街）社区村组，同群众、基层干部交流，提出工作建议10余条。深入开展“领导干部下基层大接访办实事”活动及“四联四包”责任制工作、“大宣讲大调研大排查大落实”工作，入户、走访农牧民家庭194户，召开座谈会26次，开展宣讲21次，收集社情民意信息16条，并向相关部门反馈，均已得到落实。协助自治区、拉萨市政协围绕“实施固体废物处理和利用服务生态文明高地建设”“政协系统两个薄弱”开展专题调研2次，向上级部门反映工作意见建议7条。

【坚持围绕中心，彰显政协担当】 2022年，区政协常委会始终紧扣全区中心工作，坚持与区委、区政府同频共振、同向推进，以高质量履职展现人民政协的责任担当。

在维护社会稳定工作中担当作为。 始终把维护稳定作为第一任务，深入学习贯彻中央、区市党委和区委关于维护稳定工作指示要求，在重要会议、重点时段及时安排部署维稳工作，严格履行国安指挥部带班值班职责，认真开展维稳督导检查工作。党外副主席带头开展“三个意识”教育活动，全面贯彻党的宗教工作基本方针，为全区长治久安汇聚起宗教界人士各方力量。政协常委、党员委员发挥自身优势，通过宣传党的大政方针、参与社会综合治理、“四讲四爱”等活动积极投身到社会治理各项工作中。

在服务高质量发展中担当作为。 围绕“十大民生实事”项目建设等中心工作开展专题视察，组织开展堆龙河（下游）两岸综合治理、滨河公园柳东路段下穿隧道、拉贡路景观以及民族团结主题公园等项目建设专题视察2次，详细了解项目实施进度，为有序推进项目建设提出政协建议。

在改善生态环境建设中担当作为。 督导检查全区环保整改工作特别是中央环保督察转办督办问题整改办理情况30余次，有序开展“河长制”责任制落实、禁白专项督导检查5次，提出针对性整改意见建议6条。

在增进民族团结中担当作为。 加强与党外委员和宗教界代表人士、非公有制经济代表人士的联系沟通，走访慰问委员32人。与包村共同举办“3·28”西藏百万农奴解放纪念日联谊活动，通过召开主题座谈会和举办有奖知识竞答等活动，引导广大政协委员和各族各界群众不断增进“五个认同”，自觉做“维护祖国统一、加强民族团结”的坚定维护者和主动践行者。加强合作，扩大交往，先后接待省市、县区9家政协系统各界别委员到堆龙德庆区开展学习考察活动。

2022年5月30日，堆龙德庆区政协举办第一期委员履职能力提升专题培训班

【坚持与时俱进，强化职责使命】 2022年，通过常委会集体学习、主席会专题学习、党支部“三会一课”等多种形式，组织委员和机关干部系统学习党的最新理论成果，不断提升政治理论素养，举办委员履职能力提升专题培训班1次。进一步完善主席联系常委、常委联系委员，党内委员联系党外委员各项制度，加强委员履职管理服务，建立档案及完善评价、激励和约束机制，形成有效衔接联动机制，充分调动委员履职尽责的主观能动性；镇（街）“政协委员之家”进行提档升级，通过委员之家平台，深入开展“喜迎党的二十大 铸牢中华民族共同体意识”系列活动，组织开展“委员讲三亲故事”和“六史”读书活动。开展常态化改进作风狠抓落实工作，全面加强政协机关干部政治思想、能力素质、纪律作风建设，锤炼过硬履职本领和工作作风，干出新时代人民政协的新样子，努力推动堆龙政协走在全市各县（区）前列。

【重要会议】 中国人民政治协商会议第三届拉萨市堆龙德庆区委员会第二次会议，于2022年2月9日至11日在堆龙德庆区召开。会议期间，区四大班子主要领导出席开幕会和闭幕会，与委员们共商改革大计、共谋发展良策。

会议听取并审议通过洛桑强巴代表政协常委会所作的工作报告；审议批准旦增平措所作的提案办理情况报告；与会委员列席了堆龙德庆区第三届人民代表大会第三次会议，听取、讨论并赞同政府工作报告，赞同“两院”工作报告及其他报告。

（马玉华）

【机构领导】

主　席

洛桑强巴（藏族）

副主席

巴桑朗杰（藏族）

尹美玲（女）

王考昌

尼　玛（藏族）

堆龙德庆区政协组织和委员一览表

表4

项目＼级别	堆龙德庆区	合计
组织数（个）	1	1
委员数（名）	125	125

办公室工作

【概况】 年内，区政协办公室以习近平新时代中国特色社会主义思想为指导，以迎接和服务中共二十大胜利召开为重要任务，坚持发扬民主和增进团结相互贯通、建言资政和凝聚共识双向发力，为全区夺取疫情防控和经济社会发展双向胜利贡献政协智慧和力量。2022年，区政协办公室有工作人员9名，其中三级调研员1名，四级调研员1名，正科级干部2名，副科级干部3名，驻会委员2名。

【理论学习】 2022年，区政协办公室始终将学习贯彻习近平新时代中国特色社会主义思想放在首要位置，开展政协党组理论学习中心组学习7次，党组成员参加党支部集中学习11次，组织委员学习研讨3次。巩固深化党史学习教育成果，开展改进作风、狠抓落实、“领导干部下基层大接访办实事”、“四联四包”责任制、“大宣讲大调研大排查大落实”工作，走村入户宣传党的惠民政策，切实解决群众关切问题。

【队伍建设】 2022年，区政协办公室举办政协委员履职培训班，邀请市政协、西藏大学专家学者和区委党校老师专题授课。协助自治区、拉萨市政协开展专题调研2次，先后接待贵州省、山南市等9批次市县区政协委员到堆龙德庆区开展学习考察活动。开展

2022年3月30日，堆龙德庆区政协召开2022年度机关党建、党风廉政建设、意识形态工作安排部署会

常态化改进作风狠抓落实工作，围绕“八个落实”检视出15条问题，围绕“四查四问”列出问题清单24条，并狠抓整改措施落实。

【落实责任制度】 2022年，区政协办公室开展“强化警示教育、深化以案促改”活动，组织集中观看《零容忍》《忏悔录》。到拉萨市廉政教育基地等接受廉政警示和爱国主义教育，不断提高拒腐防变能力。严格按照“两个责任”清单内容，逐条逐项落实主体责任、第一责任人责任和“一岗双责”责任，营造风清气正的良好政治生态。

（马玉华）

【机构领导】

政协办三级调研员

洛桑索朗（藏族，1月任）

政协办四级调研员

达瓦仓啦（女，藏族，7月任）

办公室主任、一级主任科员

黄　　敏（女）

一级主任科员

马 玉 华（女，回族，2月任）

副主任

央　　宗（女，藏族）

洛桑卓嘎（女，藏族）

纪检·监察

综述

【概况】 年内，堆龙德庆区纪委常委会（监委委务会）团结带领全区纪检监察干部，始终坚持以习近平新时代中国特色社会主义思想为指导，把学习贯彻中共二十大精神作为首要政治任务，以新时代党的自我革命实践不断深化对纪检监察工作高质量发展的认识，不断提高政治“三力”，在“两个维护”中践行对党忠诚，在深化纪检监察改革中实现战略重塑，在正风肃纪反腐中彰显担当作为，守正创新、坚定稳妥，为推动全区现代化建设提供坚强纪律保证。2022 年，区纪委监委有行政编制 15 名，实有干部 22 名（含挂职干部 1 名），其中副县级 2 名，正科级 7 名（含挂职干部 1 名），副科级 12 名，科员 1 名。深化纪委监委内设机构改革试点后，设 4 个内设机构，即综合室、第一纪检监察室、第二纪检监察室、第三纪检监察室，各内设机构保持副科级领导职数不变。下设纪检监察信息中心，有事业编制 3 名，实有干部 2 名。

2022年3月5日，堆龙德庆区委常委、纪委书记、监委主任边巴索朗（左一）到通嘎社区开展“领导干部下基层大接访办实事”活动

【始终坚定正确政治方向】 2022 年，区纪委监委坚持把学习贯彻中共二十大精神作为首要政治任务，重点围绕中共二十大报告、党章（修正案）等，开展集中学习研讨 6 次，认真组织理论知识测试、中共二十大精神知识推送，迅速掀起学习宣传贯彻热潮。坚持“第一议题”制度，召开常委会会议 18 次，深入学习贯彻习近平总书记系列重要讲话和指示批示精神，学习贯彻党中央和各级党委、纪委监委重要会议文件精神，推动全体纪检监察干部深刻领悟“两个确立”决定性意义，增强“四个意识”、坚定“四个自信”、做到“两个维护”，自觉用中共二十大精神统一思想和行动，在思想上政治上行动上始终同以习近平同志为核心的党中央保持高度一致。坚持调查研究，结合“领导干部下基层大接访办实事”“四联四包”等活动，针对群众身边的难点热点

2022年4月24日，堆龙德庆区召开"以案促改"工作部署会

问题，开展专题调研并形成报告4份，解决群众急难愁盼问题5件，为全面提升纪检监察工作质效奠定坚实基础。

主要工作

【政治监督】 2022年，区纪委监委，聚焦学习贯彻习近平总书记重要讲话和指示批示精神和党中央和各级党委重要会议、重要文件精神，认真落实市纪委监委关于《推进政治监督常态化具体化的实施方案》，巩固拓展脱贫攻坚成果同乡村振兴有效衔接，严肃党内政治生活，细化监督任务清单3张、具体要求53条，开展监督14次，发现并整改问题12个。严肃党内政治生活，开展净化政治生态谈心谈话和干部任前廉政谈话600余人次。严抓廉责"双述"工作，组织区直单位"一把手"现场述责述廉3人，书面述责述廉6人。严守请示报告制度，第一时间向上级纪委监委和堆龙德庆区委主要领导请示报告重大事项、提交会议研究重要议题10个。严明党的政治纪律和政治规矩，紧盯"七个有之"，聚焦"三个不增加"落实、反分裂斗争纪律执行情况等严把选人用人政治关、廉洁关，充分发挥纪检监察机关在干部提拔、推荐、评先选优等关键环节的监督作用，严防"带病上岗""带病评优"，出具党风廉政意见回复函121期3055人。

【纪检监察监督】 2022年，区纪委监委聚焦"一把手"监督，制订《2022年堆龙德庆区开展领导干部家访工作方案》，共有家访"一把手"58人；制订《堆龙德庆区关于加强对"一把手"和领导班子监督的工作方案》，开展随机检查3次，发现并纠治问题2个。聚焦中央环保督察，重视追责问责工作，配合监督检查4次，发现并纠治问题5个。聚焦农村乱占耕地建房和"两违"整治，采取随机与专项督查相结合的方式，督促拆除违建2宗。聚焦"每月一监督"主题，开展"一卡通"等监督工作，依托"纪检监察协作片区＋镇（街）纪（工）委＋村（居）纪检监督员"监督体系，检查发现并督促整改问题54个；特别是依托纪检监察协作片区机制开展执纪审查工作，实现镇（街）纪（工）委立案零的突破。

【坚决打赢反腐败斗争攻坚战持久战】 2022年，区纪委监委在强化"不敢"的氛围上下功夫，坚持问题导向，拓宽监督渠道，聚焦重点领域、重要岗位和"关键少数"，狠抓办案措施，规范办案流程，整合执纪力量，持续加大执纪审查调查力度，始终保持反腐败斗争高压态势。接收并处置问题线索28件，立案11件（涉及15人），给予党纪政务处分15人，其中"双开"并移送检察机关2人。严肃查处何虹、杜曾严重违纪违法案，实现办理"第四种形态"案件新的突破。在继续完善"不能"的机制上做文章，紧盯普遍性问题和反复出现的问题，督促各级党组织建立廉政风险清单，摸排廉政风险点413个，制定防控措施911条。诫勉谈话12人，下发纪检监察建议书3份。在持续增强"不想"的自觉上出实招，配合区委认真开展"双化"教育工作，以"身边事警示教育身边人"推进以案促改"敲警钟"，全力摄制并督促各级各部门集中观看《忏悔录》210场次、人数2043人次；集中观看《零容忍》等警示教育片71场次、人数685人次，开展集中研讨114场；组织参观拉萨市“身边事教育身边人警示教育展”，涉及党组织51个，党员干部325人；签订拒绝酒驾等承诺书5700余份；会同组织部门开展1名党员干部的失实澄清正名工作。

【持之以恒纠治“四风”顽瘴痼疾】2022年，区纪委监委紧盯改进作风狠抓落实工作，督促各级党组织贯彻落实《堆龙德庆区关于常态化推进改进作风狠抓落实的实施方案》，认真开展“四查四问”，强化监督执纪问责，不断巩固拓展落实中央八项规定精神成果，重点整治“不愿为”等7个方面36项作风问题。紧盯各级党组织落实《中共拉萨市堆龙德庆区委全面落实从严治党主体责任清单》情况，围绕领导干部“下基层大接访”和“3455”任务落实等，强化监督跟踪问效，发现并纠治问题6个。紧盯假日节点，强化专项监督与警示教育，以勤提醒、常提示，倡导廉洁过节。紧盯群众反映强烈与社会关注问题，对“一卡通”管理、涉粮领域、学生餐等问题开展专项监督12次，及时纠改问题8个。紧盯风腐易发多发问题，开展“私车公养”专项清查2次，反馈立行立改问题10个；严肃查处违反中央八项规定精神问题1件2人，参与赌博问题2件2人，违反生活纪律问题1件2人。

【政治巡察】2022年，区纪委监委做足巡前准备，指导制订堆龙德庆区委《2022—2026年巡察工作规划》《2022年巡察工作计划》《三届区委第二轮巡察工作方案》，进一步明确巡察目标任务和工作要求。补足巡察力量，选派纪检监察干部参与指导第二轮巡察干部培训，协力推动三届区委第二轮巡察工作；协助健全完善区委巡察组长库、人才库，抽派优秀干部参加巡察，切实把好巡察干部政治素质关。做足巡后整改，研究制订第九、十、十一轮巡察回访督查方案，对整改遗留问题、未办结的巡察移交事项，以“群众满意率、整改到位率、移交事项办结率”三项指标，评估被巡察单位整改情况；牵头成立联合督查组，严格审查被巡察单位整改方案、整改报告，压实整改责任，对市委涉粮问题专项巡察和第一轮巡察反馈问题整改进展情况，开展实地督查5次，下发整改通知书1份。

2022年5月18日，堆龙德庆区召开“以案促改”恳谈会

【纪检监察干部队伍建设】2022年，区纪委监委在提升纪检监察干部履职能力上发力，结合“跟班跟案+专项培训”模式，安排纪检监察干部参加上级纪委组织的线上线下学习培训和跟案跟班学习15人次，抽调镇（街）、村（居）纪检监察干部参与何某、杜某留置案件办理12人次。在提高纪检监察干部理论素养上发力，严格“三会一课”制度，加强党章党规党纪与国家法律法规规定学习，开展党支部学习活动26次，组织开展作风建设应知应会、疫情防控等知识测试8次。在强化纪检监察干部管理监督上发力，加强对纪检监察干部监督工作的领导、管理和监督，严格平时考核，制定考核细则，规范干部考核；完善纪检监察干部廉政报告77份，签订拒绝酒驾醉驾等67份，积极开展“内部巡视回头看”和谈心谈话等工作。

（袁　洁）

【机构领导】

区委常委、纪委书记

边巴索朗(藏族,6 月免)

纪委副书记

尼玛玉珍(女,藏族,3 月免)

李 焕 妤(女)

强巴扎西(藏族,3 月任)

仁青卓玛(挂职,女,藏族,3 月任)

纪委常委

尹　　丽(女)

强巴扎西(藏族,3 月免)

周　　伟(6 月任)

监委主任

边巴索朗(藏族,6 月免)

监委副主任

尼玛玉珍(女,藏族,3 月免)

李 焕 妤(女)

强巴扎西(藏族,3 月任)

监委委员

尹　　丽(女)

达　　珍(女,藏族)

人民团体

总工会

【概况】 2022年，堆龙德庆区总工会以习近平新时代中国特色社会主义思想为指导，全面贯彻落实中共十九大、十九届历次全会精神和中共二十大精神、中央第七次西藏工作座谈会精神，深入学习《习近平关于工人阶级和工会工作论述摘编》，学习贯彻西藏自治区党委书记王君正对工会工作的批示精神，西藏自治区党委常委、拉萨市委书记普布顿珠就加强和改进党的群团工作调研讲话精神，紧密围绕区委、区政府中心工作，以创建“忠诚型、有为型、贴心型、枢纽型、活力型”工会组织为目标，切实发挥党联系职工的桥梁纽带作用，不断开创全区工运事业和工会工作新局面。

【政治理论学习】 2022年，区总工会通过开展三德教育实践、“日学一小时”主题学习、党支部集中学习等活动，系统全面地学习习近平新时代中国特色社会主义思想，深入学习贯彻中共十九届历次全会和中共二十大精神、中央第七次西藏工作座谈会精神，学习习近平总书记关于二十届一中全会精神、《习近平谈治国理政》、治边稳藏的重要论述、《习近平关于工人阶级和工会工作论述摘编》及西藏自治区党委书记王君正、西藏自治区党委常委、拉萨市委书记普布顿珠对工会工作批示、重要讲话精神，捍卫“两个确立”、坚定“四个自信”、增强“四个意识”、做到“两个维护”。

【建会入会工作】 2022年，区总工会以扩大工会组织覆盖面为抓手，加强基层工会组织建会入会工作，以“两新组织”和“八大群体”建会入会工作为重点，推进建会入会工作。建立西藏天欣驾校有限公司、拉萨福泰商贸有限公司等“两新”组织工会组织8家，发展会员123人，覆盖率70%。保安员、房产中介员、护工护理员

2022年7月1日，堆龙德庆区总工会党支部开展庆祝“七一喜迎党的二十大”系列活动

等“八大群体”建立工会组织3家，社会组织3家已全部完成建会，货车司机工会组织组建有力推进。完成6318名会员信息录入工作，完成非公有制企业会员信息录入1096人。

【服务职工群众】 “三大节日”慰问。2022年，区总工会深入6个镇（街道）广泛开展“三大节日”送温暖活动，慰问农牧民工72人，发放慰问金7.2万元；组织人员到特色产业股份有限公司、雄巴拉曲神水藏药有限公司等5家“两新”组织非公有制企业中对48名困难职工进行慰问，发放慰问金4.8万元；到包村点、高天护路大队慰问40名困难农民工和54名护路大队职工，发放菜籽油价值23088元。

福利发放。为切实将党和政府的关心关怀送到每一位会员职工心中，不断增强干部职工的获得感、幸福感，区总工会于6月23日至24日向全区911名工会会员发放福利品，价值27.33万元。

女职工维权月活动。按照西藏自治区总工会、拉萨市总工会《关于开展2022年女职工维权月活动的通知》精神，广泛动员机关事业单位、西藏润悦冷链商贸有限公司等非公有制企业共232名女职工参与“情系女职工 法在你身边”知识竞赛线上答题活动，提高相关法律法规政策的知晓率、普及率，扩大活动覆盖面和参与率；联合区妇联、区教体局、团区委组织女职工举办“3·28”西藏百万农奴解放纪念日女子运动会，325名女职工参与各项竞技体育运动角逐；创新活动方式，注重运用新媒体平台，以职工群众喜闻乐见的方式，因地制宜开展形式多样的线上线下活动，通过广泛宣传活动中的特色亮点和工作成效，营造全社会关心关注女职工权益、促进性别平等的良好氛围。

城市困难职工解困脱困工作。规范困难职工的认定程序，按照《西藏自治区总工会关于困难职工帮扶救助相关管理办法》，制定《堆龙德庆区总工会关于进一步做好困难职工解困脱困工作的实施方案》《堆龙德庆区总工会困难职工防止返困工作机制》，进一步规范困难职工档案，做好城市困难职工解困脱困工作第三方评估。进一步核查困难职工档案，准确掌握了解困难职工致困原因，认真梳理、查漏补缺。通过实施培训就业、“大病救助”、“金秋助学”、“三大节日”送温暖、“工会服务在基层‘五送’”活动，全区原有建档立卡9户困难职工已全部实现脱贫，新增建档立卡困难职工3户。

新时代产业工人队伍建设工作。充分发挥工会“大学校”作用，加强职工思想政治教育引导，深入学习贯彻中共十九届历次全会暨中共二十大精神、习近平新时代中国特色社会主义思想和习近平总书记系列重要讲话精神；广泛开展“法律下基层、进企业、进班组”活动，教育引导职工学法用法懂法守法；推进“职工书屋”建设，开展争当学习型职工读书活动，进一步唱响主旋律，传播正能量；拓展和推进实施“温暖职工心贴心、工会服务在基层”活动，依托“安康杯”竞赛和职工技能劳动比赛，以“工人先锋号”创建为平台，广泛开展各类劳动竞赛，激发全区广大职工的主动性、积极性和创造活力。强化职工政治引领、思想引领、观念引领和技能引领，以公众喜闻乐见的方式讲好劳模

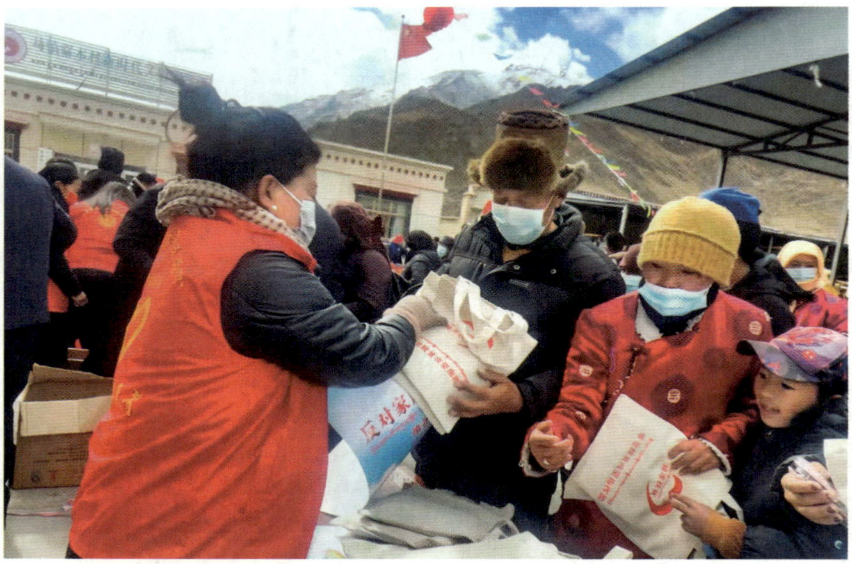

2022年2月9日至17日，堆龙德庆区总工会开展“五下乡”宣传服务活动

2022年3月13日，堆龙德庆区总工会联合消防救援大队组织民政局、水利局、医保局、妇联、环保局相关人员开展消防知识培训、实地演练活动

故事、工匠故事，营造劳动光荣的社会风尚和精益求精的敬业风气，切实担负起培育劳模精神、工匠精神的责任和使命。

以安全生产为主线，开展技能竞赛活动。深入贯彻落实安全生产这一主线，不断提升全区广大职工技术技能素质，大力弘扬劳模精神、劳动精神、工匠精神，培育健康文明、积极向上、全员参与的职工文化。为提高干部职工安全意识和消防应急技能，联合消防救援大队组织区民政局、区水利局、区医保局、区环保局、区妇联的50余名干部职工开展消防知识培训、消防器材使用演练活动；为弘扬劳模精神，营造劳模光荣、劳动光荣的社会风尚，区委宣传部、区总工会依托“安康杯”在西藏润悦冷链商贸有限公司开展以“劳动创造幸福·实干成就未来”活动。投入资金0.4万元，举办“安全第一、预防为主”消防安全实练演习操作流程、防暴演练技能竞赛和以“促堆龙发展，展职工风采”为主题的趣味活动。

（吴志勇）

【机构领导】

主　席

拉　　珍（女，藏族，3月免）

唐　　靓（3月任）

副主席

次仁玉珍（女，藏族）

共青团

【概况】2022年，共青团堆龙德庆区委员会下辖各类团组织139个，团员2067人，专兼职团干部147人，其中，镇（街）团（工）委6个、镇（街）机关团支部4个、村（社区）团支部31个；区直机关团支部3个；西部计划志愿者团支部1个；教育团工委1个、中学团委1个、学生团员团支部8个、小学团支部4个；流动团员团支部6个；两新企业团组织74个，其中团总支1个、团支部17个，青年工作委员会56个。全区区级少先队工作委员会1个，学校少先队工作委员会8个，少先队中队207个，少先队大队3个，区总辅导员1人，大队辅导员8人，中队辅导员207人，少先队员5955人。

【党的建设】2022年，团区委党支部认真贯彻落实中共二十大精神，贯彻落实习近平新时代中国特色社会主义思想，严格落实《中国共产党和国家机关基层组织工作条例》和《中国共产党支部工作条例（试行）》，建立健全党建工作责任制，履行好党支部书记“党建第一责任人”责任和班子成员“一岗双责”责任，全面推进党的政治建设、思想建设、组织建设、作风建设、纪律建设，把制度建设贯穿其中，深入推进反腐败斗争，不断提高党的建设质量。全年召开组织生活会1次，民主评议党员1次，党员大会1次，组织开展专题学习21次，主题党日活动12次，书记讲党课4次。

【党风廉政建设】2022年，团区委党支部组织开展党员政治教育学习21次，侧重学习《中国共产党章程》《中国共产党廉洁自律准则》《中国共产党纪律处分条例》《党支部工作条例》等，组织党员干部参观廉政警示教育基地，开展党支部书记讲廉政党课1次，节假日前夕召开节前党风廉政部署会6次。

【意识形态工作方面】 2022年，团区委围绕树牢阵地意识、践行立德树人崇高使命，坚持党建统领、问题导向，以青少年思想政治引领为主线，狠抓意识形态领域工作，建立意识形态工作领导小组，明确党支部书记第一责任人责任、分管领导直接责任人责任，并把意识形态工作摆上重要议事日程，进行专题部署安排。

"青春堆龙"微信公众号平台转发习近平新时代中国特色社会主义思想相关论述、党史学习、青年就业创业、志愿服务、少先队工作规范、预青工作等共计800余篇。全面组织支部成员展开学习，深化党员干部对意识形态工作的认识，自觉抵制意识形态领域的侵蚀和渗透。组织各镇（街道）和学校，利用周末让学生家长与学生一起打卡进行青年大学习；并充分利用寒假学生休闲契机，组织45名返乡大学生志愿者开展第四期"返家乡·青实践·大手牵小手"大学生社会实践等；结合"3·28"西藏百万农奴解放纪念日，组织各中小学校、各级团组织有序开展纪念活动。

【青少年组织服务】 2022年，为充分发挥共青团当好党的后备军和助手的作用，发展团员58名，推优入党38名。同时，结合县域共青团改革要求，行业领域内聘任2名优秀青年兼职团委副书记。利用"青春堆龙"微信公众号，配合区委宣传部等相关部门，做好党的群众政策和利民政策宣传工作等。结合青年工作开展青年就业创业政策、预防青少年违法犯罪等常态化宣传教育，结合党史学习持续推动"青年大学习"在青年群体中的教育影响力和覆盖面。持续开展好青字号项目，为青年建功立业、交流学习搭建平台。组织青年志愿者和西部计划志愿者开展"学雷锋志愿服务·我们在行动""我为群众办实事""和我一起保护母亲河""助学帮困·雪域天使"等志愿服务活动16场次。开展"纪念五四运动103周年、共青团成立100周年庆祝活动"，集中对2021年度92名优秀个人和8个先进集体进行表彰。选树和宣传全区各族各界青年先进典型，引导和激励各族青年继承和发扬"五四"精神。举办堆龙德庆区"涛博·联通杯"电竞大赛、第三届"龙创集市杯"大学生足球联赛、"不七而遇·夕望是你"七夕婚恋交友等活动，促进不同行业领域青年之间的联系。开展"同心庆七一·喜迎二十大"主题团建活动、"喜迎二十大，青春在行动"主题植树实践活动、"喜迎二十大·永远跟党走·奋进新征程·社区青春行动"志愿服务活动，引导青少年坚定信心跟党走，争作合格接班人。树立环境保护意识，开展"传承雷锋精神，弘扬时代新风——爱国卫生运动""生活垃圾分类·青年志愿者在行动""垃圾分类·从我做起"等环境保护活动，充分发扬志愿者们不怕脏不怕累的精神，以实际行动宣传环境保护理念。

【预防青少年违法犯罪】 2022年，团区委开展绿书签进校园、"青春自护 有你有我"模拟法庭、"6月综治宣传周"暨"6·26"国际禁毒日宣传、"美好生活·民法典相伴"主题宣传、"五下乡"宣传服务、"小手牵大手·青春自护·有你有我"青少年自护教育进校园、"儿童精神与心理健康知识普及"宣讲会等活动，做好禁毒宣传、自

2022年5月29日，团区委组织堆龙德庆区青年志愿者协会、西藏自治区涛博电竞俱乐部和堆龙德庆区龙创空间举办堆龙德庆区"涛博·联通杯"电竞大赛

2022年7月8日，少先队堆龙德庆区工作委员会一届二次主任办公会暨堆龙德庆区2022年度“红领巾奖章”二、三星章颁章仪式在区教体局会议室召开

护教育、防灾减灾、预青普法等宣传内容，累计发放《中华人民共和国未成年人保护法》《中华人民共和国预防青少年违法犯罪法》等宣传资料500余册。

【青少年活动中心服务管理】2022年，活动中心开设43门课程，举办各类主题教育、社会实践、志愿服务等活动42场次，学员达6347名，其中2名学员获得“中国少儿戏曲小梅花荟萃”个人奖章，5名学员被西藏大学2022年艺术类乐器表演专业“5+2”高职高专录取，3名学员获得第八届全国青年科普创新实验暨作品大赛（西藏赛区）三等奖。

【少先队工作】2022年，团区委完善少工委领导小组，召开相关会议2次，举办红领巾奖章评选颁章活动，授予集体二星章12个、个人二星章65人。姜昆黄小勇小学少先队大队荣获全国少先队优秀集体称号及自治区“红领巾奖章”集体四星章、拉萨市“红领巾奖章”集体三星章。

【西部计划志愿者服务】2022年，团区委组织西部计划志愿者参加疫苗接种、关爱弱势群体等志愿活动25次。完成第8批西部计划志愿者考核表彰工作，为第9批新志愿者购买了生活用品。

（于忠达）

【机构领导】

书　记

刘　敏（女）

副书记

德吉白珍（女，藏族）

妇　联

【概况】年内，堆龙德庆区妇联以习近平新时代中国特色社会主义思想为指导，贯彻落实中共十九大、十九届历次全会精神、中央第七次西藏工作座谈会精神、区市第十次党代会精神以及中共二十大精神，以服务大局、服务妇女、服务基层为理念，扎实开展妇女儿童各项工作。2022年，全区有妇联组织37个，其中，区妇联1个，镇（街道）妇联6个，村（社区）妇联31个。区妇联实有工作人员8名，其中，主席1名，副主席1名，四级主任科员2名，工人1名，公益性岗位人员2名，西部志愿者1名。

【政治理论学习】2022年，区妇联紧紧围绕区委、区政府中心工作，认真贯彻落实区委经济工作会议、党风廉政建设、政法工作会议精神及上级业务部门的相关文件精神，共开展集中学习21次，撰写学习心得体会16篇。组织党员到拉萨市烈士陵园和林周农场开展参观学习，深切缅怀革命先烈、赓续红色基因，接受红色教育。为进一步深化以案促改工作，巩固深化队伍教育整顿成果，发挥典型案例惩治震慑、惩戒挽救、教育警醒功效，用身边事教育身边人，组织干部职工集中观看以案促改廉政警示教育片《忏悔录》。

【巾帼关爱行动】2022年，在“六一”国际儿童节到来之际，区妇联开展“复兴少年宫”2022年“六一”儿童节慰问活动，为德庆镇小学和乃琼中心小学的孩子们送上课外书550余本。发放2022年“格桑花”贫困妇女儿童救助基金30万元，按照病情程

2022年2月25日，拉萨市妇联党组书记、副主席叶海缨（左一）到堆龙德庆区乃琼街道检查指导妇联工作

度对辖区34名贫困妇女儿童进行救助。为各镇（街道）10名妇女及家属发放中国儿童少年基金会捐助的拉萨市爱心包，总价值3000元。

【维权宣传】 2022年，区妇联以“五下乡”、“3·28”百万农奴解放纪念日、“综治宣传月”等各种活动为载体，开展妇女儿童维权宣传活动15次，发放《中华人民共和国妇女权益保障法》《中华人民共和国民法典》《中华人民共和国未成年人保护法》《中华人民共和国反家庭暴力法》等维权知识宣传手册及宣传资料3500余份。为有需求的妇女群众提供婚姻、财产、赡养、抚养、家庭暴力、妇女儿童权益等方面的法律咨询服务，对妇女群众的来电来访及时做好解答和记录工作，对符合法律援助条件经济困难的妇女当事人提供法律援助，协调区法院、司法局、派出所妥善处理妇女权益纠纷案件23起。

【家庭教育】 2022年，区妇联联合区人民检察院、区教体局共同建立《家庭教育指导协作机制》，挂牌成立“家庭教育工作站”；邀请家庭教育专业人士开展《中华人民共和国家庭教育促进法》进机关、进社区、进企业大宣讲活动；录制藏汉双语版家庭教育应知应会知识，在“堆龙发布”“巾帼堆龙”微信公众号进行广泛宣传，引导广大家长养成科学良好的家教习惯，让家庭教育促进法在全区落地生根。

【喜迎中共二十大系列活动】 2022年，为庆祝第112个“三八”国际妇女节，提升女干部职工的凝聚力，激励女干部职工弘扬“立足岗位，巾帼不让须眉”的精神，区妇联举办了“巾帼心向党 喜迎二十大 我们的节日 三八妇女节 ”庆祝活动，全区妇女干部职工及各行各业妇女代表200余人参加活动。邀请市委党校讲师在其美龙寺开展“巾帼心向党 喜迎二十大 爱国主义教育进寺庙”活动，40余名尼姑参加活动。为喜迎中共二十大，开展龙姐维权宣讲活动，各镇街道、区直各部门、国有企业、非公有制企业女性共80余名妇女代表参加活动。在加入村幼儿园举办“喜迎二十大，童心永向党”“六一”儿童节庆祝暨慰问主题活动，向儿童赠送价值1万余元的爱心书包和学习用品。

2022年4月20日，堆龙德庆区妇联在文化活动中心举办“巾帼心向党 喜迎二十大”龙姐维权宣讲活动

【新时代文明实践活动】2022年,全区已成立巾帼志愿服务队38个,志愿者人数达380人,开展了爱国卫生运动、植树造林、走访慰问等内容的新时代文明实践巾帼志愿服务活动。投入资金15000余元购买藏语作业本2000本、田字本2000本、藏文书法笔744支,用于支持村(居)巾帼夜校正常开展。为提高妇女群众就业本领和创业能力,促进自主创业,推动民族手工艺品产业发展,由区妇联主办,西藏明瑞职业培训学校承办的堆龙德庆妇联2022年民族手工艺品加工技能培训开班仪式在马镇措麦村举行,30名学员参加培训。为庆祝西藏百万农奴解放纪念日,充分展示全区女性健康向上的精神风貌,在堆龙滨河公园体育场成功举办了庆祝“3·28”西藏百万农奴解放纪念日女子运动会。参与“五下乡”宣传服务活动,发放了《中华人民共和国民法典》《中华人民共和国妇女权益保障法》《中华人民共和国未成年人保护法》《中华人民共和国反家庭暴力法》等法律法规及宣传资料2000余份。

【制定出版新“两规”】2022年,为确保新一轮“两规”更加符合区情和妇女儿童发展实际,区妇儿工委办先后多次召开妇儿工委成员单位负责人专题会议,对新“两规”的制定进行多次征求意见,并反复进行修改完善后,《堆龙德庆区(2021—2025)年妇女发展规划》和《堆龙德庆区(2021—2025)年儿童发展规划》于2022年12月底通过区政府常务会议和区委常委会会议,并正式颁布实施。

(扎 桑)

【机构领导】

主 席

马 立 玲(女,3月免)

尼玛玉珍(女,藏族,3月任)

副主席

巴 片(女,藏族)

工商联

【概况】堆龙德庆区工商业联合会是工商界组成的人民团体和民间商会,是党和政府联系非公有制经济人士的桥梁和纽带,是政府管理非公有制经济的助手。2022年,堆龙德庆区工商业联合会核定行政人员3个,实有干部5名、公益性岗位人员2名。会员企业66家,其中,建筑业12家、食品业6家、特色产业8家、加工业18家、销售业7家、种养殖业8家、运输业3家、信息服务业3家、其他1家,“三有”企业39家,成立党组织的企业23家,发展党员28人。

【理论学习及廉政教育】2022年,堆龙德庆区工商业联合会坚持以习近平新时代中国特色社会主义思想为指导,全面贯彻中共十九大和十九届历次全会精神及中共二十大精神,全面贯彻中央经济工作会议和中央第七次西藏工作座谈会精神,全面贯彻习近平总书记关于西藏工作的重要论述和新时代党的治藏方略,全面按照习近平总书记在全国民营企业家座谈会上的重要讲话精神、各级党委召开的统战工作会议精神以及区市第十次党代会和经济工作会、堆龙德庆区第三次党代会和区委三届三次全会部署要求,组织召开支部学习会24次。开展《习近平的七年知青岁月》读书讨论活动,开展“踏青登山,凝聚力量”,参观林周农场红色教育基地、廉政教育基地、西藏和平解放70周年成就展、百年党史墙等,观看《忏悔录》《零容忍》《莫让微信成“危信”》等警示片,以及《问政拉萨》直播节目、《活佛转世》纪录片等。召开改进作风狠抓落实工作专题会议2次,自觉抵制腐朽思想的侵蚀,强化责任意识和担当精神,进一步改进干部职工的工作作风,提升干部职工工作责任感、使命感。

【发挥工商联职能作用】指导会员企业党建工作。2022年,区工商联采取实地走访、查阅资料,谈心谈话、座谈会议等方式,听取各支部书记汇报党建工作,了解企业发展掌握党员思想动态,要求会员企业要把党的建设融入经济社会发展,引导党员干部牢固树立“四个意识”,做到“两个维护”,充分发挥基层党组织战斗堡垒作用,促进企业做强做大。

综治宣传月宣传活动。3月29日,通过张贴标语、发放宣传

2022年5月29日，堆龙德庆区工商业联合会（商会）召开一届执委会第五次常务委员会会议

册、宣传品等方式，在辖区宣传习近平新时代中国特色社会主义思想、习近平法治思想、中共十九大和十九届历次全会精神及新时代党的治藏方略、中央第七次西藏工作座谈会精神、习近平总书记“七一”重要讲话和考察西藏时的重要讲话精神、中央第六次西藏工作座谈会等内容，提升群众对平安建设的知晓率和满意度。

银企对接活动。7 月 18 日，协同农行堆龙德庆区支行工作人员到西藏广祺实业有限公司就企业贷款融资问题进行“一对一”服务，切实解决民营企业融资难融资贵的问题，为助力民营企业提质加速、高质量发展营造良好的小微企业金融服务政策环境。

纾困帮扶活动。对 8 名会员企业困难职工进行慰问，送去大米、食用油等慰问品，价值 2200 余元。开展结对帮扶入户走访慰问活动，走访帮扶对象 7 家。

领导干部下基层大接访办实事活动。2022 年，区委常委、统战部部长达瓦次仁多次带领区委统战部（民宗局）、区工商联、区电信局负责人到那嘎村开展领导干部下基层大接访办实事活动，通过座谈、走访群众、实地调研，共梳理急难愁盼问题 4 条，积极协调相关部门，实时跟踪问题办理情况。

消防安全知识培训。对各会员企业的安全隐患排查治理工作情况进行督促检查，邀请西藏政安消防中心教官到会员企业开展消防安全知识培训，通过播放消防短片、案例图片等形式普及消防安全知识，就火灾预防、应急处置和疏散逃生等基本常识进行讲解，并对相关企业的消防器材和设施设备进行检查，推动隐患排查治理工作深入开展。

【社会公益事业】 专场招聘会。2022 年 3 月 30 日，区工商联组织会员企业参加区人社局承办的 2022 年拉萨市堆龙德庆区“春风行动”专场招聘会，30 余家企业为辖区高校毕业生、农牧民、脱贫群众腾岗献岗 1000 余个，共计 500 余名求职者参加此次招聘会。2022 年高校毕业生暨退役军人大型专场招聘会现场共有各类企业和用工单位 71 家，提供有效就业岗位 2000 余个，其中，区外就业岗位 834 个，涵盖销售、行政管理、文员、生产技工、销售等岗位，进场求职 700 余人次，

2022年1月19日，堆龙德庆区工商联联合拉萨交安驾校、区城管局，开展节前慰问活动

现场收到求职简历522份，其中区内企业收到简历497份，区外企业收到简历25份，经现场交流洽谈及双向选择，达成初步意向51人。

万企兴万村活动。6家民营企业与7个村(社区)签订了“万企兴万村”共建框架协议，在春节、藏历新年及疫情期间，各会员企业先后慰问了企业困难人员、环卫工人、“三支一扶”人员、西部计划志愿者、保洁人员等，送去慰问金和慰问品以及减免房租，合计人民币199.29万元。

【工商联(商会)换届】 2022年5月30日，堆龙德庆区工商业联合会(商会)召开第二次代表大会，拉萨市工商联党组副书记、主席黄前敏，堆龙德庆区委常委、统战部部长达瓦次仁出席会议，企业和区直有关单位代表共57人参加会议。会议听取审议了堆龙德庆区工商业联合会(商会)一届执行委员会工作报告，回顾了一届执委所取得的工作成果并提出今后五年的奋斗目标及工作任务，选举产生了堆龙德庆区工商业联合会(商会)二届执行委员会执委、主席、副主席、会长、副会长、秘书长。

(姚鹤珍)

【机构领导】

主　席

段　凤　芝(女)

副主席

普布次仁(藏族)

军 事

人民武装

【思想政治建设】 年内，堆龙德庆区人民武装部始终坚持以习近平强军思想指导工作，以学习贯彻中共二十大精神为抓手，以习近平主席重要讲话精神为重点，统一思想行动、凝聚意志力量，特别是中共二十大召开后，及时组织官兵深学原文要义，营造营区良好的学习环境。制订学习教育方案，科学安排规定内容，有序推进教育活动实施，按计划完成理论学习，官兵撰写心得体会40余篇。

【抓好应急应战准备】 战备训练。2022年，坚持党委集中统一领导，抓好训练制度落实，每季度进行议战议训形势分析，常态化开展形势战备教育，先后滚动修订作战、非战争军事行动、国防动员各类方案预案10余个；为确保中共二十大胜利召开，制订维护社会稳定专项预案，并组织民兵在各辖区进行维稳演练；春节期间组织本级和民兵战备值班分队进行战备拉动和重要目标遭到攻击应急处突专项演练；3月组织本级和民兵应急连进行战备拉动，参加维护社会稳定专项演练以及维稳巡逻；6月组织民兵应急分队配合区水利局开展抗洪抢险演练；8月参加"雪域之巅—2022"群众性练兵比武创纪录活动。

官兵业务能力训练。坚持落实周训练计划和军人职业教育学习，全面开展岗位练兵，全员年度军人职业教育考试成绩均在良好以上，优秀率达70%；参加上级军事综合考核，成绩均在良好以上。

专武干部能力素质提升。定期开展民兵业务工作暨专武干部集中培训，采取脱产集训的方式，重点就民兵工作、征兵工作、双拥工作、党建工作等内容进行深度讲解，致力剖析当前各基层人武部在开展武装工作中存在的问题，采取理论授课、现场办公、参观见学、讨论交流的方式，进一步提升专武干部的业务能力，同时根据《西藏自治区专武干部资格认证办法》，联合区委组织部对专武干部进行考核和资格认证，做到专武干部持证上岗。

民兵训练。严格落实基干民兵训练计划，军事训练前依据分队属性，结合民兵军事训练大纲，制定各分队专项训练计划，民兵训练任务完成率达95%以上。

【国防动员建设】 聚焦国防动员领域"十四五"规划开局，积极构建在党中央集中统一领导下、军地既各司其职又密切协同的国防动员新格局。

推进国防动员体系建设。2022年，定期召开区国防动员工作任务部署会，总结讲评和安排部署相关工作，持续深化国防动员应急准备，修订完善国防动员预案和分支计划；根据自治区和拉萨市国防潜力调查通知中明确的6个重点内容，召集10余个部门负责人召开国防动员潜力调查专题会议，组织潜力数据会审，并建立潜力调查对接机制，不间断更新数据信息，确保信息数据准确有效。

抓实兵员征集。坚持以为部队输送优质兵员为出发点，充分发挥街道、社区网格化管理功能，鼓励大学毕业生积极应征。及时调整征兵工作领导小组，征兵办成员定期集体办公，并在区政务中心征兵窗口轮流值班，进行征兵报名登记和征兵政策讲解。开展征兵宣传周活动，建立流动报名点，为适龄青年报名应征提供协助。

民兵编组。优化民兵组织结构，编精编实基干民兵，及时对综合体检、政考不合格的人进行调整，党员比例、退伍军人比例和专业对口率均高于上级要求标准。完成全区基干民兵和普通民兵编组任务，专业对口率达86.32%。

【基层建设】 推进新时代人武部正规化建设。2022年，配合警备区加大力度协调地方党委政府，持续推动营区建设，上年未完成的正规化建设已完成办公室、值班室等功能房间的改造，初步形成主工作区与各功能区相接相融的建设格局。

提升人员能力素质。加大人员能力素质培养力度，分类制订年度人员能力提升计划，采取交任务压担子的方法，加大政治理论、业务素质、政策法规、军事技能、形象气质等方面培训力度，着力提高遵章守纪、形象气质、业务素质等方面的履职能力。

围绕规范打基础。指导基层人武部规范民兵连部和基层人武部软硬件建设，立足现有条件完善三室一库建设；结合街道换届，任命街道武装部部长及专武干部，进一步打牢基层人武部建设基础；将民兵党建工作纳入区党建重点任务清单，进一步规范民兵党组织建设工作。

【安全管理】 突出安全教育。2022年，结合政治教育定期开展安全教育，根据中央军委《关于严密防范发生涉酒问题的通知》“8个严禁”，专题开展预防酒驾醉驾教育整顿，进一步提高官兵思想认识，筑牢官兵安全防线。

抓实安全防范重点。突出“人车枪弹密，黄赌酒油网”等安全防范重点，突出人员管理，落实在外人员管理制度，及时化解矛盾；严格枪弹清查整治，严防涉枪涉弹涉爆问题发生；规范车辆使用，严防车辆事故的发生，常态推进安全大检查和“百日安全”活动。

保密专项整治。以保密工作专项整治工作为抓手，提高安全保密防范水平，集中开展办公电脑、手机微信群等内容自查整治，指定专人监督检查，确保整改到位；对保密系统进行升级，签订保密管理责任书，组织核心涉密人员政审，核查机要密码制度落实情况；对重要涉密岗位人员按规定和程序进行政治审查，确保思想过硬、政治合格。

安全形势分析会。每季度召开部党委会议，对当前形势任务、人员思想状况、上级通报的各类案件事故等因素进行安全形势分析，认真查找单位存在的安全隐患，针对发现的问题制定科学的防范措施，及时消除安全隐患。

【打造民兵训练基地特色品牌】 2022年，认真对照军委国防动员部关于民兵调整改革检查考评标准，深入打造堆龙德庆区“民兵训练基地”特色品牌，将基地建成功能完善、设施完备、西藏一流的区（县）民兵训练基地标杆。

【双拥工作】 2022年，利用八一建军节、春节等重大节日，走访慰问困难群众和退役困难军人，协调区委、区政府为辖区10余名荣立三等功和奖励人员送去喜报和慰问金，营造“一人立功，全家光荣”的良好氛围。

（吴应聪）

武警堆龙德庆中队

【概况】 2022年，武警堆龙德庆中队坚持以习近平新时代中国特色社会主义思想为指导，深入学习贯彻习近平强军思想和三级党委扩大会议精神，在上级党委的坚强领导下，在机关业务部门精准指导下，围绕“对照先进摔子，打造先进里子”的思路，确立了“抓经常，打基础，厚底蕴，争先进”的年度建设目标，全体官兵勠力同心、积极进取、奋力拼搏，转变作风、提升标准、狠抓落实，中队建设稳中有进、稳中向好。中队组建于1977年6月，2005年5月，原拉萨市支队与第一支队合并为拉萨市支队（旅级）后，系拉萨市支队六大队堆龙德庆县中队，主要担负堆龙德庆县看守所看守勤务和各类临时勤务。

2016年，随着堆龙德庆县撤县设区，更名为武警堆龙德庆区中队。2018年1月，依据军委新体制，中队正式更名为武警堆龙德庆中队。

【坚定政治信念】 2022年，中队坚持把搞好团结摆在班子建设的前沿位置来抓，坚持在生活上互管、工作上互帮、作风上互纠、思想上互通，班子成员能够心往一处想，劲往一处使，正副书记互相交心通气，委员互相协调支持，支部战斗堡垒作用有效发挥、“三个能力”有效增强。支部充分发挥两个助手作用，交任务、压担子、定责任、放权力。注重发挥官兵特长，打造“一队一品”，成立兴趣小组，丰富官兵“八小时之外业余生活”，发挥助手作用得力。军人委员会组织开展“武警春蕾计划”捐款活动、文体骨干培养、民主建队恳谈会等活动，在问卷调查、伙食满意度、入党考学、“争红星”评比等活动中畅通民主渠道，发挥纽带作用，坚持把学习贯彻习近平新时代中国特色社会主义思想、习近平强军思想摆在首位，以“两个纲要”和《军委主席负责制学习读本》等为基本教材，利用板报和“三个半小时”等载体，引导官兵将“四个意识”“四个自信”融入工作实践中，自觉做到“两个维护”，坚决贯彻军委主席负责制。积极营造学思践悟浓厚氛围，使学习党的创新理论成为官兵的行动自觉，广泛开展分享“我最爱习主席一句话”活动，进一步打牢官兵“三个绝对”的政治底色。

【提高训练水平】 2022年，中队牢固树立“练兵备战”理念，严格军事训练“八落实”并结合中队应急班担负任务实际，把实战化训练作为根本，充分利用营区场地资源优势，坚持落实好应急班每天不少于6小时训练，坚持中午、晚上开饭前半小时器械训练，不断打牢官兵体能素质基础。落实“日训、周测、月考、季评”制度，建立完善官兵训练档案，树立训练有功、训练有为、训练有位鲜明导向，把军事训练成绩作为立功授奖、入党考学、晋选士官和骨干选拔的重要参考依据，激发官兵参训热情，部队战斗力进一步提升。

【班子建设】 2022年，中队党支部一班人牢固树立“事业第一、集体第一、士兵第一”理念，在“两学一做”活动中，主官带头、支委示范、党员挂牌宣誓、支部公开承诺的做法一直在坚持，干部每月住一次班、上一次哨、帮一次厨、为战士过一次生日的传统一直在延续，成武县中队“五先四后”的好传统也被及时借鉴开展。党员干部自觉站排头、上一线、打头阵的良好形象，带动和影响了中队官兵。

【固定目标执勤】 中队常年担负堆龙德庆区公安局看守所的看守勤务，2022年，始终把固定目标执勤作为经常性执勤工作的重心，坚持以人为本，依靠规范的部署，完善的设施，强化重点，力补弱项，努力实现“正规执勤、确保安全”。坚持防范、约束、处置紧密结合的原则，加大“防逃、制逃、追逃”研究和演练，进一步完善中队各类执勤方案，做到合理布兵，科学组勤，严密组织，坚决把保证固定执勤目标绝对安全、万无一失的要求落到实处。

【临时勤务】 2022年，中队担负了重要敏感节假日期间堆龙德庆区主要路段的武装巡逻，圆满完成武装押解任务，为维护堆龙德庆区的安全稳定作出贡献。

【双拥工作】 2022年，中队结合任务实际，广泛开展“共讲党恩跟党走、共促团结反分裂、共建文明树新风、共谋发展惠民生、共抓党建固根基、共创平安保稳定”维稳群众工作“六共”活动，积极配合区委、区政府及区中直相关部门做好拥政爱民教育、国防教育。同时，注重加强对党委、政府、用兵单位、共建单位、友邻单位的走访慰问，进一步密切军政军民关系，不定期举行党政军警民座谈会，邀请地方政府、用兵单位、友邻单位和营区周边普通群众进行座谈，积极汇报部队建设情况，征求对部队建设的意见和建议，形成改进意见和措施，促进拥政爱民工作健康协调发展。

（倪　帅）

法　　治

政法委与综治

【概况】 2022年，中共堆龙德庆区委政法委员会坚持以习近平新时代中国特色社会主义思想为指导，深入贯彻落实中共二十大精神，深入贯彻习近平总书记在中央政法工作会议上的重要讲话精神和中央第七次西藏工作座谈会精神，特别是关于西藏工作的重要指示和新时代党的治藏方略，拥护“两个确立”，增强“四个意识”、坚定“四个自信”、做到“两个维护”，以政法维稳为主线，深化平安建设、网格化、双联户工作，强化市域社会治理、执法司法案件“回头看”、依法严惩养老诈骗违法犯罪、铁路护路联防、扫黑除恶常态化、禁毒等工作，有力实现全区长治久安和高质量发展。

【党建工作】 2022年，在区委、区政府的坚强领导下，区委政法委坚持以习近平新时代中国特色社会主义思想为指导，全面贯彻落实中共二十大精神和西藏第七次工作座谈会精神，坚持全面从严治党的工作原则，贯彻落实各项决策部署，重视政治教育，促进各项事业稳步发展。开展主题党日活动9次，召开集中学习22次，召开专题组织生活会1次、节前廉政教育专题会议5次，组织观看《长津湖》等爱国影片。

【市域社会治理（平安建设）工作】 2022年，区委政法委高度重视平安建设、市域社会治理、网格和双联户、铁路护路联防等工作，及时研究解决工作中的热点、难点问题，将平安堆龙建设工作纳入区委、区政府重要议事日程，区委常委会听取平安建设相关工作2次，区政府常务会研究部署平安建设工作2次。

推进市域社会治理体系现代化。成立由区委书记、区长任“双组长”的平安建设领导小组，召开堆龙德庆区委平安堆龙建设领导小组会议暨市域社会治理现代化试点迎检工作动员部署会。健全服务清单、公开办事指南，实现办

2022年2月21日，堆龙德庆区专职护路队员在109国道上清理积雪

事材料"一次递交、多方复用、互认共享"的"一站式"办理；政法系统各单位严格规范公正文明执法司法，充分运用民情民意协调会、党员评议会等形式，推动民事民议、民事民办、民事民管。

推进市域社会治理方式现代化。探索"一统六联"机制，充分发挥基层党组织的战斗堡垒作用，全区6个镇（街道）、31个村（社区）的网格和联户单位，在政策宣传、环境整治、警网融合等方面强化网格多面手的作用。区妇联牵头的"龙姐维权服务中心"，疏导化解矛盾纠纷14起。100余家企业、167名社会工作者、45名乡村振兴专干以及356名平安志愿者开展平安巡逻、矛盾化解、法治宣传等工作，共建平安家园。

推进社会治理工作布局现代化。健全完善公安联勤武装巡逻协调联动机制，推进人防、物防、技防建设，依托综治中心，统筹整合诉讼服务中心、公共法律服务中心、信访接待中心、人民调解中心等实体平台，建立"一站式"服务流程纠纷解决平台。提高对重点领域、重点部位、重点环节的动态监测和实时预警能力，健全公共安全隐患常态化排查整治机制，完善事前事中事后全程监测机制。

【综治宣传】 2022年，区委政法委根据平安建设（综治）宣传工作要求，以"3月综治宣传月"、"4·15"国家安全教育日、"6月综治宣传周"、"6·26"国际禁毒日为契机，开展扫黑除恶、禁毒和防养老诈骗宣传，悬挂横幅120余条，发放藏语和汉语的各类宣传资料3万余份，宣传袋1万余个，参与活动群众达2万余人次。受疫情影响，"9·16"平安西藏宣传日、"11·1"反间谍宣传日活动均改为线上开展。

【双联户工作】 2022年，区委政法委紧紧围绕共创平安和谐、共同增收致富、共建美丽家园工作职责任务，将城镇网格化管理延伸、拓展，充分把城乡居民组织起来、动员起来，充分调动和发挥农牧民群众主体作用，不断把创建活动引向深入，有力地提升基层社会治理能力、夯实平安创建基础、促进群众增收致富。兑现户长补助及绩效奖励449.62万元，补充制作"双联户"冬季巡逻服装355套、红马甲帽子套装1200套，投入资金245985元。举办培训1次，参与100余人次，各镇（街道）组织培训10余次，参与1300余人。充分发挥"双联户"在社会治理中的主体作用，在政府联系群众中的纽带作用，在服务中心工作中的基础作用，在维护稳定中的中坚力量作用，在增收致富中的推进作用和在精神文明建设中的促进作用。

【常态化开展扫黑除恶斗争工作】 2022年，区委政法委召开常态化扫黑除恶斗争领导小组办公室联席会议3次，组织《中华人民共和国反有组织犯罪法》宣传活动30余次，发放各类宣传资料1万余份，宣传海报1000余份。电信网络诈骗立案98起，破获35起，抓获犯罪嫌疑人6人；冻结涉案账号188个、冻结资金171万余元；止付银行卡账号329个、共计1286万余元，返还资金117873元。结合实际全面开展"两违"治理工作，已拆除125宗违法违规地面附着物。出动执法人员63人次，检查车辆2726辆次，查处非法营运车辆12辆。检查全区建设项

2022年2月23日，堆龙德庆区委政法委组织古荣护路大队应急分队在铁路沿线开展路地联动应急预案演练

目70余个,检查180余次,下发整改通知单86份,检查问题隐患200余处。各成员单位下发"三书一函"共计38份,部署开展严厉打击教育、市场流通新行业领域违法犯罪,推动常态化扫黑除恶工作走深走实。

2022年8月5日,堆龙德庆区委政法委党总支带领4个党支部开展"不忘初心、牢记使命"主题党日活动。图为参观林周县党员党性教育基地

【铁路护路联防工作】 2022年,区委、区政府始终把铁路护路联防工作作为"平安堆龙"建设的重要内容,坚持与全区综治维稳工作"四同步",即同部署、同检查、同考评、同奖惩,铁路护路联防本级投入2642.2万余元。各涉铁镇(街道)、村(居)委会均成立铁路护路联防组织机构,大力支持铁路护路联防工作,确保护路工作在全区上下时时有人管、事事有人管。"三大节日"期间,区"四大家"领导慰问每名专职护路队员,发放慰问金1000元和价值300元的慰问物资。全区铁路护路联防工作总投入人力9.93万余人次,出动车辆0.52万余辆次、巡线里程16.02万余千米,徒步巡逻0.85万余次、巡线5.55万余千米,排查可疑人员2543次、9476人,排查车辆1496次、1813辆,清理闲杂人员5906次、9658人,清理铁路沿线停靠车辆3998次、6164辆,驱赶牲畜3446次、22442头(只、匹)。排除铁路安全隐患200起,其中,自行处理148起,移交相关部门处理52起。开展爱路护路宣传37次,发放宣传资料5100余份、宣传物品7000余份;应急预案演练10次,成功清理上道人员8次10人;参与抢险灭火3次,道路除雪、涵洞积水清理活动3次,道路交通事故救助1次;参与楚布寺、达扎寺佛事活动安保2次,违建强拆活动3次,仓库清查活动1次,参与维持"万达杯"足球比赛秩序、沿线村庄活动秩序共4次。

【司法案件"回头看"工作】 截至2022年底,共录入2017年以来已办结的案件19809件。按照比例要求,由区委政法委抽选203件案件进行交叉评查,均已完成(112件民事案件、69件执行案件、11件刑事案件、3件治安案件、3件司法救助案件、1件行政案件、4件其他案件的回访评查工作)。

【严惩养老诈骗违法犯罪工作】 2022年,区委政法委组织召开全区打击整治养老诈骗专项行动部署会,及时制定相关方案,做到分工明确、配合有力。开展宣传教育32场次,受教育2500人次,发放宣传品5000余份,确保了专项行动有序推进。

(龚 超)

【机构领导】

区委常委、政法委书记、公安分局局长

赵宏忠

政法委常务副书记

管 兵(2月免)

王栋栋(2月任)

政法委副书记

格桑曲珍(女,藏族,2月免)

钱 凯(2月任)

西绕加措(藏族,6月免)

公 安

【概况】 年内,拉萨市公安局堆龙德庆分局坚持"稳定压倒一切"的思想,以确保春节、藏历新年、三月综治维稳月、萨噶达瓦节、拉萨雪顿节、国庆节等重点时段安全为中心工作,进一步建立健全维稳工作机制，严厉打击各类刑事犯罪活动，积极开展疫情防控各项工作，全力以赴防风险、保安全、护稳定，圆满完成全年目标任务。

【开展反分裂斗争】 2022年，堆龙德庆分局始终以情报信息主导警务工作为理念，建立健全情报信息研判工作机制，把情报工作的触角延伸到社会各个领域和角落，做到事前预警、事中处置、事后防范，牢牢把握工作主动权。加强秘密力量建设，强化专案经营意识，及时进行会商研判，为现实斗争服务。

【开展严打整治斗争】 加大打击力度，维护社会稳定。2022年，堆龙德庆分局共立一般刑事案件152起，破获刑事案件137起，破案率90.1%，抓获犯罪嫌疑人106人，挽回经济损失30余万元。

深入开展"盗抢骗""打击电信网络诈骗"等专项行动，共接案电信网络诈骗123起，破获电信网络诈骗35起，破案率28.4%（其中现案督办电信网络诈骗案件2起，代破外省诈骗案30起），抓获犯罪嫌疑人6人。冻结涉案账号188个，冻结资金171万余元；止付银行卡账号329个，共计1286万余元；返还资金117873元。开展防范电信网络诈骗犯罪宣传、讲座30次，发放宣传单8200余张，张贴海报、警示标语60余张，走访群众3000余户，出动警力300人次，受益群众3万余人。

刑警大队充分发挥"尖刀"作用，成功破获4起系列案件，1起12串入室盗窃案，1起6串诈骗案，1起12串盗窃电缆线案，1起16串盗窃消防设施案，4起系列案件涉案价值达300余万元；破获2起电信网络诈骗督办案件，抓获犯罪嫌疑人2人；联合市场监督管理局查获一起制造销售假冒伪劣产品案件，当场抓获4名嫌疑人，并现场查获460余件成品假冒的百威啤酒，3000件半成品和作假材料石云山啤酒和数套作案工具，切实维护人民群众生命财产安全，不断提升人民群众的安全感和满意度，着力确保堆龙治安大局持续稳定。

【强化社会面严管严控】 2022年，全区实有人口9.1万余人（户籍人口53105人、居住登记卡2.6万余人、居住证1.4万余人）。堆龙德庆分局紧紧围绕应对更大风浪斗争考验，坚持问题导向，强化底线思维，以"夯实基础、稳中求进"的工作思路，健全和完善堆龙流动人口服务管理各项工作机制制度，推进各项工作措施的落实，共采集标准地址门牌10862个，建筑物信息874个，户室信息77487个。围绕流动人口管理短板，进一步加强流动人口服务管理宣传工作，签订出租房责任书3200余份，发放一次性告知单（办理居住证、居住登记卡）3500份。

【打击整治】 2022年，堆龙德庆分局以"7+1"、夏季治安打击整治"百日行动"为抓手，深化清理清查专项整治工作，坚持"台账式部署、清单式分解、实名制管理"的工作方法，以"白天各所复查、夜间集中清查"的工作模式，对辖区涉油单位、仓储、门面、出租房、厂中厂、院中院、施工工地等区域进行"地毯式、拉网式、全覆盖"清理排查。夏季自打击整治"百日行动"开展以来，按照"局领导包面，所队领导包片，责任民警包

2022年3月4日，拉萨市公安局堆龙德庆分局开展武装拉动巡逻行动

点”的工作模式，连续出动警力6000余人次，严格按照“问题不清零，清查不结束，整改不到位，清查不结束，效果不显著，清查不结束”的工作要求对辖区进行全面排查。宣传下载“国家反诈中心”App软件8481人、签订各类责任书1800份。发现消防隐患1025处，现场整改484处，下达《治安隐患整改通知单》541份；发现治安隐患357处，现场整改105处，下发书面整改通知书252份；收缴管制刀具20把，收缴香蕉水5017升、柴油3991升，批评教育98人，收缴汽油350余升（受案68起，行政处罚149人）；查获一批非法化学品（硝酸94箱、过氧化氢8箱、氢氧化钾15箱），相关危化品已由区应急管理局安排第三方进行鉴定，并对涉事人员做进一步处理。

2022年7月9日，堆龙德庆公安分局民警参加堆龙德庆区2022年玉妥文化旅游季第二届林卡音乐节安保活动

【矛盾纠纷排查化解】 2022年，堆龙德庆分局以维护社会治安稳定、维护广大群众合法权益为重点，围绕中共二十大胜利召开创造安全稳定的政治社会环境这一主线，深入排查调处各类矛盾纠纷115起，化解109起，未化解6起，做到及时排查问题、发现问题、调处问题，切实将矛盾纠纷化解在基层，更加快捷、灵活、主动地解决基层各类存在“民转刑”可能的矛盾纠纷。

【交通整治】 2022年，堆龙德庆分局交警大队接警2832起，其中：死亡事故7起、死亡7人，伤人事故10起、受伤19人；财损事故2815起，其中，简易程序案件1141起，自行协商1371起、调解处理303起，立案61起，取保候审61人，移送起诉38起、未办结23起、刑事拘留8起、逮捕2人。

查处道路交通违法行为。处理违法行为42039起，其中，非现场处罚27824起、现场处罚14215起（简易13513起、一般程序684起）。处罚金额6754900元，行政拘留62人，吊销驾驶证25本，粘贴违停告知单12640张。

巡逻检查和夜间设卡检查。检查车辆115862辆，查处违法行为8188起，其中，简易7883起，强制305起，饮酒驾驶47起、醉酒驾驶34起、无证驾驶70起、其他154起，出动警力3620人次，出动警车790台次，巡逻次数1165次，统一行动取得较好成效。

道路安全隐患排查。组织人员对辖区109、318国道路段及乡镇路段、城区路段开展道路交通安全隐患排查工作，共排查出各类安全隐患13处，已将排查出的各类隐患上报相关部门，要求限期整改。

【车管所业务】 2022年，堆龙德庆分局车管部门办理相关业务2336件，其中，驾驶证补证换证901件、驾驶证年度体检2件、驾驶证信息变更19件、驾驶人审验531件，机动车车辆检验489件，受托检验58件，延期业务3件，变更登记50件，其他283件。

【案件审核】 2022年，堆龙德庆分局始终坚持以事实为依据、以法律为准绳，严把案件事实关、证据关、时限关、程序关、法律适用关和裁量关，严格各项法律审核，共审核刑事案件277起，刑事拘留43人，提请逮捕46起，逮捕40件，起诉229件。取保候审159人（治安取保82人，刑事取保77人）；行政处罚626人（行政拘留154人，罚款472人）。

【法治宣传】 2022年，结合“法律八进”“谁执法谁普法”普法要求，堆龙德庆分局执法监督大队、刑警、治安、扫黑办、派出所等部门到学校、乡村、人员聚集的地方开展宣传活动，发放宣传资料6900余册、各类宣传品8200余份，接受法律咨询56次。

【“110”接处警正规化建设】 2022年，堆龙德庆分局紧紧围绕“第一时间快速反应、第一时间力量到位、第一时间控制局面”的实战化要求，构建实战化、扁平化、合成化应急指挥模式，确保一旦发生规模聚集事件时能做到统一指挥、快速反应、高效处置。全年共接警19101起，其中，有效警情18516起，无效警情585起，死亡人数32人；交通类警情3509起，消防救援9起，其他警情159起，卫生医疗3734起，投诉监督9起，举报173条，纠纷5905起，求助5186起，行政（治安）警情189起，刑事警情228起（刑事诈骗包含金融诈骗115起）。

【信息收集反馈】 2022年，堆龙德庆分局共整理上报公安简报87期，统计上报数据80余次，起草制定各类工作方案168份，勤务方案12份，社会面维稳方案10份。编辑汇报材料12份，阅办文件1000余份，政治审查1500余人，公章使用800余次（均登记），公安行政平台签收文件400余份、发送信息1000余条。

【信息建设】 2022年，堆龙德庆分局共保障本单位会议300余场次、外单位会议20余场次；安装系统16家，维修系统500余次；参与卫星电话点名10次，会议系统点名及手台点名300次；“雪亮工程”前端点位建设完成度达60%，指挥中心改造建设完成度的90%，机房建设完成度达98%，配发移动警务终端103部。

【保密工作】 2022年，堆龙德庆分局民辅警自觉履行保密义务和职责，确保业务工作开展到哪里，保密工作就跟踪到哪里、保密责任就落实到哪里，始终绷紧保密这根弦。局办公室联合信通科组织保密学习3次，保密检查10余次，对发现的问题进行及时整改。各科所队负责人签订保密责任书19份，与全体民警签订《拉萨市公安局堆龙德庆分局2022年保密责任书》224份。

2022年7月15日，堆龙德庆公安分局交警大队在羊达中心小学开展“小手拉大手”交通安全宣传教育活动

【队伍管理及督导检查】 理论学习，促进队伍政治素质提高。2022年，堆龙德庆分局签订队伍管理责任书23份，民警“八小时以外”行为管理责任书226份，警务辅助人员“八小时以外”行为管理责任书218份。组织党委理论学习中心组学习会8次；各支部、党小组学习200余次；各支部学习会80余次；观看警示教育片10余次；思想剖析会10余次。召开改进作风推进会1次，学习会4次，组织观看《零容忍》11次，组织观看《问政拉萨》6次，组织签订“十个一律、十个严禁”承诺书218份。开展理论学习中心组专题学习中共二十大精神研讨1次，各支部专题学习研讨12次；组织参加公安部、公安厅组织的中共二十大专题学习讲座、宣讲4次；组织集中宣讲1次；组织参加英模事迹报告会2次；利用平安堆龙发布“学报告谈体会，堆龙公安这样说”1次，对外发布各部门学习中共二十大精神8篇；推送权威媒体宣传报道40余篇。

2022年9月9日，堆龙德庆公安分局交警大队组织民辅警在通嘎领峰空地停车场为滞留货车司机发放政府暖心月饼及牛奶

督导检查，确保队伍健康发展。开展各类现场督察82次，检查单位62家次，出动督察警力132人次，其中检查公安基层部门56次，检查过程中共发现各类问题和隐患10处，责令当场整改7处，限期整改2处，提出督察建议2条。警容风纪方面检查252次，发现问题21个，责令当场整改20个，限期整改1个，提出督察建议2条。

加大表彰奖励力度。向区委组织部推荐5名抗疫优秀共产党员，向市局政治部推荐全区公安机关疫情防控工作先进集体3个、先进个人3名；向区委组织部推荐4名抗疫优秀民警。

（王亿波）

【机构领导】

区委常委、政法委书记、党委书记、公安局局长

赵宏忠

党委副书记、政委

白玛多吉（藏族）

党委委员、副局长

洛　旦（藏族）

马　钰（回族）

普布扎西（藏族，6月免）

张　翔（挂职，3月任）

党委委员

马　霞（女，6月免）

检　察

【概况】 年内，堆龙德庆区人民检察院在区委和上级院的正确领导下，坚持以习近平新时代中国特色社会主义思想为指导，深入学习贯彻中共十九大、十九届历次全会和中共二十大、二十届一中全会精神，贯彻落实《中共中央关于加强新时代检察机关法律监督工作的意见》，深刻领悟“两个确立”的决定性意义，增强“四个意识”、坚定“四个自信”、做到“两个维护”，锚定“四件大事”、聚力“四个创建”，抓实“当好七个排头兵”“七个坚定坚决”的贯彻落实，统筹疫情防控、维护稳定和检察工作开展，各项工作在稳进落实中不断提升。

【案件办理】 2022年，区人民检察院共办理各类案件599件。其中，刑事检察案件295件，受疫情影响案件量同比有所下降；办理民事、行政检察案件82件，办理公益诉讼案件131件；办理其他类案件41件。

【法律监督】 2022年，区检察院践行新时代“枫桥经验”，开展院领导包案办理首次信访专项活动，建立完善“12309”检察服务中心，提供更加便捷高效的“一站式”检察服务，受理控告申诉案件32件（网络信访2件），其中院领导包案办理控申案件13件；严格落实信访信息系统填录工作要求，群众信访7日回复率、3个月答复率100%；主动担当化解涉法涉诉难点、堵点案件，落实“基层院领导包案”制度，开展“领导干部下基层大接访办实事”活动20次。持续开展“司法救助助力巩固拓展脱贫攻坚成果助推乡村振兴”和“关注困难妇女群体 加强专项司法救助”专项活动，受理国家司法救助案件3件，向当事人发放救助金13万元。贯彻落实《关于建立教职员工准入查询性侵违法犯罪信息制度的意见》，对全区1543名在职教职员工进行准入查询，排查出有性侵害、暴力伤害等犯罪记录人员2人、受行政治安处罚人员2名，向相关部门制发检察建议1份，切实维护未成

2022年3月22日，堆龙德庆区人民检察院党组书记、检察长索朗旺庆（左二）在桑木村开展领导干部“下基层大接访办实事”活动

年人合法权益。联合区教体局、区妇女联合会签订《家庭教育指导协作机制》，成立西藏自治区首家“家庭教育工作站”，开展家庭教育、未成年人专业心理辅导各2次。与公安机关设立“侦查监督与协作配合办公室”，加强侦查监督与协作配合，提前介入涉疫刑事案件等14件、立案监督3件，针对办案中发现的侦查活动存在的问题，发出纠正违法通知书4份、侦查活动监督通知书1份，合力提升办案质效。

【推进扫黑除恶常态化】 2022年，区检察院提高政治站位，重点打击群众反映强烈的违法犯罪，办理开设赌场、组织卖淫等“九类”案件7件55人、电信诈骗关联案件3件6人。结合典型案例以案释法，宣传《中华人民共和国反有组织犯罪法》，向群众普及扫黑除恶知识，增强群众举报线索意识，进一步提升社会公众治理理念，维护人民群众合法权益。

【护航民营经济健康发展】 2022年，区检察院立足检察职能，充分考虑民营企业发展特点，坚持少捕慎诉慎押原则，办理涉民营企业案件7件12人，对其中5人作出不批准逮捕决定，对1人开展羁押必要性审查，变更强制措施后开展企业合规，帮助企业构建内部“防火墙”。严厉打击职务侵占、挪用资金等犯罪行为，对7人作出批准逮捕决定，对1起重大事故责任案关口前移，监督行政机关将线索移送至公安机关侦查立案，立案后主动提前介入，引导侦查取证，积极营造法治化营商环境。

【刑事检察】 2022年，区检察院主动落实新时代少捕慎诉司法理念，对情节轻微、社会危害性较小的犯罪嫌疑人作出不批准逮捕34件58人、不捕率为62%，不起诉61件72人、不诉率为39.5%，大幅度节约司法资源、减少了社会对抗。持续推进认罪认罚从宽制度，适用认罪认罚191人、适用率为88.4%，对于提起公诉的案件提出确定刑量刑建议115人，其中被人民法院采纳107人，采纳率93%。检察长列席审委会1次，自行补充侦查案件5件，刑事和解6件6人，追赃挽损3.1万元。办理职务犯罪案件2件2人，涉案金额达920余万元，提前介入并已提起公诉。

【民事检察】 2022年，区检察院办理民事案件63件，与上年同期相比增长96.9%，其中申请监督案件3件、支持起诉1件、依职权监督案件55件、审判程序违法案件4件。首次依靠拉萨检察大数据平台，通过线上裁判文书与相关部门数据进行碰撞，发现监督线索，梳理可能存在问题的案件，继而通过审查卷宗、生效裁判、调解文书等方式审查民事案件，对发现的问题制发检察建议4份，检察建议采纳率为100%。

【行政检察】 2022年，区检察院通过走访询问了解、调阅卷宗、调查取证等方式对土地执法查处、保障妇幼权益、保障农民工工资等领域开展专项监督检查，依职权监督行政案件19件，其中行政裁判结果监督案件1件，制发检察建议2份，检察建议采纳率为100%。

【公益诉讼检察】 2022年，区检察院坚持把“诉前实现公益目的”作为最佳司法状态，办理行政公益诉讼案件181件，发出诉前检察建议 7 份、督促提示函 2 份、责令整改通知书 5 份，向上级院报请移送案件线索 2 件。督促清除建筑生活垃圾 5000 余立方米、清运河湖建筑垃圾和工程弃土 2 处，不定期对辖区农贸市场、餐饮行业、外卖平台、医药诊所、饮用水水源地等检查 35 次，在经开区百益超市内设立临时食品安全快速检测站，促使食品药品行业规范经营，向拉萨市人民检察院报送食药领域、安全生产领域典型案例 3 件。开展检察建议集中“回头看”专项活动，监督检查公益诉讼诉前检察建议落实效果 3 次，切实维护社会公共利益。

【刑事执行检察监督】 2022 年，区检察院开展好疫情防控下刑事执行检察工作，开展监管场所安全专项监督检查 4 次，参加看守所狱情分析会 3 次，远程开展谈心谈话 15 人次，对本辖区社区矫正工作进行专项监督检查 15 次，开展谈话 8 人次、“电话回访及抽访”81 人次。对刑事执行领域存在的问题，向看守所、公安局、法院及司法行政部门等制发检察建议 3 份、纠正违法通知书 4 份。

【为民办实事】 2022 年，区检察院认真落实“一号检察建议”，落实教育感化方针，依法对涉罪未成年人不起诉 2 件 4 人。深入推进检察长、检察官担任“法治副校长”工作，开展“远离校园欺凌”等送法进校园活动及检察开放日活动、关爱农村留守儿童结对帮扶活动 3 场次。联合区教体局、区妇联，借助西藏教育“珠峰旗云”平台为全区 8 所中小学、150 余个班级的 6183 名师生现场直播以“法治宣讲进校园 护航青春助成长”为主题的开学第一堂法治课，切实为未成年人的健康成长保驾护航。

【主动接受外部监督】 2022 年，区检察院始终把接受外部监督作为新时代检察工作发展的助推动力，向人大代表、政协委员汇报检察工作 2 次。审核、公开法律文书 158 份，接待律师现场、网上阅卷 20 次，充分保障了律师执业权利；推送公开案件信息 474 条，实现程序性信息推送“四大检察”全覆盖；邀请人民监督员监督办案 40 件，推进人民监督员工作全面深入开展；认真落实认罪认罚从宽制度，签署《律师坐班服务协议》，在值班律师见证下签署《认罪认罚具结书》191 份，与司法局共同支付值班律师费用 58200 元。

2022年2月24日，堆龙德庆区人民检察院在五楼多媒体室与区教体局、区妇女联合会会签《家庭教育指导协作机制》，挂牌成立“家庭教育工作站”

【内部监督制约】 2022 年，区检察院主动申请首批系统内部政治督查，接受上级院检务督察部对检察院进行系统内部监督检查，结合“改进作风 狠抓落实”工作，全面推进检察院党的政治建设、作风建设和纪律建设。严把涉案财物的“入口关”“流转关”“出口关”，切实加强检察机关涉案财物的管理。以“质量建设年”为抓手，着力推动检委会工作规范化建设，不断规范上会议题审查及程序，加大对检委会决定事项执行的督办力度。全年共召开检委会 14 次，审议案件议题 67 件。

【案件公开听证】 2022 年，区检察院依法保证人民群众监督办案，深入贯彻落实《人民检察院审查案件听证工作规定》，建立本院听证员库，聘请听证员 12 名，邀请人民监督员、人大代表、政协委

2022年5月10日，堆龙德庆区人民检察院举行首批特邀检察官助理聘任仪式

员、值班律师等担任听证员，邀请侦查人员、辩护人、被害人出席听证会并进行同步录音录像。召开公开听证会7次、公开听证案件21件，让检察权在阳光下运行。

【司法改革财务统管工作】2022年，区检察院全面推动司法体制改革，初步完成2023年本院人员经费、日常公用经费及项目经费等预算编制，完成办公业务用房、公务车辆、办公办案设备等资产的清查工作，积极对接协调相关单位确保本院经费保障水平，为按时完成资产划转做好准备。

【抓实科学管理】2022年，区检察院严格按照"全员、全程、同步、规范"的要求，实现案件在检察机关统一业务应用系统内流程监控全覆盖；坚持每季度召开业务态势分析会，以数据态势分析为基础，科学引导监督，推动"四大检察"结构更加优化；以"案－件比"指标引领解决司法案件无效供给问题，全年刑事检察"案－件比"1∶1.08，有效减少司法程序空转问题。

【队伍建设】2022年，区检察院始终督促加强干警作风建设、营造干事创业氛围，依托政务微信、指纹签到等上下班纪律执行情况，执行部门工作周报制度，逐级抓好监督；坚持鲜明的选人用人导向，突出政治标准，选用对党忠诚、信念坚定、勇于担当的干部，大力培养和选拔优秀年轻干部，激发干警的干事创业精神。2022年，遴选1名员额检察官，晋升11名干警职级。

（钟　瑜）

【机构领导】

党组书记、检察长

　　索朗旺庆（藏族）

党组成员、副检察长

　　达　　珍（女，藏族）

　　伊 金 娟（女）

　　次仁卓玛（女，藏族）

党组成员

　　仓　　珍（女，藏族）

检察委员会专职委员

　　热 木 增（回族）

法　院

【概况】年内，堆龙德庆区人民法院坚持以习近平新时代中国特色社会主义思想为指导，以迎接中共二十大、学习宣传贯彻中共二十大精神为主线，以开展改进作风、狠抓落实为抓手，聚焦"四个创建、四个走在前列"和践行"当好七个排头兵"，扎实履行审判职责。2022年，堆龙德庆区人民法院内设12个科室，下设4个人民法庭，有政法专项编制72个，实有干警68人，其中，员额法官26人，司法辅助人员16人，司法行政人员12人，司法警察9人，工勤人员5人。全年受理案件6361件，占全市法院的27%；审执结5538件，结案率87.06%，员额法官人均办案244件。

【思想政治建设】2022年，区法院深入开展"两个确立"主题教育，持续巩固拓展党史学习教育成果，搭建"五个一"学习平台，全覆盖开展政治轮训，推动习近平新时代中国特色社会主义思想、习近平法治思想、中共二十大精神入脑入心，开展党组理论学习中心组学习39次、交流研讨68次。

【坚持党对法院工作的绝对领导】 2022年，区法院落实《中国共产党政法工作条例》，主动向区委、区委政法委请示报告重点工作、重大事项、重要案件30次。配合区高法、市中院开展司法巡查、审务督察，全面整改9个具体问题，建立健全纪律规矩、审判管理、队伍建设工作机制3项。

【意识形态工作】 2022年，区法院深入开展反分裂斗争形势教育，全覆盖签订不信仰宗教承诺书。创新“你讲我学、我讲你评”学习教育形式，推进法院文化建设，做到讲政治与抓业务有机统一，站稳站牢司法审判意识形态政治立场，获评全区法院文化建设先进集体。

【平安堆龙建设】 2022年，区法院受理各类刑事案件140件，审结129件。其中，审结故意伤害、诈骗、强奸等案件13件17人；审结开设赌场、伪变造国家机关公文等案件11件13人；践行类案同审改革，集中审理85件危险驾驶、交通肇事等犯罪案件。

【诉源治理】 2022年，区法院主动融入区委主导的市域治理现代化工作，与区妇联、区信访及镇街综治、司法等部门建立多元解纷机制，推进个案协调、事后化解向源头预防、前端治理，合力化解基层矛盾纠纷1699件、司法确认36件，民商事案件调撤率达43%。会同羊达街道、德庆镇在当地法庭建立诉源治理工作站，共同探索人民调解新模式。

【履行普法职能】 2022年，区法院择优选任8名干警组建法律宣讲团，开展扫黑除恶、环境保护、防范养老诈骗法治宣传活动，解答法律咨询9000人次，流动法庭行程5000千米。依托“法律七进”活动，举办以“拒绝校园霸凌”“保障打工者合法权益”等为主题的法治讲座、模拟法庭活动20场次。

【服务经济发展】 2022年，区法院受理民商事案件3523件，审结3049件，结案标的6亿元。审结影响企业正常发展、扰乱金融市场秩序的违法犯罪案件5件，审结涉民营企业股东出资、股权转让案件22件，助推法治化营商环境。审结买卖、承揽合同案件1154件，审结涉工程领域案件58件，服务保障堆龙新城建设。倡导守约诚信行为，审结借款、民间借贷案件350件。

【法治政府建设】 2022年，区法院将履行行政审判职能与服务党委、政府中心工作紧密结合，审结堆龙德庆区、尼木县、曲水县行政案件17件。加大对违法行政行为和渎职行为的监督力度，行政机关负责人出庭应诉4件。

【“智慧法院”建设】 2022年，区法院建成信息化功能完善的诉服中心，开通了涉农、涉疫、涉民生绿色通道。实现立案方式多样化，“网上立”“跨域立”“自助立”等立案方式让当事人立案更加便捷，完成网上立案2365件、网上保全50件，跨域立案43件、自助立案67件，完成在线调解1318件。开展领导大接访活动，接待群众400人次，办结群众诉求130件，涉诉信访案件同比下降25%。

【保障民生权益】 2022年，区法院审结拖欠农民工工资案件485件，追回款项304万元。深化家

2022年7月8日，堆龙德庆区人民法院组织包联干警到羊达街道、马镇、德庆镇部分村组开展“四联四包”大宣讲活动。图为在帮普村召开‘四联四包”宣讲会议

2022年4月20日，堆龙德庆区人民法院立案庭干警向农牧民群众宣传“两会”学习相关文件精神

事审判改革，保障妇女儿童、老弱群体合法权益，“温馨家事调解室”调解涉婚姻家庭、抚养赡养、继承案36件。推动“为群众办实事”示范法院创建，加大对困难、弱势群体的司法救助力度，为生活困难诉讼群众发放司法救助金6.7万元，减免诉讼费28.8万元。落实人权司法保障，为20名刑事案件被告人指定辩护律师，对61名罪行轻微被告人适用缓刑。

【解决案件执行难问题】 2022年，区法院实践“诚信预执行”“分段集约执行”新模式，受理各类执行案件2534件，执结案件2108件，到位金额1.29亿元。实施“夜间行动”“凌晨突击行动”“周末执行行动”“拔钉行动”等，突出打击逃避执行、拖延执行、拒绝执行等行为，攻克人难找、钱难执、物难寻等问题，点对点发放案款984万元。制作《对“老赖们”节前再催告》《曝光老赖王荣顺》等微视频，加大执行威慑力度。对928名失信被执行人限制高消费，50人迫于压力主动履行义务。

【司法体制综合配套改革】 2022年，区法院严格执行“四类案件”监督机制，院庭长监督办案3706件，占全院案件的58%。完成内设机构改革，树立重实干、重业绩的选人用人导向，择优选升四级高级法官3人，提拔使用、晋升职级33人。搭建院校合作平台，与西藏大学等高校共建法律实习基地，先后派遣57名干警参加区内外各类业务培训，5名干警通过国家司法考试。完善绩效考核办法，建成数字化、可视化的业绩考核系统，进一步激励法官多办案、办好案，法官人均办案量继续保持全区法院第一，荣获全区法院“司法改革创新奖”。

【党风廉政建设】 2022年，区法院坚持把“以案促改”“肃清流毒”作为政治任务、政治要求，加强与纪委监委沟通联系，常态化开展警示教育，公开审理挪用公款犯罪案。狠抓作风建设，常态化推进政法队伍教育整顿，大力整治“庸懒散”等顽瘴痼疾，运用监督执纪“四种形态”处理干警4人。

【自觉接受监督】 2022年，区法院主动接受人大监督，加强与代表、委员的联络沟通，通过上门走访、旁听庭审、见证执行等方式联络代表19人次。依法接受法律监督，配合检察机关开展诉讼监督，依法审核公诉机关量刑建议114条。接受民主监督，畅通人民群众监督审判的渠道，召开座谈会4次，推动解决群众反映突出问题6项。依托司法公开“四大平台”，深入推进司法公开，公开裁判文书304份、审判直播1015场，推送审判流程信息2979条、执行信息1056条，人民陪审员参审案件达730件。

（拉巴穷达）

【机构领导】

党组书记、院长

欧阳建川

党组成员、副院长

达瓦次仁（藏族）

米玛次仁（藏族）

党组成员

洛桑达吉

党组成员、政治部主任

伍　飞（7月任）

司法行政

【概况】 2022年，堆龙德庆区司法局严格遵循习近平总书记依法治国的“十六字方针”（科学立法、严格执法、公正司法、全民守法），坚持以人为本、服务群众的理念，扎实开展依法治县、普法宣传、社区矫正、安置帮教、人民调解、法律援助等工作，充分发挥法律保障职能，营造良好的法治环境。

【普法依法治理工作】 “八五”普法工作。2022年，区司法局按照普法工作总体规划要求，结合上级部门下发的实施方案，制定完善了《关于在全区公民中开展法治宣传教育的第八个五年规划2021—2025年》，并提交区委、区政府和区人大审议。

“法律七进”工作。通过线上线下开展各类普法宣传活动280余次，发放各类宣传资料及宣传物品6万余份，受教育达7.25万人次。在具体工作中将《中华人民共和国宪法》《中华人民共和国民法典》等法律知识的学习普及纳入全区干部法治建设工作中，通过线上答题和线下宣传开展工作；与团区委、区法院在各学校共同开展“模拟法庭”庭审，使学生融入其中，切实感受法律的威严，同时在所有中小学校课堂中增设法治课堂，通过对法律知识的学习，中小学生可以清楚地知道法律的重要性，从而养成依法做事，遵纪守法的良好习惯。在各村（社区）充分利用各普法宣传节点，通过以案释法的方式，以维护社会和谐稳定为着力点，突出涉及群众切身利益的法律法规开展宣传；在各企业严格执行“谁执法谁普法、谁用工谁普法”的普法责任制，深入宣传《中华人民共和国安全生产监督法》《中华人民共和国劳动法》《中华人民共和国工会法》《中华人民共和国民法典》《信访工作条例》等，通过现场普法、现场咨询、发放宣传资料等方式，促进企业依法建立健全现代企业制度、依法维护企业自身的合法权益；在各寺庙以寺管会干部和律师参与为主，深入宣传《中华人民共和国宪法》《宗教事务条例》等法律法规，同时每年开展一次全覆盖的法律知识考试。

【特殊人群的管理】 健全组织机构。2022年，堆龙德庆区设有社区矫正委员会负责日常的社区矫正工作，各镇（街道）全部建立了社区矫正工作领导小组。工作中制定了全区社区矫正工作联席会议制度及各镇（街道）社区矫正工作例会制度，定期通报分析社区矫正工作形势，及时研究解决社区矫正工作中遇到的重大问题。

社区矫正工作。社区矫正人员的衔接工作是做好社区矫正工作的基础，在具体衔接工作中，社区矫正中心严格按照新颁布的《中华人民共和国社区矫正法》规定，积极同法院、检察院联系，对区法院被判处管制、宣告缓刑、假释或者暂予监外执行的罪犯第一时间办理社区矫正移交相关手续，社区矫正中心在接到社区矫正人员后，与社区矫正服刑所在镇（街道）司法所办理移交手续，具体由所在镇（街道）司法所进行管理，做好社区矫正人员“入矫关”。做好建档、回访工作，所有社区矫正人员均实行一人一档专项管理，在具体工作中实行每月见面汇报的工作机制，定期与社区矫正人员进行谈话，做好

2022年5月，堆龙德庆区政法系统开展执法司法案件“回头看”工作动员部署会召开

心理矫正工作，同时各镇（街）司法所严格落实矫正对象回访制度，不定期走访社区服刑人员，全面掌握矫正对象思想、工作、生活动态情况，从未有脱管、漏管的情况发生。进一步加大社区矫正监管工作力度，按照社区矫正法规定，对外出请假严格落实请假审批程序，同时要求所在镇（街道）司法所及其家长和村组负责人加大监管力度，确保不脱管、漏管。

【安置帮教】 2022年，全区共有安置帮教人员72人，建立帮教对象档案72宗，安置帮教人员均为自主择业或在家务农，安置率为100%，无一人重新犯罪。

建立健全安置帮教工作保障机制。建立健全区、镇（街道）、村三级安置帮教工作领导组织，调整充实领导小组及其办公室成员。全区镇（街道）安置帮教领导小组组长均由镇（街道）镇长、主任担任，各级安置帮教领导小组定期召开会议，研究解决安置帮教工作中的重点和难点问题，全面提高各成员单位的工作联动机制，更好地开展安置帮教工作。建立健全工作网络，全区6个镇（街道）均已建立安置帮教工作机构，配有专门工作人员，日常安置帮教工作正稳步推进中。充分发挥职能部门作用，区安置帮教领导小组制定相关工作机制，明确公安、司法等部门的职责，各部门紧密配合，资源信息共享，形成齐抓共管的良好工作局面。加强队伍建设，组织各镇（街道）司法所就安置帮教工作、档案管理等业务进行培训，提高其工作能力和水平。

落实安置帮教措施。督促指导各镇（街道）司法所建立《安置帮教人员花名册》和《安置帮教工作谈话笔录》，确保接收的每名安置帮教人员回归社会后能及时签订《安置帮教协议书》，并组建帮教小组开展帮教活动，通过建立个人谈话记录、登记个人档案资料，对其跟踪帮教。定期不定期地对辖区内的安置帮教人员进行回访，在回访工作中对其进行法律法规、惠民政策的宣传工作，并补充完善安置帮教人员的档案，切实做到了情况明、底数清，数据更新及时。积极探索切实有效帮教方法，运用爱心感化、心理矫正、典型引导等多种方法，努力增强帮教实效。

【人民调解】 2022年，区司法局认真研究新时期民间纠纷的特点和规律，调处涉及群众普遍关注的社会热点、难点纠纷，疫情期间各调解组织开展线上调解工作7起，为全区经济社会的发展提供了一个良好稳定的发展环境。形成以镇（街道）司法所为枢纽，村调委会为基础，镇（街道）、村调委会为骨干，其他调委会为补充的人民调解组织网络体系，全区共有人民调解组织42个（乡级人民调解委员会6个、村一级人民调解委员会31个、专行业性人民调解组织5个），共有人民调解员262人，全部为兼职人民调解员。全区共有人民监督员4名，人民陪审员120名。全年共排查矛盾纠纷264次，预防纠纷25件，调解各类纠纷46件，调解成功46件，调解率达100%。

【法律援助】 2022年，为维护困难群众合法权益，保障公平正义，区司法局强化法律援助案件质量办理，实施法律援助民生工程，着力加强法律援助管理水平，提升法律援助质量和群众满意度。共受理各类案件180件，其中，受理劳资纠纷案件120件、受理交通肇事案件2件、刑事案件7件、强制执行案件3件、婚姻类案件3件、信访转办案件2件，剩余43件处于办理阶段。接受法律咨询150件，代写各类法律文书25份，审查各类合同10份。疫情期间开展线上法律援助工作5起，切实解决群众急难愁盼问题。在做好法律援助案件办理的基础上，设置妇女、青少年维权岗，开通妇女儿童、农民工案件办理快速通道，方便弱势群体第一时间能够得到法律援助。配合劳动监察等部门办理劳动转办案件，消除矛盾纠纷，维护社会稳定。

【法治政府建设】 2022年，为实现政府法律顾问的逐步覆盖工作，区司法局专门投入35万元用于法律援助中心、法院、检察院及便民服务中心等窗口开展律师坐班工作，负责接待群众法律咨询。通过行政复议体制改革，畅通复议渠道，通过建立专家库、健全听证会机制，提高办案质量，行政复议公信力显著增强，共办理行政复议案件5件，召开听证会1次。加大对政法干部的培养、教育、使用和交流力度，充分调动政法干部的积极性、主动性和创造性，提高政法干部的政治素质、业务素质和工作能力。建立健全“执法有依据、行为有规范、权力有制约、过程有监督、违法有追究”的行政执法投诉举报制度和行政执法过错责任追究制度，预防和纠正行政执法过错行为，促进执法干部文明执法、依法行政。组织全区各执法部门68人参加执法资格培训考试，通过执法考试65人，通过率为95.6%，全区具备执法证达190余人。把加强多元执法监督作为回应人民对执法公正的期盼，深化执法公开，让执法权力在阳光下运行，保障公众对执法的知情权，促进执法公正，树立执法公信。

（益西次旺）

【机构领导】

局　长

　　庹　超（藏族，3月免）

　　王保峰（3月任）

副局长

　　米　玛（女，藏族）

　　仇力晖

经济管理

发展和改革

【概况】 2022年，面对复杂严峻的内外环境和经济下行压力，堆龙德庆区上下坚持以习近平新时代中国特色社会主义思想为指导，深入贯彻落实中共十九届六、七中全会，中共二十大和二十届一中全会精神以及中央第七次西藏工作座谈会精神，全面贯彻落实区委二届七次全会精神，坚持稳中求进、进中求好、补齐短板工作总基调，坚持以供给侧结构性改革为主线，坚持新发展理念，推动高质量发展，统筹疫情防控和经济社会发展，按照年初区委经济工作会议确立的各项目标任务，奋力拼搏、锐意进取，经济发展取得新成效，发展质量实现新提升，民生福祉达到新水平。2022年，区发展和改革委员会（粮食和物资储备局）实有工作人员20名，其中行政编制13名，工人3名，其他人员4名。

2022年12月16日，堆龙德庆区委常委、顶嘎村包村领导罗俊峰（宣讲台左三）深入顶嘎村宣讲中共二十大精神

【经济运行态势良好】 2022年，堆龙德庆区实现地区生产总值63.58亿元，增速-0.6%；一产2.77亿元，增速4.5%；二产28.43亿元，增速-3.5%；三产32.38亿元，增速-2.9%。固定资产投资增速-40.8%；民间投资-48.8%。规模以上工业总产值122561.5万元，增加值45944.4万元，增速-51.9%；社会消费品零售总额196387.6万元，增速-5.6%；一般公共预算收入完成4.34亿元，剔除政策性因素比上年下降27.17%；农村居民人均可支配收入24534元，增速7.2%。经济持续保持在合理区间运行，呈现出坚韧向好的发展态势。

【投资稳经济】 2022年，堆龙德庆区强化重点项目调度，大力保障项目建设要素，堆龙德庆区“确定实施”的计划项目123个，计划完成投资77.2亿元，已完成投资41亿元，重点项目39个，开复工率100%。

【优化发展净土健康产业】 2022年，坚守耕地保护红线和粮食生产安全底线，大力实施高标准农田建设，加强品种选育和改良，全面提升农副产品供给水平。发挥好“上三镇”净土健康产业园基地作用，大力发展城郊现代农业，打造净土健康名优品牌。推进净土项目建设，确保项目按计划完成并投入运营。启动供销社建设，打通净土健康产品产业链。

【创新发展绿色工业】 2022年，坚持优地优用，合理谋划“工业上楼”“堆叠式厂房”，适度提高园区容积率、厂房建筑高度，促进单位地上产业承载垂直增效，提高亩均产值和税收，打造新型城郊工业集群。强化数字赋能，紧抓数字经济时代机遇和政策红利，实现园区智慧化管理、产业数字化发展。大力发展绿色工业，积极推动“绿色工厂”申报。鼓励工业园区利用加入、羊达文化遗产，注重更新打造园区文化软实力。

【全面推进乡村振兴】 2022年，以“美丽乡村·幸福家园”建设为抓手，以“八到村、村十有、十到户”为标准，完成住房新建改造提升。统筹推进“产业扶贫”与“产业振兴”有效衔接，加快培育和发展优势产业、主导产业，健全完善产业扶持政策，持续深化产业发展利益联结机制建设，不断延伸产业链、价值链，持续推动村集体经济向更高水平迈进，让农牧民群众就近就便融入产业发展、实现稳定增收。

【积极扩大就业】 2022年，堆龙德庆区持续深化高校毕业生结对帮扶机制建设，促进人力资源优化配置，满足企业和各类用人单位的需求。推动高校毕业生多渠道市场就业，多举措并举做好高校毕业生就业工作。搭建双向选择平台，鼓励高校毕业生继续提升学历、参军入伍、报考“三支一扶、西部志愿者”计划、自主创业。围绕“五大产业”，进一步拓宽农牧民就业渠道，促其增收致富，继续加大力度开展“订单式”“走出去”培训，拓宽农牧民视野，增强就业创业信心。

【统筹教育均衡发展】 2022年，进一步完善优化学校布局，加大第二初级中学、第二小学、第三小学等学校建设的力度，科学配置教师资源，提高教育教学质量。规范招生，坚持免试就近入学、规范有序入学，确保公平、公正、公开。进一步加强师资队伍建设，补足配齐幼教师资队伍，加大师资培养培训力度。

【推进健康堆龙建设】 2022年，加快区人民医院综合楼、疾控中心能力提升项目建设，确保按期投入运行。推进以“三减三健”为主的健康生活方式促进行动，加强健康教育普及，深入开展爱国卫生运动。制定医共体内部和县域外转诊管理办法，健全分级诊疗制度，扎实开展双向转诊工作。

【健全社会保障】 2022年，加快老年人日间照料中心运营及适老化改造工作。加强残疾人、儿童、妇女等重点人群工作，切实维护好妇幼权益。切实兜住兜牢民生底线，加大困难群众返贫动态预警机制的落实力度。

（顿珠次仁）

【机构领导】

副区长、发改委主任

杨开颜（3月免去主任职务）

党组书记、主任

伊　苏（藏族，3月任）

党组成员、副主任

伊　苏（藏族，3月免）

达娃顿珠（藏族，3月任）

薛华平（6月任）

党组成员、副主任

陈　晨（北京援藏，7月免）

赵金亮（北京援藏，7月任）

财　政

【概况】 年内，堆龙德庆区财政工作坚持以习近平新时代中国特色社会主义思想为指导，深入贯彻中共二十大精神，贯彻落实习近平总书记关于西藏工作的重要论述和新时代党的治藏方略和区市党委第十次党代会精神，充分发挥财政工作职能，有力统筹疫情防控和经济社会发展，重点项目和民生支出得到有力保障，预算执行总体平稳，为建设社会主义现代化新堆龙提供坚实保障。2022年，区财政局下设办公室、国资委、采购办、国库、预算、国库集中支付服务中心，实有干部18名。

【财政预算执行情况】 2022年，全区财政总财力达48.51亿元，比上年决算下降2.09%。一般公共预算财力达43.03亿元，比上年决算下降4.60%，其中，一般公共预算收入完成4.34亿元，一般公共预算支出完成30.91亿元，比上年决算增长2.36%，上解支出1914万元，滚存结余12.70亿元。政府性基金预算财力达5.48亿元，比上年决算增长24.51%，其中，政府性基金预算收入完成1.54亿元，比上年决算增长11.69%；政府性基金预算支出完成2.50亿元，比上年决算增长49.16%，结转2.98亿元。

2022年5月5日，西藏自治区财政厅、农业农村厅领导到堆龙德庆区召开重点农业财政资金监督和指导工作会

【统筹推进经济社会发展】 政策落实。坚持减税与退税并举，精准落实组合式税费支持政策，全区退税减税降费1.62亿元，其中，减税降费0.29亿元，增值税留抵退税1.33亿元。持续强化财力保障，优化支出结构，加大力度提高财政支出，兜牢“三保”支出和重点项目支出，坚持优先安排民生支出，民生支出占一般公共预算支出比例达70%以上。盘活存量资金7.42亿元，重点用于保障和改善民生等领域。加快地方政府债券发行使用并扩大支持范围，一般债券已到位资金1.2亿元，专项用于乡村振兴人居环境整治8个项目资金。申报地方债券8.44亿元，其中，一般债券资金1.4亿元，主要用于第二中学、第三小学建设；专项债券资金7.04亿元，涉及拉萨市堆龙德庆综合保税区——工业园区基础设施内联外通项目（堆龙滨河北岸、经开段、柳东段、乃加二路和桑木二路）、新城市政工程等6个项目。加大政府采购支持中小企业的力度，巩固经济发展多样性、稳定性基础，降低中小企业参与门槛，持续优化政府采购营商环境，中小微企业签订合同金额2060.75万元。全面落实现阶段国有房屋租金政策，深入贯彻落实《关于稳经济若干临时性措施》，减免堆龙德庆区净土公司和堆龙德庆区龙腾公司两大国企房屋租金112.62万元。

临时性措施救助。发放困难残疾人和重度残疾人、城镇低保边缘户等困难群众一次性生活补贴59.04万元，落实资金155.40万元，保障受疫情影响需临时救助人员的基本生活需求。向60岁（含）至80岁（不含）确诊新感染病毒老人发放一次性生活补贴2.1万元，落实资金1071.35万元实施外来务工人员临时性救助，向5308名临时务工人员发放临时性生活补助经费689.75万元，向71个复工复产工地的3454名工人发放临时性生活救助经费450.08万元。对受疫情影响出现经营困难的中小微企业和个体工商户补贴10%的水电费。

【支持经济高质量发展】 支持基础设施建设。安排2022年固定资产投资建设228个项目资金7.35亿元，解决人民群众关心的教育、医疗、生态宜居、城市基础设施等热点、难点问题。投入1.58亿元用于堆龙德庆区第二初级中学、堆龙德庆区第三小学、拉萨市堆龙德庆综合保税区等项目建设。

支持乡村振兴建设。安排资金1.2亿元用于“美丽乡村·幸福家园”建设行动计划整村推进项目。统筹整合中央、自治区、拉萨市、本级涉农资金共计3.02亿元，用于全区生产发展（含产业项目）类、农村基础设施类、生态保护和建设类、扶贫贷款贴息方面共14个项目，安排生态岗位1587个，产业扶贫贷款贴息0.22亿元。

支持企业发展壮大。安排产业扶持资金2亿元，向36家企业兑现产业扶持资金0.73亿元。落实落细助企纾困政策措施，助力企业绿色可持续发展。安排招商引资资金1411.88万元，打造良好的营商环境。落实“双创”资金236.29万元，强化双创服务，扶持双创企业发展。

【增进民生福祉】 聚焦教育优质均衡发展。2022年，投入教育资金4.74亿元促进义务教育优质均衡发展，用于教育“三包”、义务教育阶段学生营养改善、更新教学设备、购置校车等。安排教育“三包”经费2705.45万元，落实“双减”政策资金166万元。

聚焦卫生健康事业快速发展。投入卫生健康资金3.26亿元用于医疗和服务能力提升。落实高龄老人补贴资金160万元，落实全民健康免费体检资金637万元，实施堆龙德庆区人民医院（二级甲等）综合楼建设项目、各村卫生院标准化建设等项目，公共卫生保障能力不断增强。

聚焦文化事业繁荣发展。投入文化旅游体育与传媒资金0.23亿元，用于精神文明建设。安排“玉妥”文化旅游节经费500万元，安排非物质文化遗产保护资金171万元、文物保护资金275.28万元。实施象雄美朵园区旅游厕所建设、直龙寺遗址数字建模、寺庙电器线路改造等项目。

聚焦就业保障优先。投入社会保障和就业资金2.34亿元，用于稳就业、保民生，提升社会保障能力，落实困难群众生活保障和救助、基本医疗和养老保险补助等资金1143万元；落实高校毕业生就业创业补贴、农牧民技能培训补助资金、高校毕业生市场就业补贴等、优抚对象补助和优抚对象医疗补助等资金2229万元。规范机关事业单位编外聘用人员管理，落实“三支一扶”、乡村振兴专干、村干部、环卫工人、辅警及护林员等政府购买人员经费1.89亿元。

聚焦城市面貌持续改善。投入住房保障资金1.30亿元，交通运输资金0.38亿元，用于提升城市公共服务能力和水平。2021年棚户区改造项目如期建成，2022年棚户区改造项目稳步实施，民族团结主题公园、新城中心公园、拉贡路景观工程、滨河景观市政工程等项目有序推进，31个行政村公交线路全覆盖。投入“两违”专项经费2.44亿元，城市维护经费0.6亿元，环境卫生工作经费1085.56万元，用于提升城市面貌、规范城市秩序。

聚焦基层治理水平稳步提升。落实铁路护路联防工作经费3627.05万元，落实双联户工作经费677.14万元，安排625万元开展平安建设、扫黑除恶、民族团结。安排村居社会工作者经费550万元，基层党组织标准化建设经费30万元，进一步提升基层社会治理效能，推动维护社会安定，人民安乐，提升群众获得感、幸福感和安全感。

聚焦办好民生实事。安排强基惠民资金0.09亿元，安排6个镇（街道）为群众办实事经费0.92亿元，用于办理人大、政协建议提案，解决群众急难愁盼问题，建设小而散、短平快的民生项目。

【推动生态文明建设】 2022年，区财政局持续加大财政资金投入力度，安排生态文明建设资金1.19亿元，用于加强生态环境综合治

2022年3月22日，堆龙德庆财政局召开财政工作会议暨县区财经秩序专项整治行动安排部署会

2022年2月26日，堆龙德庆区财政局开展包村点藏历新年节前慰问活动

理及打好污染防治攻坚战，落实国家生态综合补偿机制，全面推进生态保护修复，实施乡村“四旁”植树行动。投入资金265万元，推动堆龙河沿线环境保护工作，推进堆龙河支流综合治理，统筹山水林田湖草系统治理，打造宜居宜业新堆龙。

【财政管理】 争取上级资金。2022年，区财政局准确把握国家政策导向，加强与上级部门的工作对接，争取棚户区改造、农田建设及各类项目衔接资金等共计22.49亿元，有力地缓解全区财政支出压力。下达直达资金4.65亿元，落实直达资金管理常态化机制，直达资金直接用于民生领域和基层财力保障，提升资金配置效率。

支出有保有压。牢固树立政府过紧日子思想，非刚性、非重点、非急需支出平均压减整合10%，统筹资金优先用于抗击疫情，保障全区重点项目。

推进预算绩效管理。将绩效目标作为财政资金项目库入库及编制预算的前置条件，全区74家预算部门整体绩效目标设置全覆盖。注重绩效目标与预算、政策匹配度，强化部门“花钱”与“办事”有机统一的绩效意识。

（格桑央吉）

【机构领导】

局　长

许　毅

副局长

格桑德吉（女，藏族）

田玉玲（女）

刚组达娃（女，藏族）

审　计

【概况】 年内，堆龙德庆区审计局全面贯彻中共二十大精神，以习近平新时代中国特色社会主义思想为指导，紧紧围绕区委、区政府中心工作，认真履行审计监督职责，搞好审计服务，各项工作进展顺利。2022年，区审计局核定行政编制5名，其中科级领导职数3名，实有工作人员6名。组织开展审计项目43个，出具审计报告43篇，开展专项检查5个。

【党建工作】 2022年，区审计局始终自觉地在政治立场、政治方向、政治原则、政治道路上同党中央保持高度一致，突出问题导向和效果导向，把机关党员干部队伍建设成政治强、业务精、作风优的过硬队伍，把机关党组织建设成讲政治、有活力、能战斗的坚强堡垒，为全局审计工作健康稳步发展提供有力的思想保证、精神动力。以“争创学习型组织、争当学习型干部”为目标，深化全体党员干部思想政治教育学习，开展理想信念教育，结合政治机关定位，加强形势政策教育，提高审计干部的政治意识和政治站位。加强专业性教育培训，提高审计人员综合分析研判能力。推进审计文化建设，倡导学习、思考、研究风气。根据审计局工作职责，组织开展党员集中学习20次，组织参观廉政教育基地1次。开展党员志愿服务活动。为进一步弘扬奉献他人、提升自身的志愿服务理念，更好地服务群众、服务社会，研究制定了《拉萨市堆龙德庆区审计局党支部党员志愿服务活动实施方案》，组建了党员志愿服务队，组织开展“学习雷锋精神”“文明交通出行”等党员志愿服务活动4次。开展主题党日活

2022年3月23日，堆龙德庆区审计局在东嘎街道召开行政事业单位及村（居）财务收支常见问题及相关法律依据分析解读培训会

动，结合党支部实际，以务实的举措整合现有活动载体，创新党员活动形式，丰富党员活动内容，制定《拉萨市堆龙德庆区审计局党支部2022年度开展主题党日活动的实施方案》，共牵头开展主题党日活动8次，形成活动方案8份。

【党风廉政建设】 2022年，区审计局始终把党风廉政工作列入局党支部重要议事日程，坚持标本兼治、综合治理、惩防并举、注重预防的工作方针，把纪律挺在前面，把规矩落到实处，努力打造一支“绝对忠诚，敢打必胜，干净自律，充满活力”的审计铁军。制订《拉萨市堆龙德庆区审计局2022年党风廉政工作计划》，对反腐倡廉与作风建设重点工作进行分工，将主体责任和领导班子责任进行分解细化，明确责任领导和工作时限，把从严治党主体责任融入日常业务、制度建设中。牢固树立“抓好党风廉政建设是本职、抓不好是失职、不抓是渎职”的理念，担当好第一责任人责任，开展党支部书记讲廉政党课2次。扎紧全面从严治党的制度笼子，坚持“严”字当头、“实”字着力、“廉”字打底，通过学习强国等平台组织观看相关教育类视频4次，用身边人身边事，教育党员干部明纪律守规矩，使从严治党制度化、常态化。

（张梦竹）

【机构领导】

局　长

白玛曲珍（女，藏族）

副局长

巴　　桑（藏族）

张 梦 竹（女）

统　计

【概况】 2022年，堆龙德庆区统计局坚持稳字当头、稳中求进、统筹兼顾、夯实基础的工作总基调，深入贯彻习近平总书记“疫情要防住、经济要稳住、发展要安全”的指示要求，以中共二十大精神为指导，科学统筹疫情防控与经济社会发展，扎实推进稳住经济的一揽子政策措施，主动应对当前经济运行存在的困难，全区经济运行呈现总体平稳、稳中有进的态势。

【党建工作】 坚持学习，保持党员队伍先进性、纯洁性。2022年，按照学习好、宣传够、研究透、转化快的要求，深入推进学习型党组织建设，全面提升党员干部整体素质。按照区委区政府安排，深入推进各类学习教育，全局干部职工尤其是党员积极参与，认真完成各项规定工作，组织集中学习10余次，专题讨论6次，开展交心谈心10余人次。鼓励和支持党员干部参加上级党委举办的各类培训、读书班活动，通过学习培训，提高了局党支部和党员的战斗力和凝聚力。除疫情期间外坚持每月一次党支部主题党日活动，制定活动计划表，注重先进典型对党员干部的教育，使党员干部自觉树立学习先进人物的良好意识。

【主要经济指标完成情况】 2022年，堆龙德庆区地区生产总值63.58亿元，按可比价计算，同比下降0.6%，增速居全市第七，完成全年目标任务的87.11%。分三次产业看，第一产业增加值2.77亿元，同比增长4.5%；第二产业增加值23.43亿元，同比下降

2022年8月3日，堆龙德庆区统计局组织召开全区第二季度统计工作联席会

3.5%；第三产业增加值32.38亿元，同比下降2.9%。三次产业结构为4.36：44.72：50.92。与上年同期相比，地区生产总值减少4亿元，增速下降7.2个百分点。其中，一产增速下降5.0个百分点，第二、三产业增速分别下降0.4个、14.5个百分点。

【农业经济持续向好】 2022年，堆龙德庆区实现农林牧渔业总产值5.25亿元，同比增长9.3%。其中农业产值增长13.3%，牧业产值增长6.4%，林业产值下降4.1%，农林牧渔专业及辅助性活动产值增长94.1%。从播种面积看，全区粮食播种面积38069.6亩，青稞播种面积31567.7亩，蔬菜种植面积11423.7亩。从产量数据看，全区蔬菜生产稳定增长，蔬菜及食用菌总产量38015.5吨，增速5.1%；出栏生猪3338头，出栏牛7135头，肉类总产量1985.7吨，增速下降5.8%；奶牛养殖规模不断壮大，奶产量显著增长，奶产量6498.9吨，增速27.5%。

【工业经济持续下滑】 2022年，堆龙德庆区规模以上工业累计完成总产值12.26亿元，增加值4.59亿元，同比下降51.9%，增速低于全市平均水平69.1个百分点，增速较上年同期下降28.5个百分点，环比增长1.5个百分点。全区规上工业涉及采矿业1家，制造业12家，工业企业实现销售产值12593224.9万元，比上年同期下降47.5%。工业园区规上工业增加3769万元，同比下降49.4%，在全市“三园一区”中排名倒数第二。

【固定资产投资】 2022年，全区累计完成固定资产投资同比下降40.8%，降幅较上月收窄0.2个百分点，增速低于全市平均水平3.5个百分点，位居全市11个县区（功能园区）第五位。民间投资完成同比下降48.8%，低于全市平均水平14.7个百分点。房地产开发完成投资占全区固定资产投资的比重为34%，较上年同期下降64.7%。

【市场消费】 2022年，全区实现社会消费品零售总额196387.6万元，同比减少5.6%，增速较全市平均水平高5.9个百分点，全市排名第一。其中，限额以上单位实现零售额39357.4万元，同比增长60.69%；限额以下单位实现零售额157030.2万元，同比减少14.44%。

【农村居民可支配收入】 2022年，全区农村居民人均可支配收入24534元，同比增长7.2%，指标位居全市第三位，增速居全市第八位。其中，实现工资性收入9200元，增长1.4%，占比37.5%；经营性收入8882元，增长0.7%，占比36.2%；实现财产性收入2551元，增长28.8%，占比10.4%；实现转移性收入3901元，增长30.1%，占比15.9%。

【提升统计工作水平】 2022年，区统计局用好现有体制机制，严格执行“统计联席会议”制，发挥统计服务决策的职能作用。区委、区政府主要领导听取统计部门具体工作汇报5次，及时协调解决统计工作中出现的问题2个，重视支持统计事业更好更快发展，并通过定期不定期召开统计工作联席会议，研究解决统计工作中出现的问题；加强统计局法制人员培训，积极参加上级部门组织的法制骨干培训班，常态化开展全区性统计监督检查活动，推动统计执法实践，提升统计执法能力和水平，共参加上级组织的各类统计业务培训2次；依法强化数据收集、整理、开发各环节工作，严格落实《拉萨市统计基层基础规范化建设实施方案》中关于企业统计规范化相关要求，认真执行《按照拉萨市统计数据全程质量管理体系（2018）》，督促企业建立健全统计工作台账，同时加强一线统计人员日常专业培训、指导，不断提高部门、企业统计业务能力，确保数出有源、数出有据。2022年，针对辖区内企业、个体工商户开展统计业务的培训6次，“一对一”指导200余家次。

【统计督察反馈意见整改情况】2022年，区统计局针对国家统计督察反馈意见中指出的共性问题和个性问题，即知即改、立行立改，坚持学习贯彻落实习近平总书记关于统计工作的重要讲话指示批示精神，切实把思想和行动统一到党中央、国务院部署要求上来，深刻认识此次统计督察整改的重要意义，把关于统计改革发展决策部署贯穿整改工作全过程，坚定执行党的政治路线，严守政治纪律和政治规矩，始终确保统计工作保持正确方向，切实做到问题解决到位、整改落实到位。6月底，督察组向堆龙德庆区反馈督察意见后，为确保统计督察整改工作见真章、动真格、求实效，及时组建统计督察整改工作专班，明确工作专班的目标任务和职责分工，负责推进日常整改工作的落实。7月，堆龙德庆区印发了《堆龙德庆区贯彻落实国家统计督查反馈意见整改工作实施方案》，对整改任务进行分解，制定8项整改措施，分别落实到7个责任部门，明确完成时限，责任到人，狠抓落实，确保整改成效，并及时报送区委、区政府主要领导及分管领导。

【人口抽样调查工作】2022年，区统计局按照国家统计局、拉萨市调查队的总体工作安排和各项工作部署，负责做好此次住户调查大样本轮换的日常工作，同时要求各镇（街）和各有关部门密切配合，协助做好抽样信息核实、住户清查、记账开户以及各类保障工作，为全区住户调查大样本轮换工作顺利开展创造良好条件，确保各项工作按时完成。组织住户调查业务人员多次学习《2022年住户调查大样本轮换抽样方案》和《2022年住户调查大样本轮换抽样实施细则》等文件，明确样本轮换中的要点、难点和易错点，确保各个环节人员吃准、悟透、弄懂大样本轮换指标内涵，确保方法制度执行不走样，同时与乡镇、街道办统计员、辅助调查员积极沟通，了解基层实际和需求，确保工作“出实效”。认真落实市调查队的统一部署和工作要求，充分利用平台大样本轮换工作进度和质量监管功能，加强对大样本轮换样本落实全过程全要素的监管，特别要重点加强对调查小区样本替换、调查小区图绘制、建筑物清查、住宅名录表编制、摸底调查、住户样本抽选、落实和替换等重点环节的质量监管。通过“堆龙融媒”和微信工作群等载体刊载住户调查相关宣传简报和《致住户调查户的一封信》，深入宣传住户调查样本轮换工作，提升对住户调查和大样本轮换工作知晓度和配合度。

（陆丽丽）

2022年3月28日，堆龙德庆区统计局组织党员干部到西藏百万农奴解放纪念馆开展主题党日活动

【机构领导】

局　长

强巴云旦（藏族，3 月免）

余　　强（8 月任）

副局长

陆 丽 丽（女，藏族）

自然资源

【概况】 年内，堆龙德庆区自然资源局深入贯彻中共二十大精神、第七次西藏工作座谈会精神和习近平总书记系列重要讲话精神，采取一系列措施，抓学习、抓制度、抓落实，把改进工作作风、优化服务环境作为推进自然资源管理工作发展的一个重要落脚点，扎实开展政治教育活动，强化“服务发展，保护资源、维护权益”责任意识，各项工作取得一定的成效。2022 年，堆龙德庆区自然资源局有在编干部职工 22 人，其中，局长 1 人，副局长 4 人（援藏副局长 1 人），执法大队队长 1 人，执法大队副队长 1 人，二级主任科员 1 人，三级主任科员 1 人，四级主任科员 2 人，科员 1 人，事业 7 人（不动产登记中心主任 1 人），工人 3 人。

【党建工作】 2022 年，区自然资源局以开展学习教育常态化为着力点，认真制定学习计划表、学习考勤表，利用集中学习《习近平谈治国理政》、开展中共二十大专题学习、上党课、观看警示教育专题纪录片等形式，不断强化党员思想政治教育，增强“四个意识”、坚定“四个自信”、做到“两个维护”，把准政治方向，坚持党的政治领导，夯实政治根基，涵养政治生态，防范政治风险。召开党员大会 2 次、党组（扩大）会议 18 次，开展党员干部集中学习 28 次、书记讲党课活动 2 次、主题党日活动 12 次、党员志愿服务活动 7 次、镇（街道）自然资源专题培训 8 次。

2022年5月27日，堆龙德庆区自然资源局组织召开专家评审会，会议认为“三区三线”划定工作已取得阶段性成果

【党风廉政建设】 2022 年，区自然资源局推行领导干部问责制，建立健全“一把手”负总责、分管领导具体负责、领导班子成员共同抓的工作机制。优化完善重大事项集体决策制度，对建设用地审批，国有建设用地使用权及采矿权招标拍卖挂牌出让、规划编制、国土绿化项目、储备资金列支计划等问题实行集体决策。加强机关作风建设，通过开展机关效能建设规范化管理，内控管理制度、大局意识、机关作风、行政行为、政务环境、行政执行力逐步规范改善；开展廉政风险防控管理及工程建设领域专项治理工作，确定包括土地审批、土地出让、土地登记抵押、征地拆迁、土地执法、采矿权审批、思想道德、体制机制、规划审批 9 个关键环节共 44 个廉政风险点及防控措施，制作了《廉政风险防范管理流程图》和《堆龙德庆区自然资源局廉政风险点及防控措施一览表》。在工程建设领域专项治理工作中，着重解决了非法批地、低价出让土地，擅自改变土地用途、违规征地拆迁和未批先建以及违法违规审批和出让探矿权、采矿权等问题，切实维护人民群众的根本利益，维护自然资源部门的良好形象，促进反腐倡廉工作。

【落实最严格耕地保护制度】 2022 年，区自然资源局继续开展永久基本农田的划定和核实整改工作，根据《土地利用总体规划（2006—2020）》，凡涉及耕地（永久基本农田）、天然牧草地、林地等项目一律不予批准，切实保护耕地和粮食的安全。

【土地征收】 2022年，区自然资源局完成羊达苗圃基地地上附着物征收工作及补偿资金兑现工作，完成药王谷景区建设项目（邱桑村）内土地征收、房屋补偿及地上附着物的补偿资金兑现工作。完成拉萨市堆龙德庆区净土产业投资开发有限公司所属2宗工业用地收回工作。完成堆龙德庆区DLZR-2022-1号及DLZR-2022-2号国有建设用地使用权挂牌事宜。

【基础业务】 2022年，区自然资源局严格土地登记发证工作，坚持做到“三严”（严格政策界限、严审用地来源、严格规范操作）。共办理不动产各类登记手续2560件，其中，不动产权证书1286件，不动产权证明1274件。截至2022年底，办理审核规划设计条件、私人工程规划许可证32个，私人设计条件40个，办理竣工验收6个。

【矿产管理】 2022年，全区共有金属矿权13宗（探矿权12宗、采矿权1宗），保留探矿权1宗，正常延续矿权9宗，存在矿权纠纷的1宗（西藏三丰矿业有限公司、日阿窄铅多金属矿），因过期时间太长延续迟缓的2宗（拉萨普信矿业有限公司、列廷冈铁矿采矿权和探矿权）。全区登记的非金属采矿权17宗，其中采矿权在有效期内的6宗（邱桑矿泉水、莫嘎

2022年3月12日，堆龙德庆区自然资源局组织党员干部参加植树节活动

采石场、马乡岗吉采石场、加木村大理岩矿、加木村采石场黏土页岩矿、加木村采石场），正在申请办理延续的3宗、过期未办理延续的8宗（矿业权人自行未办理延续工作）。

【规划工作】 2022年，区自然资源局组织召开专家评审会，《拉萨市堆龙德庆区中心城区城市设计》《拉萨市堆龙德庆区综合管廊规划》《拉萨市堆龙德庆区综合交通规划》《拉萨市堆龙德庆区加油加气站布点规划》《拉萨市堆龙德庆区绿地系统布局规划》《堆龙德庆区德庆镇镇域规划》《堆龙德庆区马镇镇域国土空间规划》《堆龙德庆区古荣镇镇域规划》《拉萨市堆龙德庆区停车设施规划》成果通过评审。《堆龙德庆区国土空间总体规划》、“三区三线”的划定工作、《堆龙德庆区国土空间规划中明确造林绿化空间专项规划》、《堆龙德庆区2022年城市体检》已取得阶段性成果。全年受理堆龙德庆区委、区政府和各单位文件30余件，出具规划意见建议63份，完成项目审查15个；办理私人件80余件，其中下发规划设计条件40件；办理建设用地规划许可证24件，补办建设用地规划许可证8件，办理竣工验收6件，办理乡村建设规划许可证147件。根据堆龙德庆区人民政府《关于同意拉萨市堆龙德庆区私房建设审批程序的批复》，经2020年9月11日二届区委第82次常委会会议研究同意，2022年进行审批（含无证）办理私房建设179件。

【执法监察】 2022年，区自然资源局开展存量“两违”摸底调查工作，共计调查22433宗。根据相关法律法规及《堆龙德庆区关于治理违法用地和违法建设行为的实施方案》，共拆除存量“两违”127宗（其中，完成土地督察成都局反馈问题中7宗违法图斑拆除工作；完成2018年至2020年土地矿产卫片违法图斑中18

宗图斑的拆除工作；完成农村乱占耕地典型案例1宗；完成区委、区政府重点项目案涉“两违”宗地拆除工作），涉及违法建筑面积453523.13平方米。对土地来源合法尚可采取补正措施的，通过行政处罚完善规划手续工作，通过行政罚款补办工程规划手续7件，涉及建筑面积2850.97平方米，其中收缴处罚金334568元，通过批评教育1宗。对1宗非法占地行为进行行政处罚，处罚金额122.967万元。全区共依法拆除新增“两违”行为10宗，涉及违法建筑面积6574.75平方米。加大法律法规和政策宣讲力度，委派法律顾问团队以举办藏语和汉语讲座的形式开展“两违”相关宣讲活动5次；在第三十二个全国土地日当天，开展“两违”法律、政策宣传活动14次，发放相关宣传册3000余册；各镇（街道）结合各自工作实际，召开镇（街道）一级专题部署会议和推进会议27次，召开村组一级会议85次，悬挂横幅113条，发放宣传资料4130次，开展“两违”政策宣传398次。

【国土绿化工作】 2022年，区自然资源局继续巩固“无树村、无树户”绿化成果，大力推进乡村“四旁”植树行动，完成乡村“四旁”植树19.84万株。按照三区一高地工作要求部署，持续加强全区义务植树及重点镇（街道）、村、组绿化工作；巩固提升1750亩先造后补项目成果，基本实施完成385亩国土绿化工作任务，稳步推动2700亩南北山造林绿化工程实施，并同步推进3.5万亩草原生态修复治理工作。

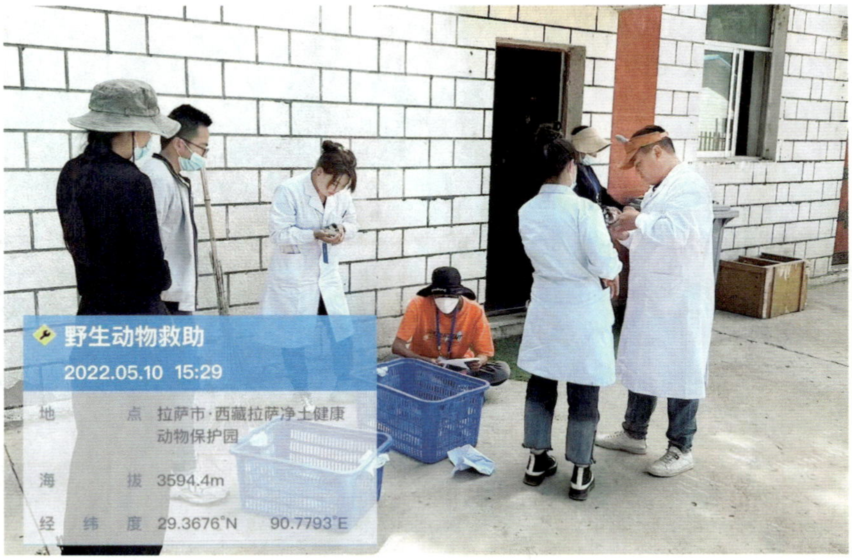

2022年5月10日，堆龙德庆区自然资源局林草工作人员救助野生动物

【林长制工作】 2022年，全区已建立区、镇（街道）、村（社区）三级林长制组织体系及以党政领导负责制为核心的责任体系，明确各级林长职责，强化部门协作，协调各方力量，确保重要林地、草原都有专人管理、责任到人。5月31日，以区委、区政府名义联合印发《拉萨市堆龙德庆区实施林（草）长制工作方案》及林长制相关配套制度。6月17日，组织召开全区林（草）长制工作部署会，在岗全体县级领导、各镇（街道）及各成员单位相关负责人参会。

【森林草原灾害防控】 2022年，区自然资源局按照区委、区政府工作部署，持续加强森林草原病虫害防治体系建设工作，进一步细化完善森林草原防灭火工作预案，推进森林草原灾害防控体系建设，确保林草资源生态安全。开展森林草原病虫害工作，建立健全重大森林草原有害生物防治政府负责机制、重大森林草原有害生物监管和联防联治机制、森林草原外来入侵物种防控体系，确保辖区森林草原生态安全。

病虫害防治。落实生态文明建设各项工作，利用林业有害生物防治基地对辖区进出苗木实现全部检疫，累计检疫苗木810余万株、40余种，处置病苗6000余株；对全区历年虫害发生区域进行全面检测、测报，并对部分虫害发生区域开展及时防控处置工作，累计巡查发现虫害面积3184亩。

森林草原防灭火。多次组织森林草原防灭火宣传教育活动，共派发宣传物资3000余份、宣传礼品5000余份，通过在重点部位设立森林防火宣传牌、张贴宣传海报及举办森林草原防灭火知识讲座等多种形式，将森林草原防火有关的法律法规宣传到村（居）、学校、寺庙，做到家喻户晓，人人皆知。

【林草资源保护管理】 森林督查整改。2018—2021年，全区森林督查发现问题60件，在各单位、各镇街的大力支持下，截至2022年5月已全部整改完成，整改率为100%。2022年，收集整理县级森林资源保护发展责任制落实情况、涉林行政案件处理情况、森林采伐管理情况、林地资源管理情况等相关资料，完成59个疑似图斑的现场核实和数据统计工作。

分级巡查工作。年初，督促相关部门和企业并下达《2022年建设项目办理征占"林地、草地"审核审批手续的通知》，按照《西藏自治区林草资源分级巡查工作细则》要求，每月对本辖区内的所有在建项目巡查2次，发现疑似征占用林草地行为2起，开具《林草资源巡查发现问题确认单》，督促其核实土地性质，若涉及征占用林草地，在规定时间内补办林草地征占用手续。

【野生动植物保护】 2022年，为保护、发展和合理利用野生动植物资源，保护生物多样性，维护生态平衡，多次向街道、社区发放宣传手册、宣传礼品、张贴宣传横幅等，持续加强群众对野生动植物的保护意识，打击乱采滥伐现象。同时，接到群众及野保员反映，先后将红隼、赤麻鸭等国家重点保护动物送到曲水动物园进行救治。2022年3月，首次在堆龙德庆区古荣镇乃朗寺周边发现雪豹踪迹，并筹备建立自然保护小区事宜。

【草原确权】 2022年，区自然资源局按照拉萨市自然资源局《草原承包经营权确权登记颁证工作实施方案》及拉萨市人民政府办公室印发的《关于成立拉萨市草原承包经营权登记颁证工作领导小组的通知》要求，确定《堆龙德庆区草原承包经营权确权登记颁证工作领导小组名单》，印发《堆龙德庆区草原经营权确权登记工作实施方案》。3月29日，组织召开草原承包经营权确权登记颁证工作动员部署会，开展技术培训工作，编制完成《堆龙德庆区草原承包经营权确权登记颁证工作纠纷调处机制》，承担单位已按照《堆龙德庆区草原经营权确权登记工作实施方案》，完成前期资料收集工作，并按照《西藏自治区草原承包经营权确权登记颁证工作领导小组关于明确相关要求的通知》文件要求，完成网上项目备案工作。

（次仁拉姆）

2022年5月26日，堆龙德庆区自然资源局工作人员到林草有害生物防治基地灭杀蝗虫

【机构领导】

局　长

阿旺旦增（藏族，11月免）

副局长

达娃扎西（藏族）

木 莎 拉（藏族）

潘 文 红

王　　巍（援藏）

执法大队队长

索朗旺堆（藏族）

执法大队副队长

李　　凯

不动产登记中心主任

达瓦拉宗（女，藏族）

经济和信息化

【概况】 年内，堆龙德庆区经济和信息化局紧紧围绕区委、区政

2022年6月1日，堆龙德庆区上谷之夜主题夜市开业

府中心工作和重大部署，坚持“疫情要防住、经济要稳住、发展要安全”总要求，创新思路、主动作为，顺利推进各项工作迈上新台阶。2022年，区经信局内设商务局、招商引资局，行政编制5名、事业编制4名。实有工作人员13名（行政人员10名、事业人员3名）。

【工业经济】 2022年，堆龙德庆区列统规模以上工业企业12家，规模以上工业增加值45944.4万元，同比下降51.9%。新入规企业1家（西藏藏建实业有限公司）。

【商务工作】 2022年，全区社会消费品零售总额196387.6万元，同比下降5.6%。打造推出拉萨市首家沉浸式夜间经济“堆龙上谷之夜主题夜市”，于2022年6月1日正式开业，开业2个月人流量达22.5万人次，营业额260余万元。根据《关于拉萨市“助企惠民·悦享消费”消费券送不停活动参与商户报名的通告》，鼓励企业积极报名，辖区内60余家企业参与活动。持续推进打通“最后一公里”工作，西藏讯德物流有限公司承接申通、韵达、圆通等6家快递公司上三镇投递业务，解决就业11人，其中本地大学生4人。

【招商引资】 2022年，区经信局借助东方龙商务集团、四川省现代物流发展促进会等招商引资第三方渠道，开展以商招商、在线招商，通过在线视频的方式为区文旅局、区属国企净土牵线搭桥，初步对接国企智慧货运物流区域总部布点项目、央企集团光影文旅布点项目、大型文旅+夜游产品综合项目、水发劳德巴赫精酿啤酒项目。开展“招商引资百日攻坚行动”，签约项目6个，签约金额14.9亿元，已落地项目4个，计划投资11.8亿元。结合辖区实际及本地企业需求，借鉴其他兄弟县区经验做法、咨询专业人士意见建议，制定堆龙德庆区促进产业高质量发展扶持办法及其实施细则。2022年，堆龙德庆区招商引资项目26个，其中，续建16个、新建10个，项目到位资金19.29亿元，同比下降77.15%。

【电子政务】 2022年，区经信局为确保电子政务外网的保通工作，督促中国移动堆龙德庆分公司定期开展电子政务外网巡检，及时处理设备老化、网速较慢、数据和设备丢失等巡检发现问题，并同市大数据局协调提高政务外网的使用率，集中集约各外网资源。同时，为迎接中共二十大保障网络安全，及时排查全区电子政务外网各线路，做到网络安全保通。

（达娃央宗）

【机构领导】

局　长

次旦罗布（藏族）

副局长

德　吉（女，藏族）

隗合欣（北京援藏，6月免）

段喜娟（女）

税　务

【概况】 年内，堆龙德庆区税务局以习近平新时代中国特色社会主义思想为指导，全面贯彻中共十九大和十九届历次全会精神，学习贯彻中共二十大精神，把坚决捍卫“两个确立”、做到“两个维护”摆在首位，按照总局税收优惠政策落实要给力、“非接触式”办税要添力、数据服务大局要尽力的“三力”要求，开展“便民办税春风行动”，推动新的组合式税费支持政策有序落地，充分发挥税收职能作用，为助力建设全区税收征管体制改革夯实征管基础作出不懈努力。2022 年，区税务局在编干部 22 名；劳务派遣工作员 19 名，公益性岗位 2 名。

【党建促发展】 2022 年，区税务局坚持以党的政治建设为统领，以落实落细“两个责任”为核心，以深化纪检监察体制改革和构建一体化综合监督体系为契机，以落实“纵合横通强党建”机制体系为抓手，以党建与税收业务深度融合为载体，以加强干部队伍建设为保障，认真贯彻落实党委理论学习中心组学习制度，推动全局干部职工尤其是党员干部对标对表基层党建目标任务，把党建工作融入税收工作各个领域，体现在履职尽责中，落实到本职岗位上。

【税收收入】 2022 年，区税务局完成组织收入 13.3 亿余元（包含留抵退税），同比上年减少 5.3 亿余元，减幅 28.49%。完成税收收入 11.3 亿余元（包含留抵退税），同比上年减少 6.4 亿余元，减幅 36.15%，其中完成县级税收收入 4.5 亿余元，同比减少 1.7 亿余元，减幅 27.41%。完成社保费收入 4.5 亿元，同比减少 0.2 亿元，减幅 4.52%。

【组合式税费政策】 2022 年 4 月 1 日起，大规模增值税留抵退税开始实施，区税务局认真贯彻落实党中央、国务院部署，加大政策宣传辅导力度，优化退税流程、加强风险审核、加快办理退税业务，确保让纳税人享受政策红利。4—10 月，累计留抵退税 350 余户，金额 2.8 亿余元，其中，增量留抵退税 300 余户，金额 2.6 亿余元；存量留抵税 100 余户，金额 1000 余万元。留抵退税缴回 30 余户，涉及留抵退税金额 0.14 亿余元。为 20 余户符合退税条件的制造业企业办理退税流程，累计退税金额 100 余万元。五税两费减免户数 2700 余户。金额 700 万余元。对符合条件的小型微利企业年应纳税所得额超过 100 万元但不超过 300 万元的部分，减按 25% 计入应纳税所得额，按 20% 的税率缴纳企业所得税 15 户，金额 597.78 万元；应纳税所得额 100 万元以下的，减免 151 户，减免金额 639.36 万元。

2022年2月9日，堆龙德庆区税务局党支部开展“为国旗添彩，为党旗增光”主题党日活动

【提升纳税人满意度】 纳税人满意度调查工作。2022 年初，根据《国家税务总局拉萨市税务局关于印发〈国家税务总局拉萨市税务局 2021 年全国纳税人满意度专项调查结果整改实施方案〉的通知》精神，及时组织召开纳税人满意度整改专题会议，并成立纳税人满意度工作领导小组，围绕纳税人满意度专项调查结果对标找差距，以一体化综合监督“6+1 制度”为抓手，以如何满足纳税人、缴费人合理需求为努力方向，不断提高纳税人、缴费人满意度。利用移动 5G 多媒体信息平台打造“堆税发声”，累计推送各类涉税信息 33632 人次。针对纳税人不清楚涉税流程问题，导致“多头跑”“多次找”这一堵点，制作相关二维码，纳税人只需扫描就能详细了解需要去哪个部门办理业务以及如何办理。加大对电子税务局的宣传力度，引导纳税人通过电子税务局、掌上 APP 等线上

办理渠道非接触式办理相关涉税业务。

非接触式办税。为贯彻落实区市两级“疫情期间，线下业务虽停止，线上业务不断档”的服务宗旨，纳税服务大厅通过安排专人值守的方式，确保纳税人咨询电话不漏接，线上业务不断档。疫情期间，共接听涉税咨询电话3546次，提供邮寄发票21690份，远程帮办业务135笔，为纳税人解决问题264次，电子发票申领发放384662份。同时，充分利用税企群，指定业务流程熟练、政策掌握度高的工作人员在群内为纳税人解答问题，8月至12月，在各类税企业务群内解决处理纳税人、缴费人问题1864条。

【纳税人辅导】 2022年初，党中央、国务院推出一系列新的组合式税费支持政策，区税务局高度重视新的组合式税费支持政策落实落地工作，集中力量开展政策学习，对于符合政策的纳税人逐户进行辅导，确保政策应知尽知，共对3000余户次纳税人进行政策辅导，开展线上培训3次、集中培训2次、入户辅导20余次。

为纳税人能够更快享受国家的政策红利，在留抵退税专区安排专人时时关注电子税务局推送情况，尽力缩短纳税人等候审批时间；提前做好留抵退税基础数据维护工作，核实维护数据2000余条，为留抵退税工作打好基础；针对审批过程中出现的疑难问题，通过及时排查并实时与纳税人沟通，确保审批流转顺畅，减轻纳税人负担；加强各部门之间的沟通协作，确保审核通过纳税人的退税款当天到账。

（仁增曲培）

【机构领导】

局　长

扎西次仁（藏族）

副局长

尊珠江村（藏族）

达娃卓嘎（藏族，6月免）

郑元滨（6月任）

纪检组组长

朵　堆（藏族）

市场监督管理

【概况】 年内，堆龙德庆区市场监督管理局按照区委、区政府部署要求，全面依法履行职责，以强有力的举措抓实抓好“优服务、强监管、守安全、稳队伍”，统筹兼顾、狠抓落实，主动服务区域经济社会发展。2022年，区市场监督管理局有干部职工25名，外派人员8名。

【提升窗口整体形象】 2022年，区市场监督管理局通过简化手续、改造流程、授权到位、特事特办、急事快办等措施，承诺办结时限，再次提高窗口办事速度，设立登记由法定的5个工作日缩短至3个工作日办结。全区新增市场主体2741户，注册资金552881.476万元。其中，新注册登记企业688户，注册资本510712.8万元，同比增长39.3%、36.5%；个体工商户2053户，注册资金42168.59万元，分别同比增长27.9%、30.05%；名称预核准2856户，注销登记1185户，迁入100户，迁出102户。办理食品经营许可证255家，其中流通65家、餐饮174、单位食堂16家、仅销售预包装食品备案213家、小作坊登记证11个；办理药品经营许可证1家、变更4家、换证1家。

2022年1月26日，堆龙德庆区市场监督管理局执法人员开展春节节前特种设备及燃气站安全检查工作

【食品安全监管】 加强食品生产加工环节监管。2022年,区市场监督管理局检查食品生产企业7家,食品加工小作坊50余家,下达监督意见书10份,取缔豆腐加工厂4家,整改食品安全问题20余件。为有效解决小作坊"脏、乱、差"问题,在羊达工业园区内建立豆腐一条街,入驻豆腐加工厂16家。

食品流通销售环节监管。通过日常检查与专项检查相结合,检查农贸批发市场70余家次、商超200余家次、下达监督意见书50余份,有效整改食品安全问题60余件。

餐饮环节监管。将餐饮环节日常监管与"食品安全创城"工作相结合,安排执法人员到各镇(街道)、各路段挨家挨户开展餐饮店监管及"食品安全创城"工作,共检查餐饮店700余户,下达监督意见书40余份,发放"创城"相关宣传材料2000余份,并对新办的餐饮店统一发放"餐饮服务食品安全管理公示牌",进行量化分级管理,量化分级率达100%。开展网络餐饮专项整治行动,共排查网络餐饮单位50余家,间接取缔3家;排查辖区餐饮店安装油烟净化器30余家,达300平方米以上餐饮店3家,其中2家已安装油烟净化器,1家处于整改中。

冷链食品监管。对辖区内冷链食品经营者进行监督检查,检查冷库200余家次、保鲜库40余家次,下达监督意见书10份,停业整顿2家。

2022年4月26日,堆龙德庆区市场监督管理局执法人员开展"五一"劳动节节前市场价格专项检查

校园食品安全。开展春季学期校园食品安全、"高、中、小"考期间食品安全专项检查,共检查中、小学、村级幼儿园食堂50余家次、校园周边食品经营户60余家次,餐饮服务单位50余家次。签订学校食堂食品安全责任书47份,下达监督意见书47份。开展拉萨市创建食品安全示范城市堆龙德庆区2022年全国食品安全宣传周启动仪式暨校园食品安全舆情处置应急演练,探索建立堆龙德庆区食品安全舆情处置应对的工作机制,提升各级部门对舆情事件的重视程度、应对能力与工作水平。

重大活动食品安全保障。组织开展堆龙德庆区2022年"两会"、楚布寺"次曲"宗教佛事活动及高考、中考、小考期间餐饮服务食品安全保障工作,对接待单位进行全面检查,签订《重大活动定点餐饮单位食品安全责任承诺书》4份。

【药品安全】 日常检查。2022年1—6月,区市场监督管理局开展药品、医疗器械经营单位、使用单位质量安全日常监管,检查药品经营单位22家次,药品使用单位40余家,下达监督意见书20余份,下达责令改正通知书3份,行政约谈2家。

专项整治。1—6月,开展药品及医疗器械安全专项检查5次,监督药械经营使用单位50余家次,下达监督意见书20份。开展化妆品"线上清网线下清源"专项行动,检查化妆品经营、使用单位23家,下达监督意见书2份,下达责令改正通知书2份,行政约谈2家。

【安全生产检查整治】 2022年,区市场监督管理局要求各企业主体单位、特种设备使用单位牢固树立安全责任意识,守住安全底线,出动检查人员179人次,检查特种设备使用单位360余家,发现隐患76处,现场整改48

处，下达监察指令书28份。持续开展燃气具及配件质量安全整治排查工作，并做好安全生产宣传和媒体引导工作。持续开展燃气具及配件质量安全整治排查工作，执法人员以销售无熄火保护装置的商用和家用燃气灶具、燃气泄漏报警器、未经CCC认证或伪造冒用CCC标志和证书的家用燃气器具及配件等产品为重点开展检查执法工作。为进一步规范全区电动自行车市场生产销售秩序，保障人民群众安全出行，开展电动自行车质量专项检查行动。

【受理投诉举报】 2022年，区市场监督管理局加强投诉举报受理和转办，共处理投诉举报1012件，办结率100%，为消费者挽回经济损失20.36万余元，其中，疫情期间处理投诉举报452起。为消费者挽回经济损失2.28万元。

【确保市场有序安全】 2022年6月底，全区应年报企业5404户，已年报4982户，年报率92.19%；农民专业合作社应年报147户，已年报115户，年报率78.23%。个体工商户应年报16242户，已年报8217户，年报率50.59%。全面清理规范转供电环节加价，进一步优化营商环境，促进实体经济发展，开展转供电价格监管。开展"铁拳"行动，依法打击网络交易违法违规行为，整治网络传播乱象，营造健康的网络生态。开展扫黑除恶斗争工作，从农贸市场、套路贷、打击传销三个方面进行线索摸排，开展市场乱象整治工作。

【严厉打击违法违规行为】 2022年，区市场监督管理局共立案73起，其中，查处商标侵权违法案件3起，共罚款9000元；产品质量后处理案件5起，共罚款13605元；食品立案2起、上交罚没款11000元；其他63起。针对"3·15"曝光的"土坑酸菜""木薯粉条"等食品安全问题，排查农贸市场1家，大型食品销售企业4家，小型食品销售企业47家，自行下架"问题食品"108千克。

（本措卓玛）

【机构领导】

局　长

　　洛　　布（藏族，3月免）

　　庹　　超（藏族，3月任）

副局长

　　尼玛江才（藏族）

　　牛 世 宏

　　拉巴次仁（藏族，3月任）

工业园区

【概况】 2022年，园区完成工业总产值31293.81万元、工业销售产值36958.87万元、工业增加值15284.58万元，其中，规上工业增加值5933.06万元。完成固定资产投资1.2亿元，工业税收完成794.13万元，成功培育规下升规上企业1家。

【助推复工复产】 2022年3月起，园区管委会结合"领导干部下基层大接访办实事"活动，分组到园区各企业了解生产经营、产品研发、消防安全、环保、项目建设进度及企业需求与面临的困难等情况，协调解决企业问题10余项，协调周边村居购买园区建材产品。同时，及时与园区各企业协调，如实按期填报每月经济数据报表，统一归口，做到应统尽统；每周实时掌握各企业用工需求，并按时反馈至区人社局，收集就业需求10余个岗位。

【项目建设】 2022年，园区新建企业项目4个，续建项目3个，涉及总投资4.61亿元。投资2.3亿元的西藏吉祥哈达厂建设项目于4月复工，8月停工；总投资8539万元的年转化小麦1.5万吨（青稞1.2万吨）复配专用粉及食品深加工项目于3月复工，8月停工。

【营商环境】 启动自治区级工业园区创建工作。2022年，为进一步加快工业园区建设步伐，按照区委、区政府"十四五"规划中工业园区新功能定位，收集整理了前期论证材料。引导园区企业绿色工厂创建工作。建立联系企业制度，推行"保姆式"服务，引导园区企业开足马力生产，主动适应市场、加快转产转型，积极申报拉萨市绿色示范点，努力为企业协调解决好融资、原料、用工等问题，提升园区经济在堆龙德庆的经济贡献率。

【党的建设】 2022年，为确保党

史学习教育长效化、常态化，园区管委会党支部始终坚持党建引领，明确学习计划和任务，坚持每周至少组织一次集体学习，充分利用主题党日和党员志愿服务等活动，丰富党史学习载体，确保真正学懂弄通悟透。吸纳发展正式党员11名、预备党员18名、入党积极分子28名，壮大“两新”党组织队伍，“两新”党组织覆盖率达85.71%。

【党风政风】 2022年，自改进作风、狠抓落实活动开展以来，园区管委会以改进作风为契机，以“转变作风、优化环境、促进发展”为主题，深入推进机关作风建设，第一时间召开专题部署会学习相关文件精神，成立以园区管委会主任为组长的领导推进小组，积极开展“四查四问”，形成问题清单，明确整改时限，确保落实到位。同时，加强“以案促改”专题教育，组织观看廉政警示片《零容忍》，观看由区纪委联合监制的《忏悔书录》，层层签订共产党员不信仰宗教等承诺书，结合实际印发《党员干部扪心七问个人纪实表》等。

【提升治理能力】 2022年，园区加强落实安全生产和环保责任制，定期不定期督促企业重视安全生产和环保工作，开展大排查20余次，与园区企业签订安全生产、环境保护、门前三包等责任书100余份。全面推进环保督导整改落实工作，对园区内所有企业开展环境问题排查，督促园区内企业严格执行环境保护法律、法规及有关规定，同时印发《关于开展“散乱污”企业清理整治专项行动的通知》，进一步清理园区“散乱污”问题，确保工业园区环境保护各项目标任务完成。

（欧阳小月）

【机构领导】

园区管委会主任

次旦罗布（藏族，3月免）

园区管委会副主任

顿珠拉久（藏族）

欧阳小月（女）

农业农村

综 述

【概况】 年内，堆龙德庆区农业农村局深入贯彻落实“三农”改革精神，狠抓乡村振兴、农村改革、结构调整、产业发展、科技投入、项目建设等工作，圆满完成了各项目标任务。区农业农村局内设行政办公室、财务办公室、科技办公室、兽医站、农技推广站、农工办、农机站、改革办（临时成立的工作专班）等部门，在职干部职工43人，其中行政6人，事业编制专业技术人员25人，工人3人，公益性岗位3人，政府购买及“三支一扶”人员6人。

【农牧民收入】 2022年，堆龙德庆区实现农村居民人均可支配收入24534元，增速7.2%，其中，实现家庭经营性收入8882元，占收入总额的36.2%，同比上升1.4%；工资性收入9200元，占收入总额的37.5%，同比上升0.7%；财产性收入2551元，占收入总额的10.4%，同比上升28.8%；转移性收入3901元，占收入总额的15.9%，同比上升30.1%。

【乡村振兴】 2021—2022年，堆龙德庆区落实完成5000亩高标准农田建设项目，新建3.4万亩高标准农田，带动项目区域收入527万元，受益人数1900余人。实施“美丽乡村·幸福家园”建设行动，加强人居环境整治，完成8个村的人居环境整治及94户新建住房的选址测量和700余户住房改造提升工作；以村庄清洁行动为抓手，清理农村生活垃圾124吨，清理村内沟塘202处，清理乱搭乱建、乱堆乱放154户，清理废旧广告牌89处，收储废弃农膜0.25吨，过期兽药0.4吨；完成厕所革命574户，全区卫生厕所覆盖率达90%以上；联合妇联开展“卫生家庭、美丽庭院”创建工作，完成270户群众的创建挂牌工作；加强乡村公共基础设施建设，强化公共服务保障，完成各镇、各村小学、幼儿园、卫生院、卫生室等的标准化建设。

2022年3月21日，堆龙德庆区农业农村局召开“下基层大接访办实事”推进会

2022年7月28日，堆龙德庆区农业农村局（科技局）工作人员对申报高新技术企业开展基础调研

【农业工作】 2022年，区农业农村局加快推进全区高产高效创建田、良种繁育基地、新品种推广、有机示范点推广、设施农业园区等项目，为推进供给侧结构性改革打下坚实基础。全区完成春播面积6.12万亩，粮食产量1.21万吨，其中，青稞产量1.09万吨。粮食播种面积3.8万亩，经济作物播种面积1.47万亩。绿色高产高效创建田3.3万亩，测土配方施肥面积3.5万亩；良种推广面积3万亩，良种繁育田面积0.26万亩；蔬菜种植面积0.98万亩，产量3.7万吨。区外调运种子58.65吨、农药4.62吨、化肥745吨（与上年相比减少60吨），积造农家肥10万吨。扩大古荣、德庆、马镇3个设施农业园区高品质、高附加值和反季节、赶时令的农产品种植范围，带动广大农户参加特色优势农业产业项目建设。全区规模以上蔬菜生产基地5家，总占地面积3482亩，温室总栋数1192栋，设施总面积1020亩。

【畜牧业】 2022年，全区牲畜存栏11.67万头（只、匹），出栏畜禽2.5898万头（只）。猪牛羊肉总产0.2266万吨，其中，牛肉产量1508.4吨、羊肉产量497.2吨、猪肉产量261吨，禽肉产量233吨。奶产量5800吨，禽蛋产量144吨。

家畜疫病防控。召开春、秋防疫工作动员部署会，规范和完善免疫建档立卡工作，落实集中免疫制度，共完成牲畜免疫接种15.258万头（只），牲畜免疫密度达100%。

牲畜改良。上级下达牦牛经济杂交任务490头，实际完成589头，超出任务12.3%。雅江雪牛犊牛成活360头，成活率达97.6%，下达黄牛改良任务3000头，完成配种3140头，超出任务0.01%。

动物检疫监督。严厉打击生产经销假劣、过期以及抽检不合格的饲料兽药行为，督促饲料兽药生产经营企业严格执行相关制度，健全各项登记制度，完善购销台账。全年出动执法人员78人次，检查兽药饲料经营门店9次，开展牲畜产地检疫3060次；办理动物及动物产品检疫合格证明3060张，执法出动3060次，出动1586人次，检疫票据合格率达90%以上。

动物包虫病防治。完成驱虫投药12次，累计完成6.5148万只家犬驱虫工作，驱虫覆盖率达100%；完成0.4968万只家养犬狂犬病免疫接种及0.105万只新生羔羊免疫接种工作，免疫率达100%。

【科普服务】 2022年，堆龙德庆区科普宣传志愿服务队以"科技活动周进农村"、服务"三农"振兴乡村为主题，共开展科普宣传活动12次，参与群众达2000余人（次），发放宣传册1100余册、宣传物品1000余件，取得了良好成效。组织专业技术人员开展下基层服务行动，培养农牧民科技特派员64名，涵盖农机维修、种植技术、畜牧养殖等领域，其中农机维修3名，种植技术22名、畜牧养殖18名、大学生科技专干29名。

【建立草原生态保护补助奖励机制】 2022年，堆龙德庆区草原总面积250.40万亩，可利用草原面积245.16万亩。人工种草及农副产品载畜量6.46万个绵羊单位，可利用天然草原载畜量23.38万个绵羊单位。全区草畜平衡载畜量29.84万个绵羊单位，可利用草原载畜量标准（亩/绵羊单位）10.59个绵羊单位。全区牲畜存栏为18.40万个绵羊单位，牲畜保持在平衡点以下，共发放草畜平衡奖励资金456.28万元。

【合作社发展】 2022年，区农业农村局紧紧围绕设施农业、畜禽养殖、有机农产品深加工等行业，发展壮大一批发展前景较好、带动能力较强、经济效益较高、推动作用较大的农牧业产业化专业合作社，鼓励引导农牧业产业化龙头企业、种养专业大户、产品购销大户、产品营销经纪人、农村集体经济组织、基层农技服务机构等组织和个人开展劳动、资金、技术和销售等规范性合作，扩大产业规模和提升产品档次。全区共有农牧民专业合作社161家(国家级示范社4家，自治区级示范社5家、市级示范社14家、县级示范社20家，其他118家)，辐射带动2800余人次，年营业收入达到5900余万元，实现人均增收3950元。

【宅基地管理】 2022年，区农业农村局做好宅基地审批，按照乡村规划和城市规划合理安排宅基地用地，引导优先利用存量建设用地，严格控制农村宅基地占用农用地特别是耕地，严格不得占用永久基本农田和文物保护范围用地的要求，共接受农村宅基地审批备案100余起。广泛宣传农村宅基地审批管理的工作流程和有关政策和法律，引导村民做好宅基地申请和审批工作，严禁未批先建，严格遵守农业农村部“八不准”的宅基地审批红线政策，切实保障宅基地农户资格权和农民房屋财产权，着力整治强占多占、非法出售等恶意占地建房行为。

（刘宗和）

【机构领导】

局　长

旦增久乃(藏族，3月免)

罗布珠扎(藏族，3月任)

副局长

罗布珠扎(藏族，3月免)

禹新娟(女)

旦增曲珍(女，藏族)

徐兴国(3月任)

堆龙德庆区农业农村局事业单位中级职称(含中级)以上人员一览表

表5

姓名	性别	籍贯	政治面貌	民族	工作单位	专业技术职务名称	批准单位	批准时间
归桑旺姆	女	西藏拉萨	中共党员	藏族	堆龙德庆区农业农村局	高级农艺师	拉萨市人社局	2022年5月
玉　措	女	西藏拉萨	中共党员	藏族	堆龙德庆区农业农村局	高级兽医师	拉萨市人社局	2022年5月
索朗卓嘎	女	西藏拉萨	中共党员	藏族	堆龙德庆区农业农村局	兽医师	拉萨市人社局	2016年8月
普布扎西	男	西藏拉萨	中共党员	藏族	堆龙德庆区农业农村局	农艺师	拉萨市人社局	2016年11月
达娃卓玛	女	西藏日喀则	中共党员	藏族	堆龙德庆区农业农村局	高级兽医师	拉萨市人社局	2021年5月
次旦平措	男	西藏拉萨	中共党员	藏族	堆龙德庆区农业农村局	农艺师	山南市人社局	2017年
琼卓玛	女	西藏日喀则	中共党员	藏族	堆龙德庆区农业农村局	农艺师	拉萨市人社局	2020年9月
邓　杰	女	湖北	群众	汉族	堆龙德庆区农业农村局	农艺师	拉萨市人社局	2020年10月
仁青卓玛	女	西藏昌都	中共党员	藏族	堆龙德庆区农业农村局	农艺师	拉萨市人社局	2021年3月
桑　姆	女	西藏拉萨	中共党员	藏族	堆龙德庆区农业农村局	农艺师	拉萨市人社局	2021年3月

续表5

姓名	性别	籍贯	政治面貌	民族	工作单位	专业技术职务名称	批准单位	批准时间
益西拉宗	女	西藏拉萨	中共党员	藏族	堆龙德庆区农业农村局	兽医师	拉萨市人社局	2021年3月
旦增美久	女	西藏拉萨	中共党员	藏族	堆龙德庆区农业农村局	兽医师	拉萨市人社局	2022年4月
吕红羽	女	四川	中共党员	汉族	堆龙德庆区农业农村局	兽医师	拉萨市人社局	2022年5月
拉巴曲珍	女	西藏拉萨	中共党员	藏族	堆龙德庆区农业农村局	兽医师	拉萨市人社局	2018年5月
普布央拉	女	西藏日喀则	中共党员	藏族	堆龙德庆区农业农村局	农艺师	拉萨市人社局	2019年
普布卓玛	女	西藏日喀则	中共党员	藏族	堆龙德庆区农业农村局	畜牧师	拉萨市人社局	2017年3月
白珍	女	西藏日喀则	中共党员	藏族	堆龙德庆区农业农村局	农艺师	拉萨市人社局	2021年3月

乡村振兴

【概况】 年内，堆龙德庆区乡村振兴局把做好巩固拓展脱贫攻坚成果同乡村振兴有效衔接作为首要政治任务和第一民生工程，统筹抓好疫情防控和巩固拓展脱贫攻坚成果同乡村振兴有效衔接工作，把学习贯彻中共二十大精神体现在具体实践中、工作成效上，牢牢守住不发生规模性返贫的底线，有序做好乡村发展、乡村建设、乡村治理重点工作，推动乡村振兴工作取得新进展、迈出新步伐。2022年，区乡村振兴局有正科级干部1名，副科级干部3名，副主任科员4名，事业编制3名，工人2名。

【健全防返贫动态监测机制】 2022年，区乡村振兴局按照《健全防止返贫监测和帮扶机制工作指南（试行）》《西藏自治区2022年防止返贫监测帮扶集中排查工作方案》等文件要求，分别于4月、10月成立专班，按照精准研判、群众公认、程序合规、应纳尽纳的要求，比照“九不入”的标准对全区12414户、39500人农村及常住农村人口进行2次全面摸排，填写防止返贫监测对象信息采集表、农牧民收支情况统计表。经摸排，有防止返贫监测对象117户405人（其中，脱贫不稳定户46户178人、边缘易致贫户64户201人、突发严重户7户27人），通过精准采取产业帮扶、就业增收、资产收益、小额信贷、社会救助等措施，已消除致贫返贫风险户91户324人（其中，脱贫不稳定户43户171人、边缘易致贫户46户146人、突发严重户2户7人），其余监测对

2022年7月14日，堆龙德庆区乡村振兴局在祥和苑社区举行2021年度扶贫产业分红启动仪式

象均已落实针对性帮扶措施，脱贫人口人均纯收入22438.05元，同比增长13.54%。

2022年8月6日，堆龙德庆区乡村振兴局开展《中华人民共和国乡村振兴促进法》专题培训

【巩固拓展脱贫攻坚成果】 产业振兴。2022年，区乡村振兴局依托“古荣糌粑”国家地理标志品牌，推动糌粑资源整合和企业重组，打好青稞特色产业优势牌。加快实施“互联网+农产品”出村进城工程，推动建立长期稳定的产销对接关系。推广良种良技良法技术配套，创建绿色高质高效农田3万亩。完成粮食种植3.8万亩、产量1.22万吨，完成蔬菜种植1.009万亩、产量3.73万吨；牲畜存栏11.67万头(匹)、出栏2.59万头(匹)。强化农牧民合作社、家庭农牧场培育，共有农业产业化龙头企业8家、合作社162家、家庭牧场5家，成功申报国家级示范社3家、自治区级示范社5家、拉萨市级示范合作社15家。

组织振兴。开展组织振兴示范村创建活动，每个镇(街道)打造1个基础条件好、作用发挥明显、党员群众公认的示范村。开展村(社区)干部乡村振兴“擂台比武”，每季度开展一期“书记论坛”“主任论坛”，提升村(社区)干部干事创业的能力。发展壮大村集体实体经济，每个村(社区)至少发展1项实体经济，夯实发展基础、增强发展后劲。以乡镇党校建设为契机，开展基层干部主题培训行动计划，提高乡镇和村(社区)干部相应专业素养和领导现代化建设能力，切实扛起“三农”工作重任、当好乡村振兴的“一线总指挥”。

文化振兴。围绕“盛世中国 幸福西藏——喜迎党的二十大暨纪念西藏百万农奴解放63周年”主题，开展各级各类群众性文化活动197次，受益群众2.8万余人次，其中，区文化活动中心开展大型文艺活动5场次、区艺术团演出26场次(下乡演出8次)、镇(街道)文艺活动16场次、行政村文艺队演出82场次、藏戏队“戏曲进乡村”活动65次、“戏曲进校园”活动1场次、藏戏广场舞2次。充分发挥文艺作品“真情倾听时代发展的铿锵足音，生动讴歌改革创新的火热实践”作用，讲好党之大计、人民心声、堆龙故事，创新创作舞蹈《喜迎二十大》《幸福赞歌》、小品《防疫之家》《传统和现代的碰撞》、歌曲《幸福赞歌》文艺精品5部。组织举办堆龙德庆区基层旅游人才培训班和“三区人才”暨基层文艺队音控培训班，各镇(街道)文旅专干、各村(社区)乡村旅游发展专干以及辖区藏戏队、各村级文艺队音控人员70余人参加培训。

生态振兴。推进“美丽乡村·幸福家园”建设行动，2021年6个人居环境整治项目基本完成，2022年投入资金3.65亿元(涉农资金15259.15万元)，实施8个人居环境整治项目，实现规划区外、行政村全覆盖。2022年实施厕改763户，厕改率达90%以上，农村垃圾处理率达95%，污水集中处理率60%以上，畜禽粪便资源化利用率达100%。做好环境督察工作对辖区内施工扬尘、噪声、环评手续履行、排污许可证核查、重点排污企业排污、危险废物储存运输、辐射安全管理等进行日常检查，出动执法人员1300人次。受理群众生态环境保护信访与投诉案24件，其中“12345”6件、“12369”7件、办公室转接电话10件，区长热线1件，办结率、回复率、满意率均达100%，推进国土绿化，完成乡村“四旁”植树19.84

万株，新增国土绿化面积385亩，加快推进年度2700亩南北山造林绿化工程，建立区、镇（街道）、村（社区）三级林长组织体系，完成60件森林督查反馈问题整改，加快推进城区水系连通工程和堆龙两岸综合治理工程建设。

人才振兴。实施高校毕业生“三支一扶”计划，累计开展职业技能培训30期1352人，成立农牧民转移就业基地2个，重点引进乡村振兴急需的教育、卫生、农业、水利、基层社保等人才，引导和鼓励高校毕业生到基层干事创业。促进更充分就业，实现城镇新增就业1699人，农牧民转移就业8909人、实现收入0.86亿元，732名应届高校毕业生实现就业501人、就业率68.44%，发放各类就业创业补贴资金1898万元。

【稳岗就业帮扶】 2022年，区乡村振兴局通过产业发展、劳务输出、岗位开发等举措，多渠道多形式开发就业岗位，1424名有劳动能力的脱贫群众实现转移就业。严格落实“一对一、一对多”结对就业帮扶机制，引导高校毕业生转变就业观念，优化就业激励力度，鼓励自主就业，61名建档立卡脱贫家庭应届高校毕业生实现稳定就业，就业率达98.4%（建档立卡脱贫家庭应届高校毕业生共62名）。鼓励以创业带动就业，及时兑现创业补助相关资金，为508名自主创业就业人员兑现补贴资金1898.31万元（352名区内市场就业人员兑现补贴1096.16万元，17名区外市场就业兑现补贴68.95万元，139名区内自主创业兑现补贴733.2万元）。

【项目实施】 2022年，堆龙德庆区整合中央、自治区、拉萨市、本级涉农资金共计3.02亿元，用于全区生产发展（含产业项目）类、农村基础设施类、生态保护和建设类、扶贫贷款贴息方面共14个项目。其中，生产发展（含产业项目）共计投入资金11300万元，建设产业扶贫项目5个；农村基础设施类共计投入资金16119.15万元，实施人居环境整治项目5个及道路改造项目1个；生态岗位投入555.45万元，安排生态岗位1587个；扶贫贷款贴息投入2211.2万元，用于产业扶贫贷款贴息、扶贫小额信贷贴息，已开工项目14个，开工率100%。

2022年2月9日至18日，堆龙德庆区乡村振兴局开展为期10天的“五下乡”宣传服务暨“四讲四爱”宣讲活动。图为工作人员为群众发放宣传材料及物品

【涉农统筹资金】 2022年，全区用于涉农资金总支出22538.13万元，支出率75%。其中，中央财政资金支出12679.88万元，支出率93%；自治区财政资金支出1455.50万元，支出率49%；地（市级）资金支出1135.81万元，支出率31%；县本级资金支出7266.95万元，支出率74%。

【扶贫资产后续管理】 2022年，区乡村振兴局坚持将产业帮扶作为可持续发展的重要保证，把扶贫产业发展融入“五大主导”产业中，出台《产业扶贫项目利益联结机制》，不断增强扶贫项目产业带动能力和吸纳就业能力。兑现产业分红资金488.7万元，惠及人数1086人。做好扶贫产业项目确权工作，95个产业项目完成资产清查和确权工作，涉及项目资金92541.84万元，促进扶贫资产保值增值、长效发挥效益。

（拉巴普赤）

【机构领导】

局　长

杨　　炜（6月免）

王 亚 娟(女,6月任)

副局长

拉巴普赤(女,藏族)

余 洋(6月任)

阮 祥(7月任)

水 利

【概况】 年内,堆龙德庆区水利局坚持以习近平新时代中国特色社会主义思想为指导,以学习贯彻中共二十大精神为主线,以开展改进作风、狠抓落实为抓手,聚焦“四个创建、四个走在前列”和践行“当好七个排头兵”,深刻领悟“两个确立”的决定性意义,增强“四个意识”、坚定“四个自信”、做到“两个维护”,忠实履职尽责,圆满完成了各项工作任务,坚持认真对照年初政府工作报告确定的各项目标任务,逐项梳理,坚持抓重点,补短板,强弱项,治水兴水管水呈现新格局,节水护水再上新台阶。2022年,堆龙德庆区水利局内设有行政办公室、财务办公室、水政办公室、建管办公室、农水办公室、河长制办公室、党建办公室、矛盾纠纷调处办公室以及防汛值班室等部门。在编干部19人,其中正科级1人,副科级5人、科级1人。人员结构:行政编制7人(1人为长期病假),事业编制12人,“三支一扶”2人。

【水利工程建设】 2022年,全区实施的水利项目有6个(含新建和续建项目),总投资83828亿元。堆龙德庆区城区水系连通工程完成总体工程量的60%,完成投资3000万余元。堆龙德庆区堆龙河两岸综合治理工程(下游)完成总体工程量的39%,完成投资21000万余元。堆龙德庆区马乡岗吉村防洪工程和帮普村段防洪工程已全部完工,完成投资319.39万余元。堆龙德庆区上三乡灌区节水改造工程(十大民生实事项目)完成总体工程量的95%,完成投资800万余元。新建项目2个,分别为拉萨市堆龙德庆区象雄美朵产业园区防洪工程完成总体工程量的60%,完成投资约800万元。拉萨市堆龙德庆区偏嘎水库配套灌区工程(十大民生实事项目),完成总体工程量的60%,完成投资1600万余元。

【水旱灾害防御】 2022年5月上旬,区水利局分组开展水旱灾害防御准备及在建水利工程安全生产情况专项督导检查工作,共排查工程隐患26处,并落实整改措施,确保安全度汛。修订完善堆龙德庆区防汛抗旱应急预案,督促重点在建水利工程项目及时编制防洪度汛应急抢险预案,强化监测预警预报。5月26日,召开全区水利系统水旱灾害防御会议,印发水旱灾害防御相关文件,进一步建立健全组织体系。7月7日,举办山洪灾害知识培训班,参加防汛抗旱知识培训60人次。

【农村饮水安全巩固提升】 2022年,区水利局坚持领导包保机制,持续做好农村供水工作检查,及时回应群众诉求。农村饮水维修养护项目投资13.51万元,完成乃琼街道波玛村和古荣镇嘎冲村农村供水维修养护工作;针对高寒高海拔地区群众冬季饮水问题,争取325万元资金用于解决德庆镇顶嘎村、德庆村等4个村组的饮水问题;结合堆龙德庆区农村供水工作实际和存在问题,开展堆龙德庆区古荣镇规模化供水工

2022年6月30日,堆龙德庆区水利局在两岸综合治理工程(下游)项目部开展山洪灾害防御演练活动

程项目可研报告编制。投入16万余元委托第三方对全区53个水源点开展抽样检测,确保供水安全。

【河湖长制工作】 2022年,区水利局严格执行河长巡河制度,利用“西藏河长”APP开展县级河长、镇级河长、村级河长巡河工作。推进“河湖长+检察长+警长”工作机制,开展日常巡查,常态开展“清四乱”工作,投入资金800万余元,对堆龙河城区段、流沙河段进行清理。结合“世界水日”“中国水周”宣传活动,在堆龙德庆区滨河体育公园举行主题为“珍惜地下水、珍视隐藏的资源”的活动,宣传河长制各项工作。

【水资源管理和水土保持】 2022年,区水利局严格用水总量、用水效率和水功能区限制纳污控制,强化用水需求和用水过程管理,狠抓措施落实,管理手段不断强化,水资源保障经济社会发展的能力进一步增强。根据《西藏自治区水利厅关于进一步做好取用水专项整治行动整改提升工作的通知》文件要求,开展堆龙德庆区水资源论证区域报告编制工作。对辖区内9家企业开展计量设施监督检查工作,确保取用水各项工作制度措施落到实处。开展水资源费和水土保持补偿费征收工作,完成9个生产建设项目水土保持方案的审查、审批和3家企业取水许可审批,征收水资源费37466.34元、水土保持补偿费227720.4元;开展灌区农业水价改革工作,争取上级资金135.6万元用于堆龙德庆区偏嘎水库配套灌区、堆龙德庆区上三乡灌区和堆龙德庆区乃琼灌区水资源论证、水价核算、水价核定和计量设施等工作。

(薛俊丽)

【机构领导】

局　长

　　拉巴卓玛(女,藏族,3月免)

　　旦巴雅杰(藏族,3月任)

副局长

　　格桑德吉(女,藏族)

　　杨　方

城市建设·环保

住房和城乡建设

【概况】2022年，堆龙德庆区住房和城乡建设局团结带领全局干部职工，坚持以习近平新时代中国特色社会主义思想为指导，深入贯彻落实中共十九大、十九届历次全会精神，坚持把学习宣传贯彻中共二十大精神作为当前和今后一个时期的首要政治任务，切实把思想和行动统一到中共二十大精神上来。区住建局下辖办公室、财务室、基建办、房产办、质安中心等5个内设办公室，有干部职工35名。

【党的建设】聚焦重点扎实开展学习教育。2022年，区住建局把学习中共十九大以来的会议精神、中共二十大精神作为当前和今后一个时期的首要政治任务，全局上下联动一盘棋，领导班子带头学、党员干部全员学、干部职工广泛学，推动学习教育入脑入心，共开展集中学习13次。

2022年6月15日，堆龙德庆区住建局对人大附中拉萨幸福学校建设项目用的起重机械进行安全检查

聚焦主业不断夯实基层基础。着力完善上下贯通、执行有力、左右协同、充满活力的组织体系，加强工作协同、日常管理、督查检查，实现党建工作与各项工作的深度融合。召开党员大会3次、支部委员会7次，开展主题党日活动和志愿服务活动7次，结合集中学习开展领导干部讲党课3次。顺利完成党支部委员会补选调整，2名发展对象转为预备党员。

聚焦主线创新打造党建品牌。结合本单位工作实际，持续创新党建工作举措，从人民群众需求、服务对象诉求、工作特色亮点出发，打造住建党建品牌。围绕棚户区改造、人居环境整治、城市品位提升等方面，开展“我为群众办实事”活动，解决群众反映强烈的痛点、堵点、难点问题，切实增强人民群众的幸福感、获得感、安全感。

聚焦主责深化全面从严治党。全面落实党风廉政建设目标责任制，严格落实“一岗双责”，一级抓一级层层落实职责；狠抓制度执行，严肃党内政治生活，加强班子建设，确保廉政建设工作取得实效；加强监督，强化责任追究，搞好廉洁自律，抓好干部教育管理。

聚焦主调全力抓好意识形态。加强理论武装，强化意识形态建设，用党的创新理论武装头脑、指导实践、推动工作；加强党组领导，贯彻落实意识形态工作责任制，牢牢掌控意识形态领域的主动权；加强思想宣传，紧抓意识形态工作分析，坚决抵制歪风邪气和各类错误思想的侵蚀。

【业务工作】 2022年，区住建局实施固定资产投资项目21个，其中，新建项目7个、续建项目14个，已完工10个。岗德林社区4、5组棚户区改造项目，乃琼街道岗德林社区6、7、8组棚户区改造项目，羊达社区达江组棚户区改造项目均已下达批复并达到招投标条件。堆龙德庆区乃琼街道贾热居委会棚户区改造项目于7月底完工并交付使用；堆龙德庆区乃琼街道岗德林居委会2、3组棚户区改造项目于9月底完工；堆龙德庆区乃琼街道乃琼居委会1、9组棚户区改造项目于5月完工并交付使用。根据堆龙德庆区实际，向行业主管部门积极申报老旧小区改造项目3个。2021年的6个人居环境整治项目均于2022年7月底完工并交付使用。

【安居工作】 2022年，全区“美丽乡村·幸福家园”拆旧建新项目共完成67户，带动农牧区群众积极参与美丽乡村建设。配合区、市两级消防部门对搬迁安置点进行消防隐患排查。对接拉萨市城投公司开展祥和苑搬迁安置点房屋隐患排查并完成整改，申请本级财政资金50万元完善祥和苑消防设施。持续做好全区农牧民住房雨季、汛期住房安全保障工作，完成全区840户易地扶贫搬迁后续扶持工作调度系统的信息录入。对接拉萨市暖心燃气公司实施完成工业园区B区燃气管网供暖入户工程，色玛安置点燃气管网供暖入户工程完成80%，色玛安置点排污管网建设项目完成80%。

【提升城市功能】 2022年，民族团结主题公园建设项目完成总工程量的85%，堆龙德庆区新城中心公园建设项目完成总工程量的37%，拉贡路景观工程完成总工程量的87%，滨河景观市政工程完成总工程量的12%，堆龙德庆区滨河路经开段建设项目完成总工程量的28%，堆龙德庆区滨河路柳东段建设项目完成总工程量的21%，桑木二路建设项目完成总工程量95%，乃加二路建设项目完成总工程量的12%。

【行业监管】 2022年，严格按照全国党政机关数据库标准，完成全区党政机关办公用房清理整改工作，扎实开展周转房入住及限期腾退情况统计工作。办理二手房屋交易事项777件，其中房屋买卖216件、抵押211件、预抵押329件，企业抵押4件、公积金抵押1件、房屋继承13件、赠予2件、夫妻更名1件。开展物业小区重点突出检查15次，下达整改8次，集中宣讲1次，不断加强物业监管指导，提高物业服务意识，通过转变经营理念、创新管理方式、提升服务意识，促进物业企业整体素质和服务水平的提高。建筑市场切实平稳。办理工程质量监督手续23个，施工许可证25个，起重机械产权备案25个，起重机械使用备案55个。下发处罚通知单4份，罚款12万元。其中，未批先建处罚项目2个、单位2家，罚款2万元；实名制管理处罚项目2个，单位2家、罚款10万元。持续开展建筑工程项目开复工、疫情防控、安全生产、消防安全、扬尘治理等各项检查和督促整改，检查项目70余个，检查180余次，下发整改通知单86份，检查隐患问题200余处，并督促施工企业完成整改。

【迎接中央环保督察】 2022年，区住建局办理转办问题案件31件，含主办17件、协办14件，主办件结案材料均已上报上级环督部门审核。以此次督察为契机，严格落实行业管理责任，变压力为动力，以更大的决心、更有力的举措，以点带面、举一反三，立行立改、边督边改，切实抓好住建领域突出环境问题整改工作。

【政务工作】 2022年，在会务保障、督查督办、文字材料、政务服务等日常工作中，努力做到不延误、不积压，在计划上注重“有序”，在协调上注重“有方”，在落实上注重“有力”，在反馈上注重“有声”。筹备召开17次局党组会，议定事项落实率100%。持续推进精文减会，规范性文件发文控制在计划的25%以内，召开大型会议1次。承接人大代表建议和政协委员提案事项14件，均已与代表和委员进行初次见面沟通或电话沟通。处理“12345”市民投诉公单150个，区长热线事项7件，回复率和满意率均达100%。

（程　博）

【机构领导】

局　长

强巴云旦（藏族，3月任）

副局长

王　玮（援藏干部，7月任）

云旦朗杰（藏族）

陈　鹏（3月任）

李永康（挂职，3月任，9月免）

生态环境保护

【概况】2022年，拉萨市生态环境局堆龙德庆区分局践行习近平总书记“绿水青山就是金山银山”理念，深入贯彻落实中共二十大及中央第七次西藏工作座谈会等精神，紧紧围绕区委、区政府及拉萨市生态环境局各项任务重点，以第二轮中央生态环境保护督察为契机，以整改解决突出环境问题为抓手，主动作为、攻坚克难，持续推进大气、水、土壤污染防治，统筹推进疫情防控、经济运行各项重点工作。

2022年1月12日，西藏自治区生态环境保护专项督察组到堆龙德庆区督导检查环境保护工作

【督察工作】2022年，堆龙德庆区成立以区委书记、区长为双组长的堆龙德庆区迎接中央生态环保督察领导小组，召开2次全区专题动员部署会，5次协调推进会，下设4个专项小组统筹推进迎检工作。区委、区政府主要领导先后5次召开会议研究部署生态环境保护工作，带队现场督导112次。坚持把督察作为改进提升工作的重要抓手，通过坚决迅速整改问题，全力攻坚环境重点问题，全天候办理举报案件，对整改案件实施全过程跟踪。第二轮中央生态环境保护督察期间，全区接到转办问题线索70件，主责66件，配合4件，整改完成59件，阶段办结7件。针对“脏乱差”问题，对各职能单位下达《城乡人居环境整治工作督办单》22份，出动执法人员600余次，下达现场执法记录102份、限期整改11份、查封扣押1次，委托第三方检测公司开展环境质量检测，其中噪声13次、水13次、大气11次、土壤3次。

【业务培训】2022年，生态环境局堆龙德庆区分局组织各镇（街）、各部门召开堆龙德庆区生态环境保护专题培训会，主要采取文件学习、案例分析与研讨交流相结合的方式，重点传达生态环境保护法律法规及部门责任清单，邀请自治区生态环境厅专家进行授课，同时根据各部门在近期生态环境保护自查工作中遇到的疑点难点问题进行详细解答。

【打造生态环保铁军】2022年，生态环境局堆龙德庆区分局汇总上报2018年至2021年20家未批先建企业案件卷宗，完成12家企业（个体户）危险废物规范化环境管理评估及2021年全区危险废物（医疗废物）统计工作。根据区人大代表建议和政协委员提案议案，与辖区35家汽修厂（点）、4S店及其他涉危险废物行业签订《2022年危险废物环境安全管理目标责任书》。起草《堆龙德庆区“散乱污”企业专项整治工作实施方案》，已通过区政府常务会审议下发。联合自治区生态环境厅、市生态环境局及市直相关部门开展“6·5”世界环境日等各项生态环境宣传活动16次，累计悬挂横幅16条，发放宣传册1400余份，帆布环保手提袋700余个，宣传物品1000余个，宣传受益人数达1300余人。

【打造宜居宜业新堆龙】 2022年，生态环境局堆龙德庆区分局开展涉危企业专项检查行动，重点检查废品收购站24家、汽修厂（点）18家，危废经营单位3家，机动车报废企业3家，并完成18家企业在《西藏自治区生态环境移动执法系统》的录入工作。对辖区内施工扬尘、噪声、环评手续履行、排污许可证核查、重点排污企业排污、危险废物储存运输、辐射安全管理等进行日常检查，出动执法人员1300人次。受理群众生态环境保护信访与投诉案24件，其中“12345”6件、“12369”7件、办公室转接电话10件，区长热线1件，办结率、回复率均达100%。

【生态文明建设】 2022年，成立以区政协党组书记、主席为组长的堆龙德庆区着力创建国家生态文明高地专项组办公室，并完成挂牌工作，安排专人负责高地工作。起草《堆龙德庆区着力创建国家生态文明高地努力做好生态文明建设走在全国前列的实施意见》《堆龙德庆区着力创建国家生态文明高地 努力做好生态文明建设走在全国前列2022年工作方案》文件。完成《创建“两山”实践创新基地建设项目》《环保管家》招投标工作，向自治区生态环境厅提交了剩余1个镇、6个村的自治区生态文明建设示范创建文本最终版。

（刁郡洁）

【机构领导】

局　长

旦增卓玛（女，藏族）

副局长

仁青江村（藏族）

城市管理和综合执法

【概况】 年内，堆龙德庆区城管局坚持以“建设美丽西藏，和谐西藏”为目标，通过完善执法体系及健全城市功能，逐步改善城市面貌。2022年，区城管局有干部11名，协管员98名，环卫工人944名。

【环卫机械化作业】 2022年4月，区城管局为各镇街道发放电动机扫车10辆，其中，乃琼街道3辆、马镇5辆、德庆镇2辆。坚持解决好“美化、净化、绿化、亮化”等四化工作，实现全区15条主次干道全覆盖，构建责任明确、协调有序、监管严格、保护有力的工作格局，并结合路长制对15条主干道进行机扫，以先洒水后机扫的模式，每天不少于3次机械化作业，护栏车一周清洗109国道上护栏1次，每天垃圾车出动不少于2次，全年共清理垃圾29259吨。

【公厕保洁工作】 2022年，区城管局严格执行公厕24小时开放时间，实行全日保洁。为做好厕所革命安全质量及运维管理工作情况，对辖区53座公厕进行逐厕排查，突出排查履职情况、厕具、

2022年7月5日，堆龙德庆区城管局开展燃气大排查工作

清洁维护三项内容，经排查摸底，大部分公厕卫生质量及厕具达标，涉及维修维护及时上报，确保公厕的正常运行。

【首座垃圾转运站试运行】 2022年5月21日，堆龙德庆区首座生活垃圾转运站正式投入试运行，试运行后全区生活垃圾将全部进站压缩转运，解决了辖区生活垃圾运转能力不足的问题，保障了全区生活垃圾收运处置工作的有序运转。通过几天的试运行，垃圾转运站一天转运能力300余吨，一次对5—6吨生活垃圾进行压缩处理，时间只需5分钟左右。2022年底，生活垃圾转运站有技术操作人员3名、环卫工人5名、保安2名，勾臂车驾驶员4名，压缩车生活垃圾无害化处理间内配套安装了2台压缩设备、2套垃圾集装箱移箱机构、7个垃圾集装箱，配备2辆钩臂式垃圾车，经过转运站的运作后，通过勾臂车转运至曲水生活垃圾焚烧发电厂。

【环境卫生整治】 2022年，区城管局集中整治辖区内生活垃圾及建筑垃圾120余处，清理垃圾29000余吨，排查乱倒垃圾70余次，查处乱倒垃圾行为37起，处罚金额6000元，其中乱倒生活垃圾21起、乱倒建筑垃圾16起，处罚金额已全部上缴国库。整改区环督办要求整改问题10余个，拉萨市环卫局检查督导堆龙德庆区环境卫生工作，提出整改问题11个，区城管局自查排查整治工作4件，已全部整改完毕。

2022年5月20日，堆龙德庆区城管局组织党员干部到拉萨市城管局参观学习

【市政养护】 绿化养护。2022年，区城管局绿化养护队对辖区绿化带开展割草、修剪、修枝、垃圾清理、修整、浇水、除草、病虫害防治以及死亡苗木换栽等日常养护工作，补种牵牛花、万寿菊万年青、月季、侧柏等植物24252棵，绿化带施肥面积56600平方米，修剪面积31960平方米，行道树刷白6496棵，绿化浇水面积147.66万立方米。

路灯养护。对全区路灯、变电箱以及线缆进行全面排查维护，维修灯杆数量1282个，维修路段118条，晚上巡检台班111次，紧急处理灯杆内存在漏电隐患等问题18次，因需要线路排查、开挖等问题整改107次。

井盖养护。采取机械清洗、人工清掏的作业方式，对全区雨水井、污水井进行全面清理，边井管道清淤5000余米，清掏雨水箅子956座，更换检查井井盖121座，更换井箅子74套，安装防坠网262套，并对全区管辖范围内公共厕所进行零星配件更换及维修。

管网养护。对辖区管网逐一进行清淤检查，每日由12名清淤人员并配备吸粪车（25吨）1辆、吸粪车（15吨）1辆、垃圾车2辆，对全区范围内清淤2061立方米。

道路养护。道路养护队修复损毁路面348平方米、人行道670平方米、路缘石长87米。拆除破损围栏432米、安装道路围栏567米、修复绿化围栏375米、围墙翻新306.82平方米。翻新修复公交站台4处、总面积270.5平方米，停车位划线620个。隧道抢修挖基础坑21个、破碎石头183立方米、巡查排除险情5000平方米、清理拦山网600平方米、清理挡墙106立方米、防洪渠清理长120米、护坡清理修复基础85平方米、挡墙基础钢筋绑扎670千克、浇筑挡墙基础68立方米。

【推进“两违”工作】 2022年，区“两违”治理工作领导小组多次召开会议，结合“两违”治理的实施方案,及时建立以镇街道为核心,有关部门主要负责人为成员的“两违”治理工作小组,并设立办公室,多种形式进行宣传,有效推动两违治理工作顺利实施。

根据由各镇(街道)提供的个人承诺、申请以及自然资源局的认定函进行入户,共入户976家,其中,乃琼街道225家,羊达街道480家,东嘎街道255家,德庆镇1家,古荣15家,针对当事人提出有遗漏未纳入评估等问题,两违办公室以及第三方评估公司进行复核,共复核308家,组织验收298家。

自开展专项行动以来,结合产业升级、重点打击“两违”建筑,使清拆行动持续升温。验收合格后185宗“两违”奖励资金按程序已拨付,拨款总金额2.23亿余元,其中羊达监狱1.51亿余元,各镇街道拨款0.72亿元,依法拆除13宗。

【垃圾分类】 2022年,为提高生活垃圾分类意识,区城管局垃圾分类办以五下乡为契机,开展生活垃圾分类宣传活动,发放宣传单1000余册、宣传礼品500余份。开展生活垃圾分类宣传培训6次,发放宣传册4000余份、宣传品3000余份。

【市容市貌整治】 2022年,为全面推进2022年全国文明城市创建工作,区城管局落实日常与错时上班制度,实施网格化管理,以划片包干、定人定岗定责、机动巡查等方式,全面查纠辖区市容市貌违规行为,开展流动商贩整治2911次,出店经营4265起;规范国旗、彩旗、横幅、条幅、广告1224处,源头治理乱涂乱画468处;清理城市“牛皮癣”广告136处,擅自开挖90余处;垃圾乱堆乱放205处,整治噪声236处;整治非机动车乱停乱放处1058处,扬尘污染治理126起;焚烧垃圾2起,流动商贩85起,乱倒建筑垃圾86起,乱到生活垃圾36起,占道经营8起,占道施工2起,乱贴广告1起,门前脏乱差1起。

加大渣土车管理力度,围绕统一的篷布密闭标准、车辆清洁上路、申报备案、运行路线等,确保渣土车不掉渣。未密闭的车辆严禁上路运输,直至将问题整改完毕。共查处违规渣土车389辆,车辆带泥上路10起,车辆道路遗撒18起,未密闭运输车辆89起。

【“路长制”工作】 2022年,区城管局每周三、四对辖区15段“路长制”环境秩序中存在的突出问题上报并及时进行整改,共发现路面破损5920处、井盖破损1582处、人行道损坏1856处、绿化带损坏352处,路面损坏整改4850处、井盖破损整改980处、人行道损坏整改1560处、绿化带损坏整改254处。针对路面破损、井盖破损、人行道损坏等情况,向市政办公室下发整改单358份。针对羊达街道占道经营、脏乱差、偷倒垃圾等情况,下发整改单275份;针对乃琼街道占道经营、脏乱差、偷倒垃圾等情况,下发整改单258份;针对东嘎街道占道经营、脏乱差、偷倒垃圾等情况,下发整改单286份,均已处理完结。

【户外广告与店招店牌治理】 2022年,为加强牌匾标识及规范设置行为,杜绝牌匾标识设施安全事故发生,区城管局开展专项整治行动,采取教育引导的方式,与不规范店家取得联系,主动上门做细思想工作,针对较大牌匾标识及商铺自行无法拆除的进行统一帮拆。

【扬尘污染治理】 2022年,为防止渣土运输车辆在运输过程中车辆未密闭运输、遗撒污染,区城管局成立夜间执法队伍,重点整治城区范围内的露天烧烤、乱倒垃圾等行为,共劝离流动商贩1982起,查处屡教不改流动商贩68起,处罚金额13600元,检查运输车辆1123辆,查处车辆未密闭运、车辆道路遗撒、车辆带泥上路57起,处罚金额22300元,查处乱倒垃圾行为66起,处罚金额50900元,焚烧垃圾3起,处罚金额2400元。

(巴 桑)

【机构领导】

局 长

普次伦珠(藏族,3月免)

洛 布(藏族,3月任)

副局长

土登群培(藏族,3月免)

王周强(3月任)

赵金亮(8月免)

杨 恒(6月免)

郑根勇(6月任)

社会事业

民　政

【概况】 年内，堆龙德庆区民政局坚持“民政为民、民政爱民”的工作宗旨，以保稳定、促发展为根本目标，狠抓重点，扎实开展社会救助、基层政权建设、社会福利、勘界地名等工作，发挥民政在构建和谐社会中的基础作用。2022 年，区民政局共有工作人员 21 名，其中，行政人员 6 名，事业人员 8 名，公益性岗位 3 名，工人 1 名，政府购买性服务人员 3 名。

【党的建设】 强化思想政治教育。2022 年，区民政局把学习贯彻习近平新时代中国特色社会主义思想作为首要政治任务，每周定期召开周例会，重点听取交流一周工作落实情况，结合周例会开展党组理论学习研讨，把深入学习贯彻中共二十大精神、习近平总书记系列重要讲话精神与专题学习教育结合起来，进村（社）区开展“四联四包”宣传活动，树牢大抓基础鲜明导向、践行深入基层工作作风，推动领导干部常态化“四联四包”工作机制暨“大宣讲大调研大排查大落实”活动走深走实，确保全局党员干部统一意志、统一行动，推动各项工作开展。

全面加强党的领导。开展“党建＋业务”活动，全面落实党建工作责任，坚持“书记抓、亲自抓”，以模范党组创建活动为抓手，不断增强区民政局党组的凝聚力、号召力和战斗力。在建党 101 周年、西藏和平解放 70 周年之际，组织全局党员干部开展集中性庆祝宣传活动。通过深入开展党的理论学习教育，不断增强“四个意识”、坚定“四个自信”、做到“两个维护”。

抓好党风廉政建设。高标准贯彻执行中央八项规定及其实施细则精神，着力纠治形式主义、官僚主义，开展作风效能检查，抓好民主评议意见建议整改落实，推动全局作风持续好转。深入推进清廉民政建设，着力开展养老、救助等领域的清廉之风，继续完善

2022年6月1日，堆龙德庆区民政局工作人员在融合教育示范点——堆龙德庆区德庆镇中心小学看望慰问留守儿童

内部纪委监督、财务监督，确保用好每一分民生资金。

【社会救助】 2022年，区民政局加强低保动态管理，做好民政兜底保障工作，严格按照拉萨市城乡最低生活保障制度，对全区原有低保对象及新申请低保对象进行逐一入户调查。共清退6户22人农村低保对象，新增3户9人农村低保对象。为推动稳经济若干临时性措施，成立了救助工作领导小组，实行线上线下办公，建立统一领导、统一指挥、协调相关部门形成工作合力，制定清晰高效的救助申请流程及标准，优化审批程序，提高审批效率，利用"12349"救助热线实时为群众答疑解惑，做到政策宣传及时有效、问题解答清晰明朗，共接听社会救助热线15519个，其中，社会救助类7645个、疫情防控咨询类4258个、其他政策咨询类3616个；累计救助人数达6055人，送去米、面、油、糌粑、方便面、棉衣、被褥等救助物资价值564086.95元。为推动临时性救助措施落实落地，先后召开3次会议学习研讨配套政策，明确政策规定及办理要求，逐条逐项清单式罗列政策享受对象、补助标准及补助流程，并及时回应群众诉求，确保困难群众"求助有门，受助及时"。第一时间发放困难群众一次性补贴共计111.8万元，分别为：9名60岁以上新冠确诊老人一次性补贴2.7万元，119名特困人员一次性补贴7.16万元，2名城镇低保边缘人员一次性补贴0.24万元，715名城乡低保人员一次性补贴42.9万元，490名残疾人"两项补贴"一次性补贴58.8万元。聚焦"两不愁三保障"目标任务，制订堆龙德庆区2022年兜底保障实施方案，主动排查、主动发现、主动救助，把符合农村低保条件的困难群众全部纳入救助范围，做到应保尽保、应养尽养、应救尽救，严防"漏保""人情保""关系保"，切实发挥民政兜底保障工作职能。

【社会福利与社会事务性工作】

持续推进特困人员养老服务各项工作。2022年，区民政局常态化开展养老机构疫情防控及安全生产等各项工作，对养老机构疫情防控、安全生产（消防及食品）等问题进行全面排查整治，组织工作人员及供养对象开展消防安全演练8次、安全生产宣传教育8次、安全隐患排查20余次。开展养老诈骗宣传活动，切实守好老年人的"钱袋子"，累计开展养老诈骗宣传30次，其中，镇（街）23次。

持续推动日间中心运营服务各项工作。为持续推进日间照料中心运营工作，5月19日在前期工作的基础上，分管领导带队8人到曲水县学习日间照料中心运营模式，为堆龙德庆区日照运行奠定坚实理论基础和根本遵循。积极争取市民政局2022年度自治区彩票公益金5万元，用于祥和苑老年人日间照料中心运营经费。7月底，2家日间照料中心先后揭牌并投入运营，累计服务老人达100余人次。推动堆龙德庆区居家和社区养老服务提升行动项目，完成87名老年人能力、微环境改造评估及项目意向公开工作。

留守儿童工作。发挥德庆镇德庆村留守儿童"快乐之家"作用，开展寒暑假补课及各类趣味活动，"三大节日"、"六一"儿童节期间慰问42名留守儿童，发放价值8200元的学习用品、玩具、书包等慰问品；"六一"儿童节当天，组织人员到堆龙德庆区德庆镇中心小学及德庆镇、古荣镇、马镇、包村点德庆镇邦村幼儿园看望慰问留守儿童、困境儿童、融合教育点的残障儿童，为56名儿童送去书包、鞋子、杯子、学习用品等节日礼物。充分发挥各镇（街道）"双语"社工站作用，开展留守儿童、困境儿童、残障儿童关爱及养老服务工作。

资金补贴工作。兑现22名老年人"两项补贴"1.47万元；538名残疾人"两项补贴"78.66万元；兑现7名事实无人抚养儿童补贴资金5.04万元；67名集中特困供养老人按照每人每年14461元标准进行供养，其中包含伙食费、生活费、服装费等。为6名60岁至80岁新冠确诊老人发放一次性补贴1.8万元，为538名残疾人发放一次性补贴73.66万元。

婚姻登记。办理结婚登记548对，补发结婚证138对；离婚登记112对，补发离婚证15对。

流浪乞讨人员管理及安置工作。累计劝返流浪乞讨人员100余人次、疫情期间安置流浪

2022年8月，堆龙德庆区民政局发放的救助物资

乞讨人员及生活困难无着人员26人。

【基层政权和社区治理】2022年，区民政局指导各村（居）委会完成村（居）民自治章程、《村规民约》、《居民公约》、村（居）民会议、村（居）民代表会议、村（居）议事会等规章制度的修改制定。开展村（居）务监督委员会规范工作，加强村（居）干部管理监督工作规范化、制度化、法治化建设。为优化行政区划，积极准备《关于成立加玛街道办事处》相关材料，组织召开设立加玛街道办事处方案专家论证会并提交区委、区政府常务会议研究通过，上报拉萨市人民政府。建立健全以社区党组织为核心、以社区自治组织为主体、以社区社会组织为补充、驻社区单位密切配合、群众广泛参与的社区治理结构。为做好市域社会治理现代化工作，及时上报2020年至2022年镇（街道）、村（居）委会市域社会治理现代化台账工作。根据堆龙德庆区扫黑除恶工作领导小组安排，将扫黑除恶工作列入常态化工作开展，切实履职尽责，做好本行业内扫黑除恶工作的排查、指导工作，同组织部等相关兄弟部门开展村（社区）两委干部联合审查工作。

【项目建设】堆龙德庆区林琼岗老年人日间照料中心项目。新建包括老年人生活服务用房、娱乐用房、辅助用房以及附属设施，总建筑面积1200平方米，该项目于2019年10月18日在拉萨市交易中心开标，中标单位为四川弘天建设工程有限公司，2022年已完成终验，处于财政评审中。

堆龙德庆区古荣乡老年人日间照料中心项目。新建包括老年人生活服务用房、娱乐用房、辅助用房以及附属设施，总建筑面积1200平方米，项目由堆龙德庆区城投公司代建，2022年已完成初验。

堆龙德庆区残疾人综合服务中心业务设备购置及附属配套项目。投入120万元实施水电线路改造、绿化、监控、消防等完善服务用房基础功能及无障碍设施（如盲道、轮椅坡道，走廊扶手等）建设改造；投入80万元购置业务设备，用于康复训练，如脑瘫儿童训练设备、肢体残疾康复运动器械及相关康复辅助设备等。资金来源为中央专项彩票公益金，该项目的稳评、环评、规划等所有前置手续已办理完成。

堆龙德庆区慈善超市项目。该项目总投资480万元，新建一栋两层房屋及电气及给排水和相应设施，总建筑面积1097.6平方米，已完成终验，处于财政评审阶段。

堆龙德庆区德庆镇老幼日间照料中心项目。该项目建筑面积1191.02平方米，含建筑装饰、电气安装、给排水、消防及相关配套围墙、硬化、绿化等附属工程，资金来源为本级财政预算资金，工程概算总投资636.8万元，已完成总工程量的95%。

堆龙德庆区五保集中供养服务中心消防改造。项目包括微型消防站建设、防火门监控系统、自动水喷淋系统、消防水泵房系统、消防设备电源监控系统、电器火灾监控系统、自动巡检试水监控系统、消防安全设施设备更换及其他安全设施建设维护等，已完成初验。

【残联工作】第二代残疾人证的核发和管理。2022年，区残联把核发和管理残疾人证作为一项经常性工作认真抓实抓好，根据拉萨市人民政府关于《拉萨市残疾人证管理实施办法》的通知文件精神，严格执行办证流程，坚决执行《中华人民共和国残疾人证管理办法》和《拉萨市残疾人证管理实施办法》，共计新办证 71 人。

落实残疾人精准康复服务行动。根据自治区、市残联残疾人精准康复服务工作的部署，按照精准康复服务任务要求，明确任务是 1670 人，由街道（镇）在有需求残疾人中选取精准康复对象，优先考虑重度残疾人、严重精神障碍患者、一户多残残疾人家庭、建档立卡残疾人，实名制安排到人；按照区委、区政府的相关精神，召开全区残疾人精准康复服务工作暨培训会，各街道（镇）民政助理员出席，在此基础上进行入户了解和开展康复活动，为残疾人开展基本的精准康复活动和服务工作，同时为残疾人适配辅助器具，兑现残疾人等级补贴 485.98 万元。

残疾人教育就业工作。为推动全区更多的残疾人创业就业工作，选派 20 名残疾人参加由市残联进行的保安、保洁的培训，其中有 6 人成功安置到保安、保洁的职位。配合人社、教育部门对接关于全区残疾人教育、就业等工作。

优化整合康复设备，加强康复理疗。始终坚持走科学、专业化康复之路，为残疾儿童及家长服务。区残疾人综合服务中心医生为残障人员提供基本的康复知识，并在讲解过程中为残障人士进行藏式理疗，使残疾降到最低限度甚至恢复。

“全国助残日”活动。在“全国助残日”当天开展以“倡导扶残助残良好风尚，营造文明进步社会环境”为主题的全国助残日活动，宣传残疾人各类优惠政策和措施，并对辖区困难残疾人进行入户慰问，发放了轮椅和坐便器。

关爱残疾人士。利用节日组织人员到贫困残疾人家庭、特教学校开展送温暖活动，联系对接区教育局，为乃琼街道和德庆镇的融合教育示范点送去背包、水杯等物资，送去了节日的问候。

残保金征收。对接区税务局，通过人工审核及系统审核，批量年审 113 个企事业单位，共计征收残保金 11084769 元。

（旦增久美）

【机构领导】

局　长

仓决卓玛（女，藏族）

副局长

拉巴次旦（藏族）

武 雅 文（女）

特困集中供养服务中心主任

群　　典（藏族）

申请救助居民家庭经济状况核对中心主任

强巴卓嘎（女，藏族，7 月任）

人力资源和社会保障

【概况】 年内，堆龙德庆区人社局始终坚持以习近平新时代中国特色社会主义思想为指导，深入贯彻落实中共二十大工作指示，巩固拓展脱贫攻坚成果与乡村振兴相结合，全方位推进机关业务工作水平，认真对照拉萨市、堆龙德庆区各项目标任务，全面落实惠民政策，不断将各项工作深入推进。2022 年，全局共有干部职工 15 名，其中，公务员 8 名，事业人员 2 名，工人 5 名。

【提升劳动者职业技能】 2022 年，全区实现城镇新增就业 1699 人，完成目标任务的 154.5%；实现农牧民转移就业 8909 人，完成目标任务的 80.9%，其中，组织化转移就业 5526 人，完成目标任务的 83.72%，农牧民跨地市转移就业 500 人，完成目标任务的 100%，农牧民区外转移就业 49 人，完成目标任务的 35%；转移就业实现收入 0.864 亿元，完成目标任务的 76.4%。全区实名制核实 2022 年应届高校毕业生 732 人（脱贫家庭学生 13 人，孤儿 14 人），离校前就业去向落实 284 人，实现 501 人就业，就业率达 68.44%。

【社会保障】 2022 年，全区参加养老保险参保人数 30184 人，其中：城乡居民养老保险参保人数为 24896 人，企业养老保险参保人数为 2923 人，机关养老保险参保人数 2365 人。养老保险梳理并解决问题数据 7089 条，其中身份证号与系统不一致 1193 条，持卡库不一致的数据 706 条（其中 44 条数据为三岩片区易地

2022年5月，堆龙德庆区举行中式烹调师（中级）技能培训班结业仪式

搬迁户)，核实暂停人员405人，核实终止人员1516人，机关与城居重复参保数据82条，企业职工与城居重复参保数据3187条。排查重复领取养老金及死亡冒领情况，发现3人重复领取及1人死亡冒领情况，涉及资金已全部追回。排查出辖区产生死亡后多领养老金115人，涉及资金34.17万元，已追回102人涉及资金29.49万元，已将追回资金转入拉萨市社保中心账户并与业务系统同步，13人未追回，涉及资金4.68万元，因人员去世家属无法取出多发资金，将继续加大力度与家属沟通协调，确保资金按期追回。

【工资福利和专技工作】 2022年，区人社局完成全区事业人员及工勤人员2021年度考核工作，应参加考核人数1395人，其中，优秀180人、合格1177人、不合格0人，试用期28人，未参加考核人数10人。完成事业单位工作人员(含援藏干部)和工人补发西藏特贴提标部分，涉及金额439.04万元；兑现完成514名事业单位工作人员和工人正常晋升、职称晋升及各类工资变动工作；选拔2名少数民族专业技术人才到其他省市高校进行特殊培养；完善辖区1395名干部职工的职称信息及547名专业技术人员、工人、“三支一扶”人员档案；完成46名专业技术人员及工人聘任工作，其中，评聘初级专业技术人员15名、评聘中级专业技术人员19名、评聘高级技师1名、评聘技师11名。

【维护劳动者合法权益】 2022年，区劳动监察大队受理投诉举报案件38件，结案38件，为536名民工讨回工资556万余元；“12345”转办案件394件，办结394件；网上欠薪平台转办案件165件，办结165件；网民留言办理通知34件，办结34件；结案率达95%以上。

组织开展2次专项检查，涉及80余家在建项目，督促105家用工单位办理劳动用工备案，与民工签订劳动合同4668份，签订率达95%以上。对28家用人单位下达整改指令书，对6家拒不整改的企业下达处罚决定书，确保农民工工资支付的各项制度全覆盖，从根源上杜绝因欠薪而引发的重大社会安全隐患。

督促收缴40家施工单位缴纳民工工资保证金7275万余元，涉及民工823名，其中，保单32家5748万余元、保函3家761万余元、现金5家766万余元。退还17家施工单位缴纳民工工资保证金，涉及金额1619万余元。

（白玛群旦）

【机构领导】

局　长

王保峰(3月免)

马立玲(女，3月任)

副局长

扎西次仁(藏族)

杨　恒(6月任)

退役军人事务

【概况】 年内，堆龙德庆区退役军人事务局深入学习贯彻习近平总书记关于退役军人工作重要论述精神，全面贯彻区党委、市委、区委关于退役军人工作决策部署，强化政策落实、思想引领、注重创新、着重夯实退役军人服务体系建设，用心用情做好退役军人服务保障工作，紧紧围绕提升优抚综合保障能力、落实退役士兵安置改革政策、扶持退役士兵就业创业、推进优抚对象数据更新管理、做好退役军人服务保障等职能定位，扎实推进各项工作。2022年，区退役军人事务局实有编制人数5名（服务中心事业编2名），下设区退役军人服务中心1个、乡村级退役军人服务站12个。

【思想政治引领】 2022年，区退役局加强党对退役军人工作的领导，坚持以习近平新时代中国特色社会主义思想为指导，深入贯彻中共二十大全会和中央第七次西藏工作座谈会精神，全面落实新时代党的建设总要求，牢固树立“四个意识”、坚定“四个自信”、做到“两个维护”坚持稳中求进工作总基调，以党的政治建设为统领，主动服务、融入大局，建过硬支部，确保党建工作贯彻落实到位。按照有机构、有编制、有人员、有经费、有保障的“五有”标准要求，有序推进区、镇（街道）、村（居）服务中心（站）退役军人服务保障体系建设，以“方便、快捷、简约、安全”的标准，形成横向到边、纵向到底，上下贯通、全面覆盖的退役军人服务保障体系。

【服务保障】 2022年，区退役局有序推进建档立卡信息采集工作，组织相关人员开展优待证申领前业务培训，完成行政区划管理和组织机构管理申报及各服务站管理平台的账号注册、授权、优抚对象现场确认、各服务站百度地图信息等事项，并对接武装部为入伍材料、退伍证丢失的人员开具证明。办理退役军人优待证信息采集，同时还为前来采集的退役军人发放亲情联系卡，提供咨询、政策解答和就业创业等服务。

及时兑现各类资金，发放优抚对象、60周岁农村籍退役军人生活补助，为重点优抚对象报销住院费、医药费。“三大节日”期间四大班子领导看望慰问重点优抚对象、退役军人，到驻区武警中队、区消防救援大队和区武装部看望慰问驻区官兵，发放慰问金、慰问物资。

完成2021年度逐月领取退役金安置人员的落户、社保、医保、组织关系转接等相关工作。推进退役军人就业创业工作，充分利用各类培训资源，多形式、多渠道加强就业、创业培训，增强退役军人创业的市场风险防范能力。与人社局开展退役军人招聘会1次，为退役军人“一对一”联系就业岗位，送人上岗，为全区符合条件的退役军人报名参加全区公职人员考试。

做好退役军人服务保障，结合区委关于“改进作风狠抓落实”工作的部署要求，协调拉萨市恒大医院为辖区有需求做身体体检的退役军人进行免费体检，并与该院签订长期合作协议，为退役军人在看病、体检等提供绿色通道，并在应收取费用部分进行优惠。传承红色基因，弘扬英烈精神，全面加强爱国主义教育，组织退役军人代表到山南克松村、西藏百万农奴纪念馆等地进行参观学习。建立信访和重大风险防范化解机制，以区、乡、村、组、联户代表信访五级矛盾纠纷排查调处机构为依托，确保涉退役军人矛盾纠纷不上交、不积累、不搁置，规范来信来访登记制度，制定《来信来访接待制度》和“来信来访登记表”，接待来信来访4件，答复率100%。发挥好退役军人作用，区退役军人志愿服务队积极参加各级组织的各类相关培训，在学习的基础上，志愿服务队还选派优秀典型退役军人为自治区组织的志愿服务队培训工作进行经验交流，自治区、拉萨市组织的相关培训工作多次到区志愿服务队和乃琼街道服务站进行经验交流实地培训。

抓实学习宣传，提升思想素质能力。为深入学习宣传中共二十大、中央第七次西藏工作座谈会精神，利用“五下乡”、宪法宣传日、禁毒宣传日等节点，开展法律知识宣传、政策解读等相关工作，发放宣传资料、宣传品1400余份。设立政策咨询点，对优待抚恤、2022年春季征兵、征兵政策和先进典型进行宣传，取得较好的宣传效果。组织退役军人服务站专干及退役军人代表，到山南市乃东区克松居委会教育基地开展传承红色基因“老兵永远跟党走”活动。组织干部职工到羊达街道仁青岗组参加义务植树活动，为建设绿色堆龙、生态堆龙贡献力量。

【国防和双拥工作】 国防教育。2022年，区退役局在东嘎居委会开展全区国防教育活动，共有100余名牧民代表参加。在姜昆黄小勇小学为100余名师生以安全常识、防灾减灾、军事训练等内容为课题，开展为期1天的国防知识讲解宣传培训。为120余名退休干部进行应急逃生和地震火灾预防及处置专题教育培训。

共建活动。结合“领导干部下基层大接访”活动，深入部队就反映的问题，召开堆龙德庆区军地协调专题会，及时为驻区部队解决存在的困难。为大力传承和弘扬雷锋精神，营造向上向善、德润堆龙的良好社会新风尚，与部分驻区部队、退役军人代表等30余人开展学雷锋志愿服务活动，广泛开展志愿义诊、理发、打扫卫生等活动。弘扬新时代雷锋精神和“奉献、友爱、互助、进步”的志愿精神。为贯彻习近平总书记关于爱国卫生工作的系列重要批示精神、西藏自治区拥军优属拥政爱民工作领导小组办公室《关于开展城乡环境卫生综合整治活动的通知》，开展以“军民鱼水情深、共建美好环境”为主题的环境卫生综合整治活动，退役军人事务局5名干部职工对109国道、拉贡路等街道进行环境卫生整治，悬挂“军民鱼水情深、共建美好环境”横幅10余条。根据驻地部队《关于协助我部解决相关事项的函》，收到此函后，结合“改进作风、狠抓落实”相关要求，第一时间到该部实地了解该部反映的相关事项，核实调查完相关事项后，第一时间进行任务分解并联系相关职能部门商讨解决方案，联合区公安分局、乃琼街道、自然资源局、住建局、城管局、岗德林居委会、水电气公司、暖心公司等部门实地了解该部反映的问题，通过现场办公就该部提出的问题依次解答，并就该部反映的相关事宜召开了堆龙德庆区军地协调专题会，会议明确了各职能部门相关工作，会议要求，各部门精诚协作，团结互助，凝聚众人力量，支持国防建设，齐心协力完成好部队反映的相关事宜，经过各部门的精心协作，取得了一定效果，达到预期目的。

【结对帮扶】 2022年，区退役局根据《中共拉萨市堆龙德庆区委办公室关于印发〈堆龙德庆区“领导干部下基层大接访办实事”活动月实施方案〉的通知》精神，按照统一的部署要求，联合区人民法院到包村点岗吉村开展“领导干部下基层大接访办实事”活动，在座谈会上耐心听取群众诉求，努力调处化解内部矛盾，解决好群众最关心、最直接的困难和问题，详细了解岗吉村春耕准备、矛盾纠纷隐患、人居环境整治、就业增收、产业发展等各方面的情况，倾听了村“两委”班子及群众提出的困难和诉求，咨询存在问题的原因，并到现场实地进行勘察，及时收集存在的困难和问题15件，共同探讨解决问题的方法，协调区交通运输局帮助解决问题4件。同时，组织党员干部到结对帮扶户中开展春节、藏历新年节前慰问活动，送去了慰问物资。

（才旦曲培）

【机构领导】

局　长

次仁吉宗（女，藏族）

副局长

陈道明

卫生健康

【概况】 年内，堆龙德庆区卫健委坚持把保障人民健康放在优先发展的战略定位，紧紧围绕“人民至上、生命至上”的理念，全区卫生健康事业取得长足发展。2022年，堆龙德庆区卫生健康委员会编制5人，实有工作人员6人；医疗卫生下属机构有区医院、疾病控制中心、6个乡（镇）卫生院、29个村卫生室，卫生系统工作人员343人。

【党员队伍思想建设】 2022年，区卫健委认真落实学习制度和党组织“三会一课”、组织生活会制度，认真学习党的政治理论知识，强化习近平总书记关于西藏工作的重要论述和新时代党的治藏方略以及习近平总书记在中国共产党第二十次全国代表大会上的重要讲话精神的学习，区卫生健康系统各支部累计开展学习100余次，召开以案促改专题学习讨论会12次，举办喜迎中共二十大各类活动9次，召开学习中共二十大精神讨论会1次，召开民主生活会1次、组织生活会3次，参观廉政教育基地3次，开展主题党日活动7次，县级领导以普通党员身份参加机关支部组织生活会

1次。坚持党员干部意识形态教育工作，深入开展党员教育活动和为民办实事活动。

【强化基层党组织建设】 2022年，区卫健委做好党员发展和入党积极分子培养工作，有针对性地做好入党积极分子培养，卫生健康系统培养入党积极分子2名，确定发展对象2名，预备党员转正5名。班子成员面对面与党员干部谈心谈话10人次，把握党员的思想动态，增强思想道德教育的针对性和实效性。配优配强党的基层组织班子成员，增强党组织的向心力和凝聚力，党组织的战斗堡垒作用得到较好的发挥。

【党风廉政建设】 2022年，为落实全面从严治党要求，区卫健委开展卫生健康系统以案促改教育工作，警示卫生健康系统全体干部职工强化服务意识，提升服务能力，推动全系统作风建设转变。与各支部签订党建、廉政责任书8份，明确领导职责，强化领导分工，制定廉政责任清单。认真贯彻执行党风廉政建设责任制各项规定，遵守党风廉政建设行为规范，严格执行个人重大事项报告制度，召开专题部署会2次，在重要节点前召开会议对党员干部进行廉政提醒。

【安全生产和扫黑除恶工作】 2022年，区卫健委党组班子高度重视安全生产工作，全系统认真贯彻落实全国安全生产电视电话会议精神和拉萨市安全生产工作紧急会议精神，汲取东航"3·21"航空器事故教训和堆龙德庆区"4·7""4·22"火灾事故教训，成立了由卫健委党组书记任组长的工作领导小组，完善具体工作实施方案，组织辖区医疗机构单位学习相关文件精神，执行各医疗机构主要负责人责任制。出动执法人员40余人次，开展专项检查8次，对全区疫情防控措施落实不到位的4家个体医疗机构责令关停整顿，对情节较轻的28家个体医疗机构下达监督意见书。

为确保扫黑除恶斗争相关工作在卫生健康领域取得实效，充分发挥卫生健康行业贴近群众的优势，积极参与社会治安综合治理工作，协调相关部门做好扫黑除恶工作，对涉及卫生健康领域的非法行医、医疗纠纷、违背疫情防控规定等方面问题开展整治。成立以区卫健委党组书记为组长，党组成员为副组长，隶属医疗机构负责人为成员的扫黑除恶专项斗争工作领导小组；设立由专职人员负责的扫黑除恶斗争办公室，各医疗机构安排专职人员负责扫黑除恶斗争工作；制订《堆龙德庆区卫生健康领域扫黑除恶斗争工作实施方案》《堆龙德庆区卫生健康领域涉黑涉恶线索"大排查、大核查"行动方案》，明确工作目标，确保各项工作落实到位。悬挂扫黑除恶宣传横幅6条，电子屏滚动播放38条，召开扫黑除恶斗争工作会议10余次，发放宣传材料500余份。

【打击整治养老诈骗专项行动】 2022年，区卫健委为认真贯彻落实习近平总书记重要批示指示精神，坚决依法从严打击假借"养老"之名实施诈骗违法犯罪行为，维护好老年人的合法权益，根据市、区专项行动部署，成立由卫健委党组书记为组长的督导组，组织开展卫生健康领域打击整治养老诈骗专项行动，重点从资质、行

2022年12月9日，西藏自治区卫健委副主任张耕耘（前排左二）到堆龙德庆区人民医院检查指导发热门诊建设运行情况

医资质、非法开展诊疗活动等方面对辖区民营医疗机构进行排查。为提高老年人识骗防骗能力，制作发放反诈宣传册15000册，协调各镇（街道）悬挂横幅、张贴标语14条，举办“防范养老诈骗”集中宣讲、座谈会6次。

【公共卫生服务】 2022年，区卫健委深入开展基层医疗巡诊、家庭医生签约、健康体检、慢病管理等工作，成立公共卫生服务试点卫生服务中心，开展各类公共卫生服务项目培训，提升基层公卫服务能力。严格落实家庭医生签约服务职责，为全区城乡居民提供健康服务，130名县乡村三级家庭医生组建成32个家庭医生团队，实现辖区内65岁以上老年人、孕产妇、0—6岁儿童、慢性疾病患者、重性精神疾病患者等重点人群签约，辖区内户籍人口签约率98%、“三类人”以及基本公共卫生重点人群签约率100%。加强免疫规划工作，对辖区内适龄儿童完成各类免费疫苗接种，1—5月对辖区内适龄儿童完成各类疫苗接种，应种4903针次，实种4854针次，接种率达99%。辖区内流动儿童来接种时，及时建立接种母本，并按照免疫规划程序对流动儿童接种疫苗。

开展以结核病为重点疾病的综合防治工作，专门成立结防科，负责确诊结核病患者全流程管理，1—6月通过传染病直报系统监测，发现新发结核病患者34例，确诊病例28例，16例收治到位。3月30日，区疾控中心协同区医院对拉萨市那曲第一高级中学开展结核病筛查工作，对2463名师生进行结核菌素试验，其中筛选出强阳性48名，拍片检查47名，48名强阳性师生填写了知情同意书，9名强阳性接受预防性服药治疗。

截至12月，全区网络直报及电话共报告法定传染病甲、乙、丙三类11种共241例，无甲类传染病报告，死亡病例1例（肺结核）。发病率为264.64/10万，比2021年同期（453例）发病率下降232.81/10万。乙类传染病7种155例，发病率为170.21/10万，比2021年同期（154例）发病率上升1.11/10万，其中占前3位的依次为梅毒、乙肝、肺结核，分别占发病总数的44.51%、22.58%、18.06%；丙类传染病4种86例，发病率为94.43/10万，同比2021年（299例）发病率下降233.91/十万，占前三位的传染病依次为流感、手足口病、其他感染性腹泻病，分别占发病总数的39.53%、34.88%、15.11%。

建立健全“三位一体”慢性病防控机制，实现慢性病防、治、管整体融合发展，辖区65岁及以上常住居民数为2824人，2型糖尿病患病总数205人，2型糖尿病患者规范化管理人数205人，2型糖尿病患者规范化管理率为100%。高血压患者总数2400人，高血压患者规范化管理人数2113人，高血压患者规范化管理率为88.04%；重症精神病建档人数103例，重症精神病管理率为100%。

开展心脑血管高危人群早期筛查与综合干预项目、心脑血管病及其危险因素监测项目、慢阻肺病高危人群早期筛查与综合干预项目和居民健康素养水平调查项目等健康监测工作，在各镇（街道）完成心脑血管高危人群初筛调查1851人，检查出高危对象630人，对350名高危对象进行专项检查。累计派出人员94人次，出动车辆15辆次，发放宣传品600余份，完成1601份问卷调查。

【妇幼健康安全有保障】 兑现农村孕产妇住院分娩补助项目。2022年，自治区级共兑现194人，兑现金额21.1280万元；市级共兑现194人，兑现金额为8240元；本级兑现159人，兑现金额150600万元。兑现对2021年在各级医院分娩的34名产妇资金37650元，确保各项补助资金落实到位。2022年全区孕产妇总数390人，建卡数390人，建卡率为100%；孕妇数187人，产妇数203人，双胎数1对，死胎死产3人，活产数203人，接受系统管理产妇数197人，管理率为97.04%。接受早检的产妇率为97.04%，产妇住院分娩率为100%，产检5次以上203人，产后访视率为100%，剖宫产50人，手术率为24.6%。全区高危产妇筛选出85人，中重度高危孕产妇人数2人，高危产妇住院分娩及管理率为100%，孕产妇死亡数为0人。

持续做好0—3岁儿童免费发育监测与筛查。2022年，全区

7岁以下儿童数为4059人、管理率94.6%，0—3岁儿童人数2041人、管理率95.4%，5岁以下儿童死亡2人、死亡率为9.8‰，婴儿死亡1人，死亡率为4.9‰，新生儿死亡1人、死亡率4.9‰，低出生体重25人，巨大儿10人，早产儿8人、非户籍产数20人，活产数20人，死胎死产3人，0—6岁儿童视力检查人3219人。6月龄至5岁血红蛋白检查人数1860人，其中贫血中重度人数15人。婚前检查及优生优育检查332人次、203名产妇均为已做二、三级干预措施，无高危风险人员。为6—36个月儿童共发放营养包4412盒、受益儿童4268人次。为全区365名早孕产妇女发放了叶酸，发放叶酸片417盒，出生缺陷0例。

阻断艾滋病母婴传播。2022年，产妇中孕期HIV免费咨询203人、检测203人、1例HIV阳性患者；孕期乙肝检测203人，乙肝阳性产妇所生的新生儿在出生后24小时内均已接种免疫球蛋白；梅毒检测203人，梅毒阳性产妇在孕期均接受治疗。

“两癌”筛查。根据2022年妇女“两癌”防治工作通知的要求，6月开始对全区35—64岁妇女进行“两癌”筛查工作，筛查任务为农村户口育龄妇女1200名、城镇低收入育龄妇女300名。

【建立健全医疗保障制度】 2022年，区卫健委在区人民医院全面推行“先诊疗后结算”服务模式，与自治区二院、市人民医院签订“先诊疗后结算”服务协议并建立绿色通道。积极落实国家基本药物制度，全区各级公立医疗机构药品和医用耗材全部纳入网上平台集中采购，区、乡、村三级药品实行零差价销售，并做好易地搬迁户合作医疗报销工作。2022年，区人民医院医保结算6126人次，金额142.7万余元，真正体现了公立医院改革的公益性。

【卫生基础设施建设】 2022年，区卫健委重点推进了区人民医院二甲综合楼建设项目和疾控中心能力提升项目，区人民医院二甲综合楼建设项目已完成初验，2022年8月交付使用。疾控中心能力提升项目已完成建筑安装工程，处于设施设备采购阶段，已完成总工程量的50%，复工复产后继续推进。传染病楼建设项目、马镇公卫楼建设项目以及波玛村卫生室建设项目待复工复产后将逐一推进。

（达瓦扎西）

【机构领导】

主　任

张淑娟（女，3月任）

副主任

余　强（3月离任）

白玛曲珍（女，藏族）

成　哲（3月任）

堆龙德庆区疾控中心

【概况】 年内，堆龙德庆区疾病预防控制中心坚持以习近平新时代中国特色社会主义思想为指导，全面贯彻中共十九大和十九届历次全会精神，深入贯彻中央经济工作会议和中央第七次西藏工作座谈会精神及习近平总书记关于西藏工作的重要论述和新时代党的治藏方略，按照自治区第十次党代会的部署，全面落实区党委经济工作会议精神，以迎接服务中共二十大胜利召开为主线，弘扬伟大建党精神和“两路”精神、老西藏精神、孔繁森精神，坚持稳中求进工作总基调。结合《中华人民共和国传染病防治法》《中华人民共和国职业病防治法》《突发公共卫生事件处理条例》等法律法规，认真贯彻落实区、市卫生工作会议精神，按时完成上级下达的工作任务，疫情压力下基本完成了区、市卫生工作综合目标责任书中规定完成的各项工作。2022年，中心共有干部职工34人，其中行政人员2人、事业人员26人，工人3人，公益性岗位3人。

【传染病疫情信息报告管理】 2022年，全区网络直报及电话共报告法定传染病甲、乙、丙三类13种共294例，无甲类传染病报告，死亡病例1例（肺结核）。发病率为322.83/10万，同比上年（941例）发病率下降710.45/10万。乙类传染病8种205例，发病率为225.10/10万，同比上年（286例）发病率下降88.94/10万，其中占前3位的依次为梅毒、乙肝、肺结核，分别占发病总数的37.07%、19.02%、17.56%；丙类传染病5种89例，发病率为97.73/10万，同比上年（601例）发病率下降

562.2/10万，占前3位的传染病依次为流感、手足口病、其他感染性腹泻病，分别占发病总数的38.20%、34.83%、14.60%。

【公共场所防控督导】 2022年，中心对辖区49家公共场所进行检查，出动车辆51辆次，监督执法人员98人次，发放卫生监督意见书26份，要求各公共场所提高疫情防控知识和防控意识，确保疫情防控工作落实到位。

开展重点场所消杀工作。为有效地做好全区各类重点场所疫情防控工作，对各重点场所（疫苗接种点、各大会议场所）开展全方位的消杀。

做好各冷链疫情防控工作。协同区市场监管局对辖区链场所开展疫情防控督导12次，对督导中存在的问题要求立行立改，并要求严格按照疫情防控要求，开展冷链运输及储藏等工作。对进口食品及高风险地区食品、物品进行日常抽检，共采样2398份，并送至实验室进行检测，确保冷链产品疫情防控落实到位。

【艾滋病防治】 2022年，全区新增病人5例，已登记并告知。针对不同人群开展艾滋病、性病的健康知识宣讲活动，对辖区内5个镇街开展第一轮"预防艾滋病巡回讲座"宣传活动。通过播放LED屏幕、悬挂横幅、发放安全套、提供艾滋病防治咨询的形式及真实事例，向广大居民群众介绍艾滋病的致病原因、传播途径、临床症状、带来的危害和预防等相关知识。在区委党校举办以艾滋病、性病为主的健康知识讲座，旨在提高女性自我保护意识，受益干部达40余名。设立VCT自愿咨询检测点，负责检测前后咨询、转介服务、快速检测、样品上送以及数据收集上报工作。

【结核病防治】 2022年，全区共计追踪结核病患者34例，其中收治16例，确诊病例28例。3月30日，协同区医院对拉萨市那曲第一高级中学开展结核病筛查工作，对2463名师生进行结核菌素试验，其中筛选出强阳性48名，拍片检查47名，48名强阳性师生填写知情同意书，9名强阳性接受预防性服药治疗。5月23日、24日，兑现上年结核病患者营养改善"三个一工程"，向48名结核病患者发放鸡蛋250板、酥油173千克、牛奶221件。

【免疫规划】 计划免疫工作。2022年，中心按照免疫规划工作要求，完成对辖区内适龄儿童各类免费疫苗的接种工作，在安全注射的基础上，确保免疫规划接种率达到上级部门的要求，对辖区内适龄儿童完成各类免费疫苗接种，乙肝应种959针次，实种952针次，接种率达99.27%；卡介苗应种23针次，实种23针次，接种率达100%；脊灰应种1124针次，实种1120针次，接种率达99.64%；百白破应种1129针次，实种1128针次，接种率达99.91%；白破应种471针次，实种467针次，接种率达99.15%；含麻类应种922针次，实种917针次，接种率达99.46%；甲肝应种428针次，实种424针次，接种率达99.07%；A群应种917针次，实种911针次，接种率达99.35%；A+C应种900针次，实种894针次，接种率达99.33%。同时，指导各镇、街道社区卫生服务中心建立健全儿童预防接种信息系统，实现适

2022年6月1日，堆龙德庆区疾控中心鼠防科专业人员在古荣镇那嘎村指导动物间鼠疫防控工作

2022年6月16日，堆龙德庆区疾控中心健教科工作人员在乃琼街道开展健康素养问卷调查工作

龄儿童预防接种管理信息的全覆盖；加强对麻疹、乙肝等监测工作，不断提高群众对计划免疫工作的认识。

疫苗与冷链管理工作。严格按照《疫苗储存和运输管理规范》，做到时时监测及时记录，并按时做好疫苗出入登记工作，检查疫苗有无过期，检查并记录冷链运转情况，定期除霜，保证疫苗贮存质量。

【慢性病综合防控】 2022年，全区高血压建档2345例、糖尿病建档185例、重症精神病建档103例、65岁以上老年人管理2850人。同时，对建档患者每月进行随访并记录。

精神障碍疾病管理及包虫病建档随访。进一步健全严重精神障碍患者的防治体系，完善登记造册工作，做到“底数清，情况明”。完成103名严重精神障碍患者的建档管理工作，累计开展随访6次，及时向上级业务部门汇报管理动态，对偏远及困难患者做到上门服务，掌握患者就医及用药情况；利用世界精神卫生日活动，通过设立宣传点，发放宣传资料、礼品，悬挂横幅等方式，提高广大群众对精神疾病的认识，减少社会对精神障碍患者的歧视。包虫病患者管理建档3人、服药3人，术后及术后随访3人。

心脑血管高危人群早期筛查与综合干预项目。根据《拉萨市上年度血管病高危人群早期筛查与综合干预项目实施方案》，堆龙德庆区被列为上年项目点，具体筛查和干预工作由中心和广升医院共同完成。项目自2021年12月10日实施以来，在古荣镇完成初筛调查1342人，检查出高危对象473人，随后对350名高危对象进行心电图、心脏彩超、颈动脉彩超检查。在羊达街道完成初筛调查509人，检查出高危对象157人，在规定复诊时间对高危对象进行复查。

心脑血管病及其危险因素监测项目。根据《中国居民慢性病与营养监测工作方案（试行）》，堆龙德庆区被列为上年“中国居民心血管病及其危险因素”项目监测点，具体的监测任务由中心和五洲医院共同完成。项目自2022年1月开始实施，在德庆镇、马镇完成了1200人的监测任务，监测内容包括个人生活习惯和疾病史等问卷调查、血压、血糖、心电图、身高腰围、超声心电图、体重体脂等各项体格检查，累计派出人员94人次，出动车辆15台次，发放宣传品600余份。

居民健康素养水平调查。分别在东嘎街道、乃琼街道、古荣镇抽取2个村、每村抽取40名常住人口进行调查，共调查243人，调查内容包括基本情况、健康理念和基本知识、健康生活方式与行为、健康技能4个部分。

【鼠防及地方病工作】 鼠防各项监测。2022年4月，中心陆续接到从各乡镇报来不明原因死亡动物13只，其中喜马拉雅旱獭10只、藏狐2只、狗獾1只。5月26日，在古荣镇那嘎村昂仁沟检测出1只喜马拉雅旱獭阳性（+），那嘎村昂仁沟发生的鼠间鼠疫已完全被控制，其余不明原因死亡动物鼠疫检测均为阴性。旱獭数量调查43个样方，总面积2470Ha，见獭81只，平均旱獭密度为0.03只/Ha；小型鼠种类调查，布甲6次，每次100夹，共600夹次，未捕获；采集各类动物血样105份，其中犬血样60份、藏系绵羊血样

44份、活旱獭血样1份均为阴性；探洞干蚤调查101个洞，未捡蚤；媒介昆虫监测共捕获1只昆虫（蜘蛛）。开展宣传教育，发放宣传册1379份，张贴54张海报。

碘缺乏病。按照《2021年拉萨市地方病防治监测方案》相关要求开展碘营养监测工作，分别于德庆镇、马镇、古荣镇、羊达街道、乃琼街道的中心小学中随机抽检40名8—10周岁儿童（男女各半），进行儿童尿检抽样调查并进行甲状腺触诊，共对204名儿童进行甲状腺触诊和采集214份尿样并送检，抽取20名孕妇集尿样和家中食用盐（人数不足时可从邻近乡补足）共104份并送检，均由拉萨市疾控中心检验后，由中心录入数据至系统并反馈给各乡镇及学校。

饮茶型地氟病。为增强群众对地氟病的认知及预防茶饮型地氟病的相关知识，中心地病科开展关于饮茶型地氟病宣传教育工作，共计举办6场讲座，发放宣传海报30份宣传册600余份、宣传小礼品600余份，受教育人数达600余人、咨询人数50余人。

【公共卫生】 生活饮用水监测。2022年，中心针对市政供水、农村集中式供水点进行水样的采集及送检，完成采集枯水期32份水样检测，其中城市监测水样9份，农村集中式供水监测水样23份，结果显示理化指标合格率100%，微生物指标合格率为53.1%。

公共场所监督检查。不断改革行政许可管理体制，在新发、复核卫生许可证过程中，减少审批环节，缩短办理时限，简化审批程序，共受理审核各类单位31家，现场量化审核率100%。新发卫生许可证28家，续办卫生许可证3家，及时办结率均达100%。强化预防性卫生监督检查，注重对大型公共场所单位对卫生监督意见的整改落实，共监督检查51家，发放卫生监督意见书28份，出动车辆53次，出动人员101人次。

2022年9月17日，堆龙德庆区疾控中心数据分析研判组开展分析整理数据工作

个体诊所监督检查。针对辖区个体诊所、门诊的预检分诊、病区管理、医疗废物处置、消毒等关键部门进行检查，出动人员68人次、车辆30次，检查场所64次，对检查中发现的问题，执法人员当场下达卫生监督意见书，并给予2家单位警告，责令其立即停业整顿，对情节较轻的诊所下达监督意见书38份，责令其对提出的问题及时整改。

职业病防治。为贯彻落实西藏自治区卫生健康委《关于督促工作场所职业病危害因素超标企业落实整改工作的通知》文件要求，4月19日、20日联同卫健委对存在粉尘、噪声等职业病危害较严重的11家企业整改情况进行督导检查，下监督意见书4份，要求即日起整改。4月26日起，邀请拉萨市疾控中心公共卫生科老师组织部分职业高危企业，结合企业行业特点和疫情防控的需求，开展“进企业”巡回宣讲活动，发放宣传材料1000余册、宣传海报15张、礼品保温杯150个、卫生抽纸180包、M3耳塞1000个，并对职业病、传染病和职业性相关疾病等防治知识进行科普，提供精准健康教育和健康指导服务。

健康教育。结合各个主题宣传日累计开展各类讲座及宣传27次，发放各类宣传物品4491件，发放各类宣传册5807个，受益人群4482人。对各乡镇卫生院、社区卫生服务中心健康教育工作的实际情况，进行档案管理、健康教育具体工作等方面的监督检查。

【妇幼工作】 规范农村孕产妇住院分娩补助项目。2022年，自治区级兑现人数373人、兑现金额为400480元，市级兑现人数373人、兑现金额为16040元，本级兑现人数333人、兑现金额为307800元，共兑现补助金额727920元。

阻断艾滋病母婴传播。按自治区《预防艾滋病母婴传播工作实施方案》的相关要求，建立了“逢孕必检”的工作机制，针对所有孕产妇及孕前目标人群，完成了阻断艾滋病母婴传播工作。利用健康教育工作，围绕各种卫生宣传日以及区、镇、街道医疗机构及妇幼专干，大力宣传“预防艾滋病母婴传播”知识，并发放各种宣传册、画报、宣传单等资料到孕产妇手中，向孕产妇传递艾滋病母婴传播知识和信息。提供自愿咨询与自愿检测服务，产妇中孕期HIV免费咨询415人、检测415人，其中，有1例HIV阳性患者；孕期乙肝检测415人，乙肝阳性产妇所生的新生儿在出生后24小时内均已接种免疫球蛋白；梅毒检测415人，梅毒阳性产妇在孕期均接受治疗。

叶酸预防神经管缺陷及儿童营养改善项目。宣传小剂量叶酸增补相关知识，提高待孕妇女的优生优育的意识，尽量为减少新生儿神经管畸形出生缺陷的发生做好预防工作。为全区383名早孕产妇女发放叶酸片450盒，出生缺陷0例。为6—36个月儿童发放营养包4851盒，受益儿童4707人次。

母婴安全保障项目。加强高危妊娠管理，全力做好危重孕产妇急救网络建设，对高危孕产妇按照“早期筛查、跟踪监护、逐级转诊、死看死守、上下联动、无条件救助”的原则及母婴安全保障项目“五色”管理要求，履行职责，切实保障母婴生命安全。

孕产妇系统管理。2022年，全区孕产妇总数554人，建卡数554人，建卡率为100%。孕妇数139人，产妇数415人，双胎数5对，死胎死产5人，活产数415人，接受系统管理产妇数403人，接受早检的产妇403人，产妇住院分娩率为100%，产检5次以上415人，产后访视率为100%，剖宫产111人。全区高危产妇筛选出177人，中重度高危孕产妇人数1人，高危产妇住院分娩及管理率为100%。

儿童系统管理。2022年，全区7岁以下儿童数为3584人，管理率为96%；0—3岁儿童人数1789人，管理率为95%，5岁以下儿童死亡6人、死亡率为14.45‰，婴儿死亡2人，死亡率为4.8‰，新生儿死亡2人、死亡率为4.81‰，低出生体重39人、巨大儿7人、早产儿10人、非户籍产数72人、活产数71人，死胎死产1人。0—6岁儿童视力检查人3429人。6月龄至5岁血红蛋白检查人数2422人，其中，贫血中重度人数16人。

两癌筛查。根据妇女两癌防治工作通知要求，任务数农村户口育龄妇女1500名，6月开始对全区35—64岁妇女进行两癌筛查工作，HPV和细胞学联合检测人数982人，其中高危5人，进一步检查中乳腺检查982人，其中，高危4人处于进一步检查中。

（索朗旺堆）

【机构领导】

主　任

次旦卓嘎（女，藏族）

副主任

格桑平措（藏族）

次仁央金（女，纳西族）

堆龙德庆区疾控中心中级职称（含中级职称）以上人员一览表

表6

姓名	性别	工作单位	专业技术职务名称	批准单位	批准时间
向巴泽登	男	堆龙德庆区疾控中心	中级职称	堆龙德庆区卫生局	2006年7月
尼玛卓嘎	女	堆龙德庆区疾控中心	中级职称	拉萨市人社局、堆龙德庆区人社局	2009年9月

续表6

姓名	性别	工作单位	专业技术职务名称	批准单位	批准时间
兰　　岚	女	堆龙德庆区疾控中心	中级职称	拉萨市人社局、堆龙德庆区人社局	2011 年 12 月
次仁拉加	男	堆龙德庆区疾控中心	中级职称	拉萨市人社局、堆龙德庆区人社局	2018 年 5 月
次 德 吉	女	堆龙德庆区疾控中心	中级职称	拉萨市人社局、堆龙德庆区人社局	2021 年 1 月
索朗扎西	男	堆龙德庆区疾控中心	中级职称	拉萨市人社局、堆龙德庆区人社局	2021 年 3 月
加央白姆	女	堆龙德庆区疾控中心	中级职称	拉萨市人社局、堆龙德庆区人社局	2021 年 12 月

堆龙德庆区人民医院

【概况】 堆龙德庆区人民医院是一家非营利性公立医院，始建于 1961 年，是一所集医疗、保健、预防于一体的基层二级乙等综合医院，全区医疗保险定点医院。2013 年 11 月区医院搬迁至新址，占地面积 7667.5 平方米，建筑面积 28324.46 平方米。全院设 26 个科室，开放床位 58 张，在职干部职工 160 余人。

【医院感染预防与控制工作】 2022 年，为做好医院感染预防与控制工作，医院感染管理采用院内巡察组每日感控巡查、院感科每月考核、科室自查相结合的质量管理模式，由分管副院长、援藏专家及院感科、临床科室人员组成感控巡察组，每日对医院各科疫情防控措施落实情况进行巡查。为提高医院各级各类工作人员感控意识，组织全院医护人员、后勤人员、新员工、志愿者开展防护用品穿脱、疫情防控应急处置、传染病防治与报告等培训，培训 21 次、考核 5 次。

开展医院感染防控相关监测，全院器械消毒合格率为 100%，紫外线强度监测合格率为 100%。共采集环境卫生学（空气、物表、手卫生）细菌培养标本 213 份，合格率为 88.26%，不合格标本经重新检测后均合格。加强医疗废物处置及管理监督，做好涉疫医废的处置及暂存工作，产生医疗废物 61255.22 千克，其中感染性废物 60881.32 千克，损伤性废物及其他 373.9 千克，医疗废物回收及处置率均达 100%，无医疗废物泄漏事件发生。

【医疗工作】 2022 年，医院严抓医疗质量管理，把提高医疗服务质量作为首要任务，坚持“以患者为中心”的服务理念，做好医疗质量和医疗安全工作。完成门、急诊患者量 10 万余人次，其中发热门诊 75578 人；住院 600 余人次，手术总数 28 例。对 65 岁以上高危人群结核筛查 14 次，筛查 200 余人次，结核患者入户随访 20 余

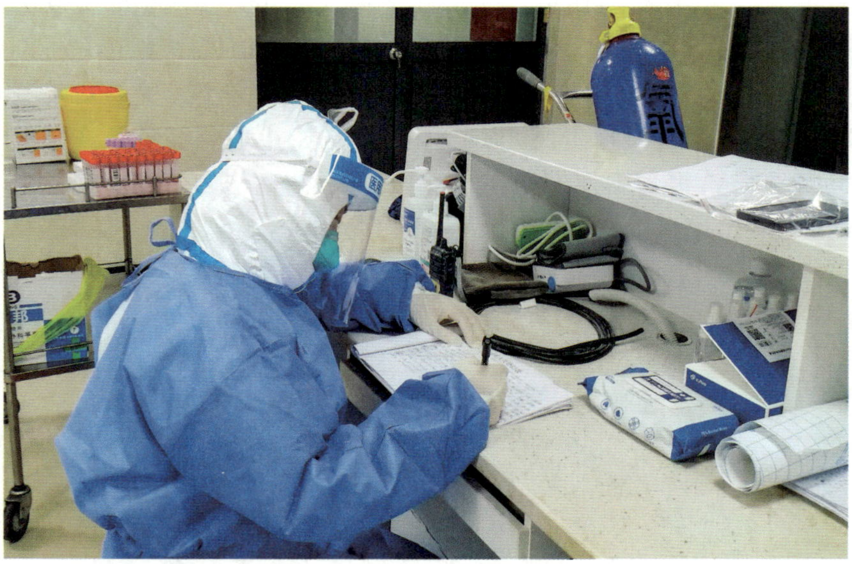

2022年10月6日，堆龙德庆区人民医院新楼病区医护人员做病例登记

次。为做到早发现、早诊断、早治疗，组织僧尼体检400余人次。

【“平安医院”建设工作】 抓好消防安全工作。2022年，医院通过门诊大厅电子屏幕、院内宣传栏宣传消防知识，为每个楼层配备了疏散工具器材，每周以及节假日、敏感节点组织人员进行全院安全排查，按照“谁主管、谁负责”的原则，实行逐级消防安全责任制，并与各科室签订消防安全责任书。抓好制氧室设备安全运行工作。对医院制氧室进行巡检、维保13次，发现问题及时处理，保证临床的用氧安全。抓好污水处理工作。每季度做一次在线设备比对检测及医疗废水检测报告，保证污水的达标排放。抓好医疗废物处置工作。杜绝医疗废物对环境的污染，与公司签订的“医疗废物集中处置委托合同”相关条款。做好疫情期间后勤保障工作，将二甲综合楼变更为隔离病区，连夜组织人员为148间病房安装病床及相关配套设施，并排查水、电及消防安全，同时按照院感要求，在急诊科对面新建单独的卫生间及淋浴间；将洗衣房扩建改造，用于各病区床单、被套及衣物的清洗消毒；将原车库改建成仓库，用于后勤物资及中心药库药品的存放；在急诊科新建2间缓冲区，用于就诊病人观察治疗；新建板房用于B超科及妇产科患者。

（素吉娜）

【机构领导】

书记、院长

泽　　多（藏族）

副院长

拉巴顿珠（藏族）

毛　　卫

米　　明（女，藏族）

贺 艳 春（女，援藏，8月任）

2022年堆龙德庆区人民医院中级职称以上人员一览表

表7

姓名	性别	民族	职称	批准单位	批准时间
泽　　多	男	藏族	副主任医师	拉政函	2018年11月5日
尼玛仓决	女	藏族	副主任医师	拉政函	2018年1月5日
张 相 梅	女	汉族	副主任医师	拉政函	2020年8月3日
吴 仕 华	男	汉族	副主任医师	拉政函	2019年9月8日
达　　瓦	男	藏族	副主任医师	拉政函	2021年9月1日
张　　琮	男	藏族	副主任药师	拉政函	2021年9月1日
陈　　玮	女	汉族	副主任药师	拉政函	2017年6月16日
巴　　桑	女	藏族	副主治医师	拉政函	2022年7月29日
次　　旺	男	藏族	主治医师	拉萨市人社局	2008年1月11日
巴　　珠	女	藏族	主治医师	拉萨市人社局	2009年3月2日
次仁措姆	女	藏族	主治医师	拉萨市人社局	2009年6月10日
夏　　晖	男	汉族	主治医师	拉萨市人社局	2010年8月30日

续表7

姓名	性别	民族	职称	批准单位	批准时间
王仕会	女	汉族	主治医师	拉萨市人社局	2010年8月30日
白玛措姆	女	藏族	主治医师	拉萨市人社局	2012年11月22日
拉巴顿珠	男	藏族	主治医师	拉萨市人社局	2017年6月10日
巴　桑	女	藏族	主治医师	拉萨市人社局	2012年3月8日
毛　卫	男	汉族	主治医师	拉萨市人社局	2017年6月10日
葛　军	男	汉族	主治医师	拉萨市人社局	2017年6月10日
拉　珍	女	藏族	主治医师	拉萨市人社局	2017年6月10日
索朗拉姆	女	藏族	主治医师	拉萨市人社局	2017年6月10日
尼珍拉	女	藏族	主治医师	拉萨市人社局	2017年8月14日
代吉看着	女	藏族	主治医师	拉萨市人社局	2017年4月10日
尼　珍	女	藏族	主治医师	拉萨市人社局	2021年3月11日
格桑德吉	女	藏族	主治医师	拉萨市人社局	2021年3月11日
米玛拉姆	女	藏族	主治医师	拉萨市人社局	2021年12月24日
索朗央金	女	藏族	主治医师	拉萨市人社局	2021年3月11日
大德吉卓嘎	女	藏族	主管护师	拉萨市人社局	2011年11月27日
央　金	女	藏族	主管护师	拉萨市人社局	2018年5月16日
强央曲珍	女	藏族	主管护师	拉萨市人社局	2019年4月19日
拉姆次仁	女	藏族	主管护师	拉萨市人社局	2020年1月10日
南　嘎	女	藏族	主管护师	拉萨市人社局	2021年3月11日
达娃普赤	女	藏族	主管护师	拉萨市人社局	2021年3月11日
小德吉卓嘎	女	藏族	主管护师	拉萨市人社局	2021年3月9日
王玲玲	女	汉族	主管护师	拉萨市人社局	2021年9月26日
罗林芬	女	彝族	主管护师	拉萨市人社局	2021年5月21日
白玛旺姆	女	藏族	主管检验师	拉萨市人社局	2017年6月10日
白　波	男	汉族	主管检验师	拉萨市人社局	2017年8月14日
德　珍	女	藏族	药师	拉萨市人社局	2021年12月24日
尼玛扎西	男	藏族	药师	拉萨市人社局	2021年12月24日

医疗保障

【概况】 年内，堆龙德庆区医疗保障局以习近平新时代中国特色社会主义思想为指导，以高度的政治自觉和行动自觉创新工作思路，优化工作方式，在参保群众享有基本医疗保险、大病保险和医疗救助的基础上，继续为辖区城乡居民购买超大额补充医疗保险资金，最高可赔付20万元/人·年，为防止辖区城乡居民因病致贫、因病返贫奠定了基础。2022年，区医疗保障局有工作人员11人，其中，局长1人，副局长2人，二级主任科员1人，三级主任科员1人，四级主任科员1人，科员1人，事业编制2人，工人1人，公益性岗位1人。

【医保业务】 2022年，全区参保人数39839人，其中，标准人群34654人，城乡最低生活保障652人，重度残疾193人，特困供养3人，重点优抚对象2人，孤儿6人，“6065”人员共96人，僧尼（区、市、县）19人，重残儿童12人，低收入救助对象341人，基本实现全覆盖。享受“一站式”结算人数891人，总医疗费用7622940.24元，统筹基金支付4184155.47元，大病保险补偿基金支付1500723.33元，医疗救助支付60390.45元。

【城镇职工业务】 2022年，堆龙德庆区累计参保人数6542人，新增979人，同比增长17.6%；企业参保累计453家，新增参保单位48家，同比增长8.4%；职工退休认定5人。辖区企业及职工参保增幅较大，职工参保积极性进一步提高。职工享受住院及特殊门诊报销97人，总医疗费用1308997.41元，报销金额1147683.77元，职工生育报销101人，报销金额1835066.71元。

【医保基金监管】 2022年，区医保局对接拉萨市医保局，联合区卫健委、区市场监管局打击欺诈骗保违法犯罪行为，整治医疗乱象，保障医保基金安全。定期不定期地检查虚记、多记药品、诊疗项目、医用耗材、医疗服务设施费用的行为；检查串换药品、器械、诊疗项目等恶意骗取医保基金的行为。同时，向社会公开举报投诉电话，派专人接听举报投诉电话，受理举报，回应处理各类问题。

【动态监测】 2022年，为防止辖区内群众“因病致贫因病返贫”，区医保局建立堆龙德庆区医疗保障扶贫一单制结算监控管理平台，针对贫困人口参保情况、病种分析、待遇享受情况、费用超限额、自费费用超限额等情况都予以动态监测。

【即时结算】 2022年，结合拉萨市医疗保障局《关于转发〈西藏医疗保障信息系统定点医疗机构接口规范〉的通知》精神，区医保局完成县级定点医疗机构与西藏医疗保障信息系统端口线上连接，开通了“西藏医疗保障信息系统”，实现了医疗保障“一单式”即时结算（包含基本医疗、大病保险、医疗救助）。

（格桑罗布）

【机构领导】

党组书记、局长

刘　弨

党组成员、副局长

尼玛拉吉（藏族）

尼　玛　仓（女，藏族）

2022年6月29日，堆龙德庆区医保局工作人员到德庆镇德庆村开展“四联四包”入户走访工作

文化和旅游

【概况】 年内，区文旅局坚持深入学习贯彻习近平新时代中国特色社会主义思想，特别是中共二十大、十九大、十九届六中全会精神，围绕“四件大事”“四个创建”“四个走在前列”和当好“七个排头兵”要求，坚持守正创新、开拓奋进，一体统筹推进文化事业、文旅产业高质量发展。2022年，区文旅局内设综合办、财务科、产业科、非遗科、公共文化科、文物科、行管科，共有干部职工22名，其中行政岗位12名，专技人员9名，工人编制1名。

【公共文化服务体系建设】 2022年，依托文化活动中心，开设朗玛堆谐、扎念琴、形体培训、扬琴、竹笛培训班等免费培训班，免费培训各类学员累计达300余人，电子图书室等每周公共文化免费开馆时间达56小时；文化活动中心累计开展活动109次，受众1万余人次；各镇（街道）文化站累计开展活动68次，受众1.7万余人次。推动免费培训班在6个镇（街道）延伸，在堆龙德庆区波玛村文化室开设扎念琴成人培训班试点，累计招收学员22人。

【群众文化活动】 2022年，区文旅局围绕“喜迎党的二十大”“三大节日”“望果节”等节庆节日，结合“送戏下乡”“送文化下乡”“戏曲进乡村”等进乡村工作，组织区玉妥艺术团累计开展下乡演出55场次，累计受众达1.1万余人次；村级文艺队演出场次240余场，累计受众达4.8万余人次；戏曲进乡村演出场次达65场次，累计受众达1.3万余人次；藏戏队演出场次114场（公益演出、成果展演），累计受众达2.2万余人次。

【文艺创作】 2022年，区文旅局立足全区文化特色，讲好党之大计、人民心声、堆龙故事，围绕“喜迎党的二十大”主题，组织区玉妥艺术团创新创作舞蹈《喜迎二十大》《幸福赞歌》、小品《防疫之家》《传统和现代的碰撞》、歌曲《幸福赞歌》等文艺精品5部。

【人才队伍建设】 2022年，区文旅局通过理论学习、实践实操等方式，不断提升文化人才特别是基层文化人才的综合素质，累计组织文化骨干3人参加西藏基层公共文化服务线上培训、区玉妥艺术团4人参加全区和拉萨市县区艺术团舞蹈编导培训；组织开展订单定向式民族歌舞专业培训班，区玉妥艺术团近30名演职人员参加培训；组织开展堆龙德庆区基层旅游人才培训班和“三区人才”暨基层文艺队音控培训班，各镇（街道）文旅专干、各村（社区）乡村旅游发展专干以及辖区藏戏队、各村级文艺队音控人员70余人参加培训。

【非遗保护和传承】 2022年，区文旅局成功将“加木马具制作技艺”“米瑞传统金属雕刻技艺”等6个非遗项目申报为第六批市级非物质文化遗产项目；有序开展非遗普查暨第七批县级非物质文化遗产代表性项目及代表性项目传承人申报工作，累计挖掘、收集到具有一定区域文化特点和价值的代表性项目12项和传承人申报书18份。制定并实施《堆龙德庆区非物质文化遗产觉木隆派藏戏扶持专项资金考核办法》，进一步调动辖区内10支藏戏队的积

2022年6月21日，堆龙德庆区开展寺庙文物保护暨消防安全演练活动

2022年8月5日，堆龙德庆区文旅局举办基层旅游人才及“三区”人才暨基层文艺队音控培训班结业仪式

极性，加强堆龙德庆区非物质文化遗产觉木隆派藏戏扶持专项资金的规范管理。

坚持“人民的非遗，人民共享”，以“文化和自然遗产日”宣传活动为契机，组织开展非遗成果宣传、经验交流、非遗购物等活动，参加群众300余人次，发放宣传册300余份，展销面具、手工面膜、青稞酒、文创、唐卡等非遗产品100余件，销售额达1万余元；通过“藏戏广场舞暨藏戏课间操”校园试点推广、“世界读书日”等创新活动，让非遗“进校园”“进乡村”“进市场”“进广场”，将非遗融入现代教育和生活，累计组织演出25场，受众2000余人次。

【文物保护】 2022年，区文旅局实施措麦寺大殿维修保护工程、开展楚布寺“江浦建寺碑”保护措施重新设计建设工作、完成羊达街道朗仲组冲堆查森摩崖造像的防护。投入资金9.8万元，制作、投放寺庙文物保护动画藏语和汉语宣传视频，通过简单易懂的表达方式普及文物保护常识。

【文旅产业发展】 2022年，全区累计接待游客101.03人次，旅游收入累计3570.33万元。持续加强文旅品牌影响力，巩固和拓展“玉妥”文化旅游节知名度，实现文化衍生产业创新和增值增效，将时长3天的“文化旅游节”改为延续性的“文化旅游季”，开幕式和林卡音乐节当天通过直播实现线上线下受众22万余人次。

组织驻市旅行社和相关媒体到辖区各乡村旅游景点踩线、调研，进一步优化本地乡村旅游线路；组织象雄美朵景区、德吉藏家、圣地香都林卡、雄巴拉曲林卡等景区景点、精品民宿等推出景区门票、游乐场、温泉酒店、住宿餐饮、林卡帐篷等“本地游”消费产品，并推荐参加各平台推出的消费券发放活动；组织特色文旅企业参加“玉妥文化旅游季”推介活动、消费券发放活动、“拉萨文化和旅游消费季之美丽乡村旅游”推介活动，通过产品体验式服务，推介本地游特色资源；协助指导象雄美朵景区推出“夜间灯光秀”，迈出夜间旅游经济发展的关键一步；以推荐申报措麦村为全国乡村旅游重点村为契机，制作措麦村乡村旅游申报视频材料1部，以象雄美朵获评国家AAAA级旅游景区为契机，制作堆龙德庆区文化旅游宣传视频1部。

【市场监管】 2022年，区文旅局累计办理网络文化经营许可证1家、新办娱乐场所经营许可证2家、注销娱乐场所经营许可证1家、延续娱乐场所经营许可证5家、办理演出场所经营单位备案6家、营业性演出场所许可证1家；结合“扫黄打非”“扫黑除恶”“打击养老诈骗”“疫情防控”等专项工作，以打击“黑导游”“黑网吧”等为重点，全力推进平安文化市场、平安景区建设，累计开展检查51次，出动检查人员180余人次，检查涉文涉旅企业共304家次，下发整改通知书203份，办结中央环保督察、“12345”投诉平台等各渠道转办的投诉2起。

（朱翔宇）

【机构领导】

党组书记、局长

朗珍曲尼（女，藏族，1月免）

次　　拉（女，藏族，3月任）

党组成员、副局长

则　　比（女，藏族）

胡 永 红

教育

【概况】 2022年,堆龙德庆区三镇三街道有各级各类学校(幼儿园)52所,其中,初级中学1所,完全小学9所,区级幼儿园5所,镇(街道)级幼儿园5所,行政村(居)级幼儿园30所,另有民办幼儿园2所。全区在编专任教师人数939名,其中,正高级、高级、一级教师等中级以上职称人员391名,教师学历合格率达100%,本科及以上学历人数631人(其中硕士研究生9人),占教师总数的67.2%。全区在校(园)中小学生、幼儿12801名,其中初中生2653名、小学生6342名、在园幼儿3806名。

【义务教育】 2022年,全区初中有54个教学班级,在校生2653人,初中毛入学率102.83%;小学有168个教学班级,在校生6342人,小学净入学率100%。全区义务教育阶段适龄儿童基本实现就近就便入学,义务九年巩固率达100%。

【学前教育】 2022年,全区有公办幼儿园40所,在园幼儿3181人;民办幼儿园2所,在园幼儿625人。幼儿园教学班级162个,学前三年幼儿毛入园率达到96.4%,普惠性幼儿园覆盖率为100%。各幼儿园坚持保育与教育相结合原则,以游戏为基本活动形式,注重对幼儿进行情感态度、行为习惯、智力能力的培养,为幼儿提供安全、健康、丰富的生活和活动环境,保障幼儿快乐健康成长,避免和防止片面追求超前教育和幼儿教育"小学化"。

2022年4月18日至20日,西藏自治区教育督导组到堆龙德庆区开展义务教育优质均衡发展摸底工作

【党建统教】 2022年,全区教育系统有党组织14个,其中局机关党组1个、基层党支部13个,实现了党组织的全覆盖。坚持党建工作与教育工作、作风建设相结合,全面加强对学校基层党建工作的指导,落实中小学校党组织领导下的校长负责制,把党的建设贯穿到教育全过程,将学校落实"三会一课""三重一大"决策纳入年初党建工作要点和年终党建考核重要内容。教育系统深入开展党史学习教育,持续推进"领悟领袖风范、锤炼过硬作风"读书活动,不断加强党支部标准化、规范化和党员教职工思想政治建设。

【思想政治】 2022年,区教育局强化中小学校思政课建设,坚持把思政教育作为抓好意识形态工作的重要途径,各中小学均开足思想政治课,对学生进行铸牢中华民族共同体意识的教育、爱国主义教育、民族团结教育及其他思想教育。着力推动习近平新时代中国特色社会主义思想进教材、进课堂、进头脑,培育践行社会主义核心价值观。开展"童心向党"系列实践活动,引导青少年夯实思想根基,打好生命底色。定期对全区教师开展全覆盖理想信念教育、形势政策教育,引领教师站稳讲台、守住课堂,担当"为党育人、为国育才"使命。持续开展"培养什么人、怎样培养人、为谁培养人"专题教育,铸牢中华民族共同体意识工作。

【教学管理】 2022年,区教育局把推进"双减"作为2022年"一号工程"工作任务,辖区各学校认真学习关于开展"双减"工作的文件精神、工作要求以及部署安排,按照“双减”要求，持续有序地推进落实相关工作。坚持把抓好“五项管理”作为保障学生身心健康发展的政治责任，出台《堆龙德庆区五项管理实施方案》《堆龙德庆区课后服务实施方案》《堆龙德庆区课外读物进校园管理办法》等相关文件，围绕“五项管理”工作、课后服务工作，让学生睡眠时间有保障，手机管理有办法，作业管理有制度，读物管理有要求，体制管理有监测，延时看管有内容，课后服务有督导，教师参与有实效，促进学生全面发展、健康成长。落实挂牌责任督学每月不少于1次专项督导，发现问题限时整改，并将学校落实情况纳入年度目标考核。

【师资建设】 2022年，全区有正高级1人，高级教师109人、一级教师281人。县区级以上骨干教师和学科带头人122人，其中，市级骨干教师和学科带头人56人，自治区级骨干教师5人。全面保障教师待遇，按时足额发放教师工资，积极落实教师补助政策，按月按标准发放乡村教师生活补助，按时足额兑现住校学生班主任1000元/月和走读生班主任800元/月的班主任津贴，确保教师工资水平不低于当地公务员平均工资水平。始终把配强师资作为夯实教育根基的关键，持续加强师德师风建设，将师德师风建设纳入学校和个人年度考核，着力提升教师思想政治素质和师德涵养，按照“四有好老师”标准，加大教师培训力度，教师的执教能力和业务水平显著提高。进一步完善教师职称评审制度，2022年4月完成16名参评高级教师职称和22名参评一级教师职称人员的考察推荐工作。

【教育信息化】 2022年，区教育局将教育信息化工作纳入教育改革发展总体规划，开展信息化培训及学习，各级各类学校网络覆盖率达100%。以马镇中心小学与拉萨市实验小学开展“双师同步课堂”教学为推手，打造促进教育公平和优质均衡发展的强大引擎。为各类考试提供保障，各类招生考试工作中电教设备未出现任何问题。

【优质均衡发展】 2022年，区教育局为进一步巩固义务教育基本均衡发展成果，稳步推进区域内义务教育优质均衡发展，着重在进一步均衡资源配置、缩小校际差异，强化经费管理使用、抓好教师培训，完善教师交流机制、促进师资合理流动，打造校园文化浓郁氛围、补齐学校功能教室短板等方面开展工作，通过调整校点划片招生、规范学籍管理等措施，有效解决“大班额”“生均配置差异系数”的问题，进一步缩小义务教育城乡、校际差距，有计划、有步骤地深入推进区域义务教育优质均衡发展，努力构建“区域内联动发展、城乡间协同发展、信息技术助力发展”的优质均衡发展新格局，在办好每一所学校、教好每一个孩子、培养好每一名教师上下功夫。

【经费保障】 2022年，建立健全教育经费保障机制，刚性落实教育经费，一般公共预算安排教育经费66649.5万元。“三包”及学生营养餐经费合法合规使用。严格实行预算单列，专账管理，专款专用，全面落实九年义务教育阶段、学前教育阶段“三包”经费政策和九年义务教育阶段学生营养餐经费政策，通过政府采购形式

2022年4月8日，堆龙德庆区开展戏曲进校园暨藏戏广场舞推广活动

完成“三包”及营养改善计划物资采购。积极争取国家和自治区对堆龙教育的支持，多方面筹措教育经费，加强生均公用经费拨付、监管，确保及时、足额拨付资金和安全、合规、高效使用资金。加强预算管理和财务监督，落实监督检查办法，切实规范财务行为，提高资金使用效益。

【校园安全】 2022年，区教育局加强校园安全“四个100%”建设，学校有保安人员76名，监控设施实现全覆盖。投入30万元为所有村级幼儿园添置校门口防冲撞设施，并及时更换、添置防暴、消防设备。持续加强校园安全管理，切实加强校园维稳和扫黑除恶工作，及时开展各类校园安全知识教育和应急演练，学校消防安全、食品卫生安全、交通安全、校车安全得到加强，未发生校园安全事故、上访事件、校园欺凌事件。

【学校体育】 2022年，全区有足球、曲棍球、藏棋等4所体育特色学校，小学体育运动场馆面积59439.6平方米，生均面积达9.73平方米；初中体育运动场馆面积为26531平方米，生均面积达11.49平方米。各学校按照课程标准上好体育与健康课，保证体育课规范化训练。立足青少年体育工作实际，以学校为主阵地，按要求开设开齐开足体育课程，贯彻落实“阳光体育活动一小时”政策，让“我运动、我健康、我快乐”的理念融入每一名学生的日常生活。

【语言文字工作】 2022年，区教育局贯彻落实《拉萨市学校国家通用语言文字工作达标建设方案》文件精神，开展语言文字规范达标认定及推普周活动，推行国家通用语言文字的使用和宣传，采取包括张贴标语、汉语和藏语的各种演讲等多种形式对国家通用语言文字进行宣传，提高学生使用国家语言文字的水平。举办堆龙德庆区第四届经典诵写讲大赛，选派小学语文骨干教师和教研员共29人参加教育部语用司2022年民族地区国家通用语言文字培训。

【教育资助】 2022年，区教育局完成家庭经济困难大学生资助金发放工作，兑付220名2021—2022学年“建档立卡”大学生免费教育补助资金153.499384万元，为1082名2021—2022学年农户大学生和困难学生发放资金540.31万元。区内5名困难一线教师，获得人均1万元的2022年中央彩票公益金“励耕计划”资助金。

【基建项目】 2022年，区第二小学建设项目全部完工；区第三小学建设项目开工建设；区第二初级中学建设项目完成总体工程量的73%；乃琼中心小学风雨操场项目完成总体工程量的85%；桑木幼儿园教辅用房项目完成总工程量的80%；人大附中联合总校拉萨学校项目完成总工程量的43%。

（赵东来）

【机构领导】

党组书记、局长

林　芸（女，3月免）

管　兵（3月任）

党组成员、副局长

平措扎西（藏族）

王亚娟（女，6月免）

次　吉（女，藏族，6月任）

党组成员

达瓦扎西（藏族）

堆龙德庆区教育系统高级职称人员信息一览表

表8

单　位	姓　名	职称级别	聘任时间	评聘渠道（正评/双定向）
堆龙德庆区中学	朱艳美	正高	2018年6月1日	正评
堆龙德庆区教育局	张　洪	副高	2020年7月9日	双定向

续表8

单　位	姓　名	职称级别	聘任时间	评聘渠道（正评 / 双定向）
堆龙德庆区教育局	央　金	副高	2018 年 7 月 1 日	正评
堆龙德庆区教育局	贾惠芳	副高	2020 年 7 月 9 日	双定向
堆龙德庆区教育局	郑文玉	副高	2021 年 8 月 6 日	双定向
堆龙德庆区教育局	次旦拉姆	副高	2021 年 8 月 27 日	双定向
乃琼中心小学	索朗德吉	副高	2019 年 6 月 24 日	正评
乃琼中心小学	达瓦央金	副高	2017 年 7 月 6 日	正评
乃琼中心小学	边巴次仁	副高	2019 年 6 月 24 日	正评
乃琼中心小学	巴桑卓玛	副高	2020 年 7 月 6 日	正评
乃琼中心小学	次德吉	副高	2020 年 7 月 6 日	正评
乃琼中心小学	阿　乃	副高	2021 年 8 月 6 日	正评
乃琼中心小学	普布多吉	副高	2021 年 8 月 6 日	正评
乃琼中心小学	边巴卓玛	副高	2021 年 8 月 6 日	正评
乃琼中心小学	次吉达瓦	副高	2021 年 8 月 6 日	双定向
乃琼中心小学	班　珍	副高	2022 年 10 月 31 日	正评
乃琼中心小学	宋德军	副高	2022 年 10 月 31 日	正评
乃琼中心小学	闫　烁	副高	2022 年 10 月 31 日	正评
第二幼儿园	索朗查果	副高	2021 年 8 月 6 日	正评
堆龙德庆区教育局	赵东来	副高	2020 年 7 月 9 日	双定向
堆龙区小学	白玛次仁	副高	2019 年 6 月	正评
堆龙区小学	巴桑卓嘎	副高	2016 年 12 月	正评
堆龙区小学	古　扎	副高	2015 年 12 月	正评
堆龙区小学	普　珍	副高	2015 年 12 月	正评
堆龙区小学	边　巴	副高	2018 年 6 月	正评
堆龙区小学	普布占堆	副高	2022 年 10 月 31 日	双定向

续表8

单 位	姓 名	职称级别	聘任时间	评聘渠道（正评 / 双定向）
堆龙区小学	哈吉娜	副高	2022年10月31日	正评
堆龙区小学	仓 琼	副高	2021年9月	双定向
堆龙区小学	穷 吉	副高	2022年10月31日	正评
堆龙区小学	欧 珠	副高	2021年9月	双定向
堆龙区小学	边巴卓嘎	副高	2021年8月	双定向
堆龙区小学	白觉措	副高	2018年6月	正评
堆龙区小学	尼玛旦增	副高	2020年7月	正评
堆龙第四小学	索 朗	副高	2020年7月6日	正评
堆龙第四小学	努 努	副高	2022年10月31日	正评
堆龙德庆区教育局	李占宏	副高	2020年7月9日	双定向
羊达中心小学	江白加措	副高	2020年7月1日	正评
羊达中心小学	米玛普赤	副高	2021年8月6日	双定向
羊达中心小学	李 军	副高	2018年6月15日	正评
羊达中心小学	次旦平措	副高	2020年7月1日	正评
羊达中心小学	央 珍	副高	2019年6月24日	正评
羊达中心小学	加 雷	副高	2020年7月1日	正评
德庆中心小学	平 措	副高	2020年7月1日	正评
德庆中心小学	巴桑旦增	副高	2021年8月6日	正评
第二小学	佟福鼎	副高	2019年7月1日	正评
第二小学	张文文	副高	2020年7月	正评
第二小学	达 娃	副高	2020年7月	正评
第二幼儿园	白玛曲尼	副高	2020年7月1日	正评
第二幼儿园	白玛西落	副高	2021年8月6日	双定向
古荣中心小学	巴桑次仁	副高	2020年7月6日	正评

续表8

单　位	姓　名	职称级别	聘任时间	评聘渠道（正评/双定向）
古荣中心小学	旦增曲然	副高	2021年8月6日	正评
古荣中心小学	米玛旺堆	副高	2020年7月6日	正评
古荣中心小学	普　布	副高	2020年7月6日	正评
古荣中心小学	平措德吉	副高	2022年10月31日	正评
古荣中心小学	索朗次仁	副高	2022年10月31日	双定向
古荣中心小学	格桑次仁	副高	2022年10月31日	双定向
古荣中心小学	洛　珠	副高	2020年7月6日	正评
古荣中心小学	尼玛卓玛	副高	2021年8月6日	正评
姜昆黄小勇希望小学	扎西卓玛	副高	2021年8月6日	正评
姜昆黄小勇希望小学	次仁旺堆	副高	2021年8月6日	正评
姜昆黄小勇希望小学	唐素芳	副高	2021年8月6日	双定向
姜昆黄小勇希望小学	边巴卓玛	副高	2020年7月6日	正评
姜昆黄小勇希望小学	旦　珍	副高	2022年10月31日	正评
姜昆黄小勇希望小学	尼玛卓嘎	副高	2022年10月31日	正评
姜昆黄小勇希望小学	旦增旺姆	副高	2022年10月31日	正评
姜昆黄小勇希望小学	多吉次仁	副高	2021年8月6日	双定向
姜昆黄小勇希望小学	巴桑卓玛	副高	2018年6月15日	正评
姜昆黄小勇希望小学	洛桑曲珍	副高	2021年8月6日	正评
姜昆黄小勇希望小学	色　珍	副高	2022年10月31日	正评
马镇中心小学	达瓦次仁	副高	2021年8月6日	正评
马镇中心小学	边巴卓玛	副高	2021年8月6日	双定向
马镇中心小学	索朗曲珍	副高	2022年10月31日	正评
堆龙德庆区教育局	益西旦增	副高	2018年7月1日	正评
堆龙德庆区教育局	尼玛次仁	副高	2017年7月6日	正评

续表8

单　位	姓　名	职称级别	聘任时间	评聘渠道（正评 / 双定向）
堆龙德庆区教育局	仁　增	副高	2015 年 12 月 30 日	正评
堆龙德庆区中学	珠　扎	副高	2014 年 11 月 30 日	正评
堆龙德庆区教育局	达　珍	副高	2018 年 7 月 1 日	正评
堆龙德庆区教育局	尼玛卓玛	副高	2021 年 8 月 6 日	双定向
堆龙德庆区中学	王成林	副高	2012 年 12 月 1 日	正评
堆龙德庆区中学	米　玛	副高	2013 年 9 月 27 日	正评
堆龙德庆区中学	索朗白珍	副高	2013 年 9 月 27 日	正评
堆龙德庆区中学	袁金红	副高	2013 年 9 月 27 日	正评
堆龙德庆区中学	贺红侠	副高	2014 年 11 月 1 日	正评
堆龙德庆区中学	张　洋	副高	2014 年 11 月 1 日	正评
堆龙德庆区中学	徐　丽	副高	2014 年 11 月 1 日	正评
堆龙德庆区中学	房明娟	副高	2014 年 11 月 1 日	正评
堆龙德庆区中学	王书清	副高	2015 年 12 月 1 日	正评
堆龙德庆区中学	次仁白玛	副高	2015 年 12 月 1 日	正评
堆龙德庆区中学	王　芳	副高	2016 年 12 月 1 日	正评
堆龙德庆区中学	王　萍	副高	2018 年 6 月 1 日	正评
堆龙德庆区中学	胡燕梅	副高	2018 年 6 月 1 日	正评
堆龙德庆区中学	涂　卉	副高	2018 年 6 月 1 日	正评
堆龙德庆区中学	次拉姆	副高	2018 年 6 月 1 日	正评
堆龙德庆区中学	李迎春	副高	2018 年 6 月 1 日	正评
堆龙德庆区中学	元旦卓玛	副高	2019 年 6 月 24 日	正评
堆龙德庆区中学	韩庆龄	副高	2020 年 7 月 1 日	正评
堆龙德庆区中学	莫春燕	副高	2020 年 7 月 1 日	正评
堆龙德庆区中学	次珠啦	副高	2020 年 7 月 1 日	正评

续表8

单　位	姓　名	职称级别	聘任时间	评聘渠道（正评 / 双定向）
堆龙德庆区中学	央　吉	副高	2020年7月1日	正评
堆龙德庆区中学	白红梅	副高	2020年7月1日	正评
堆龙德庆区中学	阿　奴	副高	2021年8月6日	双定向
堆龙德庆区中学	巴桑拉姆	副高	2021年8月6日	双定向
堆龙德庆区中学	扎西曲珍	副高	2021年8月6日	双定向
堆龙德庆区中学	胡耀华	副高	2021年8月27日	双定向
堆龙德庆区中学	德吉卓嘎	副高	2021年8月27日	双定向
堆龙德庆区中学	索朗卓嘎	副高	2021年8月27日	双定向
堆龙德庆区中学	谢　娜	副高	2021年8月27日	双定向
堆龙德庆区中学	马　明	副高	2021年8月27日	双定向
堆龙德庆区中学	薛富春	副高	2021年8月27日	双定向
堆龙德庆区中学	平措德吉	副高	2022年10月31日	正评

堆龙德庆区教育系统中级职称人员信息一览表

表9

单位	姓名	职称	岗位	评聘时间
堆龙德庆区教育局教研室	杜　斌	一级教师	十级	2012年5月
堆龙德庆区教育局教研室	达瓦次仁	一级教师	十级	2008年5月
堆龙德庆区教育局教研室	朱　鸿	一级教师	十级	2012年5月
堆龙德庆区教育局教研室	卓玛措	一级教师	九级	2021年8月
堆龙德庆区教育局教研室	旦增念扎	一级教师	八级	2017年11月
堆龙德庆区教育局教研室	达瓦扎西	一级教师	十级	2009年5月
堆龙德庆区教育局教研室	巴桑晋美	一级教师	十级	2007年4月
堆龙德庆区教育局教研室	次仁拉吉	一级教师	十级	2016年1月
堆龙德庆区教育局教研室	郭宗英	一级教师	十级	2012年5月
堆龙德庆区教育局教研室	边巴次仁	一级教师	十级	2016年1月

续表9

单位	姓名	职称	岗位	评聘时间
堆龙德庆区教育局教研室	德吉群措	一级教师	十级	2019年1月
堆龙德庆区中学	多吉旺久	一级教师	八级	2016年12月
堆龙德庆区中学	德　央	一级教师	十级	2022年6月
堆龙德庆区中学	白玛玉珍	一级教师	十级	2017年12月
堆龙德庆区中学	格　桑	一级教师	十级	2005年5月
堆龙德庆区中学	次仁措姆	一级教师	八级	2005年3月
堆龙德庆区中学	晋美多吉	一级教师	十级	2016年7月
堆龙德庆区中学	强　旦	一级教师	九级	2014年1月
堆龙德庆区中学	阿旺占珠	一级教师	十级	2019年12月
堆龙德庆区中学	米　玛	一级教师	九级	2017年12月
堆龙德庆区中学	普布仓决	一级教师	十级	2017年4月
堆龙德庆区中学	石　达	一级教师	九级	2010年5月
堆龙德庆区中学	次仁央啦	一级教师	八级	2007年4月
堆龙德庆区中学	土登央金	一级教师	十级	2015年12月
堆龙德庆区中学	扎西央宗	一级教师	八级	2007年4月
堆龙德庆区中学	普布卓玛	一级教师	八级	2007年4月
堆龙德庆区中学	彭正强	一级教师	十级	2016年7月
堆龙德庆区中学	格桑德吉	一级教师	十级	2014年1月
堆龙德庆区中学	曲　吉	一级教师	九级	2014年5月
堆龙德庆区中学	普　琼	一级教师	八级	2007年4月
堆龙德庆区中学	索　次	一级教师	九级	2007年4月
堆龙德庆区中学	次　吉	一级教师	十级	2008年5月
堆龙德庆区中学	普布仓曲	一级教师	十级	2008年9月
堆龙德庆区中学	扎　桑	一级教师	十级	2019年1月

续表9

单位	姓名	职称	岗位	评聘时间
堆龙德庆区中学	次仁曲宗	一级教师	十级	2017年12月
堆龙德庆区中学	李雪优	一级教师	十级	2008年12月
堆龙德庆区中学	央　珍	一级教师	八级	2008年3月
堆龙德庆区中学	普布琼达	一级教师	九级	2006年4月
堆龙德庆区中学	龙　宗	一级教师	八级	2008年5月
堆龙德庆区中学	高　波	一级教师	十级	2016年7月
堆龙德庆区中学	白玛更吉	一级教师	十级	2019年1月
堆龙德庆区中学	扎　西	一级教师	九级	2014年5月
堆龙德庆区中学	尼玛卓玛	一级教师	八级	2010年5月
堆龙德庆区中学	赵有萍	一级教师	十级	2015年12月
堆龙德庆区中学	平措德吉	一级教师	十级	2016年7月
堆龙德庆区中学	次仁央拉	一级教师	十级	2015年12月
堆龙德庆区中学	巴　桑	一级教师	八级	2009年5月
堆龙德庆区中学	泽仁扎西	一级教师	十级	2020年3月
堆龙德庆区中学	赖　丽	一级教师	十级	2020年3月
堆龙德庆区中学	格桑达瓦	一级教师	八级	2009年5月
堆龙德庆区中学	王　磷	一级教师	十级	2015年12月
堆龙德庆区中学	陈新龙	一级教师	九级	2013年5月
堆龙德庆区中学	洛松朗措	一级教师	十级	2015年12月
堆龙德庆区中学	边巴卓玛	一级教师	九级	2014年5月
堆龙德庆区中学	扎　西	一级教师	九级	2011年9月
堆龙德庆区中学	仓　决	一级教师	十级	2017年12月
堆龙德庆区中学	卓　嘎	一级教师	八级	2007年8月
堆龙德庆区中学	段　昭	一级教师	十级	2020年3月

续表9

单位	姓名	职称	岗位	评聘时间
堆龙德庆区中学	洪　飞	一级教师	九级	2013 年 5 月
堆龙德庆区中学	赵吉明	一级教师	十级	2011 年 5 月
堆龙德庆区中学	格桑仁增	一级教师	十级	2019 年 1 月
堆龙德庆区中学	德　吉	一级教师	十级	2016 年 7 月
堆龙德庆区中学	普布德吉	一级教师	十级	2015 年 12 月
堆龙德庆区中学	尼　珠	一级教师	十级	2017 年 4 月
堆龙德庆区中学	益西曲珍	一级教师	十级	2017 年 12 月
堆龙德庆区中学	丹巴杰参	一级教师	十级	2016 年 7 月
堆龙德庆区中学	卓　嘎	一级教师	十级	2016 年 7 月
堆龙德庆区中学	卓玛群宗	一级教师	十级	2020 年 3 月
堆龙德庆区中学	欧珠央宗	一级教师	十级	2017 年 12 月
堆龙德庆区中学	尼玛卓嘎	一级教师	十级	2019 年 1 月
堆龙德庆区中学	格桑曲珍	一级教师	十级	2016 年 7 月
堆龙德庆区中学	桑旦卓玛	一级教师	十级	2020 年 3 月
堆龙德庆区中学	游艳梅	一级教师	九级	2012 年 9 月
堆龙德庆区中学	赵菲菲	一级教师	十级	2017 年 12 月
堆龙德庆区中学	次仁措旺	一级教师	十级	2012 年 9 月
堆龙德庆区中学	尼玛罗布	一级教师	十级	2013 年 8 月
堆龙德庆区中学	朗杰卓嘎	一级教师	十级	2012 年 5 月
堆龙德庆区中学	布　穷	一级教师	十级	2014 年 12 月
堆龙德庆区中学	索朗次仁	一级教师	十级	2014 年 1 月
堆龙德庆区中学	扎西顿珠	一级教师	十级	2015 年 11 月
堆龙德庆区中学	琼　达	一级教师	十级	2015 年 12 月
堆龙德庆区中学	郭　岚	一级教师	十级	2012 年 9 月

续表9

单位	姓名	职称	岗位	评聘时间
堆龙德庆区中学	边　珍	一级教师	十级	2010年7月
堆龙德庆区中学	尼玛吉	一级教师	十级	2015年12月
堆龙德庆区中学	蒲利君	一级教师	十级	2014年12月
堆龙德庆区中学	嘎　吉	一级教师	九级	2017年8月
堆龙德庆区小学	强　珍	一级教师	八级	2007年4月
堆龙德庆区小学	边巴卓玛	一级教师	九级	2007年4月
堆龙德庆区小学	扎　桑	一级教师	八级	2009年5月
堆龙德庆区小学	尼玛次仁	一级教师	八级	2012年5月
堆龙德庆区小学	玉　珍	一级教师	九级	2010年5月
堆龙德庆区小学	旦增罗布	一级教师	九级	2011年5月
堆龙德庆区小学	丹增卓玛	一级教师	九级	2009年5月
堆龙德庆区小学	白玛卓嘎	一级教师	八级	2012年5月
堆龙德庆区小学	尼玛片多	一级教师	九级	2014年5月
堆龙德庆区小学	曲尼旺姆	一级教师	九级	2009年5月
堆龙德庆区小学	洛桑曲珍	一级教师	十级	2014年5月
堆龙德庆区小学	周　峰	一级教师	九级	2009年5月
堆龙德庆区小学	西　洛	一级教师	八级	2010年5月
堆龙德庆区小学	拉巴次仁	一级教师	十级	2016年1月
堆龙德庆区小学	拉巴多杰	一级教师	十级	2017年12月
堆龙德庆区小学	普　琼	一级教师	八级	2009年5月
堆龙德庆区小学	达娃曲珍	一级教师	十级	2017年12月
堆龙德庆区小学	边巴次仁	一级教师	九级	2016年12月
堆龙德庆区小学	次仁玉珍	一级教师	十级	2019年1月
堆龙德庆区小学	次旦央宗	一级教师	十级	2013年5月

续表9

单位	姓名	职称	岗位	评聘时间
堆龙德庆区小学	多吉旺堆	一级教师	十级	2015 年 11 月
堆龙德庆区小学	格桑曲珍	一级教师	十级	2020 年 3 月
堆龙德庆区小学	扎西次仁	一级教师	八级	2006 年 4 月
堆龙德庆区小学	德吉央珍	一级教师	十级	2012 年 5 月
堆龙德庆区小学	强　桑	一级教师	九级	2012 年 5 月
堆龙德庆区小学	德　吉	一级教师	八级	2009 年 5 月
堆龙德庆区小学	吴晓玉	一级教师	十级	2016 年 1 月
堆龙德庆区小学	拉巴次仁	一级教师	十级	2017 年 12 月
堆龙德庆区小学	唐　红	一级教师	十级	2017 年 12 月
堆龙德庆区小学	仓　决	一级教师	八级	2013 年 5 月
堆龙德庆区小学	尼　玛	一级教师	八级	2014 年 5 月
堆龙德庆区小学	旦增平措	一级教师	九级	2007 年 4 月
堆龙德庆区小学	尼　普	一级教师	十级	2014 年 12 月
堆龙德庆区小学	格　桑	一级教师	十级	2017 年 12 月
堆龙德庆区小学	次旦央宗	一级教师	十级	2014 年 5 月
堆龙德庆区小学	次仁央拉	一级教师	十级	2016 年 8 月
堆龙德庆区小学	贡觉坚参	一级教师	十级	2019 年 1 月
堆龙德庆区小学	赤　尼	一级教师	八级	2006 年 4 月
堆龙德庆区小学	尼玛曲珍	一级教师	十级	2012 年 9 月
堆龙德庆区小学	次旦旺久	一级教师	十级	2018 年 12 月
堆龙德庆区小学	洛桑益西	一级教师	十级	2014 年 10 月
堆龙德庆区德庆中心小学	顿珠罗杰	一级教师	九级	2019 年 1 月
堆龙德庆区德庆中心小学	达　杰	一级教师	八级	2011 年 5 月
堆龙德庆区德庆中心小学	尼玛次仁	一级教师	八级	2011 年 5 月

续表9

单位	姓名	职称	岗位	评聘时间
堆龙德庆区德庆中心小学	达娃次旦	一级教师	九级	2017 年 12 月
堆龙德庆区德庆中心小学	米玛次仁	一级教师	十级	2012 年 12 月
堆龙德庆区德庆中心小学	土　旦	一级教师	九级	2017 年 12 月
堆龙德庆区德庆中心小学	索朗念扎	一级教师	九级	2010 年 5 月
堆龙德庆区德庆中心小学	次仁多吉	一级教师	十级	2021 年 1 月
堆龙德庆区德庆中心小学	边巴央宗	一级教师	十级	2013 年 5 月
堆龙德庆区德庆中心小学	次仁曲旦	一级教师	十级	2013 年 6 月
拉萨经开小学	尼玛次仁	一级教师	九级	2020 年 9 月
拉萨经开小学	其美卓嘎	一级教师	十级	2020 年 3 月
拉萨经开小学	达　嘎	一级教师	十级	2017 年 8 月
拉萨经开小学	杨香政	一级教师	十级	2021 年 11 月
拉萨经开小学	赤列索朗	一级教师	十级	2020 年 3 月
拉萨经开小学	史　磊	一级教师	十级	2018 年 8 月
拉萨经开小学	米　玛	一级教师	九级	2015 年 12 月
拉萨经开小学	措　吉	一级教师	十级	2017 年 12 月
拉萨经开小学	拉　巴	一级教师	十级	2017 年 12 月
拉萨经开小学	巴桑央宗	一级教师	十级	2020 年 3 月
拉萨经开小学	巴　央	一级教师	十级	2017 年 4 月
拉萨经开小学	旺　东	一级教师	九级	2008 年 5 月
拉萨经开小学	扎西德吉	一级教师	九级	2014 年 5 月
堆龙德庆区羊达乡中心小学	达　瓦	一级教师	十级	2012 年 5 月
堆龙德庆区羊达乡中心小学	索朗次仁	一级教师	九级	2007 年 4 月
堆龙德庆区羊达乡中心小学	达　嘎	一级教师	十级	2006 年 7 月
堆龙德庆区羊达乡中心小学	索朗德吉	一级教师	九级	2012 年 10 月

续表9

单位	姓名	职称	岗位	评聘时间
堆龙德庆区羊达乡中心小学	罗　琼	一级教师	十级	2009年11月
堆龙德庆区羊达乡中心小学	林　婕	一级教师	十级	2017年8月
堆龙德庆区羊达乡中心小学	达　娃	一级教师	十级	2018年12月
堆龙德庆区羊达乡中心小学	尼　珍	一级教师	十级	2017年4月
堆龙德庆区羊达乡中心小学	仓木啦	一级教师	十级	2009年5月
堆龙德庆区羊达乡中心小学	旺　久	一级教师	九级	2017年12月
堆龙德庆区羊达乡中心小学	桑旦白玛	一级教师	十级	2014年1月
堆龙德庆区羊达乡中心小学	旦增甘登	一级教师	九级	2017年8月
堆龙德庆区羊达乡中心小学	斯朗曲珍	一级教师	九级	2014年5月
堆龙德庆区乃琼中心小学	晋美达瓦	一级教师	八级	2010年5月
堆龙德庆区乃琼中心小学	次仁占堆	一级教师	八级	2011年5月
堆龙德庆区乃琼中心小学	米玛坚才	一级教师	八级	2006年4月
堆龙德庆区乃琼中心小学	扎　桑	一级教师	九级	2015年12月
堆龙德庆区乃琼中心小学	冲　多	一级教师	八级	2012年5月
堆龙德庆区乃琼中心小学	次仁央金	一级教师	十级	2015年12月
堆龙德庆区乃琼中心小学	尼玛卓玛	一级教师	十级	2017年12月
堆龙德庆区乃琼中心小学	宗　吉	一级教师	九级	2012年5月
堆龙德庆区乃琼中心小学	次　尼	一级教师	九级	2013年5月
堆龙德庆区乃琼中心小学	达瓦卓玛	一级教师	九级	2014年5月
堆龙德庆区乃琼中心小学	尼　珍	一级教师	八级	2012年5月
堆龙德庆区乃琼中心小学	德吉卓嘎	一级教师	十级	2008年10月
堆龙德庆区乃琼中心小学	旦增欧珠	一级教师	十级	2018年12月
堆龙德庆区乃琼中心小学	德吉卓嘎	一级教师	十级	2017年4月
堆龙德庆区乃琼中心小学	罗　吉	一级教师	八级	2007年4月

续表9

单位	姓名	职称	岗位	评聘时间
堆龙德庆区乃琼中心小学	旺堆尼玛	一级教师	八级	2012 年 5 月
堆龙德庆区乃琼中心小学	次仁卓玛	一级教师	十级	2017 年 12 月
堆龙德庆区乃琼中心小学	阿旺益西	一级教师	十级	2017 年 12 月
堆龙德庆区乃琼中心小学	坚　才	一级教师	八级	2012 年 5 月
堆龙德庆区乃琼中心小学	次仁央宗	一级教师	十级	2018 年 12 月
堆龙德庆区乃琼中心小学	次仁平措	一级教师	十级	2013 年 8 月
堆龙德庆区乃琼中心小学	边　珍	一级教师	九级	2013 年 8 月
堆龙德庆区乃琼中心小学	强巴卓嘎	一级教师	八级	2006 年 4 月
堆龙德庆区乃琼中心小学	德吉尼玛	一级教师	十级	2012 年 8 月
堆龙德庆区乃琼中心小学	拉　珍	一级教师	十级	2014 年 12 月
堆龙德庆区乃琼中心小学	拉　姆	一级教师	十级	2019 年 12 月
堆龙德庆区乃琼中心小学	丁　凯	一级教师	十级	2013 年 8 月
堆龙德庆区乃琼中心小学	尼　珍	一级教师	十级	2017 年 12 月
堆龙德庆区马乡中心小学	阿旺索朗	一级教师	十级	2020 年 3 月
堆龙德庆区马乡中心小学	央　宗	一级教师	九级	2017 年 12 月
堆龙德庆区马乡中心小学	尼玛次仁	一级教师	十级	2020 年 3 月
堆龙德庆区马乡中心小学	白玛央宗	一级教师	十级	2020 年 3 月
堆龙德庆区马乡中心小学	普　穷	一级教师	十级	2020 年 3 月
堆龙德庆区马乡中心小学	拉　巴	一级教师	十级	2013 年 10 月
堆龙德庆区马乡中心小学	旦增列谢	一级教师	十级	2015 年 12 月
堆龙德庆区姜昆黄小勇希望小学	德吉拉珍	一级教师	八级	2014 年 5 月
堆龙德庆区姜昆黄小勇希望小学	仓　决	一级教师	十级	2011 年 5 月
堆龙德庆区姜昆黄小勇希望小学	穷　达	一级教师	八级	2009 年 5 月
堆龙德庆区姜昆黄小勇希望小学	次　仁	一级教师	八级	2009 年 5 月

续表9

单位	姓名	职称	岗位	评聘时间
堆龙德庆区姜昆黄小勇希望小学	德庆央宗	一级教师	九级	2009 年 5 月
堆龙德庆区姜昆黄小勇希望小学	拉姆次仁	一级教师	十级	2017 年 4 月
堆龙德庆区姜昆黄小勇希望小学	旦增曲扎	一级教师	八级	2011 年 5 月
堆龙德庆区姜昆黄小勇希望小学	边巴卓玛	一级教师	九级	2012 年 5 月
堆龙德庆区姜昆黄小勇希望小学	贾 智 慧	一级教师	十级	2017 年 12 月
堆龙德庆区姜昆黄小勇希望小学	张 秀 花	一级教师	九级	2015 年 12 月
堆龙德庆区姜昆黄小勇希望小学	白玛卓嘎	一级教师	十级	2013 年 5 月
堆龙德庆区姜昆黄小勇希望小学	央　金	一级教师	十级	2011 年 12 月
堆龙德庆区姜昆黄小勇希望小学	巴桑卓嘎	一级教师	八级	2014 年 5 月
堆龙德庆区姜昆黄小勇希望小学	宗　巴	一级教师	十级	2018 年 12 月
堆龙德庆区姜昆黄小勇希望小学	米玛布知	一级教师	九级	2017 年 4 月
堆龙德庆区姜昆黄小勇希望小学	尼　珍	一级教师	十级	2018 年 12 月
堆龙德庆区姜昆黄小勇希望小学	殷 臣 秀	一级教师	十级	2016 年 8 月
堆龙德庆区姜昆黄小勇希望小学	仓　决	一级教师	九级	2010 年 5 月
堆龙德庆区姜昆黄小勇希望小学	米玛次仁	一级教师	九级	2008 年 5 月
堆龙德庆区姜昆黄小勇希望小学	兰 佳 琪	一级教师	十级	2020 年 3 月
堆龙德庆区姜昆黄小勇希望小学	索　朗	一级教师	九级	2009 年 5 月
堆龙德庆区姜昆黄小勇希望小学	旦　珍	一级教师	十级	2017 年 5 月
堆龙德庆区姜昆黄小勇希望小学	霍　娟	一级教师	十级	2017 年 7 月
堆龙德庆区姜昆黄小勇希望小学	查　斯	一级教师	十级	2017 年 12 月
堆龙德庆区姜昆黄小勇希望小学	德吉曲珍	一级教师	十级	2014 年 1 月
堆龙德庆区姜昆黄小勇希望小学	益西白玛	一级教师	十级	2015 年 12 月
堆龙德庆区姜昆黄小勇希望小学	阿旺拉姆	一级教师	九级	2017 年 1 月
堆龙德庆区姜昆黄小勇希望小学	祁　静	一级教师	十级	2017 年 12 月

续表9

单位	姓名	职称	岗位	评聘时间
堆龙德庆区姜昆黄小勇希望小学	索朗旺姆	一级教师	十级	2017 年 8 月
堆龙德庆区古荣中心小学	巴　桑	一级教师	八级	2017 年 5 月
堆龙德庆区古荣中心小学	边　巴	一级教师	八级	2007 年 4 月
堆龙德庆区古荣中心小学	次仁曲宗	一级教师	十级	2019 年 12 月
堆龙德庆区古荣中心小学	白玛卓嘎	一级教师	十级	2019 年 12 月
堆龙德庆区古荣中心小学	坚　宗	一级教师	九级	2017 年 12 月
堆龙德庆区古荣中心小学	米　玛	一级教师	八级	2007 年 4 月
堆龙德庆区古荣中心小学	扎西元旦	一级教师	九级	2017 年 5 月
堆龙德庆区古荣中心小学	加　措	一级教师	九级	2017 年 5 月
堆龙德庆区古荣中心小学	塔措卓玛	一级教师	十级	2020 年 3 月
堆龙德庆区古荣中心小学	杨玉红	一级教师	十级	2012 年 5 月
堆龙德庆区古荣中心小学	德吉赤来	一级教师	十级	2020 年 3 月
堆龙德庆区古荣中心小学	白玛德庆	一级教师	九级	2014 年 1 月
堆龙德庆区古荣中心小学	拉巴桑姆	一级教师	十级	2017 年 5 月
堆龙德庆区第二小学	贾　亮	一级教师	八级	2017 年 5 月
堆龙德庆区第二小学	卓　玛	一级教师	九级	2017 年 12 月
堆龙德庆区第二小学	吉安卓玛	一级教师	十级	2019 年 1 月
堆龙德庆区第二小学	索朗加布	一级教师	十级	2020 年 3 月
堆龙德庆区第二小学	央　珍	一级教师	十级	2013 年 5 月
堆龙德庆区第二小学	小尼珍	一级教师	十级	2014 年 1 月
堆龙德庆区第二小学	拉　珍	一级教师	九级	2009 年 5 月
堆龙德庆区第二小学	白玛德吉	一级教师	十级	2012 年 5 月
堆龙德庆区第二小学	达　珍	一级教师	九级	2011 年 5 月
堆龙德庆区第一双语幼儿园	洛桑旦增	一级教师	十级	2017 年 12 月

续表9

单位	姓名	职称	岗位	评聘时间
堆龙德庆区第一双语幼儿园	琼　达	一级教师	八级	2010年5月
堆龙德庆区第一双语幼儿园	贡觉旺姆	一级教师	十级	2021年11月
堆龙德庆区第一双语幼儿园	玉　珍	一级教师	十级	2015年12月
堆龙德庆区第一双语幼儿园	郭永辉	一级教师	十级	2020年4月
堆龙德庆区第一双语幼儿园	泽丁卓玛	一级教师	十级	2014年5月
堆龙德庆区第二双语幼儿园	马红霞	一级教师	十级	2019年1月
堆龙德庆区第二双语幼儿园	边巴卓玛	一级教师	九级	2008年5月
堆龙德庆区第二双语幼儿园	拉姆次仁	一级教师	十级	2019年1月
堆龙德庆区第二双语幼儿园	韩　敏	一级教师	十级	2017年6月
堆龙区桑木村双语幼儿园	拉　珍	一级教师	九级	2013年5月
堆龙区桑木村双语幼儿园	边巴卓嘎	一级教师	八级	2010年5月
堆龙区桑木村双语幼儿园	次仁德吉	一级教师	十级	2009年5月
堆龙区桑木村双语幼儿园	达　珍	一级教师	九级	2012年5月
堆龙德庆区羊达街道中心双语幼儿园	巴　蓉	一级教师	十级	2017年12月
堆龙德庆区羊达街道通嘎村双语幼儿园	德吉央宗	一级教师	九级	2016年1月
堆龙德庆区乃琼中心幼儿园	次仁卓玛	一级教师	十级	2021年11月
堆龙德庆区乃琼贾热幼儿园	米玛仓决	一级教师	九级	2008年5月
堆龙德庆区乃琼岗德林幼儿园	洛桑曲珍	一级教师	十级	2017年12月
堆龙德庆区古荣镇中心幼儿园	麦拉卓玛	一级教师	十级	2021年11月
堆龙德庆区古荣镇中心幼儿园	桑　吉	一级教师	十级	2020年3月
堆龙德庆区第五幼儿园	翁永平	一级教师	九级	2016年7月
堆龙德庆区第五幼儿园	巴　桑	一级教师	十级	2014年5月
堆龙德庆区第五幼儿园	达瓦卓玛	一级教师	十级	2013年5月
堆龙德庆区第五幼儿园	顿珠多吉	一级教师	八级	2016年7月

续表9

单位	姓名	职称	岗位	评聘时间
堆龙德庆区第五幼儿园	格桑德吉	一级教师	九级	2016年7月
堆龙德庆区第五幼儿园	次仁措姆	一级教师	十级	2020年3月
堆龙德庆区第四幼儿园	索朗曲珍	一级教师	九级	2020年3月
堆龙德庆区第四幼儿园	达　娃	一级教师	九级	2020年7月
堆龙德庆区第三幼儿园	欧　梅	一级教师	十级	2017年12月
堆龙德庆区第三幼儿园	谭振霞	一级教师	十级	2019年1月
堆龙德庆区第三幼儿园	拉巴卓玛	一级教师	九级	2017年12月

堆龙德庆区中学

【概况】 年内，堆龙德庆区中学认真贯彻落实中共十九大及历届全会精神、中共二十大精神和中央第七次西藏工作座谈会精神，积极推进党的各项方针政策，深入落实基层党建工作责任制和党风廉政建设责任制，认真开展“四讲四爱”，着眼于为学生终身发展奠定基础，秉承扬帆起航、启志明理的人文精神，恪守团结、尚学、拼搏、和谐的校风，坚持以“四抓”（抓疫情防控、抓管理规范、抓队伍建设、抓学生德育）为重要支点，树立“以人为本”的办学理念，加强教师队伍建设，以课堂转型为契机，以校园文化建设为载体，努力提高教学质量，力创平安学校、和谐校园。2022年，区中学有教职工206人，在校学生2685人，七年级入校新生988人，八年级810人，九年级887人，学校共设班级54个。

【党务建设】 2022年，区中学全体党员发挥先锋模范作用，引导教师党员争做教学能手、学科带头人，积极承担高质量的公开课（示范课），并获得优异成绩。努力构建学习型校园，将中共二十大精神、习近平总书记提出的争做“四有好老师”纳入教育工作的计划，以“三会一课”为基本形式，以落实党员教育管理制度为基本依托，采取个人自学、集中学、上党课等多种方式深入学习新《中国共产党章程》及《全国组织部长会议精神传达提纲》《习近平新时代中国特色社会主义思想学习纲要》《学习领会中央第七次西藏工作座谈会精神（稿）》等各项重要会议和重要文件精神，要求逐篇逐句学习党章党规，学习习近平总书记系列重要讲话精神，把握精神实质，领会精髓要义。

2022年3月20日，堆龙德庆区中学举办第二届春季校园体育节之“四讲四爱”群众教育实践活动第九届校园篮球班级联赛

2022年3月20日，堆龙德庆区中学举办第二届春季校园体育节之第六届“菁英杯”暨第十届“校长杯”校园足球班级联赛

【主题教育】 2022年，区中学通过创新宣传渠道，引导学生树立“四讲四爱”“过好当下幸福生活”“讲党恩爱核心”“讲团结爱祖国”的思想观念，举办“3·12”植树节活动、第二届春季校园体育节之第六届“菁英杯”暨第十届“校长杯”校园足球班级联赛、第二届春季校园体育节之“四讲四爱”群众教育实践、第九届校园篮球班级联赛等文体活动和比赛，组织学生观看“喜迎二十大 永远跟党走 奋进新征程”中国青年五四奖章颁奖仪式分享会，让学生用自己的心语抒发对党、对祖国的无限热爱和美好祝福。开展中共二十大专题宣讲10场，覆盖师生28000人次；举行主题升国旗仪式，受益学生15600余人次；开展“小手拉大手”学习活动14场，受益学生26380余人次。

【落实教学常规管理】 2022年，区中学加强教学常规检查，检查教师的教案、学科计划、听课记录、教育教学笔记、学生的作业等内容；认真组织考试，做好质量分析，狠抓考风、考纪；加强音、体、美学科的教学管理，完善体音美的考核标准和评估方案，探索特殊群体成才的策略，推进学生课堂活动的正常进行；开展“一考三评”（考业务知识水平、评思想政治和师德素养、评课堂教学能力、评信息技术应用能力）工作，夯实教学基本功，提升教育教学能力；认真落实“双减”“五项管理”工作，全面推进素质教育，切实减轻学生过重的课业负担，提高课堂教学效率，促进学生全面、健康而有个性地发展。

【师德师风建设】 2022年，区中学成立了由校长任组长，其他班子成员和班主任为成员的师德师风教育活动领导小组，通过广播、黑板报、标语、展板、简报、学习手册、学生问卷调查等形式开展师德师风教育活动，引导教师不仅重言传，更要重身教，时时处处体现为人师表。举办师德师风讲座，强调教师是立校之本，师德是教育之魂，向全体教师强调好教师对学生的影响及重要性。多次组织广大教师认真学习《中小学教师职业道德规范》《教育部关于加强和改进师德建设的意见》等法律法规，增强广大教师的法治观念，提高广大教师的职业道德素质，力促教师在提高政治素质、思想素养上求实效，在转变教育理念、提高教育教学质量上求实效，在服务学生、服务家长、服务社会上求实效，在为人师表、树立良好形象上求实效，在促进学校发展、争先创优上求实效。

【课堂教学】 2022年，区中学要求全体教师树立“面向全体、全面发展、主动发展”的教学思想，努力做到“把眼光盯在质量上，把功夫下在备课上，把基础放在个人素质提高上，把关键放在教学方法的改革上，把目标放在全体学生的进步和提升上，把效果显现在40分钟的课堂上”，保证教学工作扎实有效。在常规管理工作中，充分发挥教学管理处的作用，在课堂教学、作业指导、成绩考查、专业发展等方面对教学工作进行量化考核。从抓教学细节入手，规范教学教研常规工作，着力打造高效课堂，做好推门听课、集体备课、一课多讲、同课异构等多形式课堂教学活动，坚持面向教育教学实践、切实解决实际问题，以如何使学生日日有进步为着眼点，转变教学理念，抓好教学环节。各类考试结束后，组织教师对试卷成绩进行分析，认真反思，查漏补缺，研究对策，增强实效。

【民族团结教育】 2022年，区中学积极探索加强民族团结的新思路、新方法，充分利用横幅、宣传标语、黑板报、校园广播等宣传工具，广泛宣传党的民族政策，宣传民族团结教育的重要性，使广大师生在自觉与不自觉中受到了民族团结的教育，营造和谐民族氛围。为更好地了解和掌握民族理论政策、民族法律法规和民族基本知识，组织全体师生深入学习《中华人民共和国民族区域自治法》《拉萨市民族团结进步条例》等法律法规，并将民族团结教育列入教学计划，做到了在教案中有体现，在课堂上有落实，切实保证教学时间、教学质量和教学效果；利用民族团结教育月、重大节日、纪念日等契机，组织开展丰富多彩的活动，加强各族师生之间的文化交流，如开展民族团结月活动、民族团结演讲比赛；将藏民族的民族舞穿插到学生课间操中，增进民族文化的交流与融合，增强学生的民族团结意识。

（李瑞祖）

【机构领导】

校　长
　王书清

副校长
　朱艳美（女）
　巴　珍（女，藏族，4月免）

堆龙德庆区中学中级以上职称人员一览表

表10

姓名	性别	民族	学历	参工时间	专业技术职务	批准时间
白玛玉珍	女	藏族	本科	2008年7月1日	一级教师	2017年12月
次仁措姆	女	藏族	本科	1996年9月1日	一级教师	2005年3月
晋美多吉	男	藏族	本科	1996年7月1日	一级教师	2016年7月
袁金红	女	汉族	本科	2000年7月1日	高级教师	2013年1月
佟福鼎	男	汉族	本科	2004年7月1日	高级教师	2019年7月
扎西曲珍	女	藏族	本科	2008年7月1日	一级教师	2016年1月
米　玛	女	藏族	本科	2009年7月1日	一级教师	2017年12月
普布仓决	女	藏族	本科	1999年7月1日	一级教师	2017年4月
石　达	男	藏族	本科	1996年7月1日	一级教师	2010年5月
莫春燕	女	汉族	本科	2004年7月1日	高级教师	2020年7月
次仁央啦	女	藏族	本科	1995年7月1日	一级教师	2007年4月
土登央金	女	藏族	本科	2003年7月1日	一级教师	2015年12月
米　玛	男	藏族	本科	1996年7月1日	高级教师	2013年4月
巴桑拉姆	女	藏族	本科	2007年7月1日	高级教师	2021年9月
韩庆龄	女	汉族	本科	1997年7月1日	高级教师	2020年7月
扎西央宗	女	藏族	本科	1994年7月1日	一级教师	2007年4月

续表10

姓名	性别	民族	学历	参工时间	专业技术职务	批准时间
朱艳美	女	汉族	本科	1998年7月1日	正高级教师	2018年6月
涂　卉	女	汉族	本科	2001年7月1日	高级教师	2018年6月
普布卓玛	女	藏族	本科	1995年7月1日	一级教师	2007年4月
彭正强	男	汉族	本科	2009年7月1日	一级教师	2016年7月
曲　吉	女	藏族	本科	2000年7月1日	一级教师	2014年5月
李迎春	女	汉族	本科	2001年7月1日	高级教师	2018年6月
贺红侠	女	汉族	本科	1993年7月1日	高级教师	2014年11月
普　琼	男	藏族	本科	1995年7月1日	一级教师	2007年4月
索　次	男	藏族	本科	1995年7月1日	一级教师	2007年4月
珠　扎	男	藏族	本科	1999年7月1日	高级教师	2014年11月
巴　珍	女	藏族	本科	1994年7月1日	高级教师	2016年1月
次　吉	女	藏族	本科	1993年7月1日	一级教师	2008年5月
普布仓曲	女	藏族	本科	2001年7月1日	一级教师	2008年9月
王　芳	女	汉族	本科	2001年7月1日	高级教师	2016年12月
扎　桑	女	藏族	本科	2007年7月1日	一级教师	2019年1月
次仁曲宗	女	藏族	本科	2007年7月1日	高级教师	2021年9月
李雪优	女	汉族	本科	2005年7月1日	一级教师	2008年12月
王成林	男	汉族	本科	2000年7月1日	高级教师	2012年12月
央　珍	女	藏族	本科	1996年7月1日	一级教师	2008年3月
普布琼达	女	藏族	本科	1998年7月1日	一级教师	2006年4月
龙　宗	女	藏族	本科	1994年7月1日	一级教师	2008年5月
白红梅	女	藏族	本科	1997年7月1日	高级教师	2020年7月
高　波	女	汉族	本科	2005年7月1日	一级教师	2016年7月
索朗卓嘎	女	藏族	本科	2001年7月1日	高级教师	2021年9月
德吉卓嘎	女	藏族	本科	1998年7月1日	高级教师	2021年9月
次仁白玛	女	藏族	本科	1999年7月1日	高级教师	2016年1月

续表10

姓名	性别	民族	学历	参工时间	专业技术职务	批准时间
王　霞	女	汉族	本科	1998年7月1日	一级教师	2015年12月
元旦卓玛	女	藏族	本科	2002年7月1日	高级教师	2019年7月
房明娟	女	汉族	本科	1999年7月1日	高级教师	2014年11月
白玛更吉	女	藏族	本科	2005年7月1日	一级教师	2019年1月
徐　丽	女	汉族	本科	1999年7月1日	高级教师	2014年11月
扎　西	男	藏族	本科	1995年7月1日	一级教师	2014年5月
尼玛卓玛	女	藏族	本科	1993年7月1日	一级教师	2010年5月
赵有萍	女	汉族	本科	2004年7月1日	一级教师	2015年12月
平措德吉	女	藏族	本科	2009年7月1日	一级教师	2016年7月
次仁央拉	女	藏族	本科	2005年7月1日	一级教师	2015年12月
巴　桑	女	藏族	本科	1994年7月1日	一级教师	2009年5月
王书清	男	汉族	本科	2000年7月1日	高级教师	2016年1月
泽仁扎西	男	藏族	本科	1996年9月1日	一级教师	2020年3月
赖　丽	女	汉族	本科	2003年7月1日	一级教师	2020年3月
格桑达瓦	男	藏族	本科	1991年4月1日	一级教师	2009年5月
张　洋	女	汉族	本科	2000年7月1日	高级教师	2014年11月
次拉姆	女	藏族	本科	2004年7月1日	高级教师	2018年6月
王　磷	女	汉族	本科	2001年7月1日	一级教师	2015年12月
索朗白珍	女	藏族	本科	1996年7月1日	高级教师	2013年9月
陈新龙	男	汉族	本科	2001年7月1日	一级教师	2013年5月
边巴卓玛	女	藏族	本科	2007年7月1日	一级教师	2014年5月
扎　西	男	藏族	本科	2005年7月1日	一级教师	2011年9月
仓　决	女	藏族	本科	2005年7月1日	一级教师	2017年12月
央　吉	女	藏族	本科	2006年7月1日	高级教师	2020年7月

续表10

姓名	性别	民族	学历	参工时间	专业技术职务	批准时间
卓　嘎	女	藏族	本科	1996 年 7 月 1 日	一级教师	2007 年 8 月
段　昭	女	藏族	研究生	2010 年 7 月 1 日	一级教师	2020 年 3 月
洪　飞	女	汉族	本科	2001 年 7 月 1 日	一级教师	2013 年 5 月
阿　奴	女	藏族	本科	2003 年 7 月 1 日	高级教师	2021 年 9 月
赵吉明	男	汉族	研究生	2001 年 7 月 1 日	一级教师	2011 年 5 月
王　萍	女	汉族	本科	2004 年 7 月 1 日	高级教师	2018 年 6 月
胡燕梅	女	汉族	本科	2004 年 7 月 1 日	高级教师	2018 年 6 月
格桑仁增	男	藏族	本科	1999 年 7 月 1 日	一级教师	2019 年 1 月
德　吉	女	藏族	本科	2007 年 7 月 1 日	一级教师	2016 年 7 月
普布德吉	女	藏族	本科	2007 年 7 月 1 日	一级教师	2015 年 12 月
薛富春	男	汉族	本科	2001 年 7 月 1 日	高级教师	2021 年 9 月
尼　珠	女	藏族	本科	2007 年 7 月 1 日	一级教师	2017 年 4 月
益西曲珍	女	藏族	本科	2006 年 8 月 1 日	一级教师	2017 年 12 月
丹巴杰参	男	藏族	本科	2007 年 7 月 1 日	一级教师	2016 年 7 月
卓　嘎	女	藏族	本科	2007 年 7 月 1 日	一级教师	2016 年 7 月
次珠啦	女	藏族	本科	2004 年 7 月 1 日	高级教师	2020 年 7 月
卓玛群宗	女	藏族	本科	2013 年 7 月 1 日	一级教师	2020 年 3 月
欧珠央宗	女	藏族	本科	2008 年 7 月 1 日	一级教师	2017 年 12 月
尼玛卓嘎	女	藏族	本科	2010 年 7 月 1 日	一级教师	2019 年 1 月
格桑曲珍	女	藏族	本科	2007 年 7 月 1 日	一级教师	2016 年 7 月
谭阿路	女	土家族	本科	2013 年 12 月 1 日	一级教师	2020 年 3 月
桑旦卓玛	女	藏族	本科	2013 年 12 月 1 日	一级教师	2020 年 3 月
游艳梅	女	汉族	本科	2002 年 7 月 1 日	一级教师	2012 年 9 月
马　明	男	汉族	本科	2004 年 8 月 1 日	高级教师	2021 年 9 月

续表10

姓名	性别	民族	学历	参工时间	专业技术职务	批准时间
谢　娜	女	汉族	本科	2003年8月1日	高级教师	2021年9月
赵菲菲	女	汉族	本科	2011年7月1日	一级教师	2017年12月
胡耀华	男	汉族	本科	2007年7月1日	高级教师	2021年9月
次仁措旺	女	藏族	本科	2006年7月1日	一级教师	2012年9月
尼玛罗布	男	藏族	本科	2004年7月1日	一级教师	2013年8月
朗杰卓嘎	女	藏族	本科	2001年7月1日	一级教师	2012年5月
布　穷	男	藏族	本科	2007年7月1日	一级教师	2014年12月
索朗次仁	男	藏族	本科	2007年7月1日	一级教师	2014年1月
扎西顿珠	男	藏族	本科	2006年8月1日	一级教师	2015年11月
郭　岚	女	汉族	本科	2005年7月1日	一级教师	2012年9月
边　珍	女	藏族	本科	2010年7月1日	一级教师	2010年7月
白玛央吉	女	藏族	本科	2011年8月1日	一级教师	2020年3月
格桑德吉	女	藏族	本科	2007年7月	一级教师	2014年1月
尼玛吉	女	藏族	本科	2009年7月	一级教师	2015年12月
琼　达	女	藏族	本科	2009年7月	一级教师	2015年12月
洛松朗措	女	藏族	本科	2006年7月	一级教师	2015年12月
蒲利君	女	汉族	本科	2006年7月	一级教师	2014年12月
益西措姆	女	汉族	本科	2013年12月	一级教师	2021年11月
朱世清	男	汉族	本科	2015年10月	一级教师	2022年5月
李天奎	男	汉族	本科	2016年7月	一级教师	2022年5月
罗　布	男	藏族	本科	2011年8月	一级教师	2022年5月
格桑德吉	女	藏族	本科	2008年11月	一级教师	2022年5月

交通·通信

交通运输

2022年6月20日，拉萨市交通综合行政执法队联合堆龙德庆区交警大队、区交通综合行政执法队开展非法营运宣传活动

【概况】 年内，区交通运输局全面贯彻落实中共二十大精神，深入贯彻落实习近平总书记关于“四好农村路”重要指示精神，践行以人民为中心的发展理念，围绕堆龙德庆区高质量发展建设，推动“四好农村路”高质量发展，为加快农业农村现代化提供坚实保障，进一步提升全区农村公路管养服务水平，实现农村交通发展新格局，为经济社会发展提供坚实的交通基础保障。2022年，区交通局实有工作人员16名，其中，干部7名，政府购买人员6名，公益性岗位1名，西部志愿者1名，“三支一扶”人员1名。

【农村公路年报核查】 2022年，全区下辖6个镇街、31个村(居)、140个自然组，农村公路总里程493.004千米，其中，县道55.188千米、乡道79.585千米、专用公路37.033千米、村道321.198千米。自然村通畅123个，已通达未通畅17个，未通达0个。全区农村公路基本形成以县道为骨架、乡道为支线、村道(寺庙道路)为脉络的农村公路网络体系，实现与国道干线以及城市道路的有效对接互通，为农村经济社会发展提供强有力支撑和保障。

【爱路护路】 2022年，区交通局结合五下乡、主题党日、3月综治宣传月等活动，开展农村公路“打非治乱”和“四好农村路”创建工作等宣传活动，有力营造人人关心、支持、参与创建工作的社会氛围。把爱路护路、文明出行等工作要求纳入乡规民约、村规民约之中，提升村民自治水平，路面常年保持整洁、无杂物，边沟排水通畅，蓄意破坏道路交通设施等违法行为连续多年保持零发生。

【重点项目建设】 推进北环西延线建设。拉萨北环西延线工程路线起点军区修理厂附近，终点位于龙福汽车检测中心南侧，全长18.921千米。2022年,已完成项目基础资料收集、全线基础测量、沿线现有管线探测等工作,并委托第三方编制征拆评估、社会稳定评价、用地预审和选址意见等前置手续,项目前置经费投资2000万元。

项目建设。坚持因地制宜、经济适用、绿色环保理念,开展农村公路项目建设,完成固定投资建设项目3项:古荣镇古那桥续建项目完工并投入运行;除本级财政投入养护资金400万元外,完成2个农村公路新建项目,分别为堆龙德庆区德庆镇昂嘎村三组公路工程,新建3.7千米四级农村公路,投资966万元;堆龙德庆区古荣镇嘎冲五组公路工程,新建1000米四级农村公路,投资245万元。

【民生实事】 2022年,区交通局坚持问题导向,通过为群众办实事、解难事,促使其在“四好农村路”建设中享有更多获得感、幸福感。全区共开通15条农村客运班线,先后投入20辆节能纯电动车用于农村客运,32个行政村全部实现覆盖公交线路,科学设置44个公交停靠站,日均运输500人次、日均行驶总里程1488千米,班线正点率达97%、车厢服务合格率达98%,创造零事故、零故障、零投诉的运营成绩,受到群众的一致好评。

【非法营运车辆专项整治】 2022年,区交通局检查车辆3006辆,查处非法营运车辆13起(均移交市交通综合执法支队处理),查出交通违法行为35起,驱离教育疑似非法营运车辆168起。通过联合整治,有效遏制了未经许可擅自从事道路运输经营的违法行为。

【业务办理】 2022年,区交通局办理普货运输经营许可证新办32件;普货运输经营许可证年审116件;道路运输证新办的203件;道路运输证补证20件;道路运输证换证178件;道路运输证注销82件;道路运输证年审2866件;道路运营车辆(客、货)迁出货运232件;道路运营车辆(客、货)迁入货运128件;道路运输证过户85件;从业资格证年审2457件;从业资格证继续教育500件。

(单珍卓嘎)

【机构领导】

局 长

江 央(藏族)

副局长

李和清

单珍卓嘎(女,藏族)

运管所所长

莫 泽

电 信

【概况】 中国电信堆龙德庆区分公司位于堆龙德庆区青藏路25号,主要服务区域为堆龙德庆区(包括开发区、人和汽贸城)3个镇、3个街道办事处。2022年,区电信局员工总人数63人,其中,中共党员6人、管理岗位3人,城区有4家营业网点,镇级有4家营业网点。2022年底,全区村级光缆通达率达99%,拥有4G基站215个,覆盖全区4乡镇28个行政村,4G网络覆盖率达98%以上,城区5G基站344个,为广大企业和群众提供安全可靠、快速便捷的网络服务。

【综合业务】 2022年,堆龙德庆区分公司坚定不移地实施云改数转战略,充分运用信息化手段实现对公众、企业、政务的一站式服务。安装天翼高清藏文版,其中,乃琼街道办574部、德庆镇320部、马镇220部、古荣镇259部、羊达街道办312部、东嘎街道办415部。古荣镇政府推进数字乡村监控业务,通过推进数字乡村监控的安装实施,实现全时段、全方位、全覆盖监控,形成以信息化建设为支撑的数字城管、数字公安格局,促进了平安村居的创建工作。

为进一步加大网络提速降费力度,完成好偏远村组普遍服务任务,实现中小企业宽带平均资费降低10%,全区所有家庭百兆宽带均已普及,新建千兆小区16家,实现高速光纤宽带网络全覆盖,城区家庭宽带普及率达100%。

【客户服务】 2022年,堆龙德庆区分公司提升服务水平为切入点,加大服务考核力度,解决服务中的热点和难点问题,提高客户

2022年3月15日，堆龙德庆区电信分公司工作人员到波玛村开展助力乡村振兴工作

的服务感知，完善客户关怀体系，提升用户满意度，诚信服务用户。全业务服务标准达标率为99%。

（宋翠翠）

【机构领导】

局 长

索朗罗布（藏族，3月免）

达 珍（女，藏族3月任）

副局长

刘树忠

移 动

【概况】 年内，中国移动通信集团西藏有限公司拉萨堆龙德庆区分公司以习近平新时代中国特色社会主义思想和中共二十大精神为统领，深入贯彻落实区委、区政府经济工作会议精神，基于规模的价值经营，创新构建"连接＋算力＋能力"新型信息服务体系，夯实连接基础，推动算力、能力加快成为核心竞争力，促进业务发展从通信服务向信息服务拓展延伸，为辖区提供一流的信息化服务。堆龙德庆区分公司位于堆龙德庆区团结24号，辖区市场范围覆盖堆龙德庆区3个镇3个街道。2022年，辖区下设9家合作营业厅，渠道代理点20余家，服务集团客户380多家，员工总人数22人。

【网络建设情况】 2022年，堆龙德庆区新增12个5G基站，27个4G基站，境内共有140个移动5G基站，主要覆盖东嘎街道、乃琼街道、羊达街道及堆龙各专业市场、园区，境内共有移动4G基站359个。辖区共建设家庭宽带端口61504个，新建家庭宽带端口9090个，覆盖行政村及辖区内小区。同时，完成120个小区的千兆宽带资源升级。

【结对帮扶】 2022年，公司组织党员干部到结对帮扶点波玛村五组开展结对帮扶工作，走访结对帮扶困难户6户，送去清油、大米、暖水瓶等慰问品。慰问活动中，干部与每一户结对户进行交流，询问他们的身体健康、生产生活、家庭收入等情况，耐心细致地听取帮扶户的所急所需，鼓励他们要自立自强、乐观生活，要利用好各项惠民政策，努力过上更好的生活。

（孙鸿平）

2022年1月28日，中国移动拉萨分公司副总经理彭文江（后排左四）到堆龙德庆区分公司慰问。图为与员工合影

【机构领导】

经　理

余　　凤（女）

副经理

丹增旺堆（4 月免）

加央平措（6 月任）

邮　政

【概况】 年内，区邮政分公司在区政府及市分公司关怀和指导下，紧紧围绕市分公司所确定的方针目标，向管理要效益，以服务求创新，调动一切积极因素，迎难而上促发展，努力完成市公司下达的各项工作任务，为分公司步入良性循环奠定坚实的基础。

【经营指标】 2022 年，区邮政分公司邮政业务总收入完成 436.01 万元，完成年度计划的 100.46%，同比增长 34.01%，超序时进度 0.46%，超收 2.01 万元。

【业务收入】 包裹快递业务。2022 年，区邮政分公司实现收入 278.29 万元，完成年度计划 109.13%，超序时进度 9.13%，超收 23.29 万元，同比增长 43.90%。函件传媒业务。实现收入 120.41 万元，完成年度计划 101.42%。渠道平台业务。实现收入 34.05 万元，完成年度计划的 59.40%。

2022年10月28日，中国邮政堆龙德庆区邮政分公司组织全体员工学习中共二十大精神

【经营亮点】 2022 年，区邮政分公司根据分销业务收入缺口较大的情况，通过维护老客户开发新客户，成功销售 5100 矿泉水 1500 余件，实现收入 9 万元，通过大客户营销，销售鲁花菜籽油 110 桶，实现收入 1 万元。不断开发新客户，通过多次走访，成功开发 2 户政务图书客户，实现图书销售收入 24.5 万元。优化投递作业段道，增设 1 名专揽人员，提升揽收水平，由年初每月揽收收入不足 10 万元提升到每月揽收收入超过 30 万元。

【普服工作】 2022 年，区邮政分公司按月对普服工作进行检查，每季度对各乡邮网点普服工作开展检查，对自查中发现的问题均及时落实整改。组织乡邮网点员工开展普服业务培训，提升普遍服务水平。结合市分公司“法院专递”、投递重点指标质量管控及“寄递业务客户投诉、有责丢失”专项整治等工作，理顺投递作业流程，优化投递作业段道，通过投递业务的学习和培训，辖区投递质量及各项业务指标稳步提升。

【基础管理】 2022 年，区邮政分公司稳步提升服务质量，针对发现的问题，召开质量分析会议，剖析问题原因并进行相关培训，在提高员工服务意识和服务水平的同时，不断提升服务质量。加强安全生产管理，定期召开安全生产学习教育培训会议，持续开展安全风险点排查和隐患整改，确保全年安全生产。

（次仁罗布）

【机构领导】

总经理

曾宪海

金 融

农行堆龙德庆区支行

2022年4月25日，农行堆龙德庆区支行联合经济开发区管委会召开政银企座谈会。图为会后合影

【概况】 年内，农行堆龙德庆区支行以习近平新时代中国特色社会主义思想为指引，有效执行两级分行年初党建和经营工作会议精神，贯彻落实地方党委、政府及监管部门决策部署，坚持稳中求进工作总基调和高质量发展基本要求，统筹推进服务实体经济、助力乡村振兴、疫情防控、公私客户拓展、防控金融风险等各项重点工作，全行整体呈现稳健发展的积极态势。2022年，农行堆龙德庆区支行拥有二级支行1个，本部营业室1个，下辖6个镇（街道）营业所，在岗员工81名。

【业务经营】 2022年，农行堆龙德庆区支行各项存款余额42.98亿元，比年初增长6.48亿元，其中：对公存款余额25.84亿元，比年初增长5.72亿元；个人储蓄存款余额17.14亿元，比年初增长0.76亿元。各项贷款余额26.30亿元，比年初增长5.88亿元，其中，城市个贷余额6.83亿元，比年初增长0.67亿元；对公贷款余额13亿元，比年初增长4.87亿元；涉农个人贷款余额为6.47亿元（农户），比年初增长0.34亿元。中间业务收入635.35万元，比上年多增收9.5万元。不良贷款余额424万元（均为个人不良贷款），不良率为0.02%，比年初减少95万元。

【党建引领】 2022年，堆龙德庆区支行利用"首府大讲堂""农银e学""学习强国"等平台，组织党员集中开展党建知识学习13次，学习交流发言5次，自学6次。组织全体党员学习《中国共产党章程》《关于新形势下党内政治生活的若干准则》《中国共产党支部工作条例（试行）》《中国共产党党员教育管理工作条例》《西藏分行党委关于开展"坚守理想信念 保持共产党员先进性教育"的实施意见》，促使全行各级党组织和广大党员深刻领会相关文件精神，不断提高政治领悟力、政治判断力、政治执行力。以主题党日活动等形式，组织党员对照党章党规党纪查找不足，形成党性体检报告，纪委书记同其他班子成员开展面对面、一对一谈心谈话，通过员工行为排查等方式引导党员查出差距，不断提升党性修养。组织开展党委理论中心集中学习相关爱国主义教育读本6次，观看爱国主义教育片3次，组织全行干部职工撰写学习心得体会67篇，召开专题会议交流发言2次，同时采取多种形式组织开展相关活动，教育引导干部职工加强党性修养、坚定理想信念、不忘初心使命，铸牢中华民族共同体意识。及时组织党员干部学习市行纪委办推送的防腐拒变材料集中学习8期，召开纪委会议6次。

【服务“三农”】 2022年，堆龙德庆区支行涉农贷款（含农户和法人涉农贷款）余额10.31亿元，占各项贷款总额的39.20%；惠农e贷余额5.73亿元，办理4888笔。全行6个乡镇营业所有序开展“3+2”金融流动服务，重点开展农户信息建档、农户三资平台信息录入、征信业务、反洗钱、反假币、防范电信网络诈骗等宣传活动，加强四卡贷款、惠农e贷、林卡贷业务宣讲和助农POS机具布放，做实静态聚合码布码、社保卡发卡激活和电子社保卡办理等工作。全行助农POS服务点总数为62个，34个行政村覆盖率达100%；掌上银行村在34个行政村开通并挂牌，实现全覆盖。

【零售业务拓展】 2022年底，堆龙德庆区支行个人掌银客户数32559户，比年初新增客户3337户。新增有效信用卡发卡446张，信用卡分期总额4604.7万元，实现第三方绑卡602户，支行98%的信用卡发卡对象为青年客户群体。个人掌上银行有效客户数14808户，新增有效客户2589户，有效静态聚合码新增431户，新增有效POS机商户36户。智慧缴费场景13户，比年初新增3户，新增高频场景4户。支行个人客户总数159779户，比年初增长7619户，其中，金卡客户159590户，比年初增长7606户，白金卡客户178户，比年初增长12户，私人银行客户12户，比年初增长2户。

2022年3月31日，堆龙德庆区举行“乡村振兴 林卡贷”贷款发放仪式

【助力乡村振兴】 2022年，堆龙德庆区支行四卡贷款余额为6.17亿元，四卡发证率为99.25%，四卡使用率为60%。做好乡村振兴工作，巩固脱贫攻坚信贷服务成果，特别是对农牧经济合作组织给予最大力度的支持，从客户账户设立、经营资金往来、合作组织经营状况和融资需求等出发，提供“一揽子”产品服务，融资需求从线上到线下全方位放开，对符合信贷准入需求的应贷尽贷。始终围绕区委、区政府的乡村振兴三攻方向，持续加大涉农贷款、乡村经济合作组织贷款投放力度，助力堆龙德庆区乡村振兴战略。

【服务实体经济】 2022年，堆龙德庆区支行持续加大小微企业贷款投放力度，向小微企业累计发放各类贷款2.8亿元，发放37笔，比年初净增长1.51亿元，贷款客户数33户，其中15户为首贷户。制造业贷款余额为3.46亿元，存量客户10户，比年初净增长0.75亿元；绿色信贷余额为3.38亿元，存量客户3户，比年初净增长3.38亿元；民营企业贷款余额为8.48亿元，存量客户73户，比年初净增长2.44亿元；普惠金融贷款余额为3.49亿元，存量客户58户，比年初净增长0.82亿元。

【对公两户建设稳步提升】 2022年底，堆龙德庆区支行对公账户总数为1161户，比年初新增账户287户；企业网银累计客户数619户，比年初新增173户；单位结算卡累计8028张，比年初新增15张；代发工资签约总户数537户，比年初新增126户。2022年，代理发放企事业单位工资总金额8.68亿元。

（罗芳蕾）

【机构领导】

行 长

刘仰松

副行长

赵新吉

纪委书记

韦章明

副行长

边巴琼达（女，藏族）

培 杰（藏族）

白贵花（女）

中国邮政储蓄银行堆龙德庆区支行

【概况】 年内，中国邮政储蓄银行堆龙德庆区支行始终坚持“以客户为中心，以产品为导向”的经营原则，秉承“根植百姓，服务大众”的经营理念，全面贯彻落实区分行党委及堆龙德庆区委、区政府的基本要求，立足当地实际，认真履行社会责任，积极为当地广大群众提供优质的金融服务，在开展相关金融业务的同时，在疫情防控期间秉承大行担当，开展各项金融扶持工作。2022年，支行设1个营业网点，员工总人数14人。

【存款完成情况】 2022年末，支行各项存款时点余额5.82亿元，其中，个人储蓄存款时点为3.22亿元，较年初新增-1900万元，新增日均余额-3644.83万元；公司存款时点余额1.98亿元，较年初增长-6200万元，完成年度新增计划的-8.5%。

【贷款完成情况】 2022年末，支行各类贷款结余11.85亿元，累计投放贷款金额3.8亿元，其中，小额贷款净增2176.41万元，完成年放款计划的109.31%；消费贷款净增-2048.11万元，完成年放款计划的66.09%。

【金融宣传】 2022年，支行在银行网点开展“防范电信、网络诈骗宣传活动”“消费者权益保护宣传活动”“金融消费者权益日活动”“打击和防范经济犯罪宣传日活动”“珍爱信用宣传活动”“如何鉴别假币宣传活动”等活动10余场，帮助区内广大群众了解身边的金融风险。

（索朗达瓦 阿旺强巴）

【机构领导】

行 长

索朗达瓦（藏族）

西藏堆龙民泰村镇银行股份有限公司

【概况】 2022年，西藏堆龙民泰村镇银行在各级区委、区政府的正确领导下，在监管部门的监管引导下，坚持“支农支小”市场定位，迎难而上，狠抓各项工作落实，各项业务稳健发展，被西藏自治区银行业协会授予“社会责任特殊贡献奖”。

【经营情况】 2022年，西藏堆龙民泰村镇银行存款总额6.54亿元，其中，对公存款3.15亿元，储蓄存款余额为3.39亿元；各项贷款余额5.63亿元，其中，农户贷款余额4.08亿元，小微企业贷款余额2.36亿元。全年实现净利润1108.26万元，上缴各类税费190.12万元。

【“三农”工作】 推进信贷投放，支持地方经济发展。2022年，西藏堆龙民泰村镇银行累计投放资金1511笔3.08亿元，并完成“两增两控”指标要求。为持续做好普惠金融信贷政策工作，对接客户群体开展普惠信贷支持工作，累计投放普惠小微贷款273笔1.26亿元；总行营业部针对堆龙德庆区东嘎农副产品批发市场主体特点，研发推出“农贸通”信贷产品；为强化当地农户的金融信贷支持，持续巩固和推进信用村（组）评定和“农贷通”产品投放工作，解决当地农牧民在贷款中找担保的难题，累计投放农户贷款 1258 笔 2.17 亿元。

践行绿色金融，助力地方乡村振兴。探索建立“普惠金融服务站”，与东嘎社区签订 6000 万元的整体授信协议，承诺以信贷资金发放等方式支持东嘎社区乡村振兴发展。按照主发起行绿色金融发展要求，开展绿色信贷模式推广工作，投放绿色贷款 1500 余万元。为助力堆龙德庆区“幸福家园”项目建设，研发专门贷款产品“安居贷”，贷款发放 11 笔 57.6 万元。

2022年6月26日，西藏堆龙民泰村镇银行党支部组织开展“迎七一 跟党走 徒步登山”主题党日活动

【做好助企纾困】 2022 年，西藏堆龙民泰村镇银行通过走村入居及进园入企的方式，主动与市场主体对接，累计向个体工商户、小微企业等市场主体发放宣传单 5000 余份。疫情期间，坚持金融服务不断档，通过电话沟通、微信公众号、官网宣传等方式，加强延期还本付息政策宣传。为助力重点企业成功应对疫情产生的不良影响，按照监管部门的要求，制定了专门的延期付息、无还本续贷等多项政策，落实延期还本贷款 80 笔 2520.94 万元。对于在疫情期间有特殊金融需求的客户，采取“急事急办、特事特办”的机制，开辟绿色通道，针对疫情期间客户无法到现场办理业务，专门开通了线上信贷办理渠道，客户可通过线上提交资料、线上提款的方式，便利客户办贷。对疫情影响较为严重的餐饮服务、宾馆、零售批发类行业客户进行全面对接，对关乎民生的相关企业进行专门调研对接，坚决做到不抽贷、不断贷、不压贷，提振以上市场主体在疫情期间的经营信心，并成功对接 14 家清单内重点企业，向其发放贷款 2000 万元。

【优化工作环境】 2022 年，在主发起行数字化转型推进下，西藏堆龙民泰村镇银行在办公系统、信贷系统、核心系统等方面实现升级改造，提高了操作便捷度。在服务客户端，实现 PAD 升级改造，手机银行 App、官网实现“适老化”功能，在微信平台推出“远程银行”小程序，可通过视频客服的形式，办理账户信息查询、解除账户非柜面交易及业务咨询业务，切实拓宽服务客户手段，改善客户服务体验。

（普布次仁）

【机构领导】

行　长

姜伯勤

副行长

程铭杰

李　涛

瞿建华（6 月任）

乡 镇

东嘎街道

【概况】 东嘎街道位于青藏公路与拉贡公路交会处，是堆龙德庆区驻地，行政区域东西跨距5.5千米，南北跨距3.5千米，总面积47.53平方公里。下辖4个社区，20个居民小组，总户数3321户，人口10373人，其中劳动力5610人。2022年，街道共有干部职工70名，妇女干部40名，占57%，少数民族干部43名，占61%，35岁以下干部47名，占67%，大专及以上学历干部67名，占96%。基层党组织34个，其中党工委1个、基层党委4个、党支部30个。党员786名，其中男性党员492名，占62.6%，女性党员294名，占37.4%，35岁及以下党员255名，占32%，大专及以上学历党员151名，占19%，农牧民党员635名，占80%。

【党建工作】 提升政治能力，带头做到“两个维护”。2022年，不断加强党的政治建设。压实党工委主体责任，坚持民主集中制，召开街道党工委会议25次，研究部署党建相关议题26项，指导基层党建工作20余次；以喜迎中共二十大为主线，教育引导机关党组织和党员干部进一步增强“四个意识”、坚定“四个自信”、做到“两个维护”。持续强化理论武装。街道机关党支部坚持守正创新，把学习习近平新时代中国特色社会主义思想和十九大、十九届历次全会、中央第七次西藏工作座谈会精神作为党组织学习的长期主题，制订每月学习计划表8份，发挥党员干部的示范和表率作用。聚焦教育管理。持续深化干部思想教育，依托东嘎街道党校开展各类专题培训班2批次，召开党委理论学习中心组学习8期，各级党组织开展党员政治教育20余期，书记讲党课4次。

增强政治功能上见实效，锻造坚强战斗堡垒。切实提升党员内生动力。在“3·28”西藏百万农奴解放纪念日、“七一”建党日、中共二十大召开等重要节点，组织机关支部、协调社区各党委开

2022年4月21日，拉萨市副市长扎西白珍（右四）在东嘎社区调研基层生态环保以及乡村产业发展工作，堆龙德庆区副区长达娃卓玛（右五）等陪同

2022年3月9日，拉萨市副市长、北京援藏指挥部副总指挥史育斌（右二）带队到东嘎街道祥和苑社区开展“下基层大接访办实事”活动

展“庆七一重温入党志愿书”、“微党课”、中共二十大宣讲等活动80余次，充分激发党员干部担当作为的内生动力。不断夯实组织建设。坚持从日常规范抓起，2022年共发展党员16人、按期转正23人，完成驻村工作队临时党支部选举、200余名党务工作者及农牧民党员培训，50余名党员档案完善工作，有效提升街道及机关党建工作水平。严格党员管理。街道把改进作风狠抓落实工作作为一项长期任务，坚持问题导向，查问题补短板、强督促严整改，并严格执行《东嘎街道公务员平时考核工作实施方案》，建立专人抓考机制，重点考核公务员政治素质、日常工作和阶段工作目标完成情况以及出勤情况，激发公务员工作的积极性和主动性，为公务员的管理、监督、培养、任用打下基础、提供依据。

坚持围绕发展，高质量推进基层社会治理。明确把创新基层社会治理列为街道和社区两级书记抓党建第一要务，深入补齐短板，确保党建引领基层治理工作高质量推进。建立“街道党工委—社区党委—网格党支部—党员家庭户”治理体系，把社区“两委”成员、“两代表一委员”、联户代表划分到网格中，常态化开展党的建设、社会保障、综合治理、应急管理、社会救助和疫情防控等工作。强化队伍支撑。选优培强社区“两委”干部，督促36名社区干部进行国家通用语言学习提升，对20名干部进行了培训，建立后备干部人才库76人。坚持居民自治，坚持民主说事，民主决策，严格落实“三会一课”“四议两公开”等制度，逐步探讨完善“走村入户找事、协商合理分事、明确职责办事、督导反馈评事”相结合的治理模式。

坚持党建带群建，促进群团工作良性发展。街道妇联积极协调对接东嘎社区“拉萨娃娃”项目，争取到上级100万元妇女创业资金。以巾帼夜校为依托，开展国家通用语言文字、手工技能等培训230余场次，帮助妇女就业20余人次。慰问街道2名生育、生病工会会员，切实发挥街道工会作用，并为街道干部职工进行送生日蛋糕卡、国庆及元旦统一慰问活动，充分体现街道工会对干部职工的关心关爱。

【党风廉政建设】 强化组织协调，压紧压实责任。细化责任分解，明确目标任务。2022年，按照上级纪委工作要求，拟定《东嘎街道2022年党风廉政建设工作计划》，明确了领导班子工作任务，把全面从严治党政治责任压实到人，为推动主体责任落实进一步明确了目标任务，形成各司其职、齐抓共管的良好局面。压实领导干部“一岗双责”。明确领导班子分工及岗位职责，把党风廉政建设作为领导干部的“责任田”。将提醒、谈话、约谈、批评、诫勉作为干部监管的经常性手段，引导广大党员领导干部履行好“一岗双责”。对1名党员干部、5名社区工作人员进行谈话，对1名工人予以诫勉谈话。

持续学习宣传，营造廉政氛围。紧紧围绕“双化”工作任务，召开党风廉政工作安排部署会1次，“双化”工作专题部署会1次；开展节前警示教育6次，传达学习违纪违法典型案例通报2次，组织观看警示教育片《忏悔录》2次；组织党员签订公开承诺书3项300余份；压实党风廉政建设“一岗双责”责任，上墙职责牌13个；通过“东嘎之窗”微信公众号转载各类警示教育资源35次,阅读观看量952人次;通过移动短信平台发送各类纪律、廉政、家风等提示短信10680条,覆盖700余名党员;组织参观廉政警示教育基地2次,营造廉洁修身、廉洁齐家浓厚氛围,引导党员干部传承先贤家国情怀、忠勇勤廉的品质,树牢党员干部崇廉崇德、廉洁自律的思想意识。

强化专项检查,推动重大决策落地落实。扎实开展日常监督,重点围绕"一卡通"、淡化宗教消极影响、村居固定资产管理、农牧民合作社管理及学生餐微腐败等工作开展专项主题监督及"回头看"监督12次,发现分析呈报问题18项;围绕脱贫攻坚成果同乡村振兴有效衔接工作落实情况开展监督16次;围绕环督工作落实情况开展监督2次;围绕巡视巡察整改情况开展监督2次;强化干部作风纪律日常监督检查。围绕改进作风狠抓落实工作及纠治"四风"、落实中央八项规定及其实施细则精神情况开展监督7次;围绕各社区党风廉政建设工作情况开展监督1次,开展作风监督2次,进一步督促干部提升精气神。

持续纠治"四风",弘扬新风正气。紧盯"四风"反弹,抓早抓小,早发现,早提醒,早查处,通过节前节中开展专项检查,严防"四风"问题反弹回潮、隐形变异。在春节、藏历年等重要时期前召开专题会议6次,强化纪律约束;针对公款吃喝、公车私用、公款送礼、参与赌博、违规发放津贴补贴、餐饮浪费、维稳措施落实情况,对辖区开展监督检查20余次,在全街道营造风清气正的政治生态。

加强队伍建设,强化责任担当。开展党员政治教育暨纪检业务培训,纵向到底、横向到边覆盖街道党员、纪检干部、社区监督主任、纪检委员召开纪检干部工作部署及业务学习指导会1次,下社区"一对一"检查指导督促党风廉政建设工作1次。组织街道纪检干部开展常态化集中学习3次,积极参加市区各级纪检业务跟岗学习4人,配合上级纪委监委完成专案3起,落实协作片区制完成案件1起。

2022年1月30日,东嘎街道办事处举行新时代文明实践之"我们的节日·春节"系列主题活动

【意识形态工作】 压实工作责任。2022年,将意识形态工作与党风廉政建设、党史学习教育成果转化、防范与化解重大风险等重要工作及日常业务工作紧密结合,建立健全《东嘎街道意识形态领域工作报告制度》《东嘎街道意识形态领域重大情况分析研判和定期通报制度》《东嘎街道意识形态专题研究工作制度》等多项制度。3月31日、4月19日、8月1日东嘎街道党工委先后组织街道党政班子成员、各社区第一书记、书记、驻村工作队长召开东嘎街道意识形态研判和分析会议,对街道意识形态工作进行专题研究和部署。同时,结合《堆龙德庆区2022年宣传思想文化工作要点》,制定印发《东嘎街道2022年宣传思想文化工作安排》。

加强理论学习。制定下发《东嘎党工委理论学习中心组学习计划》,全年街道党工委理论学习中心组共计开展集中学习8次,集体研讨20余人次,依托东嘎街道党校举办各类专题培训班2批次,培训干部群众100余人次,各级党组织开展党员政治教育20余期,开展书记讲党课活动4次。购买《习近平的七年知青岁月》《习近平在正定》等习近平总书记在地方工作采访实录书籍10余套,

2022年4月18日，东嘎街道办事处举行2022年第一批"我为群众办实事"项目集中开工仪式

深刻感悟习近平新时代中国特色社会主义思想，进一步坚持和捍卫"两个确立"，做到"两个维护"。组织观看《活佛转世》《长津湖之水门桥》等红色电影共计7场次，观影300余人次。扎实推进"学习强国"学习平台使用推广，严格执行干部"每日40积分"达标线和探索实行社区"两委班子"成员"每月300积分"达标线的规定，并每月通报学习积分情况。

扩大舆论宣传。结合拉萨市领导干部常态化"四联四包"工作机制和"大宣讲大调研大排查大落实"活动，充分依托各级书记、农牧民宣讲员的作用，采取集中宣讲和微信宣讲相结合的方式，围绕中共二十大、二十届一中全会、十九届六中全会、中央第七次西藏工作座谈会、区市第十次党代会精神等内容进行宣讲，受众达3万余人。坚守网络意识形态主阵地，严格落实"三审三校"工作机制，重点围绕"领导干部下基层大接访办实事"、"两违"、"四联四包"工作机制暨"大宣传大调研大排查大落实"活动等内容，充分利用"东嘎之窗"微信公众号，累计发布信息846篇。

加强阵地建设。加强网络舆论阵地建设，5月12日正式启用"东嘎街道"抖音号和微信视频号，结合街道重点工作累计发布短视频19条，播放量达29.4万次，点赞2889次，评论162条。依托新时代文明实践所（站），结合"新时代文明实践推动日"，充分调动各方力量，整合各种资源，创新方式方法，广泛开展"我为家乡美颜""关爱空巢老人""妇女维权""巾帼夜校""消防知识培训""普法宣传""政策宣讲""义务植树""爱国卫生运动"等各种形式的志愿服务活动，受众达2.5万余人次。持续完善村级文艺队建设，顺利完成"3·28"西藏百万农奴解放纪念日暨文艺大比拼演出、建党101周年"永远跟党走"主题文艺会演等，各社区结合自身实际，完成20余场次的文艺活动，覆盖群众3500余人次，下辖4个社区文化场馆免费开放。

摸排风险隐患。结合东嘎街道及各社区实际，共梳理形成"网络意识形态领域形势日益复杂多变"等5条有关意识形态领域风险隐患点。针对存在的问题，结合"改进作风狠抓落实"工作，制定整改方案，确保见人见事见成效。联合综治办、文化旅游、市场监管、派出所对辖区内书店、互联网服务经营场所、文化传媒公司、歌舞娱乐场所等领域，开展"扫黄打非"专项检查行动6次，下达整改通知书20余份。

【综治维稳工作】 维护社会稳定工作。2022年，始终坚持以习近平法治思想为指导，坚决执行党委的决策部署，严格按照区委政法委和区国安指挥部要求开展各项维稳值班工作。在各重要节点，组织召开维稳工作安排部署会议，严格贯彻落实区维稳指挥部确定的戒备等级防控措施。中共二十大期间，严格落实值班带班制度，强化社会面风险管控，有力地维护了社会和谐稳定。

实有人口服务管理工作。严格落实属地管理责任，充分发挥基层网格、"双联户"、民兵、社区警务站等群防群治力量，不断延伸基层治理触角，对商品房、出租房、住宅区等重点区域进行认真排查，做好流动人口管理，开展好23名安置帮教人员服务工作，及时掌握了解人员动态，开展有针对性的个别教育6次、集中教育1

2022年7月8日，东嘎街道党工委组织党员、干部40余人到拉萨市党员干部廉政教育中心开展廉政教育活动

次，确保不失控、不漏管，做好源头防护。

公共安全管理工作。持续开展安全生产隐患大检查、大排查、大整治工作，召开专题部署会议2次，制订《东嘎街道2022年度安全生产风险隐患“大检查、大排查、大整治”工作方案》，成立专项工作督导小组，街道派出所、综治办、各社区闻令即动，全年共组织160余名工作人员深入辖区内50余家仓储库房、260余家沿街商铺、10余栋住宅楼等重点场所开展检查50余次，发现消防器材未配备齐全等七大类安全隐患问题40余处。

平安建设工作。研究制定《东嘎街道平安创建动态管理办法》，并认真落实各项制度措施，严格督导检查辖区的单位、企业、学校、家庭等平安工作开展情况。加强基层综治队伍建设工作。街道综治办共配备2名干部，人大工委主任负责分管综治工作。各社区维稳办配备了至少1名社会治理专干、1名治保主任，由社区党委书记负责分管综治。进一步调整充实红袖标、联户代表队伍，民兵组织（胜盾保安公司）、社会公益组织（东嘎应急抢险队）在重点时期安排群防群治队伍开展值班、巡逻等工作。

综治宣传工作。切实担负起组织群众、宣传群众、凝聚群众、服务群众的职责，以“四项教育”为抓手，抓牢意识形态领域工作主动权，借助“学习强国”学习平台、区融媒体中心“三微一网一抖”、“东嘎之窗”等平台的影响力，结合“3·28”西藏百万农奴解放纪念日等契机，围绕勤劳致富、移风易俗、卫生健康、网络安全等重点领域，采取集中宣讲、入户宣讲、文艺演出等方式，面向群众开展宣讲30余场次，覆盖群众3000余人次，特别针对防范化解养老诈骗问题，街道组织宣传队伍在各社区开展巡回宣讲，各社区也将相关内容纳入日常宣传范围，开展专题宣传11次，实现辖区老年群体全覆盖，健康文明生活方式和高品质生活成为群众的向往追求，感党恩听党话跟党走的核心意识进一步增强，为确保社会大局和谐稳定凝聚了思想共识、营造了良好的社会氛围。

社会治理工作。调整充实“双联户”联户代表队伍，进一步完善优化网格工作机制，充分征求社区意见建议，总结以往工作经验，邀请消防、公安等部门开展联户长培训1次，建立“双联户”周报制度，进一步深化网格、“双联户”在服务管理、防灾减灾、应急处突等基层社会治理工作中的职责作用，为社会治理工作推向深入提供了坚强的组织保障。

【统筹环境保护和城乡发展】持续开展“两违”整治。2022年，结合街道“两违”治理整体目标任务，成立由街道党政主要领导牵头的工作专班，切实抓好拉萨南北山绿化工程西嘎山片区和滨河路桑木段拆违工作。全面完成2022年重点工程项目区域范围内所有“两违”建设的摸排工作，并严格按照一户一档工作要求，做好档案规整。对辖内新增违建采取常态化巡查制度，开展“两违”巡查46次，查处新增违建22宗，依法拆除违建8宗，累计拆除面积约32500平方米。加大城市管理力度。累计整治影响市容市貌行为2800余起，处罚35起，处罚金额5250元。对辖区重点部位、重点领域持续开展安全生产检查20余次，开展城市管理专项行动50余场次，出动执法人员累计

1100余人次。检查辖区汽配服务场所732家，发现安全隐患64处，现场下发整改单25份。加强生态文明建设。持续开展辖区人居环境卫生保障和整治等常态工作。利用现有垃圾分类设施设备，细化分类举措，明确责任范围，完善清运模式，生活垃圾日产日清，日清理垃圾27吨。持续发挥东嘎街道环卫督察小组及环卫工人突击制度，对每日辖区内人居环境和垃圾分类等事项进行现场督导，截至8月，共出动环卫力量978人次，投入资金78240元。结合"6·5"世界环境日宣传活动，开展主题为"共建清洁美丽世界"的活动，共计发放垃圾分类帆布袋1200余个，综合宣传海报2000余张。推动南北山"绿色"工程项目实施，着力打造以西嘎山、嘎洞沟及"四旁"植树造林绿色长廊为代表的生态修复示范区域，"四旁"植树累计种植17100株。持续加大大气污染防控力度，对建筑工地扬尘、道路扬尘、运输扬尘、餐饮油烟等各种大气污染源加强管控，强化大气治理。

【巩固拓展脱贫攻坚成果和乡村振兴的有效衔接】 2022年，坚持思想不懈怠、工作不断档、责任不缺位，推动工作力量、组织保障、规划实施、项目建设、要素保障等有机结合，坚决守住防止规模性返贫底线，切实巩固拓展脱贫攻坚成果，推动实现巩固拓展脱贫攻坚成果同乡村振兴有效衔接。东嘎街道建档立卡户中共有157个劳动力，就业人数135人，已基本实现有劳动力的家庭一户一就业指标。2022年，为建档立卡在校大学生17人发放2021—2022学年"建档立卡大学生"免费教育补助资金109946元。切实发挥扶贫产业项目的增收带动作用，为东嘎街道确定符合产业分红条件的人员75人（含祥和苑47人），以每人4500元的标准，共计兑现2021年产业分红资金33.75万元。为进一步调动生态岗位人员履职积极性，提升岗位履职能力，发放下半年生态岗位人员工资43750元。按照"四个不摘"要求，紧盯重点群体，围绕"两不愁三保障"，制定《东嘎街道关于构建防返贫致贫预警机制实施办法》，有针对性地开展帮扶，对摸排发现的问题，实行台账管理、动态清零，共排查2701户。

2022年7月8日，东嘎街道举行2022年第二批"我为群众办实事"项目集中开工仪式

【统筹推进项目建设和产业转型】 加快推动产业转型。2022年，街道紧紧把握城市化快速发展机遇，着眼当前、立足长远，全年对南嘎欧西党支部就业安置用地、康达大厦建设、格桑林卡土地开发、桑木120亩土地开发等项目通过制订转型方案、办理集体土地证、土地出让合同、规划许可证、签订开发协议等方式扎实推进土地转型升级。各类重点项目稳步推进。有序推进拉萨南北山绿化工程——东嘎社区植树造林工作，前期植树阶段投入人力8700余人次，带动当地用工4140余人次，带动机械用工255台次，带动农牧民增收241.76万元。南嘎欧西组与世邦集团合作项目已进入主体建设阶段，前期开挖地基阶段预计为集体创收50万元，为南嘎车队创收80余万元。桑木扶贫产业项目主体已完工，由于疫情原因计划于2023年进行招商，后期投入使用后预计为社区集体经济创收250余万元/年。研究确立"我为群众办实事"集中开工项目19个，2022年实施完结项目6个，投资990余万元，正在实施项目10个，已拨付资金410

2022年7月22日，东嘎街道组织各社区、街道群团组织成员开展新时代文明实践活动之"百年再出发 喜迎二十大"参观西藏博物馆活动

余万元，全部执行100%本地劳务和机械用工，为农牧民增收360余万元。狠抓项目促增收管理工作，大力执行"项目三规"，加大精准对接力度，辖区内实施的重点项目滨河路桑木段、东嘎段项目，滨河路两岸绿化桑木段项目，中心公园项目，拉贡路两边绿化项目及区水利局堆龙河两岸综合治理项目全部执行70%以上本地劳务和机械用工，以上项目机械和人工增收600余万元。不断发展壮大集体经济。街道立足区位优势，积极整合经济资源，创新发展思路，突破发展瓶颈，引导群众着力实现规模化、产业化和信息化的发展模式，不断发展壮大社区集体经济。截至11月，社区集体经济达6100余万元。积极鼓励引导农牧民建立专业合作社，全街道14个农牧民合作社，以建筑与运输为主，辐射带动全街道剩余劳动力606人，创收400余万元，实现农牧民个人就业、家庭增收和合作经济共创共赢。

【社会事业发展】 强化各类民生保障。2022年，街道新型农村养老保险总参保人数2235人，参保率为85%，60岁以上享受养老保险人数为992人，养老保险发放率100%。城乡居民医疗保险参保人数为7504人，参保率达到98%，各社区卫生室共计核销门诊3485人次、18.16万元。全面振兴教育事业。发放2021—2022学年困难户、农户大学生资助资金85.947万元，覆盖街道3个社区共计178名（其中包括46名免补专业学生）困难户、农户大学生，资助金发放成功率为100%；辖区无义务阶段学生辍学情况发生。旅游文化持续健康发展。持续完善社区文艺队建设，顺利完成"3·28"西藏百万农奴解放纪念日暨文艺大比拼演出、建党101周年"永远跟党走"主题文艺会演等12场次的文艺活动，覆盖群众1010余人次，下辖4个社区文化场馆免费开放；旅游经济呈现健康持续发展的良好态势，旅游产业进入提速增量突破阶段，2022年5—6月辖区2家林卡累计接待830余人次、创收20.5万元。加大高校毕业生创业就业及农村剩余劳动力转移就业扶持力度。对2022年高校毕业生161人，建立结对帮扶机制，"一对一"开展就业帮扶工作；全年农牧民城乡可转移劳动力1894人，以市场就业、本辖区内车队运输务工等形式，转移就业达到1700余人，转移就业收入达1500余万元，全面完成年初转移就业目标任务。持续提升防灾救灾能力。开展汛前摸排工作20余次，汛期日常巡查30余次，年度河长制巡河50余次，发现隐患点4处，通过进行防洪防汛演练排除隐患点1处，剩余3处通过上级、本级合力妥善处置。购置发放防汛物资7类5万余件，累计投入10.21万元，全力应对汛期洪涝灾害。确保汛情险情早发现、早处置、早消除，全力保障人民群众生命财产安全。疏通清淤4处，累计投入资金260余万元（街道累计投入40余万元，区水利局协调解决220余万元）。

【法治政府建设】 2022年，始终坚持按程序决策、按制度工作、按规定办事，严格执行民主集中制、"三重一大"集体决策及班子议事规则等制度，召开街道办公会议39次，专题会议4次，自觉接受街道人大监督，及时办理人大代表建议2条，切实提高政府决策能力。严格落实党风廉政建设责任，召开政府系统廉政会议2次，听取分管部门情况汇报，对主要负责人经常性开展谈心谈话，实现咬耳扯袖、红脸出汗常态化。加强对党员干部党纪党规的宣传教育，运用网站、微信公众号等宣传途径，经常推送典型案例通报、案例剖析等内容。深化“最多跑一次”改革，打造东嘎街道行政审批服务大厅，实行“一站式服务”“一门式管理”，梳理代办代跑服务事项，为群众办理各类事项2000余件，不断提升行政效能及群众满意度。强化法治建设，推动政府信息公开标准化、规范化，及时在政府网站做好财务、政务公开，严格财政收支流程，定期开展审计工作，加强政府财政透明度。针对群众关心关切问题，依托“东嘎之窗”微信发布平台，发布各类信息600余条。转接“12345”政府网举报热线案件144条，办结率达90%以上。

（四郎卓玛）

【机构领导】

党工委书记

贺　进（11月免）

党工委副书记、街道办主任

旦增群培（藏族，11月免）

办事处负责人

阿旺旦增（藏族，11月到岗）

党工委副书记、政法委员、人大工委主任

文　兵

党工委副书记

钟　晋（女）

党工委委员、统战委员、平安建设办公室主任

强巴次仁（藏族）

党工委委员、纪工委书记

王晓慧（女，12月免）

旦增西宁（藏族，12月任）

党工委委员、组织委员、党建工作办公室主任

石静茹（女，12月免）

党工委委员、宣传委员、党政综合办公室（财政所）主任（所长）

刘延斌（藏族）

党工委委员、办事处副主任、民生保障办公室主任

德吉白珍（女，藏族，12月免）

袁　超（12月任）

副主任

格桑拉姆（女，藏族）

副主任、城市管理办公室（综合行政执法队）主任（队长）

易　飞

党建工作办公室副主任

何　敏（女）

党政综合办公室（财政所）副主任（副所长）

四郎卓玛（女，藏族）

平安建设办公室副主任

杨　凯

民生保障办公室副主任

张　果（女）

城市管理办公室（综合行政执法队）副主任（副队长）

纪雅森

党群服务中心主任

索朗扎西（藏族）

便民服务中心主任

孙建宇

网格化服务管理中心（综治中心）主任

霍　延

卫生服务中心主任

达瓦次仁（藏族）

乃琼街道

【概况】 乃琼街道位于堆龙德庆城区以南，北隔堆龙河，西部与古荣镇相邻，南部与曲水县连接，东邻109国道，距城区2千米，距拉萨市中心约12千米，平均海拔3600米，辖区总面积约256平方千米。辖区有岗德林、乃琼、色玛、加木、波玛、贡热6个行政村（社区），37个村（居）民小组。2022年，全街道总户数3679户，总人口10712人。

【党建工作】 2022年，乃琼街道始终把学习贯彻习近平新时代中国特色社会主义思想作为第一任务，巩固党史学习教育成果，召开乃琼街道党工委理论学习中心组学习研讨会12次，开展机关党员干部集体学习8次、中共二十大专题讲党课2次、专题学习中共二十大精神2次，宣讲中共二十大精神16次，组织各级党组织书记讲党课28场次，进一步推动习近平新时代中国特色社会主义思想学深学实。街道及辖区6个村（居）共召开党建工作安排部署会7次、党建工作推进会议6次，及时总结安排部署党建工作，按阶段有序推进党建重点工作。对民主生活会、组织生活会、“三会一课”进行统一安排，组织召开民主生活会1次、组织生活会1次，开展主题党日活动12次。严格落实“三重一大”议事规则，按照“末位表态发言”机制，召开党工委会议11次、党工委专题会议12

2022年7月24日，乃琼街道各村（社区）“四联四包”大宣讲大调研大排查大落实工作汇报会召开

次，研究重大事项85项。严格履行发展党员程序，发展预备党员25名，预备党员按期转正25名。

【党风廉政建设】 2022年，乃琼街道党政主要领导先后约谈班子成员、各村（居）第一书记、书记、主任等重点岗位人员12次，纪工委书记对各村（居）村级纪检监督员开展谈心谈话5人次。跟进督导热源转运、居家监测等重点任务，通过“明察＋暗访”的方式，持续围绕复商复市“七个要素”、巡逻小分队“四项职责”、村（居）“五本台账”进行实地督导检查，发现各类问题19个，提出意见建议10条，发布通报25期，通过“腾飞乃琼”微信公众号发布曝光10期。经过街道纪工委及农牧办的联合摸排，对6个村（居）的38个扶贫项目逐一进行自查梳理，对脱贫攻坚和乡村振兴有效衔接，脱贫摘帽后“四不摘”政策落实，扶贫产业项目运行情况、后续监管、效益发挥及带动群众致富增收等情况开展专项监督检查2次，督促整改发现问题5个。紧盯乱占耕地建房和“两违”拆除等工作，督促拆除2宗乱占耕地建筑（加木村、贾热朝阳彩钢厂），1宗已拆除，1宗处于推进中。开展重要节点教育8次，观看警示教育片2场，学习通报各级违纪违法典型案件6件，用身边人身边事教育身边人。

【意识形态工作】 2022年，乃琼街道深入学习贯彻习近平新时代中国特色社会主义思想，以宣讲党的方针政策、培育主流价值、活跃文化生活、推动移风易俗为着眼点，以构建新时代文明实践阵地为抓手，着力推进乃琼街道新时代文明实践所、站运行。利用街道现有各类平台，打造了以“乃琼邀你回家”为主题的乃琼街道新时代文明实践所，实施“邀你回家强身健体”“邀你回家读书学习”“邀你回家欢度佳节”等系列全民健康生活项目。依托新时代文明实践组织开展庆“七一”“永远跟党走、奋斗新征程”等大型活动16场次，参与群众3.8万人次。利用村级文艺队举办淡化宗教消极影响文艺演出35场次，开展“四讲四爱”群众教育实践90余次。

【人大工作】 2022年，乃琼街道人大工委组织“两代表一委员”组成视察团，在街道范围及城关区开展视察活动2次，各地兄弟单位到乃琼街道交流学习人大工作50余次，充分发挥代表监督职能，履职尽责服务民生。依托街道“1、3、5”下访制度，针对当前涉及群众切身利益的热点、难点问题进行下访收集，协调相关部门办理解决；每月28日为人大代表接待日，安排轮值代表在人大代表之家接待选民来访，通过组织人大代表走访和接待访民，为群众收集问题20件。

【平安建设】 中共二十大安保维稳工作。2022年，乃琼街道将确保中共二十大胜利召开安保维稳工作作为首要政治任务，制订并印发了安保维稳方案和应急处置预案，确保街道机关、6个村居、各级各部门做到维稳安保要素齐全、措施具体。按照“谁主管、谁负责”的原则，从春节、藏历新年开始，组织街道综治维稳力量、村居网格联户力量等，全面排查重点区域、行业领域存在的风险隐患、薄弱环节，抓紧抓实各项安保维稳工作，确保中共二十大胜利召开。

防范化解政治安全风险。把加强维护国家政治安全、防范抵御“颜色革命”等宣传教育和开展揭批十四世达赖和十四世达赖集团“三性”“五顶帽子”反动本质教育活动结合起来，引导人民群众特别是党员干部增强政治警觉，筑牢思想防线。通过街道党工委理论学习中心组专题学习、各村居党史学习教育，组织党员、干部、群众开展反分裂斗争思想教育活动，引导人民群众特别是党员干部增强政治警觉，筑牢思想防线。

防范化解重点领域风险。以“两违”拆迁、“双拖欠”、生态环境保护、重点项目和民生领域各类敏感、热点、负面舆情为重点，深入开展矛盾风险动态排查、评估研判、防范化解工作，定期组织街道、村居专门力量集中开展矛盾纠纷大排查大调处大化解专项行动，共开展矛盾纠纷大排查大调处大化解专项行动8次，化解矛盾纠纷40余起（消除风险隐患5件），帮助民工、本地群众等追回拖欠工资210余万元，切实帮助人民群众解决实际困难。

防范化解公共安全风险。建立健全隐患排查治理和风险防控体系，充分发挥群防群治力量，组织村“两委”班子、公安民警、城管执法队员、联户代表、网格员等力量持续性开展公共安全风险隐患排查工作，特别是将安全生产隐患排查工作放在公共安全风险排查突出位置，对辖区6个村（居）30个网格的仓库、物流公司、厂房、出租房、超市、药店、饭店等地，开展常态化的安全生产大检查大排查大整治专项行动，每周组织联户代表、网格员开展安全生产检查，开展安全生产、消防安全等排查80余次，投入1400余人次，排查各类企业、仓库、商户、出租房、民房等2100余家，发现隐患396处，排查出的各类隐患已现场勒令限期整改，坚决杜绝遏制各类安全事故多发频发势头。

2022年7月1日，乃琼街道党工委书记讲党课

加大平安建设宣传引导力度。着眼于“3·28”西藏百万农奴解放纪念日、“4·15”国家安全教育日、“防汛减灾宣传周”、“6月综治宣传周”、“全民禁毒宣传月”等节点，把平安建设工作与日常属地管理进行深度融合，将安全生产、防汛减灾等内容融入宣传教育活动中，共开展宣传活动7次，宣传覆盖5000余人次，发放各类宣传册6000余册，发放各类宣传品1000余件。

推进综治中心实体化运行。为基层诉求群众搭建“集中办公、一窗受理、全程服务”的工作平台，建立分流指派机制，做到“一站式服务、一条龙办理、一揽子解决问题”。提升治理效能，构建“矛盾纠纷联调、社会治安联防、重点工作联动、治安突出问题联治、服务管理联抓、基层平安联创”的工作格局。2022年，通过综治中心为群众办理各类矛盾纠纷案件73件，解决群众便民事务400余件。

防范养老诈骗。为切实维护老年人合法权益，提高老年人防范诈骗的安全意识，保护好老年群体的“钱袋子”，先后在6个行政村（居）的人流量密集的超市、村委会附近多次组织开展乃琼街道打击养老诈骗普法宣传活动，通过现场悬挂宣传标语、发放宣传手册和礼品等方式，面对面以真实典型诈骗案例向老年人宣传养老诈骗的特点及手段，以案释法。

【经济发展】 2022年，乃琼街道

牢牢把握稳中求进工作总基调，坚定不移走好高质量发展道路，坚持统筹疫情防控和经济发展，通过落实稳经济一揽子政策举措和若干临时性帮扶措施，年减免租金1871万元，兑现民生转移支付资金1732.24万元，持续推动农牧民就业增收，千方百计推动复商复市、复工复产，最大限度降低疫情对经济发展的冲击和影响。全年完成固定资产投资4.7亿元，组织农牧民转移就业3200人次，累计创收9051.6万元，辖区人均可支配收入达32047元，同比增长13.13%；建档立卡贫困户人均纯收入达23189.22元，同比增长13.36%，坚决克服经济下行压力，主要经济指标位居全区前列。

街道粮食产量达992吨，蔬菜产量达7689.19吨，同比增长19%；牲畜存栏达6277头（只）、出栏1260头（只）。推广良种良技良法，完成加木村3040亩高标农田建设，撂荒地复垦4177亩，完成农业订单37.04万元。波玛村圣地香都、色玛社区雄巴拉曲等重点文旅产业项目投产运营，自治区人民医院、二中学校、贾热失地农民就业安置中心等重大支撑项目有序推进，区域发展活力有效激活。

【乡村振兴】 2022年，乃琼街道做大做强象雄美朵生态旅游文化产业园等特色优质产业，强化龙头企业带动作用，促进脱贫群众持续增收，共兑现波玛搬迁点64人产业分红资金27.9万元，兑现街道51人产业分红资金22.95万元。安排43个以补岗位，兑现岗位资金15.05万元。落实北京门头沟区援藏岗位20个，兑现岗位资金9.6万元。严格按照自治区、拉萨市关于强化防返贫动态监测和帮扶工作的相关要求，逐村逐户摸底排查，街道纳入监测对象户1户3人。收集并核实脱贫群众2021年自主就业奖励申报材料，符合条件的有55名，确保应报尽报，提高脱贫群众主动就业的积极性。街道脱贫劳动力人数287人中就业248人，就业率达86%。

【防汛抗洪】 2022年，乃琼街道购买一批价值6万余元的防汛物资，其中，铅丝笼30个、小编织袋4000个、大编织袋6000个、手套650双、工具箱6个、扫把15个、捡垃圾的手夹65个、十字镐30个、铁丝30卷、拉货小推车2个、两轮小推车6个、反光背心125个、遮阳帽200个。开展2022年第三十届“世界水日”和第三十五届“中国水周”宣传活动，通过设置咨询台、悬挂横幅标语、散发宣传资料等多形式进行全方位宣传，张贴横幅2幅，发放宣传单500余份。按照河面无漂浮物、河中无障碍物、河岸无垃圾物的“三无”标准，开展河道环境卫生检查整治行动15次，开展河道清理5处、河滩地整治2处，清理各类垃圾30余吨。制定《乃琼街道防汛应急预案》《乃琼街道河长和河道管护员管理考核办法》《乃琼街道2022年山洪灾害防御预案》《乃琼街道河道环境网格化管理服务体系实施方案》，明确了河段长、村级联络员和街道、各村（社区）的工作职责，力推各项工作常态化、长效化。

【为民办实事项目】 2022年，堆龙德庆区乃琼街道贾热村铁路建设失地农民就业安置中心建设项目总投资8134.75万元，已完成工程量的60%。波玛村象雄美朵园

2022年7月1日，乃琼街道慰问“光荣在党50年”老党员

区生态渠道项目、岗德林社区三组高压线改造项目、加木村高压线改造维修项目、觉木龙寺全寺电线线路改造项目、“两区两县”基层组织和政权建设项目、堆龙德庆区乃琼街道京藏连心乃琼安居全民康乐文化广场项目均已完工。堆龙德庆区乃琼街道加木村商品房建设项目，总投资 306.29 万元，已完成工程量的 60%。堆龙德庆区乃琼镇色玛村雄巴拉曲乡村旅游林卡建设项目，总投资 602.84 万元，已完工。乃琼街道乃琼社区公寓楼附属设施配套工程总投资 1780.43 万元，已完成工程量的 15%。乃琼街道贾热社区高压线改造项目，总投资 83.29 万元，已完工。确定乃琼街道 2022 年第一、二批“我为群众办实事”项目共 16 个，总投资 1167.2483 万元，完工 10 个，开工 3 个，3 个处于办理前置手续阶段。严格落实农牧民群众增收要求，400 万元以下项目全部交由本地农牧民施工队实施，车辆机械使用比例均达 95% 以上，最大化项目建设带动效益。

【便民服务】 2022 年，乃琼街道坚持以务实为民、便民高效为宗旨，以优化服务为核心，方便快捷地满足群众的需求。便民服务站有综治、综合、民政、人社、人大、农牧 6 个窗口入驻，共办理边境通行证 758 人次，车辆证明 664 人次，身份证、户口 213 人次，医疗救助 3 人次，办理残疾证 4 人次，养老保险 408 人次。

2022年7月1日，乃琼街道开展庆“七一”系列活动

【食药安全】 2022 年，乃琼街道调整食品药品安全工作领导小组，建立健全食品药品安全队伍，每村（居）设立 1 名食品药品安全协管员，确保工作的顺利开展。深入到辖区内的食品生产加工经营点进行食品安全检查，确保辖区食品生产经营秩序正常运行。通过海报标语、传单资料发放等手段广泛宣传食品安全知识，在各村（居）显著位置张贴宣传海报 80 余张，分发宣传资料 300 余份，提高了群众的食品药品安全意识。开展专项检查 3 次，日常检查 32 次，检查学校食堂、工地食堂、食品销售商店、餐馆、街道卫生院、村（居）卫生室等 180 余家 259 次，对不合格食品做下架处理 7 次、120 余件，没收过期、“五毛”等食品 122 件，对卫生不达标、违规使用食品添加剂的餐馆进行批评教育，限期整改 28 次。

【垃圾分类】 2022 年，乃琼街道持续加大对生活垃圾分类的宣传引导和培训力度，普及广大群众的生活垃圾分类知识和技能，提升各行政村（社区）生活垃圾分类监督员的生活垃圾分类工作能力。各行政村（社区）日均收运 3 吨，每隔 1 日进行 1 次厨余垃圾收运。动员居民群众参与到全国示范文明城市创建工作中来，并要求群众不仅仅做到在家中进行生活垃圾分类，更要做到在社区进行生活垃圾分类，为美丽乃琼建设奉献一份力量。

【环保工作】 2022 年，乃琼街道开展各类环境卫生整治工作 15 次，出动人员 3000 余人次、机械设备 38 台，清理村巷道及生产工具、牛粪饲料乱堆乱放 60 余处，清理房前屋后和村巷道杂草杂物、河道积存垃圾 150 多处，重 593 余吨，清理沟渠漂浮物和障碍物 90 余处，整治垃圾乱扔乱放 130 余处。根据中央环保督察转办关于乃琼街道辖区内生态环境保护问题线索，现场督促推动整改工作落实，并不定期对生态环境保护问题线索进行督查，防止问题反弹。

【文化教育】 2022年，乃琼街道完成综合文化服务站整修提升工作，打造完成6个村（社区）文化活动场所，村村建立了村史馆和爱国主义教育基地，构建起街道、村（社区）两级公共文化服务体系，满足群众日益增长的文化需求。全力推进村级文艺队建设和发展，打造群众性文艺演出队伍，6个村级文艺队有群众演出人员80余人，为辖区群众演出40余场次，观演8000余人次。乃琼街道开展辖区内0—15岁人口信息采集工作，完成2648名人员的信息采集工作，其中残疾儿童15名。

【民政保障】 提升救助水平，规范救助行为。2022年，乃琼街道严格按照拉萨市《关于提高2022城乡居民最低生活保障、特困人员补助标准的通知》文件要求，深入推动农村低保和乡村振兴有效链接，及时将符合条件的建档立卡贫困户纳入农村低保范围；加强动态管理，切实做到保障对象有进有出、补贴水平有升有降，及时将符合低保政策的脱贫不稳定户、边缘户以及完全失去劳动能力且无法依靠产业就业的纳入低保中。

推进社会福利服务体系建设。做好残疾人证认定工作，严格规范残疾人证核发管理工作，清理“假残真证”，规范残疾人证的申请流程，进行动态更新调查和结果公示，严密把控残疾有证人员的真实性。坚持做好符合两项补贴规定的有证残疾人员的资格审定及补贴发放工作。

2022年7月29日，乃琼街道举办“庆祝建军95周年，喜迎党的二十大”主题系列活动

坚持特困户供养落实到位。提升对五保户的服务水平，帮助10名集中供养老人熟悉了解养老院的基础设施，对不适合、不适应养老院的特困户积极对接其亲人，了解其亲人的赡养意愿，鼓励他们与老人一起生活，切实保障老人的衣食住行，让老人没有后顾之忧；对17名分散供养特困户进行家庭走访和慰问，为其送去温暖，让老年人感受政党和政府的关心。

【就业创业】 2022年，乃琼街道采取“三向对接”工作模式，对接未就业大学生就业需求、用人单位岗位需求和各渠道人才资源平台，结对走访147名应届大学毕业生，建立一人一档就业档案，辖区应届毕业大学生已全部实现就业创业。参加自治区、拉萨市、堆龙德庆区高校毕业生和农牧民增收专场招聘会350余人，达成就业260人。

（巴桑曲珍）

【机构领导】

党工委书记
任　威
党工委副书记、办事处主任
四郎平措（藏族）
党工委副书记、人大工委主任、岗德林社区第一书记
阿　奴（藏族）
党工委副书记
张峰玮（女）
党工委委员、组织委员
米　珍（女，藏族）
党工委委员、宣传委员
赵天恩
党工委委员、纪工委书记、监察室主任
扎西玉珍（女，藏族）
党工委委员、办事处副主任
王好玮（女）

党工委委员、统战委员

晋美次旦（藏族）

街道办副主任

德庆曲宗（女，藏族）

王 福 祺

羊达街道

【概况】 羊达街道距拉萨市中心17千米，辖区面积121.89平方千米，下辖3个行政村（居）、12个村民小组（网格）、2个联户单元。2022年，街道总人口1409户4285人，其中劳动力2716人。共有基层党组织27个，其中街道党工委1个、社区党委1个、党总支2个、基层党支部23个，中共党员379名（含“两新”组织），其中少数民族党员326名，农牧民党员247名。干部职工（不含卫生院）58名，其中党政班子成员12名、行政编38名、事业编13名、工勤7名，机关共设9个内设科室。辖区内有中心小学1所、幼儿园2所；街道文化服务活动中心1座、新时代文明实践所（站）3座、农家书屋3所；寺庙（2名僧人）1座、拉康3座；街道卫生服务中心1所、村（居）级卫生医务室2个、街道兽医站1个、兽医6名；县级工业园区1个，现代设施农业园区1个。2022年，农牧民人均可支配收入29872元，建档立卡群众158户512人，人均纯收入29368.9元。

【基层党建】 优化治理机制。2022年，街道结合党员“三包”工作，创设党员线上便民服务形式，491名党员、13支志愿服务队全部下沉网格，累计收集社情民意18条，解决15条，3条上报协调，切实打通服务群众“最后一米”。

坚持典型领航。打造“区域党建联盟360°＋服务365”城市党建新品牌，持续探索创新“党建＋互联网”模式，着力构建“指尖上的党建阵地”。打造通嘎社区党建引领基层社会治理示范点，已编印“四议两公开”工作流程图、记录本，推行通嘎社区《居民公约》典型做法。打造西藏领峰物流园党群服务阵地中心，“智领峰·慧物联”板块，强化“两新”党建示范点阵地建设。

坚持夯基固本。重新摸排44家三有非公企业，整合1个非公党支部，非公企业党组织覆盖率达100%。实施村（居）干部“赋能”工程，开展国家通用语言文字培训60期。新发展党员7人、“两新”党员9名，党员队伍不断壮大。

营造良好政治生态。全覆盖开展廉政谈话2次、廉政风险点防控自查1次，深入村（居）重点领域、企业、项目排查21次，发现问题30条、协调解决19条、5条需长期坚持、5条正在持续跟进。打造“码上监督”品牌，依托“党旗在党家”微信公众平台开辟监督专栏，收到“码上反馈”2条，已解决2条。

【意识形态工作】 2022年，街道结合领导干部“下基层大接访办实事”活动，深入社区、企业开展理论宣讲、政策宣传9场次，受众1900余人次。充分发挥农牧民宣讲员作用，深入田间地头、村组开展“三个会议”、“3·28”西藏百万农奴解放纪念日、中共二十大精神等宣讲118场次，实现让基层“听得懂、听得进、记得牢、用得上”，真正做到让党的思想理论飞入寻常百姓家。打造羊达特色志愿服务品牌，成立“守护羊达”志愿服务队，招募志愿者12名，开展疫情防控、爱国卫生、新春送祝福等各类志愿服务20场次，惠

2022年5月26日，羊达街道办事处党委理论学习中心组召开2022年第七次集中学习暨围绕“统筹城乡发展 建设美好乡村”专题研讨会

及群众2000余名。充分发挥新媒体矩阵宣传作用，“羊达印象”共发布宣传报道975篇，浏览量达4万余人次。

【经济发展】 经济运行。2022年，街道农村居民人均可支配收入29841元，较上年同期人均可支配收入27825元增加2016元，增速为7.25%。

产业项目。街道实施400万元以上项目1个，为通嘎村重萨基础设施建设项目，该项目前置手续已完成，等待开复工；400万元以下项目均为为民办实事项目，竣工验收14个，剩余4个项目受疫情影响均未完工。顺利完成2021年度集体经济收益分红事宜，现金分红1765.96万元，受益人数2120人，人均受益金额1200—30000元，其中，羊达社区（普布齐组和仁青岗组）分红1263.25万元；通嘎社区分红428.725万元，通嘎农牧民施工专业合作社和乃琼财康石材有限公司为社区脱贫户和低收入家庭68人发放分红现金10.2万元；帮普村分红73.98万元。

特色产业。依托自然资源，以政府搭建平台、农民实际创收的方式，打造帮普热萨度假村及星空林卡项目、色金梅朵度假村及村民自发的林卡帐篷、羊达社区朗仲公园内增设林卡帐篷（正在建）等；依托产业效应，结合辖区领峰冷链物流园、航龙钢铁物流园、京东物流园等行业优势，推进砂石厂、合作社等集体经济转型，发展现代物流业及相关产业；依托区位优势，充分盘活土地资源，享受土地、商品房等财产性收益。截至8月底，羊达社区集体经济收入180余万元，通嘎社区集体经济收入400余万元，帮普村集体经济收入120余万元。

【乡村振兴】 2022年，街道开展巩固拓展脱贫攻坚成果“拉网式”排查工作，对街道所有农村人口实现排查全覆盖。突出做好脱贫户动态管理，重点围绕脱贫人口、“三类人”收入开展动态管理工作，脱贫群众人均纯收入达29656.64元。引导贫困劳动力实现就业增收，对接辖区各个企业引导贫困劳动力实现就近就便就业，贫困劳动力167人实现全部就业，就业率100%；通过产业扶贫项目分红为脱贫户增收，其中依托堆龙德庆区扶贫产业收益为辖区22名脱贫户分红9.9万元，每人增收4500元；坚持既注重“富口袋”，更注重“富脑袋”，统筹推进建档立卡群众脱贫致富愿望和能力“双提升”，持续推动由“要我脱贫”向“我要脱贫”转变。发放2021年拉萨市堆龙德庆区羊达街道建档立卡户家庭就业脱贫激励补贴资金17.96万元；2022年上半年遴选生态岗位33人兑现补助资金113750元，困难群众人均增收3500元，切实将“绿水青山”变成贫困群众的“金山银山”。

【民生服务】 就业创业。2022年，街道建立辖区未就业高校应届毕业生信息库，全面掌握高校毕业生的创业、就业意愿，实行街道干部职工“一对一”“一对多”定人帮扶，深入走访辖区各大驻地企事业单位、楼宇物管中心，为企业和高校毕业生牵好线、搭好桥。街道普通家庭应届高校毕业生57人，往届（2013—2021年）高校毕业生共计336人，已就业335人，高校毕业生就业率达98%；农牧民转移就业1686人，月收入为1800—9000元。

教育事业。加强平安校园建设，通过定期检查、严格约束，营造健康环境，保障教学秩序，做好校车安全、饮食安全及疾病防控，注重常态化疫情和流感防控，将中心校及幼儿园纳入街道疫情防控领导小组，积极指导督促做好宣传预防工作，营造健康的学习环境，保障正常教学秩序。落实惠民教育政策，通过部署会、微信群、公示栏等途径，详细讲解资助对象、申报程序及所需材料，完成2020—2021学年农户大学生资助材料审核工作。举办绘画比赛活动，向羊达中心小学、堆龙二小征集家风家训主题绘画作品，并在羊达印象公众号进行线上评选，丰富学生精神文化生活。

医疗服务。街道共有孕产妇17人，产妇建档立卡管理率及住院分娩率达100%，儿童疫苗接种率100%；持续做好家庭医生签约服务，家庭医生签约率达100%，服务率达89.9%；有序推动藏医药诊疗，藏医科共接诊患者425人次，对266名慢性病人建档立卡，每季度对建档立卡人员随访3次，举办慢病知识讲座1次开展宣传活动2次。接种常规疫苗427剂次，继续对适龄儿童接种手足口病疫苗。

社会保障。实施全民参保计划，街道缴纳城乡居民养老保险36.6万元，惠及1804人，缴纳医疗保险114.2178万元，惠及3773人；60岁以上待遇领取人新增53人，为35人办理终止注销、终止支付、退保等手续；对11名新增特殊身份人员进行系统身份认证，确保其享受到政府的财政补贴；对16名辖区系统内处于待遇暂停人员进行身份信息核实；对10名健在人员进行人员资格认证，恢复其待遇正常发放；对6名已去世人员进行注销登记。

食药市场。对辖区超市、餐馆及茶馆等开展食品经营联合执法13次，对辖区1所小学、3所幼儿园开展校园食品安全检查10次，发放各类食药宣传资料及文明餐桌海报2500余张。

【农林牧业】 2022年，街道农作物总播种面积1658.5亩，完成农家肥积造0.2万吨，统一调度化肥22.9吨，切实保障农业生产。做好牲畜清点工作，共清点牲畜存栏折合8391.24个绵羊单位，牲畜出栏410只(匹、头)。做好重大动物疫病防控工作，免疫密度达100%，有效杜绝牲畜疫病发生。开展蝗虫灾害灭杀工作3次，及时有效控制辖区蝗虫灾害。实施国土绿化工程，累计种植各类树苗32600余棵，其中，帮普村种植云杉、圆柏等苗木1万余棵；原热萨林卡种植三种果树(苹果、山楂、梨)600余棵；通嘎社区新增植树面积150余亩，植树1万余棵；羊达社区仁青岗组栽种杨树、云杉、樟子松7000余棵；普布齐组栽种云杉和圆柏5000余棵。

2022年12月25日，羊达街道开展垃圾分类宣传倡导活动

【生态环境】 2022年，街道根据《堆龙德庆区关于治理违法用地和违法建设行为的实施方案》，成立“两违”治理专项领导小组，累计拆除“两违”159宗，兑现违法主体奖励金17382万元，使用治理“两违”帮拆经费1422余万元，同时对3处新增“两违”点下发法律文书并及时向区自然资源局报备。创城工作。常态化开展爱国卫生运动40余次，出动人员2000余人次，清理各类垃圾65余吨；整治占道经营行为700余起，整治流动商贩70余起，整治乱停乱放电动车2350余台次，清理城市“牛皮癣”1000余处；现场发现偷倒乱倒建筑垃圾行为3次，均作出处罚。河道整治。落实河长制工作责任目标，对河道进行人工机械同时作业；对辖区内1条主河道2条支流进行河道卫生整治17次，清理河道内及周边生活、建筑垃圾2000余吨。垃圾分类。建立“分类投放、分类收集、分类转运”的垃圾处理体系，在辖区12个村民小组及43家单位、大型企业实现分类垃圾转运全覆盖；聘用专职垃圾分类指导员12人、转运车司机3人，实施分类投放，做到生活垃圾日产日清，累计清运生活及建筑垃圾6000余吨；开展垃圾分类培训3次、垃圾分类宣传活动6次，居民对垃圾分类的知晓率达100%、宣传活动参与率达60%以上。

【社会治理】 开展“平安羊达”建设。2022年，街道无重大要案发生，无重大责任事故发生。做好矛盾纠纷排查化解。打造“一月一摸排，一月一上报，一月一化解”工作机制，共处理各类矛盾纠纷47起，相比上年同期减少39%，其中成功调解14起；通过司法途径解决11起；正在调解的4起；已报案1起；家庭纠纷3起（2起已通过妇联解决，1起正在走司法程序）。

（尼玛卓嘎）

【机构领导】

党工委书记

田 德 全

党工委副书记、街道办事处主任

普布多吉（藏族）

党工委副书记、人大工委主席

达瓦次仁（藏族，10月免）

党工委副书记

李 鹏 辉（10月任）

仁旦卓玛（女，藏族）

党工委副书记、派出所所长

索朗严扎（藏族）

党工委委员、组织委员

陈 鑫 远

党工委委员、纪工委书记、监察室主任

索朗拉吉（女，藏族）

党工委委员、政法委员

李 鹏 辉（10月免）

久米多吉（藏族，10月任）

党工委委员、宣传委员

罗 欢（女）

党工委委员、街道办副主任

扎西罗登（藏族）

街道办副主任

洛桑央金（女，藏族）

郭 文 鑫

古荣镇

【概况】“古荣”为藏语译音，意为“很荣耀、了不起”。古荣镇位于堆龙西部，堆龙河中游，东接羊达街道，东南连乃琼街道，南邻曲水县，西靠当雄县，北依马镇，距县城22千米。全镇平均海拔3860米，行政区域占地面积746.79平方千米，耕地确权面积16841.07亩。全镇辖行政村6个，分别为那嘎、南巴、古荣、嘎冲、巴热、加入村，有村民小组32个。2022年，全镇总户数1908户，总人口6802人，农村劳动力3786人。

【党的建设】2022年，古荣镇依托年初党员政治教育总体安排，结合“三更三新”专题教育，深入开展党史学习教育，进一步严明纪律和规矩，增强党员干部依法依规执政、行政、办事的意识。深入开展党员干部政治体检，纠治领导干部在政治、思想、纪律、作风、廉洁等方面存在的问题。组织党委理论学习中心组学习12次，开展“三更三新”专题教育4次、党史学习教育4次，班子交流44次，撰写心得体会200余篇，学习内容包括习近平总书记重要讲话精神、治国理政新思想以及自治区、拉萨市、堆龙德庆区重要会议精神等。深入基层为群众解决所思所盼所想问题和难题8个，涉及资金804.06万元；常态化开展党员“三包”和社情民意搜集报送，把“我为群众办实事”实践活动贯穿学习教育全过程，为民办实事37件，搜集报送各类社情民意信息33条，尽心竭力解难事，坚持不懈做好事。

明确责任分工，强化执纪问责。坚持从严治党、从严治镇的方针，制定《2022年古荣镇党风廉政建设重点任务分工表》，细化责任分工，班子成员严格履行“一岗双责”，梳理排查廉政风险点，提出了具体防控措施。严格落实《古荣镇关于营造良好政治生态的具体措施》，进一步推动古荣镇全面从严治党向纵深发展，营造风清气正的政治生态。组织党员干部先后到市委党校廉政教育基地、林周农场等参观320人次。新党员宣誓、老党员重温入党誓

2022年3月22日，古荣镇召开党史学习教育专题民主生活会

词5次。配齐配强古荣镇领导班子和村“两委”班子,镇党政班子成员12名,平均年龄35.6岁,其中大专及以上文化程度12人,占100%。妇联班子成员37名,平均年龄41.7岁;大专及以上文化程度6人,占16%;团委班子成员7名,平均年龄27岁,大专以上学历6人,占86%。村“两委”班子成员39名(其中有6名高校毕业生,有27名村社会工作者)、监督委员会班子成员18名;村“两委”班子在年龄和学历上实现了“一降一升”(其中,平均年龄为41.65岁,初中以上学历实现了全覆盖,大专及以上学历干部6名,占15%),配备了组织满意、群众认可、发展需要的“带头人”。完善村级后备干部库,采取专人培养、定指标压担子等有效形式,储备村级后备干部98人。采用集中培训学习、分批调训学习的方式对全镇党员干部进行系统培训,开设党员教育培训班16期。

强作风完善机制。完善目标责任制、首问负责制、服务承诺制、流程公开制、限时办结制、责任追究制等一系列工作机制,提升服务质量;健全和完善村务公开、民主决策制度;进一步规范村级财务管理;建立并完善领导干部下访工作制度和包村责任制,完善了镇领导包村包案制度、困难户工作制度和党员干部联系户制度。组织开展党组织标准化规范化建设“回头看”,清理问题8条,深入基层指导党建工作30余次,有力推动村级组织场所、村史馆规范化建设。

2022年2月14日,古荣镇组织党员干部开展红色观影活动

强管理规范建设。围绕“四个创建”“四个走在前列”总体要求,进一步明确各村发展方向。新发展党员14名,其中农牧民党6名,“两新”党组织党员1名。

【意识形态工作】 2022年,古荣镇宣传思想文化战线认真学习贯彻习近平总书记关于宣传思想工作的重要论述,着眼举旗帜、聚民心、育新人、兴文化、展形象的使命任务,以“喜迎党的二十大”为主线,突出宣讲教育、中共二十大等工作重点。举办大型文艺会演活动26场,参与干部群众达5000余人次。为弘扬中华传统美德,培育和践行社会主义核心价值观,提高群众文明素质,倡树优良家风、淳朴民风、文明新风,开展“魅力古荣人物及模范家庭”评选活动,评选出“魅力古荣人物”9人,“最美和谐家庭”5个,在全镇上下掀起学习典型、宣传典型、崇尚典型、争当典型的热潮。

【人大工作】 2022年,古荣镇人大主席团坚持用习近平新时代中国特色社会主义思想武装头脑,以中共十九大和十九届历次全会及中共二十大精神为指导,组织人大主席团成员参加各类学习22次,研讨3次,邀请上级党校老师开展专题培训1次;根据拉萨市人大常委会和堆龙德庆区人大常委会关于进一步规范化建立“镇级人大代表之家”和“村级代表活动室”的有关要求,在镇党委的领导下,先后投入20余万元,对镇村两级人大代表之家(活动室)进行提升改造;组织人大代表到6个行政村开展代表视察调研活动,对人居环境整治、基础设施建设、代表意见建议办理、十大民生实事等重点民生领域进行专项督查,并召开座谈会,面对面听取意见建议,梳理代表意见建议8条,撰写专题报告1份;根据镇党委工作部署,成立由11人组成的中共二十大精神“宣讲队”,邀请文化水平较高、经验丰富的同志,

2022年2月24日，古荣镇开展“满怀收获辞旧岁 欢乐喜迎藏历年暨迎接党的二十大”文艺联欢活动

开展为期3天的培训，并制作发放了宣讲提纲、便捷式音响、宣讲队马甲等，全体宣讲队成员先后深入组、户，以通俗易懂、简单明了的方式为广大群众宣讲了中共二十大精神，在广大群众中掀起了学习中共二十大精神的热潮，共宣讲中共二十大精神22场次，参与群众达800余人次。

【社会治安综合治理】 2022年，古荣镇召开平安建设(综治)工作专题会议6次。镇督导检查组多次深入各行政村、驻村工作队、寺管会、企业和学校，对值班带班情况进行督导检查40余次；组织社会面巡逻1000余次，设置常态化扫黑除恶举报箱7个。以“3月综治宣传月”、“6月综治宣传月”、“4·15”国家安全日、“6·26”国际禁毒日等活动为契机，在辖区内宣传普及宣传知识，每月组织各村进行地毯式排查，累计排查安全隐患70余次，消除安全隐患30余件，摸排人数700余人。开展消防演练7次、普法宣传30次，举办专题法治讲座6场，发放各类法治宣传资料1万余份。全年共调解矛盾纠纷25个，调解率98%，接受群众咨询250余人次，受众达8000余人。

【经济社会发展】 2022年，全镇粮食种植面积11500.72亩，其中，青稞种植8302.15亩，粮食总产量3231.72吨。辖区合作社56家，经营范围涉及手工编织、养殖、糌粑加工、藏香等，合作社和企业通过就业或分红方式带动群众1814人，其中建档立卡贫困户1203人；为深化项目引领，在拓宽楚布沟旅游景区道路的基础上，多方争取各类项目。古荣作为糌粑之乡，辖区内糌粑企业合作社达11家。开展农牧民技能培训6次，组织群众参加各类招聘会7次，依托项目建设组织群众参加务工人数达500余人。全镇有高校毕业生86人，实现就业78人。通过多渠道创收，全镇实现农牧民人均可支配收入达23955元，各村集体经济收入总计达896万余元，主要收入来源为土地租赁、房屋出租、机械设备租赁、集体产业收入等，各村集体经济收入均已达100万元以上。

【人居环境建设】 2022年，古荣镇坚持“户户通”和“环境整治”齐抓共管，治脏、治乱、治差齐头并进，开展卫生环境大扫除30余次、卫生整治10次。强化污染防治督导工作，组织人员先后9次到各企业和养殖场进行污染源检查，查处违规污染排放企业4个、未批先建企业3个，确保企业和养殖业污染零排放。开展农村大气、土壤、饮用水污染排查工作，打好污染防治攻坚战，保障全镇的生态环境。推进生活垃圾分类“户分类”“村收集”“镇转用”工作，全镇有环卫工50名、国道环卫工人7名、垃圾分类监督员37名、兑换中心管理人员2名、垃圾车司机2名、厕所保洁员1名，配备3吨垃圾车2辆，两桶垃圾分类三轮车62辆，4桶分类垃圾收集车37辆，全面覆盖密闭式垃圾分类桶站37个。各企业、单位及村委会已实现开放式垃圾分类桶站和智能垃圾分类桶站全覆盖。稳步推进其他垃圾、餐厨垃圾、可回收垃圾、有害垃圾“户分类—村收集—镇转运”的垃圾分类收集模式，在全镇范围内开展宣传工作，散发宣传资料5000余份，环保袋2000余个，悬挂横幅20余条，提高村民的垃圾分类意识。按照2021年《堆龙德庆区全面实施河长制工作方案》及其他相关文件精神，全面推行《古荣镇2022年河长制工作方案》，做好河道清理和防汛值班工作，共开展河道沿线垃圾整治活动8次，发动干部群众800余人，累计清理垃圾100余吨。用河段位置、河段信息及举报电话、宣传单、横幅等多种方式宣传创新政策，劝导群众守护家园，爱护河道。制订《古荣镇2022年汛期地质灾害防范应急预案》，有效应对突发暴雨、洪涝等自然灾害，在各村进行应急演练，确保人民群众生命安全，最大限度减少灾害造成的损失。

为确保“美丽乡村·幸福家园”建设工作圆满完成，古荣镇政府及时召开动员部署会，安排专职人员做政策解读，群众知晓率达100%。通过认真排查、仔细核实后，筛查出达到拆旧新建标准的4户，达到无房新建标准的8户，达到C、D级危房标准的75户（C级危房标准的56户，D级危房标准的19户），达到“三整一改”标准的32户（总支出79.98万元）。同时，按照区委、区政府的统一部署，联合自然资源局、城管局、派出所等多部门，针对古荣违章建筑面广点小的现实，加强违章建筑打击力度，持续改善乡镇居住环境，提升美化群众生活环境质量，集中整治辖区经幡乱拉、乱挂现象10次，联合区直部门开展拆除“两违”工作，排查登记10处，已完成拆除6处。继续加强水土保持综合治理，加强河流沿线综合管控，推进“散乱污”企业

2022年7月1日，古荣镇组织党员群众参观廉政教育基地

整治工作，加大国道沿线、乡村道路卫生整治清理力度，成功达到自治区级生态文明建设示范镇、村标准。推进国土绿化行动，完成乡村“四旁”植树2.2万株，新增国土绿化面积400余亩，全年空气质量优良率99%，河流、饮用水水源地水质达标率达100%。

【民生事业发展】2022年，古荣镇小学入学率达100%，巩固率达100%，学前教育入园率达100%，小学毕业学生整班移交率达100%，小学阶段实现零辍学；组织教育、疾控、食药、卫生等部门对全镇学校进行安全工作检查，确保所有义务教育阶段适龄儿童进校上学，并对特殊身体情况的儿童开展送教上门，高效落实贫困家庭大学生“三免一补”政策。全面落实基本医疗保障，镇村两级安排专人帮助群众

2022年8月23日，古荣镇巴热村群众自发组织向桑嘎搬迁点捐赠物资（土豆、面粉、大米等）

医疗报销代办代跑，家庭医生签约工作全面完成，医疗报销全面落实。

（强巴卓玛）

【机构领导】

党委书记

索朗曲珍（女，藏族，8月免）

梅　　星（8月任）

党委副书记、镇长

梅　　星（8月免）

巴　　桑（藏族，8月任）

党委副书记、人大主席

平措朗杰（藏族）

党委副书记

李 扎 西（藏族）

党委委员、政法委员、统战委员

尼玛旦增（藏族）

党委委员、纪委书记

赵　　静（女）

党委委员、组织委员

韩 爱 区

党委委员、宣传委员

德庆群宗（女，藏族）

党委委员、副镇长

扎西群宗（女，藏族）

副镇长

李　　程

陈 亚 鹏

马　镇

【概况】“马”为藏语音译，意为“红色”，因境内部分山土颜色呈红色而得名。马镇位于堆龙德庆区西北部，堆龙河中游，距区政府驻地40千米，全境总面积480平方千米，耕地面积18452.19亩，林地面积3916亩，草地面积521387.78亩，平均海拔3900米。全镇下辖6个行政村、19个自然小组，14个网格、103个联户单元。2022年全镇总户籍人口1605户5419人，建档立卡脱贫户178户664人（不包含五保户），监测户6户26人。全镇共设基层党委1个，党总支6个，党支部21个（其中“两新”党组织3个），党员总数517名，其中，预备党员19名，农牧民党员454名；“三老”人员64名（老党员55名、老干部9名）；全镇设小学1所，配有教职工48人，在校生344人；幼儿园9所，配有幼教30人，保育员23人，学生153人；适龄儿童入学率达100%；高等教育在校大学生136人。全镇文化活动场所8个，图书室（农家书屋）8个；卫生机构6个，其中卫生院1家，卫生所（室）5家，实际开放床位7张，医护人员39人。

【党的建设】 持续强化政治建设。2022年，马镇党委开展理论学习中心组学习14次，研讨5次，专题学习研讨中共二十大精神3次；各级党组织开展理论学习94期、覆盖3000余人次，撰写心得体会50余篇，形成调研报告5篇；开展“感悟领袖风范·锤炼过硬作风”学习活动21期；7个远程教育站点共开展远程教育学习190余次。

持续夯实党建基础。坚持书记抓、抓书记，压实党组织书记是基层党建第一责任人责任，坚持每季度听取各村书记党建工作汇报。召开党委会议11次，研究事项110项，先后4次召开专题会议研究党建工作，制定马镇年度党建工作要点，细化任务15项41条，开展专项监督检查30余次，对5个组级活动场所进行全面摸排，投入30余万元配齐相关设施设备。组织镇村党建专干对党员档案进行全面排查整改，完成系统录入，发展党员19人、转正12人。在“三大节日”期间，对村干部、驻村工作队、“三老人员”、离任村干部开展全覆盖慰问。开展“七一送党恩 喜迎二十大”系列活动，对6名困难党员和14名“光荣在党50年”老党员进行走访慰问。实施村干部素质提升工程，加强村干部国家通用语言文字学习培训，开展集中学习、结对帮学等百余次。

持续开展民生服务。开展“领导干部下基层大接访办实事”活动，走访农牧户1463户，开展“大宣讲”11场次、“大调研”23场次，对39件群众急难愁盼问题提出具体解决措施。配套微民生资金1300万元，实施28件民生微实事项目，争取330万元打造措麦村村级宣传阵地，塑造村容村貌良好形象。

持续推进作风转变。开展改进作风狠抓落实工作专项监督检查20余次；对落实工作责任不到位人员进行提醒约谈2人；党政班子共查找六大类、13项具体问题，制定13项整改措施。结合“强化警示教育，深化以案促改”工作和身边人身边事案例，以宣传教育和警示提醒为着力点，坚持抓领导干部这个“关键少数”，以违纪通报、组织观看警示教育片等方式对党员干部定期开展警示教育。组织各级党员干部学习党纪党规8次，警示教育12次，受教育党员干部600余人次。

【党风廉政建设】 深化政治监督。2022年，马镇对贯彻党章、执行党的路线方针政策等情况开展监督检查20余次，围绕安全生产开展安全生产排查50余次，发现隐患20余处，责令整改20余处，停业整改5家。围绕巩固拓展脱贫攻坚成果同乡村振兴有效衔接制订工作实施方案，开展监督检查10余次，提交工作报告1份。

开展谈心谈话。各村第一书记、书记、新任职干部进行廉政谈话40人次。各班子成员对分管部门和领域的党风廉政建设负责，坚持定期研究、部署、检查和报告分管范围内的党风廉政建设情况，对分管部门干部做到定期廉政提醒谈话，涉及60余人次，真正把党风廉政建设贯穿到分管工作的始终。

【经济发展】 2022年，全镇完成农村经济总收入1.3亿余元；完成固定资产投资8400万元；农牧民人均可支配收入达到23459.04元；建档立卡脱贫户人均纯收入19230元，实现村集体经济收入589万元；农牧民专业合作社正常运行9家、5年累计年收入1000余万元。全镇扶贫产业项目10个，年收入达300余万元。

农牧产业稳步推进。全镇粮食种植面积17530.94亩，粮食总产量4782.887吨；春小麦单产达245千克/亩，春青稞单产达340千克/亩，油料作物单产达130千克/亩，发放各种粮食补贴共计337980.46元。开展宣传各类疾病防治和牲畜家禽疫苗注射工作，全镇牲畜总头数17541（头、只、羽），重大动物疫病免疫率达100%，无牲畜疫情发生。

2022年2月28日，马镇开展2022年度“三大节日”慰问活动

实体产业逐步壮大。牢牢守住耕地红线，打造千亩有机青稞示范田。持续巩固养殖合作社规模，探索乌骨羊胚胎植入技术实现品种改良，犏牛繁育养殖基地出栏率稳步提升，农牧业发展的质量和效益逐年扩大。疫情期间，为80多家商铺加大货物供给力度，商贸产业逐步壮大，全镇各项经济收入明显提高。

基础设施明显提升。投资7216万元实施岗吉村、常木村人居环境改造项目，实施主干道整治和村（居）“四化”工程。投资68万元完成360户农村厕所改造。完成“四旁植树”6.1万棵，绿化率提升明显。完成13项中央、自治区环保督察反馈问题整改。

【思想文化】 持续加强阵地建设。2022年，马镇制订中共二十大精神学习宣传方案，开展“喜迎二十大 奋进新征程”每月一主题宣讲活动，开展中共二十大、十九届六中全会及区市第十次党代会精神宣讲、新旧西藏对比暨反分裂斗争教育宣讲、县级包村领导深入各行政村宣讲共计60余次，受众6000余人次。各村农牧民宣讲员通过集中宣讲、入组入户宣讲、深入田间地头等方式宣讲各类指示精神50余次，受众2000余人次。开展“永远跟党走·坚决与十四世达赖和十四世达赖集团划清界限”签名寄语活动。开展以活佛转世宗教仪轨和历史定制宣讲为主的防范教育，受益群众达500余人。开展“我们的节日”“‘3·28’西藏百万农奴解放纪念日”“谈变化、颂党恩”“庆七一”等文化活动20余场次，受众达3000余人。“马乡那些事”关注用户达到1879人，在拉萨市5月新媒体平台政务榜单中列全市第12。

【民生事业】 就业创业服务升级。2022年，全镇劳动力3322人，23—55岁劳动力2960人，转移就业1460人，自主创业98人，新增就业150人。应届毕业生69人就业29人，其中，建档立卡学生9人，已全部就业。

教育事业优先发展。2022年，镇中心校考取其他省市西藏班学生2人。制订《马镇“控辍保学”工作方案》，并签订目标责任书，小升初率达100%。认真开展0—15岁户籍人员信息采集工作，持续关心关爱少年儿童，开展“马镇中心小学·喜迎二十大、欢庆儿童节”活动，为各村教学点送去慰问品共计14394元。严格落实高等教育学生资助工作，为全镇136名学生兑现教育资助金656749.33元。探索与拉萨市实验小学开展“远程教育”“双师课堂”教学模式，进一步提高教学质量。

卫生防疫体系健全。全面推行家庭医生签约服务，全镇签约率达100%，联合镇卫生院开展“送医”服务8次，受益群众3000余人次。排查手足口易感儿童500余名，实行居家隔离5名，为417名少年儿童接种水痘疫苗。兑现医疗报销、高龄补贴等共计18.71余万元，惠及人数246人。

社会保障更加完善。依托马镇藏语和汉语社会工作服务站，精准对接基层所盼、民心所向、发展所需，聚焦特殊群体，全面落实低保动态管理制度，及时跟踪政策变化，兑现低保资金、特困分散老人资金、疫情期间一次性补助等共计15.06万元。推动完善残疾人管理服务，坚决消除“假残真证”现象，残疾两项补贴和残疾本级补贴共计兑现资金64.46万余元。开展敬老爱老活动4次，发放高龄补贴17.7万元。发放临时救助金等2.73万元、残疾人补贴等共计72万余元、惠及555人。辖区居住城乡居民养老保险累计参保人数3387人，其中，特殊身份参保人数533人，参保率达100%。

2022年2月11日，堆龙德庆区2022年“五下乡”暨“新春走基层”活动在马镇举行

巩固脱贫攻坚成果。全镇共有建档立卡脱贫户178户664人、监测户6户26人，建档立卡脱贫户人均纯收入19230元。坚持抓好生态岗位补偿，按照“一人一岗”的原则，明确细化岗位对象的工作职责、任务目标，让贫困群众享受到生态保护红利，累计兑现生态岗位补助金50.575万元。落实就业奖励机制，核准符合条件36人；对脱贫人口开展常态化监测，对低保户、特困户和刚性支出较大家庭等进行监测筛查，做到早发现、早干预、早帮扶。

便民服务高效快捷。马镇便民服务中心以服务便捷化为目标，改变原有的按业务类型划分、多窗口服务方式，全面实现“一窗式受理、一站式办理”。镇级综合服务窗口可全程代办事项61项，村级15项，涉及民政、人社、食品安全、卫生、国土、扶贫和教育等14个类别，全年为群众办事2064次、代办代跑事项828次、为民解决实际困难事项960余次，现场办结率达96%、群众满意度超99%。

【生态环保】 生态环境持续优化。2022年，马镇全面落实绿水青山就是金山银山的理念，大力开展“四旁”植树活动，共栽种树苗61890棵。坚持推动河道清理整治长效化，有效确保辖区河流有人管、有人抓，压实推进季度巡查清理机制，做好辖区河道水资源保护，河道清理工作已完成，参与352人，动用车辆35辆次，清理垃圾达6吨。马镇“河长制先锋队”认真履职尽责，推动常态化保洁机制的完善实施，助力辖区低收入群众转移就业，实现工资性增收。设立每周四为“马镇环境卫生集中清扫日”，持续做好卫生清理，开展爱国卫生活动20余次。

垃圾分类全面推行。建立健全生活垃圾分类收运体系，推进生活垃圾源头减量、准确分类投放。各村宣传屏循环播放双语生活垃圾分类宣传片，利用新媒体宣传垃圾分类工作5次，开展检查督导指导各村垃圾分类工作20余次，开展垃圾分类现场活动3次，群众参与热情和分类水平明显提高，“户分类—村收集—镇转运—区处理”模式运转成熟、效果显著。

“两违”整治纵深推进。开展“两违”整治工作，坚决守住生态红线，坚持每日巡查，共召开“两违”整治工作部署会、推进会等5次，开展现场宣传活动25次，制作宣传横幅11条。

村容村貌焕然一新。推进美丽乡村、幸福家园建设工作，纳入计划拆旧建新28户。对接村居、国土、银行等部门，为群众解决土地审批、政策性贷款等问题。持续推进农村“厕所革命”，不断提高农村户用卫生厕所普及率，农村户用卫生厕所建设（改造）360户，投入资金68.2万元。

2022年3月28日，马镇举行喜迎党的二十大暨纪念西藏百万农奴解放63周年活动

【平安建设】 抓好安全生产。2022年，在重要节点马镇派出所设立卡点对109国道来往车辆检查，各村交通劝导站对出入车辆检查3万余辆次，对进出车辆存在交通隐患的责令当面整改，对危险路段设置安全警示牌，杜绝不安全事故发生。开展安全知识学习教育20余次，利用食品安全周开展宣传活动2次，惠及群众700余人次；对辖区内餐（茶）馆以及学校食堂进行14次食品安全检查，涉及500余店次，在商店预包装食品检查中查收过期饮料及食品等15种70多袋瓶。开展汛期隐患及地质灾害排查4次，涉及河道700余千米，桥梁40余座，村级公路600千米，山体20余座，企业20余家。开展全国安全日宣传活动2次，张贴悬挂标语横幅20余幅，发放各类宣传资料及小礼品3000余册。推动安全生产专项整治三年行动和隐患整治专项行动，发现隐患20余处，停业整改5家。

化解各类矛盾纠纷。逐户走访深入了解村民生产生活情况，及时掌握群众思想动态，排查解决公共安全、生态环境、矛盾纠纷等问题共计14项。

优化基层平安建设。投资34万余元实现巡逻防控和视频监控全覆盖，实现人防与技防“双管齐下”。联户代表收集信息200余条，进一步提高群众自发参与平安建设的积极性。

（沈巾琪）

【机构领导】

镇党委书记

王定平

镇党委副书记、镇长

多吉旺堆（藏族）

镇党委副书记、人大主席

旦增欧珠（藏族）

镇党委副书记、派出所所长

索朗严扎（藏族，6月免）

索朗巴珠（藏族，6月任）

镇党委副书记、党建办主任

罗布曲桑（藏族）

镇党委委员、纪检书记

唐　丽（女）

镇党委委员、组织委员

郑腾飞（12月免）

镇党委委员

袁　超（12月免）

镇党委委员、宣传委员

索朗益西（藏族）

镇党委委员、副镇长

久米多吉（藏族，10月免）

副镇长

刘世清

熊　林

德庆镇

【概况】 德庆镇藏语意为“极乐之地”，位于堆龙德庆区西北部，地处堆龙河上游两岸，辖区面积930平方千米。东北部和西部分别与林周县和当雄县接壤，东南部与马镇相连，平均海拔4220米，距拉萨市中心67千米，距离堆龙德庆区政府55千米。境内名胜古迹随处可觅，藏医鼻祖宇妥云丹贡布、吐蕃赞普松赞干布的妃子门萨赤江、大臣噶东赞（禄东赞）分别出生于德庆镇邱桑村、门堆村和顶嘎村，境内有藏区著名的其美龙天葬台和顶嘎天葬台以及邱桑温泉。

2022年，全镇耕地面积17476.35亩、草场面积831194.55亩、林地面积18000.3亩。全镇下辖6个行政村（邱桑村、昂嘎村、邦村、顶嘎村、门堆村、德庆村）和23个村民小组（德庆村4个小组、门堆村4个小组、昂嘎村3个小组、邱桑村3个小组、顶嘎村3个小组、邦村6个小组），户籍人口2119户7978人，劳动力4579人。

全镇机关设有9个内设机构和4个副科级事业机构，共有干部职工49人。共有36个党组织，其中党委3个（镇党委、德庆村党委、昂嘎村党委），党总支4个（邱桑村党总支、邦村党总支、顶嘎村党总支、门堆村党总支），党支部29个（镇机关党支部1个、寺管会党支部4个、村民小组党支部23个、德庆村小个专党支部1个），中共党员618名（干部党员53名、农牧民党员565名）。

【党的政治建设】 2022年，德庆镇始终坚持以政治建设为统领，把“两个维护”作为最高政治原则，把“讲政治”作为党员干部的立身之本，严格落实新形势下党内政治生活的若干准则，全面贯彻习近平新时代中国特色社会主义思想，坚决落实各级党委各项决策部署，持续推进党员政治教育，深入揭批十四世达赖和十四世达赖集团反动本质。全年召开党委会议11次，党委理论学习中心组学习12次（中共二十大专题学习2次、研讨交流1次），党风廉政专题学习8次。开展党员政治教育12次，依托镇党校开展党章党史教育、思政教育、各类业务培训16期。

2022年，全镇发展团员146人，推优入党13人，占比8.9%。全镇设6个团支部，配备6名团支部书记，其中青年占比89%以上，大专以上学历占比89%以上，为村团支部注入了新鲜的年轻血液，改变了以往村团组织普遍“老龄化”的现象，为推进团的各项工作提供了有力保障。认真落实基层团组织“三会两制一课”、主题团日等团内生活制度，依托镇党校和青年之家平台，对团干部和团员青年开展各类集中学习教育

2022年10月19日，德庆镇召开党委理论学习中心组集中学习（扩大）会暨“党的二十大精神”党员政治教育专题研讨会

2次，涉及团员群众80余人次。利用春节、植树节、“五四”青年节、“六一”儿童节、暑假等节点开展丰富多彩的文体活动，举办春季运动会、“德庆镇返乡大学生交流座谈会”、“青春心向党 同建共青林”主题党团日活动、返乡大学生足球赛、预防青少年犯罪法治知识讲座等10余次主题活动。

【党的思想建设】 夯实党的理论基础。2022年，德庆镇充分发挥党委理论学习中心组的示范引领作用，集体学习研讨12次，交流发言9人次，全镇各村党组织集中学习80余场次。

巩固党史学习成果。建立健全党史学习教育常态化长效机制，以学促行，总结经验、观照现实，把党员领导干部下基层大接访办实事实践活动作为巩固拓展党史学习教育的重要内容，在6个村开展理论政策宣讲18次，覆盖群众500余人次，持续开展我为群众办实事活动，收集意见建议35条，解决了大量事关群众切身利益的问题。

深化群众思想教育。组织农牧民宣讲员队伍和村级文艺队伍通过“宣讲＋文艺”的形式开展宣讲演出21场次，参与人数3000余人，通过群众喜闻乐见的方式，唤起树新风的自觉，响应破陋俗的呼声，营造移风易俗的舆论。先后组织各类志愿队伍600余人在全镇范围开展75场形式多样的“西藏新时代文明实践推动日”志愿服务活动，把党的理论课堂搬到党员群众“耳尖上”“家门口”“心窝里”，切实解决人民群众“急难愁盼”的问题，营造和谐共建的良好社会氛围。

【党的组织建设】 2022年，德庆镇推进党员“三包”工作和党员领导干部下基层大接访办实事工作，德庆镇15名领导班子成员分包6个村，81名村干部联系23个村民小组，210名综治网格长、联户代表和563名农牧民党员联系全镇7992名农牧民群众，收集意见建议35条，涉及基础设施建设、土地流转、人居环境整治、群众财产安全、农田及草场恢复、迁户和分户、就医、就业等，对群众提出的意见、建议，一一列出方案，确定时限，综合运用各类资源，解决大量事关群众切身利益的问题，保障和改善民生，化解了大量的社会矛盾；严把党员发展关，严格党员发展程序，共吸纳入党积极分子19名，发展对象吸收为预备党员9名，预备党员转为正式党员26名，党员队伍不断壮大；开展村“两委”换届“回头看”考察工作，采取民主测评、个别谈话的方式，深入了解自村级组织换届以来，村级领导班子在德、能、勤、绩、廉和村干部政治思想、领导能力、工作实绩、党风廉政建设和作风建设等方面的综合素质及工作中的不足，广泛动员辖区农牧民党员、群众、“两代表一委员”、返乡大学生参加换届“回头看”测评工作，提高群众知晓度和参与度；不断提升使用国家通用语言文字能力，用好“藏译通”App实时在线学习平台，动员“1+3”专干、驻村工作队队员、社工、政府购买人员、学校教师，通过集中培训、自学、结对帮学、补习夜校等方式，开展形式多样的教育培训，逐步提升村干部文化水平，促进民族交往交流交融，铸牢中华民族共同体意识。开展德庆镇“党建协同1+1”党建品牌创建活动，镇党委、政府用好“三诊一把脉”“处方单”工作机制，助力下辖党组织开展“三有一预防针”工作，通过党建品牌的创建，统一思想、凝心聚力。探索发展壮大村集体经济思路，围绕农牧区抓党建促乡村振兴，管好用好用活村集体资产，召开专题会议安排部署《德庆镇壮大村集体经济方案》，听取各村村集体经济发展情况，村集体经济现状、计划、思路等，班子成员和干部职工结合自身工作实际针对如何壮大村集体经济提出工作思路，为各村发展壮大村集体经济献言献策。

【干部队伍建设】 2022年，德庆镇采取“日考勤、月小结、季考核”的方式，按照确定目标、个人工作纪实、审核评鉴、结果反馈、公开考核情况等程序，不断推进德庆镇公务员平时考核工作走深走实走细。紧紧围绕“党要管党、全面从严治党”具体要求，始终将党风廉政建设和反腐败工作摆在突出的位置，严格落实党委主体责任，加强领导、强化措施、狠抓落实。召开党委会议9期，研判党风廉政建设和反腐败工作，完善各项规章制度，研究“三重一大”相关议题79项，涉及党风廉政相关工作6期，营造忠诚老实、公道正派、实事求是、清正廉洁的干事创业氛围，全镇政治生态持续改善。

【基层党风廉政建设】 推进全面从严治党责任落实。2022年，德庆镇以全面加强党的建设为引领，始终将党风廉政建设和反腐败工作摆在突出的位置，研究制定《德庆镇党委2022年度落实党风廉政建设主体工作要点》，紧盯"关键人、关键时、关键事"，用好谈话"瞄准镜"，把好长期监督脉络。召开党风廉政建设专题学习会8期、改进作风狠抓落实动员部署会1次，通报各类典型案例35起。按照上级约谈工作方案要求，开展约谈40人次。同时，结合干部调整对新提任干部廉政集体谈话1次，涉及18人。召开"强化警示教育 深化以案促改"工作动员部署会1次、"以案明纪·引以为戒"专题研讨会1次，书记讲党课4次、纪委书记讲廉政党课1次，开展政治生态廉政集体谈话1次，观看《忏悔录》《零容忍》各1次，到拉萨市廉政教育基地参观学习1次，签订《拒收红包礼金承诺书》50份，完成全镇副科级以上领导干部廉政风险防控全覆盖，排查出风险点84项，制定防控措施84条。开展纪检干部业务能力培训1期、财经知识培训1期，涉及20余人次。

整治群众身边腐败和作风问题。紧盯民生领域中侵害群众利益的突出问题，从重从快严肃查处，开展监督检查20余次，下发整改通知1期。持续加强与综治办、司法所、派出所等部门的协作配合，重点关注党员干部参赌涉赌、酒驾醉驾、寻衅滋事等不良行为，开展联合督导18次，组织签订《"严守纪律、拒绝酒驾"承诺书》《堆龙德庆区党员干部和国家公职人员不参与赌博或带有赌博性质的娱乐活动承诺书》200余份。认真贯彻区纪委"每月一监督"主题工作要求，主动谋划开展专项监督，召开"每月一监督"会议6次，开展监督检查6次，"每月一监督"具体问题完成整改率达90%。突出关键节点，持之以恒地落实中央八项规定精神，开展常态化明察暗访13次，涉及单位10家，节前部署会6次，节后收心会1次，下发节前工作提醒3次，签订《不操办子女"升学宴""谢师宴"承诺书》80余份。巩固作风建设成果，以消极应付群众诉求、对群众"冷硬横推"、上班期间脱岗漏岗等不良风气为切入点，抓考勤制度执行，考勤结果每月一公示。抓好纪律督查行动，违纪行为定期进行通报。针对考勤制度下发工作提醒5次，发现参会人员违纪行为3次，下发通报1期。

【意识形态工作】 2022年，德庆镇聚焦重点任务，始终围绕把新时代文明实践所（站）建设成为学习传播科学理论的大众平台工作，以丰富多彩的宣传教育和实践活动为有力抓手和鲜活载体，积极培育和践行社会主义核心价值观，推动社会主义核心价值观内化于心、外化于行，真正成为人们政治上、思想上、行动上最基本的价值遵循。开展移风易俗宣传教育，组织镇、村两级文艺队举办文艺演出60余场次，参与人数6000余人，以群众喜闻乐见的方式，唤起树新风的自觉，响应破陋俗的呼声，营造移风易俗的舆论；广泛开展"城市文明创建"活动，让群众能参与、想参与、勤参与，加大宣传引导力度，提升群众文明素质；开展农村环境生活垃圾专项治理活动，经常性开展乡村环境集中清理整治，引导村民"人人动手，户户参与"环境整治活动，共同美化农村环境，镇村两级充分发挥其"举旗帜、聚民心、育新人、兴文化、展形象"的作用，开展各类志愿服务活动共55场次。加强对"堆龙——德庆在线"微信公众号新媒体的管理运营建设工作，让宣传工作领域主旋律更加响亮，共发布微信公众号内容450余篇。

【经济发展】 2022年，全镇农村常住人口5384人，人均可支配收入达24244.77元，圆满完成了区委、区政府年增长13.1%的目标要求。

美丽乡村·幸福家园稳步实施。综合考虑村庄空间布局、功能定位、土地性质、产业发展、生态宜居、文化建设等因素，扎实推进"美丽乡村·幸福家园"建设推进工作，全镇涉及拆旧新建46户（德庆村35户、顶嘎村5户、邱桑村6户），实施为民办实事项目8个，项目实施过程严格按照上级要求，就地就近原则组织辖区农牧民施工队进行项目实施，要求各行政村组织群众参与工程项目的建设，通过投工投劳的形式增加群众经济收入。2022年底，项目已完成总工程量的80%以上，项目资金使用率达70%，使用当地运输车辆和机械106台，使用率达90%以上，发放机械费用63.96万余元。当地群众投工投劳人数203人，发放工资53.75万余元。机械费用和工人工资共计117.71万元。

人居环境向好向优。完成农村人居环境整治任务，为乡村振兴提供有力保障，邦村、顶嘎村人居环境整治项目陆续开工建设。

坚持农业农村优先发展。2022年，全镇总耕地面积17476.35亩，其中，粮食作物种植面积9422亩，产量2800余吨；经济作物603亩，产量102余吨；全镇草场面积83.12万亩，饲草料作物6400余亩，发放草畜平衡补助奖励资金160余万元。全镇牲畜存栏总数32037头（只、匹），牲畜出栏1322头（只、匹）；开展春秋两季重大动物疫病强制免疫注射60101头（只、匹），常规疫苗接种5567头（只、匹），牲畜免疫密度达100%；开展病变排查136次，病变脏器无害化处理794头（只、匹）；2021年犏（牦）牛经济杂交330头，发放补贴28.85万元，黄牛改良134头，为镇域家畜消毒116593头（匹、只），完成4606只犬类投药驱虫工作；发放2021年野生动物肇事赔付资金18.555万元，2022年收集野生动物肇事资料242件；2022年涉农保险累计登记585起，赔付2021年牲畜意外死亡赔偿金322.7万元，农房受损赔偿4.48万元，农田受损赔偿304元。2022年全镇投保户数1271户，其中，藏系牛17820头，羊578只，青稞84999.41亩，油菜621.27亩，小麦206.6亩，马铃薯89.54亩，农房1208户。

【生态文明建设】 2022年，德庆镇集中开展环境治理工作，重点清理沟渠内存量垃圾，整治堆放土堆问题，消除卫生死角，累计出动700余人开展集中整治行动，清理转运垃圾120余吨，保障镇村内环境干净整洁有序。按照属地管理要求，担负起整改落实、指导协调和督促检查职能，全力以赴抓好辖区环境问题的排查整治，建立健全镇级环保巡察机制，针对辖区内卫生死角定期开展巡查工作，针对前期自查发现旅游服务中心存在堆放建筑垃圾的问题，积极与业主单位沟通，组织机械和人力以最快速度完成问题整改，同时制定了后期管理措施，有效避免问题反弹；组织全体环卫工人、生态补偿岗位和志愿服务队，针对辖区开展拉网式卫生环境大整治，确保不留死角。完成中央环保督察期间交办的关于辖区山体滑坡和泥石流2个案件的整改办结工作；密切联系各村，形成良好的巡查排险机制，构建较为完善的巡查网络，共同监督地质灾害隐患的实时动态，真正做到预防为主、群测群防。坚决贯彻生态文明理念，落实生态保护责任，持续巩固和提升消除“无树村、无树户”成果，积极开展镇、村“四旁”植树行动工作，累计植树40834株。

【民生保障】 抓好高校毕业生、农牧民就业工作。2022年，德庆镇共发布招聘信息100余条，组织高校学生、农牧民参加线上、线下招聘会11场次，开展就业技能培训7期，召开应届毕业座谈会1

2022年5月24日，德庆镇组织机关干部、保洁员开展爱国卫生专项活动

次，实现农牧民转移就业 1356 人，完成总收入 406.8 万元；全镇应届高校毕业生 87 名已全部就业，就业率 100%。

服务群众更加贴心。受理户籍（包括迁户、上户、变更、销户、分户等）共计 101 次，开具各类介绍信 108 次，受理边境通行证 108 次，开具油料证明 75 次，完成政治审查 26 人次。

完善城乡居民基本养老保险制度。2022 年，新增养老保险 22 人，死亡及终止注销 39 人，新农保缴费 4511 人，新增满 60 岁待遇申请 53 人。稳步推进居民医疗保障参保工作。

特殊人群保障到位。2022 年，全镇低保户共 16 户 40 人，新增 1 户 4 人，清退 2 户 11 人，共计发放低保资金 8.09 万余元，疫情期间发放一次性生活补贴 8400 元，共计发放资金 87583.25 元；进一步规范临时救助工作，对低保边缘困难群众和因重大疾病等造成生活暂时困难的群众实施临时救助，共计救助 26 户 58 人，发放救助资金 24741 元，并于 11 月起按照 169 号文件要求，对无固定工作单位且疫情期间无任何收入来源的困难群众发放救助补贴金 16 户 48 人、资金 16000 元；为 17 名特困人员发放分散特困资金 63869 元，疫情期间发放一次性生活补贴 6000 元，共计发放资金 69869 元；为确保特殊群体儿童健康快乐地成长，对 40 名留守儿童、4 名事实无人抚养儿童，在“快乐儿童之家”不定期开展“留守儿童”活动，对他们的学习、生活、心理、安全、健康状况进行调查登记，了解“留守儿童”的生存状况和成长需求，建立“留守儿童”档案，对于 4 名事实无人抚养儿童，累计兑现资金 21600 元；自开展残疾人重新鉴定工作以来，共有 387 名残疾人享受残疾人本级补贴，发放资金 27.48 万元，其中享受残疾人“两项补贴”人员 211 人（符合条件的生活困难残疾人 184 人、享受重度护理补贴 27 人），兑现两项补贴资金 19.76 万元，疫情期间发放一次性生活补贴 24.36 万元；大力发展教育事业，为镇中心小学 3 名考入其他省市西藏班学生发放奖励金 3000 元，2021—2022 年困难农户大学生资助符合条件 193 人、资助金额 89.35 万元，建档立卡大学生符合条件 52 人；加大文化服务投入力度，配置文化人员力量，规范镇综合文化站、各村农家书屋、村级文化活动室、寺庙书屋等建设，加强对 6 个村级文艺队管理，推出一大批弘扬时代精神、传承民族文化、群众喜闻乐见的文艺作品，开展“望果节”“农闲十项”“五下乡”等活动 40 余次，受众 2000 余人，展现新时代农牧民的良好精神风貌；顺利完成碘盐发放工作，共计发放碘盐 44192.5 千克，受益 8000 余人次。

【脱贫攻坚与乡村振兴】 2022 年，德庆镇严格落实“四个不摘”要求，保持过渡期内现有主要帮扶政策总体稳定。成立 2022 年乡村振兴工作领导小组，由镇党委书记任组长，高位推进全镇乡村振兴工作，明确党政班子成员为组员的组织架构，形成各部门各司其职、各负其责，协同协作、齐抓共管的工作局面。紧盯全镇 261 户 1046 人脱贫户收支状况，扎实做好收支监测工作，2022 年脱贫户人均纯收入 18392.01 元。通过有效应用防返贫监测机制，实时监测一般户家庭年人均纯收入，严格按照“三类人”认定程序和标准，新识别“三类人”8 户 23 人，及时录入全国防返贫监测系统，通过统筹分红等措施切实给予帮扶保障，因户因人制定“一户一方案，一人一措施”清单，落实各项帮扶举措，不断提升群众满意度。

【维护稳定和综合治理】 2022 年，德庆镇紧紧围绕平安建设工作，扎实推进镇综治中心规范化建设，形成以镇党委政府牵头，各行政村、各部门为依托，镇、村、干部为基础的上下联动的综治防控体系。充分发挥人民调解职能作用，协调化解各类矛盾纠纷 20 余起。举办预防青少年犯罪法治知识讲座，开展反邪教渗透、安全生产、扫黑除恶、防灾减灾、反分裂斗争思想教育、禁毒等各类宣传教育工作。充分调动全社会各方面力量，依靠广大群众支持和参与平安建设，确保社会面持续和谐稳定，共开展各类宣传活动 30 余次，发放各类宣传资料 3500 余份、宣传物品 2500 余份，受教群众 5000 余人次。

（强巴卓嘎）

【机构领导】

党委书记
扎　　多(藏族)

党委副书记、镇长
张良宏

党委副书记、人大主席
谢远晋

党委副书记、党建办主任
任　　胜

党委委员、宣传委员、组织委员
旦增西宁(藏族,12月免)
马　　振(1月任)

党委委员、统战委员、平安建设办主任
次仁顿珠(藏族,1月免)
次旺多吉(藏族,1月任)

党委委员、纪委书记、监察室主任
阿旺旦增(藏族)

党委委员、副镇长、党政综合办主任
强巴卓嘎(女,藏族)

副镇长、民生办主任
索朗次仁(藏族)

副镇长、经发办主任
李　　阳

司法所所长
高祥龙(6月免)
杨介雄(6月任)

党建办副主任、昂嘎村第一书记
央　　宗(女,藏族,6月任)

党政综合办副主任
苏　　洁(女,6月任)

民生办副主任
韩晴晴(女,6月任)

经发办副主任、邦村第一书记
高培祥(6月任)

党群服务中心主任
尼玛卓嘎(女,藏族,6月任)

网格服务中心主任、邱桑村第一书记
李嘉辉(6月任)

农牧综合服务中心主任
杨　　翔(6月任)

卫生服务中心主任
夏吾曲知(6月任)

国有企业

堆龙德庆区龙腾国有资产投资运营有限公司

2022年4月15日，堆龙德庆区龙腾国有资产投资运营有限公司举行2021年度总结表彰大会暨2022年重点工作部署会。图为优秀员工合影

【概况】 年内，堆龙德庆区龙腾国有资产投资运营有限公司在区国资委的指导支持下，以“改进作风提升质效”专项行动为抓手，紧密结合公司工作实际，科学谋划公司发展，坚持“迎难而上、逆势上扬，稳中求进、进中求好”工作总基调，精准施策助力复工复产，高质高效履行企业责任，统筹推进稳主业、强党建、防风险、惠民生等各项工作，保持了公司长远稳健发展的良好态势。2022年，公司内设党建办、内控审计部、财务部、人力资源部、后勤中心、项目部、办公室，下辖公交公司等子公司（正常经营）共10家，其中，全资子公司9家，参股公司1家，共有干部职工200余人。

【党建工作】 推动成果转化，构建长效机制。2022年，公司党支部坚持以持之以恒抓整改为切口，将主题教育取得的成效转化助推发展的动力，结合当前形势，引领全体党员以实际行动践行初心和使命，不折不扣执行区委、区政府决策部署，为安全生产攻坚战献计出力。

专注练好内功，强化理论武装。2022年，出台《2022年党建工作重点》《党支部中心组学习计划》等规范文件，高规格开展党员培训，高标准落实“三会一课”制度，高质量组织党课、业务、廉政等专题培训，高要求举办主题大讨论活动，依托“学习强国”平台定期开展交流研讨，引领全体党员干部以理论学习和思想武装来强党性、提素养、增本领。

推进作风建设，加强纪律保障。坚定不移加大作风、纪律教育力度，组织召开公司作风建设会议，常态化开展廉政教育5次、廉政谈话1人次，收集汇总干部职工的廉政档案3个，严格执行“三重一大”事项请示报告20余项，引领全体党员干部主动提振精神、优化作风，自觉明纪于心、挺纪于前，为公司发展提供坚实的作风纪律保障。

【企业内部改革】 2022年，公司重抓内部管理，强化制度建设，修订和制定《工作规则》《子公司运营监督管理办法》《子公司负责人绩效考核办法》等制度规章5项，并实施集团化管控、标准化建设和精细化管理，提高防范经营风险能力，促使经营行为更加规范高效。针对行业安全风险高、隐患大的特点，围绕道路交通、工程建设等重点领域，强化安全责任落实、宣传教育、监督考核，确保安全生产形势持续稳定，同时梳理公司发展遗留问题、经营问题、机制问题，认真落实信访工作责任，妥善化解公交服务和建设环境矛盾问题并实施对账销号工作制，切实把突出问题处理在内部，解决在基层，化解在萌芽。坚决履行安全生产责任。将安全生产作为头等大事来抓，年初即与相关单位、租赁户签订安全生产责任书、安全经营承诺书和安全施工责任书，及时传达相关安全生产会议精神及各项文件要求，定期开展安全宣教、安全培训、安全检查，配合相关单位及时消除安全隐患，切实保证安全生产稳定。夯实公司内部控制管理，强化“业财融合”，严格把控关键节点的审核审批，派专人建立业务台账，实行财务与业务台账化实时动态管理，将财务由事后核算向事前预测、事中控制、事后监督全过程动态管理转变。细化法律审核工作制度和流程，全面实行法律审核把关前置，严格把控合同审批，并对所有合同版本进行了审核和归集整理。增加办公例会频次，强化交办事项定期汇总、督导和销号。成立后勤中心，实施“大后勤”管理强效机制，通过公车集中管理的方式，不断完善管理制度、优化工作流程，以创新管理手段深入推进公务用车管理高质量发展。

【重点工程项目】 2022年，公司全力推进健康饮用水提升工程等项目落地，全面跟进农村环境整治类工程等在建项目；规划实施堆龙德庆区第三小学、龙腾创业创新中心、滨河路柳东段、滨河路经开段下穿隧道等系列新建项目，聂当建筑材料加工厂已投入生产；计划投资34284.63万元的龙腾创新创业中心工程项目已完成工程总量的40%；滨河路经开段、柳东段分别完成工程总量的10%和12%；堆龙德庆区第三小学建设项目正处于开工建设前期，准备阶段人居环境整治类项目，已开工建设，处于平稳有序推进中。

【企业新兴产业】 2022年，公司与西藏泛在电力能源有限公司达成战略合作协议，举行战略合作备忘录签字仪式，双方就积极推进拉萨区域电力建设和服务领域共融发展达成共识；推进聂当砂石加工厂项目落地建成，顺利与旭阳实业有限公司达成合作，启动砂石加工厂的建设，砂石料年处理能力达40万立方米，全产业链可带动就业30余人。

【民生工程】 社会保障工作再提质。2022年，龙源公司开展服务政府招工任务，累计派遣劳动者人数459人，完成城镇新增就业51人，农村劳动力转移新增就业381人，其余27人为其他省市转移就业，派遣职工医疗保险参保率达90%以上；瑞吉、城开公司坚持高标准推进人居环境整治类项目建设，以促进当地群众就业增收为出发点和落脚点，2021年6个人居环境整治类项目和2022年8个人居环境整治类项目直接带动当地就业人数870人，发放民工工资623.8万元，发放租用当地机械及运输车辆租赁费用275.25万元。

饮水安全成果再巩固。加快城镇（农村）饮水安全巩固提升及供水主管网项目建设，充分摸排城乡居民用水情况，有效降低管网漏损率，保障城乡供水水量与水质。维修漏水管网、阀门及消防栓90余处，巡查管网线路59千米，完成主线管网维修45次，新增用水户2000余户。1—9月，水厂供水总量468余万吨，管网压力平均控制在0.02兆帕。

公共服务品质再提升。公交公司配合市区（城乡）快速路环线、中心城市品质提升、美丽乡村升级版等建设，深入推进“四好”农村路建设及农村客运通畅率提升，先后开通农村公路公交班线18条，优化线网2条，投放高品质新能源公交车34辆，运营线路覆盖堆龙德庆区下辖6个镇(街道)、30个行政村;纯电动公交车辆继续发挥低碳出行、绿色出行作用,并完成了充电桩试点、全时监控设备的安装工作。物业公司严格按照《关于稳住经济若干临时性政策措施》文件精神,全面排查梳理符合减租政策的承租人,按照减免国有房屋租金操作实施细则要求,主动对接租赁户,经核实为符合政策的13户个体商户减免租金671904元。租赁公司积极开展公车处置工作,同时面向政府各机关单位、酒店、旅行社等提供租车服务,1—9月,向区属61家机关单位提供固定公务用车共计100辆。

(奉　旭)

【机构领导】

董事长

骆翰墨

总经理

邱弋桓

副总经理

巴桑桑珠(藏族)

刘　波(6月免)

黄　尧

杜晓颖(6月免)

象雄美朵生态旅游文化产业园区管委会

【概况】 为加快推进产业园开发建设进程,助推实施乡村振兴战略,巩固提升产业促脱贫攻坚成效,2018年9月,堆龙德庆区成立象雄美朵生态旅游文化产业园区管委会。2020年7月设立机构,正科级建制,为堆龙德庆区人民政府派出机构,核定行政编制3名,科级领导职数2名(一正一副)。2022年,管委会下设事业单位综合服务中心,副科级建制,核定事业编制5名,副科级领导职数2名。园区管委会实有工作人员5人,其中,四级调研员1人,正科级1人,副科级1人,事业人员1人,"三支一扶"1人。

【党建工作】 2022年,园区管委会始终把党的建设工作、党风廉政建设、维护社会稳定工作作为推动园区管委会各项工作的内在要求,坚持做到同部署、同落实。严格执行"三重一大"民主集中制,认真落实"三会一课"制度,规范组织生活,积极打造学习型、创造型党组织,进一步提高党组织活力,增强党组织战斗堡垒作用。结合改作风抓落实开展代办代跑、办实事、四联四包等各项工作,为实现园区快速发展、创新发展、高质量发展奠定良好的组织基础。

【园区企业管理服务】 2022年,园区管委会严格落实疫情防控各项措施,督促指导驻园企业严格落实防疫各项工作要求,做好疫情防控各项工作;对接协调村委会及上级各部门,履行"一站式"全程代理制服务职责,为驻园企业提供"保姆式"服务,帮助企业排忧解难,提高园区运行效率。组织驻园企业开展2次防暴、消防演练,参与演练50余人次。督促驻园企业做好开园前期各项准备工作,协调对接市监局、消防等部门对园区进行安全生产检查指导,确保如期运营。协调解决德吉藏家运营事宜,通过相关单位共同努力,新的运营团队于4月底入驻德吉藏家,5月正式开始运营,接待游客1.5万余人次,实现营业收入180万余元。

【A级旅游景区创建】 2022年,

2022年5月,西藏自治区党委常委、拉萨市委书记普布顿珠(右三)到园区调研工作

园区管委会始终将创建A级旅游景区作为提高园区服务游客能力和扩大园区影响力、打造园区品质的主要抓手，将创建A级旅游景区标准作为管委会工作的具体措施，象雄美朵景区于2022年6月获批国家AAAA级旅游景区。

【园区项目建设运营】 2022年，园区古堡桥立体绿化、墙体彩绘已完成施工，10千伏备用电源工程已完工并移交使用单位，项目资料已按要求报送区财政局进行结算审计。园区周边绿化提升工程竣工并报财政评审，完成古堡桥两侧、八号路北侧苗木春灌，确保绿化成活率。同时，督促指导景区内的项目实施，景区内新增无动力、水上乐园、丛林探险、室外马场、露营基地等游乐设施，开展了冰雪节、露营野外火锅、北极灯光秀等活动，不断丰富园区游玩内容吸引带动游客，提高园区品牌影响力和知名度。

【助力乡村振兴】 2022年，园区管委会认真履行职能，充分发挥桥梁纽带作用，始终强化政府在园区发展、建设、运营过程中的主导作用，加强各级各部门的沟通协调，主动协调园区属地与驻园企业之间的矛盾，营造良好的营商环境，推动园区经济又稳又快发展。对接群众就业、劳务输出与机械运输，全力巩固拓展脱贫成效，通过与企业沟通协调，景区内草坪种植已交由村委会组织实施，带动群众增收致富。同时，与拉萨城投协调解决拖欠当地民工工资、机械运输款、土地流转费。

（韩　露）

【机构领导】

管委会四级调研员

杨　　炜（6月任）

管委会主任

旦巴雅杰（藏族，4月免）

王 旭 阳（5月任）

管委会副主任

韩　　露

堆龙德庆区净土产业投资开发有限公司

【概况】 年内，堆龙净土公司坚持以习近平新时代中国特色社会主义思想为指导，自觉把思想和行动统一到中共二十大精神上来，坚持稳中求进的工作总基调，以项目管理运营为工作主线，以增加效益为中心目标，不断提升企业发展质量，将增强企业实力和推动全区净土健康产业可持续发展作为己任，较好地完成了各项任务。2022年，公司总资产11.5亿元，实现收入1.27亿元，解决本地大学生就业50余人。

【项目建设】 2022年，根据区委、区政府提出的“一乡一品”净土健康产业布局，古荣、德庆、马镇三大设施农业产业园已建设完成，种植瓜果蔬菜花卉、食用菌、藏药材等作物702栋；按计划推进净土奶牛养殖中心、天然饮用水、乳制品加工厂、青色麦团加工厂、藏泉白酒项目建设；堆龙德庆区古荣镇温室大棚扩建项目、堆龙德庆区净土育苗智能温室建设项目、堆龙德庆区农业示范园（二期）建设项目、堆龙德庆区藏椿芽种植项目启动建设。

【带动脱贫增收】 2016年至2022年，公司先后在古荣、德庆、马镇、乃琼等镇街流转土地17400余亩，年均支付土地流转费2500余万元，通过临时投劳、机械租赁带动当地村民增收3000余万元。2022年，以“公司+基地+产业工人”的模式进行运营管理，为7个村以及那曲移民搬迁点荣玛乡900余人提供就业岗位。实施土地流转分红带动脱贫增收。

（张红霞）

【机构领导】

董事长、党支部书记

阿旺次仁（藏族）

副董事长、总经理、党支部副书记

次　　旺（藏族）

附 录

堆龙德庆区受区(县)级以上表彰的先进集体一览表

表 11

获奖单位	获奖名称	表彰时间	授予单位
堆龙德庆区人民法院	全区优秀法院	2023 年 1 月	最高人民法院
堆龙德庆区马镇马村	全国民主法治示范村	2022 年 11 月	司法部、民政部
堆龙德庆区水利局	《公民节约用水行为规范》主题宣传活动优秀组织单位	2023 年 2 月	水利部
西藏自治区堆龙德庆区姜昆黄小勇希望小学少先队大队	2022 年度全国优秀少先队集体	2022 年 12 月	共青团中央、教育部、全国少工委
东嘎社区居民委员会	2022 年西藏自治区民族团结进步模范集体	2022 年 9 月	中共西藏自治区委员会、西藏自治区人民政府
羊达街道	2022 年度西藏自治区“先进双联户”创建活动先进集体奖	2022 年 12 月	西藏自治区人民政府
拉萨市公安局堆龙德庆分局桑木突击队	集体三等功	2022 年 12 月	西藏自治区公安厅
警务保障室	成绩突出集体	2022 年 12 月	西藏自治区公安厅
堆龙德庆区文旅局	第一批西藏自治区公共文化服务体系示范县(区)创建资格	2022 年 12 月	西藏自治区文化厅
堆龙德庆区文旅局	西藏自治区县(区)艺术团文艺汇演暨西藏民族民间舞蹈比赛优秀奖	2022 年 7 月	西藏自治区文化厅
堆龙德庆区姜昆黄小勇希望小学	2022 年全区优秀少先队集体	2022 年	西藏自治区少工委
堆龙德庆区姜昆黄小勇希望小学	西藏自治区第一届民族团结模范学校	2022 年	西藏自治区少工委

续表11

获奖单位	获奖名称	表彰时间	授予单位
堆龙德庆区马镇中心小学	2022 年度全区教育系统先进集体表彰	2022 年	西藏自治区教育厅
堆龙德庆区东嘎先锋集结号应急救援志愿服务队	最佳志愿服务组织	2022 年 12 月	西藏自治区文明办
拉萨市堆龙德庆区乃琼中心小学	2022 年堆龙德庆区民族团结进步模范集体	2022 年	西藏自治区精神文明建设指导委员会
堆龙德庆区第二幼儿园	第四届中华经典诵读大赛西藏自治区初赛一等奖	2022 年	西藏自治区教育厅、西藏自治区国家语言文字工作委员会
堆龙德庆区委政法委	2019—2021 年度铁路护路联防工作先进集体	2022 年 11 月	中共西藏自治区委员会平安西藏建设领导小组铁路护路联防专项组
堆龙德庆区委政法委	2019 年度铁路护路联防工作考核评比(县级)第一名	2022 年 11 月	中共西藏自治区委员会平安西藏建设领导小组铁路护路联防专项组
农行堆龙德庆区支行	五一巾帼标兵奖	2022 年	中国农业银行西藏自治区分行
农行堆龙德庆区支行	西藏自治区民族团结进步模范集体	2022 年	中国农业银行西藏自治区分行
农行堆龙德庆区支行马营业所	“三化三达标”优秀网点	2022 年	中国农业银行西藏自治区分行
乃琼街道色玛社区	2022 年度西藏自治区“先进双联户”创建活动先进村(居)	2023 年 1 月	平安西藏建设领导小组
共青团拉萨市堆龙德庆区委员会	2021 年度全国大学生“返家乡”社会实践活动表扬单位	2022 年 4 月	共青团中央青年发展部
共青团拉萨市堆龙德庆区委员会	2021 年西部计划绩效考核优秀等次服务县项目办	2022 年 5 月	全国大学生志愿服务西部计划项目管理办公室
堆龙德庆区疾控中心	2022 年慢阻肺病高危人群早期筛查与综合干预项目—区县项目办优秀管理人员	2022 年 11 月	全国慢阻肺病高危人群早期筛查与综合干预项目管理办公室
堆龙德庆区东嘎街道“小个专”党支部党建案例	2022 年度全国年度百个党建创新案例	2022 年 12 月	《非公有制企业党建》杂志社
堆龙德庆区姜昆黄小勇希望小学	拉萨市民族团结进步模范学校	2022 年	中共拉萨市委员会、拉萨市人民政府
拉萨市堆龙德庆区中学	拉萨市民族团结进步模范单位	2022 年	中共拉萨市委员会、拉萨市人民政府
乃琼街道色玛社区	拉萨市民族团结进步模范单位	2022 年 12 月	中共拉萨市委员会、拉萨市人民政府
乃琼街道乃琼社区	拉萨市民族团结进步模范集体	2022 年 12 月	中共拉萨市委员会、拉萨市人民政府
堆龙德庆区马镇常木村	拉萨市民族团结进步模范集体	2022 年 12 月	中共拉萨市委员会、拉萨市人民政府
羊达街道	拉萨市民族团结进步模范单位	2022 年 12 月	中共拉萨市委员、拉萨市人民政府

续表11

获奖单位	获奖名称	表彰时间	授予单位
羊达街道	2022年拉萨市民族团结进步模范集体	2022年12月	中共拉萨市委员、拉萨市人民政府
堆龙德庆区政府办	拉萨市2022年度政务公开工作综合考评第一名	2022年	拉萨市人民政府办公室
马镇派出所党支部	先进基层党组织	2022年1月	中共拉萨市公安局委员会
德庆镇派出所	集体嘉奖	2022年2月	中共拉萨市公安局委员会
堆龙德庆区人民检察院	2022年度全市检察机关目标责任考核第一名	2022年12月	拉萨市人民检察院
堆龙德庆区文旅局	《格桑花开》特别节目《青稞飘香》原创舞蹈类三等奖	2022年7月	拉萨市委宣传部
堆龙德庆区文旅局	《格桑花开》特别节目《青稞飘香》原创舞蹈类四等奖	2022年7月	拉萨市委宣传部
羊达街道	第十届“拉萨青年五四奖章集体”	2022年5月	共青团拉萨市委员会、拉萨市青年联合会
堆龙德庆区人民法院立案庭	优秀青少年维权岗	2022年6月	共青团拉萨市委员会
堆龙德庆区人民检察院	拉萨市道路交通安全“零酒驾”示范单位	2022年	拉萨市公安局交通警察支队
堆龙德庆区农业农村局	农产品质量安全监管工作优秀单位	2023年3月	拉萨市农业农村局
堆龙德庆区农业农村局	农机购置补贴政策落实工作优秀单位	2023年3月	拉萨市农业农村局
堆龙德庆区农业农村局	高原特色农牧产业发展工作优秀单位	2023年3月	拉萨市农业农村局
堆龙德庆区食品安全委员会办公室	拉萨市食品安全考核评议三等奖	2022年3月	拉萨市食品安全委员会办公室
乃琼街道色玛社区	2022年度拉萨市“先进双联户”创建活动先进村(社区)	2023年1月	中共拉萨市委员会平安拉萨建设领导小组
堆龙德庆区	拉萨南北山绿化2022年度先进单位	2022年	拉萨市南北山绿化指挥部办公室
农行堆龙德庆区支行	“春天行动”农户金融业务卓越贡献奖	2022年	中国农业银行拉萨分行
农行堆龙德庆区支行	“春天行动”个人存款突出贡献奖	2022年	中国农业银行拉萨分行
农行堆龙德庆区支行	“春天行动”三农产品创新奖	2022年	中国农业银行拉萨分行
农行堆龙德庆区支行	“春天行动”部队业务突出贡献奖	2022年	中国农业银行拉萨分行
农行堆龙德庆区支行	第一届“扬帆杯”篮球赛冠军(男子、女子)	2022年	中国农业银行拉萨分行
农行堆龙德庆区支行	先进基层党组织	2022年	中国农业银行拉萨分行

续表11

获奖单位	获奖名称	表彰时间	授予单位
农行堆龙德庆区支行	拉萨分行歌唱比赛优秀组织奖	2022年	中国农业银行拉萨分行
堆龙德庆区邮政分公司	2022年度先进集体奖	2023年2月	中国邮政集团有限公司拉萨市分公司委员会
堆龙德庆区邮政分公司	2022年度全市抗疫突出贡献集体奖	2022年11月	中国邮政集团有限公司拉萨市分公司委员会
堆龙德庆区马镇人民政府	2022年堆龙德庆区民族团结进步模范集体	2022年12月	中共堆龙德庆区委员会、堆龙德庆区人民政府
堆龙德庆区委政法委	2022年堆龙德庆区民族团结进步模范集体	2022年12月	中共堆龙德庆区委员会、堆龙德庆区人民政府
拉萨市堆龙德庆区中学	2022年堆龙德庆区民族团结进步模范集体	2022年	中共堆龙德庆区委员会、堆龙德庆区人民政府
堆龙德庆区卫健委	民族团结工作优秀集体	2022年	中共堆龙德庆区委员会、堆龙德庆区人民政府
堆龙德庆区第二幼儿园	2022年堆龙德庆区民族团结进步模范集体	2022年	中共堆龙德庆区委员会、堆龙德庆区人民政府
乃琼街道乃琼社区	2022年民族团结进步模范集体	2022年12月	中共堆龙德庆区委员会、堆龙德庆区人民政府
拉萨市公安局堆龙德庆分局	2022年堆龙德庆区民团结进步模范集体	2022年12月	中共堆龙德庆区委员会
农行堆龙德庆区支行	堆龙德庆区民族团结进步模范集体	2022年	堆龙德庆区人民政府

说明：由于各单位资料提供不全，可能有遗漏

堆龙德庆区受区(县)级以上表彰的先进个人一览表

表12

姓名	性别	民族	籍贯	政治面貌	工作单位	获奖名称	表彰时间	授予单位
姬承东	男	汉族	甘肃	中共党员	堆龙德庆区姜昆黄小勇希望小学	全国科技馆联合行动优质科学课资源三等奖	2022年5月	中国科学技术馆
王馨	女	汉族	陕西咸阳	中共党员	堆龙德庆区中学	全国青少年科普大赛中指导三等奖	2022年	中国科学技术馆
单巴若杰	男	藏族	乃东	中共党员	拉萨市公安局堆龙德庆分局羊达街道派出所	成绩突出个人	2022年12月	西藏自治区公安厅
扎西班旦	男	藏族	贡嘎	中共党员	拉萨市公安局堆龙德庆分局乃琼街道派出所	三等功	2022年12月	西藏自治区公安厅
普布卓玛	女	藏族	日喀则	中共党员	堆龙德庆区第三幼儿园	2022年度全区优秀教师	2023年1月	西藏自治区教育厅
德吉卓嘎	女	藏族	拉萨	群众	堆龙德庆区中学	全区模范班主任	2022年	西藏自治区教育厅
仁增曲培	男	藏族	拉萨	中共党员	堆龙德庆区税务局	西藏税务系统抗击疫情先进个人；工会积极分子	2022年	西藏自治区税务局、拉萨市税务局
尊珠江村	男	藏族	四川巴塘	中共党员	堆龙德庆区税务局	西藏税务系统抗击疫情先进个人	2022年	西藏自治区税务局
蒲玲琳	女	汉族	四川南充	中共预备党员	堆龙德庆区委宣传部	2022年新时代文明实践先进个人	2022年8月	西藏自治区精神文明建设指导委员会
郝彦彬	男	汉族	内蒙古包头	中共党员	共青团拉萨市堆龙德庆区委员会	2021年—2022年度西部计划西藏专项全区优秀志愿者	2022年6月	西藏自治区西部计划服务西藏项目管理办公室
何振瑀	男	汉族	山西晋中	共青团员	共青团拉萨市堆龙德庆区委员会	2021年—2022年度西部计划西藏专项全区优秀志愿者	2022年6月	西藏自治区西部计划服务西藏项目管理办公室
土旦次仁	男	藏族	堆龙德庆	群众	堆龙德庆区委政法委莫嘎护路大队	荣获为2019—2021年度铁路护路联防工作“先进个人”荣誉称号	2022年11月	中共西藏自治区委员会平安西藏建设领导小组铁路护路联防专项组
扎西旺堆	男	藏族	堆龙德庆	中共党员	堆龙德庆区委政法委莫嘎护路大队	荣获为2019—2021年度铁路护路联防工作“先进个人”荣誉称号	2022年11月	中共西藏自治区委员会平安西藏建设领导小组铁路护路联防专项组
扎西旺堆	男	藏族	堆龙德庆	群众	堆龙德庆区委政法委莫嘎护路大队	荣获为2019—2021年度铁路护路联防工作“先进个人”荣誉称号	2022年11月	中共西藏自治区委员会平安西藏建设领导小组铁路护路联防专项组
普布扎西	男	藏族	柳梧	中共党员	堆龙德庆区委政法委员会	荣获为2019—2021年度铁路护路联防工作“先进个人”荣誉称号	2022年11月	中共西藏自治区委员会平安西藏建设领导小组铁路护路联防专项组
索朗次仁	男	藏族	堆龙德庆	中共党员	堆龙德庆区委政法委古荣护路大队	荣获为2019—2021年度铁路护路联防工作“先进个人”荣誉称号	2022年11月	中共西藏自治区委员会平安西藏建设领导小组铁路护路联防专项组

续表12

姓名	性别	民族	籍贯	政治面貌	工作单位	获奖名称	表彰时间	授予单位
次仁格桑	男	藏族	加查	群众	堆龙德庆区委政法委高天护路大队	荣获为2019—2021年度铁路护路联防工作“先进个人”荣誉称号	2022年11月	中共西藏自治区委员会平安西藏建设领导小组铁路护路联防专项组
拉巴平措	男	藏族	堆龙德庆	中共党员	堆龙德庆区委政法委古荣护路大队	荣获为2019—2021年度铁路护路联防工作“先进个人”荣誉称号	2022年11月	中共西藏自治区委员会平安西藏建设领导小组铁路护路联防专项组
岗　祖	男	藏族	浪卡子	中共党员	堆龙德庆区委政法委高天护路大队	荣获为2019—2021年度铁路护路联防工作“先进个人”荣誉称号	2022年11月	中共西藏自治区委员会平安西藏建设领导小组铁路护路联防专项组
边巴琼达	女	藏族	日喀则亚东	中共党员	中国农业银行股份有限公司堆龙德庆区支行	“鏖战仲夏”管理明星	2022年	中国农业银行股份有限公司西藏自治区分行
次仁央宗	女	藏族	堆龙德庆	群众	堆龙德庆区第一幼儿园	2022年西藏自治区青年志愿者	2023年1月	西藏自治区青年志愿者协会
魏　凯	男	汉族	北京通州	共青团员	堆龙德庆区发改委	响应号召，挺身而出，以青年志愿者之名，赴疫情防控之行，用实际行动践行“奉献、友爱、互助、进步”的志愿精神，用现实坚守展示“有理想、敢担当、能吃苦、肯奋斗”的新时代西藏青年形象	2022年10月	西藏自治区青年志愿者协会
嘎玛益西	男	藏族	山南隆子县	中共党员	堆龙德庆区人民法院	全国法院办案标兵	2022年	最高人民法院政治部
姚尕毛吉	女	藏族	甘肃武威	中共党员	堆龙德庆区人民检察院	全区检察机关第四届司法警察骨干暨首授警衔集训班学习中，被评为优秀学员	2022年	国家检察官学院西藏分院
次仁央金	女	藏族	左贡	中共党员	堆龙德庆区人民检察院	全区检察机关第四届司法警察骨干暨首授警衔集训班学习中，被评为优秀学员	2022年	国家检察官学院西藏分院
旦增拉珍	女	藏族	拉萨	群众	中国农业银行股份有限公司堆龙德庆区支行	2020—2021年度中国农业银行零售业务先进个人	2022年	中国农业银行股份有限公司办公室
权春鑫	男	汉族	云南	共青团员	拉萨市堆龙德庆区乃琼中心小学	荣获2022年“书画情”全国书画摄影大赛美术组“金奖”	2022年5月	2022“书画情”全国书画摄影大赛组委会
次仁玉珍	女	藏族	察雅	群众	拉萨市公安局堆龙德庆分局执法监督大队	2022年堆龙德庆区民团结进步模范家庭	2022年12月	中共拉萨市委员会、拉萨市人民政府
江　白	男	藏族	堆龙德庆	中共党员	东嘎街道东嘎社区	2022年拉萨市民族团结先进个人	2022年12月	中共拉萨市委员会、拉萨市人民政府
王　华	女	汉族	青海西宁	中共党员	羊达街道	获堆龙德庆区先进模范家庭	2022年12月	中共拉萨市委员会、拉萨市人民政府

续表12

姓名	性别	民族	籍贯	政治面貌	工作单位	获奖名称	表彰时间	授予单位
次尼玛	男	藏族	拉萨	中共党员	羊达街道	拉萨市“先进双联户”	2022年	拉萨市人民政府
巴桑卓嘎	女	藏族	拉萨	中共党员	堆龙德庆区姜昆黄小勇希望小学	2022年拉萨市民族团结进步模范个人	2022年12月	拉萨市人民政府
尊珠杰布	男	藏族	拉萨	中共党员	拉萨市公安局堆龙德庆分局	成绩突出个人	2022年2月	中共拉萨市公安局委员会
尊珠杰布	男	藏族	拉萨	中共党员	拉萨市公安局堆龙德庆分局	个人嘉奖	2022年2月	中共拉萨市公安局委员会
绕旦多杰	男	藏族	拉萨	中共党员	拉萨市公安局堆龙德庆分局乃琼街道派出所	个人嘉奖	2022年2月	中共拉萨市公安局委员会
代海龙	男	汉族	四川广安	中共党员	拉萨市公安局堆龙德庆分局执法监督大队	个人嘉奖	2022年2月	中共拉萨市公安局委员会
洛松江村	男	藏族	昌都	中共党员	拉萨市公安局堆龙德庆分局德庆镇派出所	个人嘉奖	2022年2月	中共拉萨市公安局委员会
德吉卓嘎	女	藏族	那曲	中共党员	拉萨市公安局堆龙德庆分局交警大队	个人嘉奖	2022年2月	中共拉萨市公安局委员会
李勇敢	男	汉族	河南项城	中共党员	拉萨市公安局堆龙德庆分局办公室	个人嘉奖	2022年2月	中共拉萨市公安局委员会
旦罗	男	藏族	拉萨	中共党员	拉萨市公安局堆龙德庆分局刑警大队	三等功	2022年2月	中共拉萨市公安局委员会
达娃次仁	男	藏族	拉萨	中共党员	拉萨市公安局堆龙德庆分局东嘎街道派出所	个人嘉奖	2022年2月	中共拉萨市公安局委员会
潘文强	男	汉族	山东莒南	中共党员	拉萨市公安局堆龙德庆分局乃琼街道派出所	个人嘉奖	2022年2月	中共拉萨市公安局委员会
阳运伟	男	汉族	四川资阳	中共党员	拉萨市公安局堆龙德庆分局东嘎街道派出所	表现突出个人	2022年6月	中共拉萨市公安局委员会
郭超	男	汉族	山东滕州	中共党员	拉萨市公安局堆龙德庆分局乃琼街道派出所	表现突出个人	2022年6月	中共拉萨市公安局委员会
林森	男	汉族	四川成都	中共党员	拉萨市公安局堆龙德庆分局办公室	优秀党务工作者	2022年1月	中共拉萨市公安局委员会
陈志伟	男	汉族	河南浚县	中共党员	拉萨市公安局堆龙德庆分局德庆镇派出所	三等功	2022年2月	中共拉萨市公安局委员会

续表12

姓名	性别	民族	籍贯	政治面貌	工作单位	获奖名称	表彰时间	授予单位
东存荣	男	土族	青海互助	中共党员	拉萨市公安局堆龙德庆分局东嘎街道派出所	三等功	2022年2月	中共拉萨市公安局委员会
魏　鑫	男	汉族	四川江安	中共党员	拉萨市公安局堆龙德庆分局古荣镇派出所	表现突出个人	2022年2月	中共拉萨市公安局委员会
伊金娟	女	汉族	陕西扶风	中共党员	堆龙德庆区人民检察院	全市检察系统防疫工作先进个人	2022年	拉萨市人民检察院
姚尕毛吉	女	藏族	甘肃武威	中共党员	堆龙德庆区人民检察院	全市检察系统防疫工作先进个人	2022年	拉萨市人民检察院
索郎卓嘎	女	藏族	拉萨	中共党员	堆龙德庆区人民检察院	在拉萨市检察机关首届公益诉讼检察业务竞赛中被评为办案能手称号	2022年7月	拉萨市人民检察院
次仁央金	女	藏族	左贡	中共党员	堆龙德庆区人民检察院	全市检察系统防疫工作先进个人	2022年	拉萨市人民检察院
桑旦旺姆	女	藏族	扎囊	中共党员	堆龙德庆区人民检察院	全市检察系统防疫工作先进个人	2022年	拉萨市人民检察院
热木增	男	回族	拉萨	中共党员	堆龙德庆区人民检察院	全市检察系统防疫工作先进个人	2022年	拉萨市人民检察院
梁　正	男	藏族	河南信阳	中共党员	堆龙德庆区人民法院	全市优秀法官	2022年	拉萨市中级人民法院
朵　堆	男	藏族	拉萨	中共党员	堆龙德庆区税务局	市级三等功(连续三年优秀公务员)	2022年	拉萨市税务局
次旦白吉	男	藏族	西宁	群众	堆龙德庆区税务局	2022年年度拉萨市税务局巾帼建功先进个人	2022年	拉萨市税务局
尼玛旺扎	男	藏族	玉树	中共党员	堆龙德庆区税务局	工会积极分子	2022年	拉萨市税务局
扎西元旦	男	藏族	阿里	中共党员	堆龙德庆区古荣中心小学	2022年拉萨市中小学教师“优秀论文”获得三等奖	2022年7月	拉萨市教育局
达瓦卓玛	女	藏族	索县	群众	堆龙德庆区姜昆黄小勇希望小学	2022年拉萨市中小学教师“优秀论文”获得三等奖	2022年7月	拉萨市教育局
达瓦卓玛	女	藏族	索县	群众	堆龙德庆区姜昆黄小勇希望小学	2022年拉萨市第五届教师互联网微课大赛获得二等奖	2022年12月	拉萨市教育局
卓　玛	女	藏族	拉萨	中共党员	堆龙德庆区第二小学	2022年拉萨市中小学教师“优秀论文”获得三等奖	2022年7月	拉萨市教育局
边巴卓玛	女	藏族	拉萨	中共党员	堆龙德庆区第二幼儿园	拉萨市中小学幼儿园教师优秀论文荣获三等奖	2022年7月	拉萨市教育局
陈露苛	女	汉族	四川	共青团员	堆龙德庆区第二幼儿园	2022年拉萨市第五届教师互联网微课大赛三等奖	2022年12月	拉萨市教育局
索朗拉姆	女	藏族	当雄	共青团员	堆龙德庆区第二幼儿园	拉萨市中小学幼儿园教师优秀论文荣获三等奖	2022年7月	拉萨市教育局
普布卓玛	女	藏族	日喀则	中共党员	堆龙德庆区第三幼儿园	2022年拉萨市第五届教师互联网微课大赛中获得三等奖	2022年12月	拉萨市教育局

续表12

姓名	性别	民族	籍贯	政治面貌	工作单位	获奖名称	表彰时间	授予单位
德吉央宗	女	藏族	拉萨	中共党员	堆龙德庆区德庆镇顶嘎村双语幼儿园	2022常熟市职业学校教学能力大赛一等奖	2022年5月	常熟市教育局
德吉央宗	女	藏族	拉萨	中共党员	堆龙德庆区德庆镇顶嘎村双语幼儿园	2022苏州市职业学校教学能力大赛二等奖	2022年5月	苏州市教育科学研究院
德吉央宗	女	藏族	拉萨	中共党员	堆龙德庆区德庆镇顶嘎村双语幼儿园	2022苏州市中等职业学校文明风采活动文艺类指导教师二等奖	2022年8月	苏州市教育局
德吉央宗	女	藏族	拉萨	中共党员	堆龙德庆区德庆镇顶嘎村双语幼儿园	2022苏州市中等职业学校文明风采活动征文演讲类指导教师三等奖	2022年8月	苏州市教育局
马红霞	女	汉族	甘肃	中共党员	堆龙德庆区第二幼儿园	西藏“国培”幼儿园园长办园能力提升优秀案例展示一等奖	2022年1月	长沙师范学院
扎西拉旺	男	藏族	山南	中共党员	堆龙德庆区人民政府	拉萨南北山绿化2022年度先进个人	2022年	拉萨市南北山绿化指挥部办公室
杨冬梅	女	汉族	四川	共青团员	堆龙德庆区羊达中心双语幼儿园	2022年抗击新冠疫情志愿服务一线	2022年10月	拉萨市应对疫情工作领导小组
夏绕多杰	男	藏族	林芝	共青团员	堆龙德庆区羊达中心双语幼儿园	2022年抗击新冠疫情志愿服务一线	2022年10月	拉萨市应对疫情工作领导小组
李志超	男	汉族	云南	群众	堆龙德庆区中学	2022年抗击新冠疫情志愿服务一线	2022年10月	拉萨市应对疫情工作领导小组
赵玉婷	女	汉族	四川	共青团员	堆龙德庆区羊达中心双语幼儿园	疫情防控工作荣誉证书	2022年10月	拉萨市应对疫情工作领导小组
边珍	女	藏族	堆龙德庆	中共党员	堆龙藏语委办	疫情防控工作荣誉证书	2022年10月	拉萨市应对疫情工作领导小组办公室
多吉玉加	男	藏族	日喀则	中共党员	堆龙藏语委办	疫情防控工作荣誉证书	2022年10月	拉萨市应对疫情工作领导小组办公室
顿珠	男	藏族	日喀则江孜	中共党员	堆龙德庆区市监局	拉萨市疫情防控先进个人	2022年10月	拉萨市应对疫情工作领导小组办公室
江白	男	藏族	堆龙德庆	中共党员	东嘎街道东嘎社区	疫情防控工作荣誉证书	2022年10月	拉萨市应对疫情工作领导小组办公室
平措	男	藏族	堆龙德庆	中共党员	东嘎街道东嘎社区	疫情防控工作荣誉证书	2022年10月	拉萨市应对疫情工作领导小组办公室
边巴	男	藏族	堆龙德庆	中共党员	东嘎街道东嘎社区	疫情防控工作荣誉证书	2022年10月	拉萨市应对疫情工作领导小组办公室
巴桑	男	藏族	堆龙德庆	中共党员	东嘎街道东嘎社区	疫情防控工作荣誉证书	2022年10月	拉萨市应对疫情工作领导小组办公室
米玛	男	藏族	堆龙德庆	中共党员	东嘎街道东嘎社区	疫情防控工作荣誉证书	2022年10月	拉萨市应对疫情工作领导小组办公室

续表12

姓名	性别	民族	籍贯	政治面貌	工作单位	获奖名称	表彰时间	授予单位
拉巴次仁	男	藏族	堆龙德庆	中共党员	东嘎街道东嘎社区	疫情防控工作荣誉证书	2022年10月	拉萨市应对疫情工作领导小组办公室
拉巴琼达	女	藏族	拉萨曲水	中共党员	东嘎街道东嘎社区	疫情防控工作荣誉证书	2022年10月	拉萨市应对疫情工作领导小组办公室
达　娃	男	藏族	堆龙德庆	中共党员	东嘎街道东嘎社区	疫情防控工作荣誉证书	2022年10月	拉萨市应对疫情工作领导小组办公室
穷　达	男	藏族	堆龙德庆	中共党员	东嘎街道东嘎社区	疫情防控工作荣誉证书	2022年10月	拉萨市应对疫情工作领导小组办公室
德吉央宗	女	藏族	四川白玉	中共党员	东嘎街道东嘎社区	疫情防控工作荣誉证书	2022年10月	拉萨市应对疫情工作领导小组办公室
霍　延	男	汉族	陕西西安	中共党员	东嘎街道东嘎社区	疫情防控工作荣誉证书	2022年10月	拉萨市应对疫情工作领导小组办公室
索朗曲宗	女	藏族	噶尔	中共党员	东嘎街道东嘎社区	疫情防控工作荣誉证书	2022年10月	拉萨市应对疫情工作领导小组办公室
达娃卓嘎	女	藏族	堆龙德庆	中共党员	东嘎街道东嘎社区	疫情防控工作荣誉证书	2022年10月	拉萨市应对疫情工作领导小组办公室
陈　影	女	汉族	吉林长春	中共党员	东嘎街道东嘎社区	疫情防控工作荣誉证书	2022年10月	拉萨市应对疫情工作领导小组办公室
旦增珠扎	男	藏族	拉萨	积极分子	东嘎街道东嘎社区	疫情防控工作荣誉证书	2022年10月	拉萨市应对疫情工作领导小组办公室
次旦多吉	男	藏族	堆龙德庆	中共党员	东嘎街道东嘎社区	疫情防控工作荣誉证书	2022年10月	拉萨市应对疫情工作领导小组办公室
加　措	男	藏族	堆龙德庆	中共党员	东嘎街道东嘎社区	疫情防控工作荣誉证书	2022年10月	拉萨市应对疫情工作领导小组办公室
达娃次仁	男	藏族	堆龙德庆	中共党员	东嘎街道桑木社区	疫情防控工作荣誉证书	2022年10月	拉萨市应对疫情工作领导小组办公室
次仁多杰	男	藏族	堆龙德庆	中共党员	东嘎街道桑木社区	疫情防控工作荣誉证书	2022年10月	拉萨市应对疫情工作领导小组办公室
巴桑卓嘎	女	藏族	堆龙德庆	中共党员	东嘎街道桑木社区	疫情防控工作荣誉证书	2022年10月	拉萨市应对疫情工作领导小组办公室
土旦扎西	男	藏族	堆龙德庆	中共党员	东嘎街道桑木社区	疫情防控工作荣誉证书	2022年10月	拉萨市应对疫情工作领导小组办公室
巴桑次仁	男	藏族	堆龙德庆	中共党员	东嘎街道桑木社区	疫情防控工作荣誉证书	2022年10月	拉萨市应对疫情工作领导小组办公室
扎西多吉	男	藏族	堆龙德庆	中共党员	东嘎街道桑木社区	疫情防控工作荣誉证书	2022年10月	拉萨市应对疫情工作领导小组办公室
久美多吉	男	藏族	堆龙德庆	中共党员	东嘎街道桑木社区	疫情防控工作荣誉证书	2022年10月	拉萨市应对疫情工作领导小组办公室
穷　达	男	藏族	堆龙德庆	中共党员	东嘎街道桑木社区	疫情防控工作荣誉证书	2022年10月	拉萨市应对疫情工作领导小组办公室

续表12

姓名	性别	民族	籍贯	政治面貌	工作单位	获奖名称	表彰时间	授予单位
赤列央宗	女	藏族	堆龙德庆	中共党员	东嘎街道桑木社区	疫情防控工作荣誉证书	2022年10月	拉萨市应对疫情工作领导小组办公室
达　珍	男	藏族	堆龙德庆	中共党员	东嘎街道桑木社区	疫情防控工作荣誉证书	2022年10月	拉萨市应对疫情工作领导小组办公室
巴桑次仁	男	藏族	堆龙德庆	中共党员	东嘎街道桑木社区	疫情防控工作荣誉证书	2022年10月	拉萨市应对疫情工作领导小组办公室
贯文秀	女	汉族	山东日照	中共预备党员	东嘎街道桑木社区	疫情防控工作荣誉证书	2022年10月	拉萨市应对疫情工作领导小组办公室
孙建宇	男	汉族	山西大同	中共党员	东嘎街道桑木社区	疫情防控工作荣誉证书	2022年10月	拉萨市应对疫情工作领导小组办公室
次旦卓嘎	女	藏族	堆龙德庆	中共党员	东嘎街道桑木社区	疫情防控工作荣誉证书	2022年10月	拉萨市应对疫情工作领导小组办公室
格桑卓嘎	女	藏族	堆龙德庆	中共党员	东嘎街道桑木社区	疫情防控工作荣誉证书	2022年10月	拉萨市应对疫情工作领导小组办公室
秦　锋	男	汉族	山东日照	中共党员	东嘎街道桑木社区	疫情防控工作荣誉证书	2022年10月	拉萨市应对疫情工作领导小组办公室
贡　桑	女	藏族	林周	中共党员	东嘎街道桑木社区	疫情防控工作荣誉证书	2022年10月	拉萨市应对疫情工作领导小组办公室
德　珍	男	藏族	堆龙德庆	中共预备党员	东嘎街道桑木社区	疫情防控工作荣誉证书	2022年10月	拉萨市应对疫情工作领导小组办公室
强巴根旦	男	藏族	达孜	群众	东嘎街道桑木社区	疫情防控工作荣誉证书	2022年10月	拉萨市应对疫情工作领导小组办公室
旦增西宁	男	藏族	拉萨	中共党员	东嘎街道办事处	疫情防控工作荣誉证书	2022年10月	拉萨市应对疫情工作领导小组办公室
达娃卓玛	女	藏族	拉萨	中共党员	东嘎街道办事处	疫情防控工作荣誉证书	2022年10月	拉萨市应对疫情工作领导小组办公室
四郎卓玛	女	藏族	昌都	中共党员	东嘎街道办事处	疫情防控工作荣誉证书	2022年10月	拉萨市应对疫情工作领导小组办公室
普布卓玛	女	藏族	堆龙德庆	中共党员	东嘎街道办事处	疫情防控工作荣誉证书	2022年10月	拉萨市应对疫情工作领导小组办公室
格桑曲珍	女	藏族	堆龙德庆	中共党员	东嘎街道办事处	疫情防控工作荣誉证书	2022年10月	拉萨市应对疫情工作领导小组办公室
文　兵	男	汉族	四川安岳	中共党员	东嘎街道办事处	疫情防控工作荣誉证书	2022年10月	拉萨市应对疫情工作领导小组办公室
索朗扎西	男	藏族	堆龙德庆	中共党员	东嘎街道办事处	疫情防控工作荣誉证书	2022年10月	拉萨市应对疫情工作领导小组办公室
德庆曲珍	女	藏族	堆龙德庆	中共党员	东嘎街道办事处	疫情防控工作荣誉证书	2022年10月	拉萨市应对疫情工作领导小组办公室
普布次仁	男	藏族	堆龙德庆	中共党员	东嘎街道办事处	疫情防控工作荣誉证书	2022年10月	拉萨市应对疫情工作领导小组办公室

续表12

姓名	性别	民族	籍贯	政治面貌	工作单位	获奖名称	表彰时间	授予单位
魏志成	男	汉族	云南玉溪	中共党员	东嘎街道办事处	疫情防控工作荣誉证书	2022年10月	拉萨市应对疫情工作领导小组办公室
强巴卓嘎	女	藏族	堆龙德庆	中共党员	东嘎街道办事处	疫情防控工作荣誉证书	2022年10月	拉萨市应对疫情工作领导小组办公室
拉 珍	女	藏族	堆龙德庆	中共党员	东嘎街道办事处	疫情防控工作荣誉证书	2022年10月	拉萨市应对疫情工作领导小组办公室
尼 珍	女	藏族	堆龙德庆	中共党员	东嘎街道办事处	疫情防控工作荣誉证书	2022年10月	拉萨市应对疫情工作领导小组办公室
罗 珍	女	藏族	堆龙德庆	中共党员	东嘎街道办事处	疫情防控工作荣誉证书	2022年10月	拉萨市应对疫情工作领导小组办公室
普布次仁	男	藏族	堆龙德庆	中共党员	东嘎街道办事处	疫情防控工作荣誉证书	2022年10月	拉萨市应对疫情工作领导小组办公室
云旦旺姆	女	藏族	堆龙德庆	中共党员	东嘎街道办事处	疫情防控工作荣誉证书	2022年10月	拉萨市应对疫情工作领导小组办公室
张 杨	男	汉族	四川南充	中共党员	东嘎街道办事处	疫情防控工作荣誉证书	2022年10月	拉萨市应对疫情工作领导小组办公室
旦增罗桑	男	藏族	堆龙德庆	群众	东嘎街道办事处	疫情防控工作荣誉证书	2022年10月	拉萨市应对疫情工作领导小组办公室
旦增多吉	男	藏族	堆龙德庆	中共党员	东嘎街道办事处	疫情防控工作荣誉证书	2022年10月	拉萨市应对疫情工作领导小组办公室
钟 晋	女	汉族	四川内江	中共党员	东嘎街道办事处	疫情防控工作荣誉证书	2022年10月	拉萨市应对疫情工作领导小组办公室
刘延斌	男	藏族	四川甘孜	中共党员	东嘎街道办事处	疫情防控工作荣誉证书	2022年10月	拉萨市应对疫情工作领导小组办公室
何 敏	女	汉族	四川遂宁	中共党员	东嘎街道办事处	疫情防控工作荣誉证书	2022年10月	拉萨市应对疫情工作领导小组办公室
纪雅森	男	汉族	安徽界首	中共党员	东嘎街道办事处	疫情防控工作荣誉证书	2022年10月	拉萨市应对疫情工作领导小组办公室
白 卓	女	藏族	拉萨当雄	中共党员	东嘎街道办事处	疫情防控工作荣誉证书	2022年10月	拉萨市应对疫情工作领导小组办公室
普布卓玛	女	藏族	拉萨	中共党员	东嘎街道办事处	疫情防控工作荣誉证书	2022年10月	拉萨市应对疫情工作领导小组办公室
汪椿东	男	汉族	重庆梁平	中共党员	东嘎街道办事处	疫情防控工作荣誉证书	2022年10月	拉萨市应对疫情工作领导小组办公室
旦增卓嘎	女	藏族	堆龙德庆	共青团员	东嘎街道办事处	疫情防控工作荣誉证书	2022年10月	拉萨市应对疫情工作领导小组办公室
强巴卓玛	女	藏族	山南扎囊	中共预备党员	东嘎街道办事处	疫情防控工作荣誉证书	2022年10月	拉萨市应对疫情工作领导小组办公室
格桑德吉	女	藏族	拉萨尼木	共青团员	东嘎街道办事处	疫情防控工作荣誉证书	2022年10月	拉萨市应对疫情工作领导小组办公室

续表12

姓名	性别	民族	籍贯	政治面貌	工作单位	获奖名称	表彰时间	授予单位
强　珍	女	藏族	拉萨	中共党员	东嘎街道办事处	疫情防控工作荣誉证书	2022年10月	拉萨市应对疫情工作领导小组办公室
伊　苏	男	藏族	四川丹巴	中共党员	堆龙德庆区发改委	踊跃投身疫情防控志愿服务一线、无私无畏、奉献自我、逆行而上，以实际行动践行“奉献、友爱、互助、进步”的志愿精神，彰显了在疫情防控中的爱心和责任担当	2022年10月	拉萨市应对疫情工作领导小组办公室
边　巴	男	藏族	扎囊	中共党员	堆龙德庆区发改委	踊跃投身疫情防控志愿服务一线、无私无畏、奉献自我、逆行而上，以实际行动践行“奉献、友爱、互助、进步”的志愿精神，彰显了在疫情防控中的爱心和责任担当	2022年10月	拉萨市应对疫情工作领导小组办公室
阿旺次仁	男	其他族	日喀则	中共党员	堆龙德庆区发改委	踊跃投身疫情防控志愿服务一线、无私无畏、奉献自我、逆行而上，以实际行动践行“奉献、友爱、互助、进步”的志愿精神，彰显了在疫情防控中的爱心和责任担当	2022年10月	拉萨市应对疫情工作领导小组办公室
旦增顿珠	男	藏族	堆龙德庆	中共党员	堆龙德庆区发改委	踊跃投身疫情防控志愿服务一线、无私无畏、奉献自我、逆行而上，以实际行动践行“奉献、友爱、互助、进步”的志愿精神，彰显了在疫情防控中的爱心和责任担当	2022年10月	拉萨市应对疫情工作领导小组办公室
梅　星	男	汉族	河南郑州	中共党员	古荣镇人民政府	疫情防控工作荣誉证书	2022年10月	拉萨市应对疫情工作领导小组办公室
平措朗杰	男	藏族	拉萨	中共党员	古荣镇人民政府	疫情防控工作荣誉证书	2022年10月	拉萨市应对疫情工作领导小组办公室
李扎西	男	藏族	四川白玉	中共党员	古荣镇人民政府	疫情防控工作荣誉证书	2022年10月	拉萨市应对疫情工作领导小组办公室
尼玛旦增	男	藏族	日喀则	中共党员	古荣镇人民政府	疫情防控工作荣誉证书	2022年10月	拉萨市应对疫情工作领导小组办公室
德庆群宗	女	藏族	拉萨	中共党员	古荣镇人民政府	疫情防控工作荣誉证书	2022年10月	拉萨市应对疫情工作领导小组办公室
赵　静	女	汉族	陕西咸阳	中共党员	古荣镇人民政府	疫情防控工作荣誉证书	2022年10月	拉萨市应对疫情工作领导小组办公室
李　程	男	汉族	河南周口	中共党员	古荣镇人民政府	疫情防控工作荣誉证书	2022年10月	拉萨市应对疫情工作领导小组办公室
白玛加措	男	藏族	山南隆孜	中共党员	古荣镇人民政府	疫情防控工作荣誉证书	2022年10月	拉萨市应对疫情工作领导小组办公室
朗加加布	男	藏族	日喀则	中共党员	古荣镇人民政府	疫情防控工作荣誉证书	2022年10月	拉萨市应对疫情工作领导小组办公室

续表12

姓名	性别	民族	籍贯	政治面貌	工作单位	获奖名称	表彰时间	授予单位
卓玛金宗	女	藏族	昌都	中共党员	古荣镇人民政府	疫情防控工作荣誉证书	2022年10月	拉萨市应对疫情工作领导小组办公室
阿　努	男	藏族	堆龙德庆	中共党员	古荣镇人民政府	疫情防控工作荣誉证书	2022年10月	拉萨市应对疫情工作领导小组办公室
仓　珍	女	藏族	山南	中共党员	古荣镇人民政府	疫情防控工作荣誉证书	2022年10月	拉萨市应对疫情工作领导小组办公室
马琦雨	男	汉族	辽宁凌源	中共党员	古荣镇人民政府	疫情防控工作荣誉证书	2022年10月	拉萨市应对疫情工作领导小组办公室
罗晓诗	女	汉族	山东乳山	中共党员	古荣镇人民政府	疫情防控工作荣誉证书	2022年10月	拉萨市应对疫情工作领导小组办公室
白玛宗巴	女	藏族	曲松	中共党员	古荣镇人民政府	疫情防控工作荣誉证书	2022年10月	拉萨市应对疫情工作领导小组办公室
古桑多吉	男	藏族	隆子	中共党员	古荣镇人民政府	疫情防控工作荣誉证书	2022年10月	拉萨市应对疫情工作领导小组办公室
拉巴卓玛	女	藏族	堆龙德庆	中共党员	古荣镇人民政府	疫情防控工作荣誉证书	2022年10月	拉萨市应对疫情工作领导小组办公室
柔　娜	女	藏族	四川壤塘	中共党员	古荣镇人民政府	疫情防控工作荣誉证书	2022年10月	拉萨市应对疫情工作领导小组办公室
杜　松	男	汉族	重庆忠县	中共党员	古荣镇人民政府	疫情防控工作荣誉证书	2022年10月	拉萨市应对疫情工作领导小组办公室
史成功	男	汉族	山东费县	中共党员	古荣镇人民政府	疫情防控工作荣誉证书	2022年10月	拉萨市应对疫情工作领导小组办公室
达娃卓玛	女	藏族	林周	中共党员	古荣镇人民政府	疫情防控工作荣誉证书	2022年10月	拉萨市应对疫情工作领导小组办公室
央　宗	女	藏族	昌都	中共党员	古荣镇人民政府	疫情防控工作荣誉证书	2022年10月	拉萨市应对疫情工作领导小组办公室
赵超飞	男	汉族	陕西扶风	中共党员	古荣镇人民政府	疫情防控工作荣誉证书	2022年10月	拉萨市应对疫情工作领导小组办公室
珠　觉	男	藏族	堆龙德庆	中共党员	古荣镇人民政府	疫情防控工作荣誉证书	2022年10月	拉萨市应对疫情工作领导小组办公室
云丹加措	男	藏族	拉萨	中共党员	古荣镇人民政府	疫情防控工作荣誉证书	2022年10月	拉萨市应对疫情工作领导小组办公室
赵　鑫	男	汉族	陕西咸阳	中共党员	古荣镇人民政府	疫情防控工作荣誉证书	2022年10月	拉萨市应对疫情工作领导小组办公室
旺姆达娃	女	藏族	林周	中共党员	古荣镇人民政府	疫情防控工作荣誉证书	2022年10月	拉萨市应对疫情工作领导小组办公室
拉　琼	男	藏族	堆龙德庆	中共党员	古荣镇人民政府	疫情防控工作荣誉证书	2022年10月	拉萨市应对疫情工作领导小组办公室
央金美朵	女	藏族	扎囊	中共党员	古荣镇人民政府	疫情防控工作荣誉证书	2022年10月	拉萨市应对疫情工作领导小组办公室

续表12

姓名	性别	民族	籍贯	政治面貌	工作单位	获奖名称	表彰时间	授予单位
次仁白珍	女	藏族	芒康	中共党员	古荣镇人民政府	疫情防控工作荣誉证书	2022年10月	拉萨市应对疫情工作领导小组办公室
王　啸	男	汉族	湖南双峰	中共党员	古荣镇人民政府	疫情防控工作荣誉证书	2022年10月	拉萨市应对疫情工作领导小组办公室
刘　兰	女	汉族	四川资中	中共党员	古荣镇人民政府	疫情防控工作荣誉证书	2022年10月	拉萨市应对疫情工作领导小组办公室
何泳怡	女	汉族	广东珠海	中共党员	古荣镇人民政府	疫情防控工作荣誉证书	2022年10月	拉萨市应对疫情工作领导小组办公室
陈　静	女	汉族	湖北钟祥	中共党员	古荣镇人民政府	疫情防控工作荣誉证书	2022年10月	拉萨市应对疫情工作领导小组办公室
贡桑德吉	女	藏族	拉萨	中共党员	古荣镇人民政府	疫情防控工作荣誉证书	2022年10月	拉萨市应对疫情工作领导小组办公室
多布啦	男	藏族	堆龙德庆	中共党员	古荣镇人民政府	疫情防控工作荣誉证书	2022年10月	拉萨市应对疫情工作领导小组办公室
扎西旦达	男	藏族	堆龙德庆	中共党员	古荣镇人民政府	疫情防控工作荣誉证书	2022年10月	拉萨市应对疫情工作领导小组办公室
扎西达瓦	男	藏族	堆龙德庆	中共党员	古荣镇人民政府	疫情防控工作荣誉证书	2022年10月	拉萨市应对疫情工作领导小组办公室
嘎玛益西	男	藏族	堆龙德庆	共青团员	古荣镇人民政府	疫情防控工作荣誉证书	2022年10月	拉萨市应对疫情工作领导小组办公室
旦增曲扎	男	藏族	堆龙德庆	共青团员	古荣镇人民政府	疫情防控工作荣誉证书	2022年10月	拉萨市应对疫情工作领导小组办公室
白玛多吉	男	藏族	堆龙德庆	共青团员	古荣镇人民政府	疫情防控工作荣誉证书	2022年10月	拉萨市应对疫情工作领导小组办公室
旦增旺杰	男	藏族	堆龙德庆	共青团员	古荣镇人民政府	疫情防控工作荣誉证书	2022年10月	拉萨市应对疫情工作领导小组办公室
德庆卓嘎	女	藏族	堆龙德庆	中共党员	古荣镇人民政府	疫情防控工作荣誉证书	2022年10月	拉萨市应对疫情工作领导小组办公室
强巴曲珍	女	藏族	城关	共青团员	古荣镇人民政府	疫情防控工作荣誉证书	2022年10月	拉萨市应对疫情工作领导小组办公室
旦增次培	男	藏族	城关	共青团员	古荣镇人民政府	疫情防控工作荣誉证书	2022年10月	拉萨市应对疫情工作领导小组办公室
边　罗	男	藏族	堆龙德庆	共青团员	古荣镇人民政府	疫情防控工作荣誉证书	2022年10月	拉萨市应对疫情工作领导小组办公室
扎　西	男	藏族	堆龙德庆	共青团员	古荣镇人民政府	疫情防控工作荣誉证书	2022年10月	拉萨市应对疫情工作领导小组办公室
嘎玛曲珍	女	藏族	堆龙德庆	共青团员	古荣镇人民政府	疫情防控工作荣誉证书	2022年10月	拉萨市应对疫情工作领导小组办公室
次卓嘎	女	藏族	堆龙德庆	中共党员	古荣镇人民政府	疫情防控工作荣誉证书	2022年10月	拉萨市应对疫情工作领导小组办公室

续表12

姓名	性别	民族	籍贯	政治面貌	工作单位	获奖名称	表彰时间	授予单位
米玛旦增	男	藏族	堆龙德庆	共青团员	古荣镇人民政府	疫情防控工作荣誉证书	2022年10月	拉萨市应对疫情工作领导小组办公室
贡觉多吉	男	藏族	堆龙德庆	共青团员	古荣镇人民政府	疫情防控工作荣誉证书	2022年10月	拉萨市应对疫情工作领导小组办公室
索朗旺堆	男	藏族	堆龙德庆	共青团员	古荣镇人民政府	疫情防控工作荣誉证书	2022年10月	拉萨市应对疫情工作领导小组办公室
尼玛占堆	男	藏族	堆龙德庆	共青团员	古荣镇人民政府	疫情防控工作荣誉证书	2022年10月	拉萨市应对疫情工作领导小组办公室
强巴卓玛	女	藏族	青海循化	共青团员	古荣镇人民政府	疫情防控工作荣誉证书	2022年10月	拉萨市应对疫情工作领导小组办公室
白玛卓嘎	女	藏族	堆龙德庆	中共预备党员	古荣镇人民政府	疫情防控工作荣誉证书	2022年10月	拉萨市应对疫情工作领导小组办公室
达娃卓嘎	女	藏族	城关	共青团员	古荣镇人民政府	疫情防控工作荣誉证书	2022年10月	拉萨市应对疫情工作领导小组办公室
央金卓玛	女	藏族	隆子	共青团员	古荣镇人民政府	疫情防控工作荣誉证书	2022年10月	拉萨市应对疫情工作领导小组办公室
姚尕毛吉	女	藏族	甘肃武威	中共党员	堆龙德庆区人民检察院	疫情防控工作荣誉证书	2022年10月	拉萨市应对疫情工作领导小组办公室
洛松丁增	男	藏族	昌都	群众	堆龙德庆区人民检察院	疫情防控工作荣誉证书	2022年10月	拉萨市应对疫情工作领导小组办公室
郭 帅	男	汉族	安徽泗县	中共党员	马镇人民政府	疫情防控工作荣誉证书	2022年1月	拉萨市应对疫情防控领导小组办公室
白玛曲珍	女	藏族	墨竹	共青团员	古荣镇人民政府	最美抗疫先锋	2022年12月	拉萨市应对疫情工作领导小组办公室、堆龙德庆区东嘎街道应对疫情工作领导小组办公室
罗芳蕾	女	汉族	吉林长春	中共党员	中国农业银行股份有限公司堆龙德庆区支行	优秀党务工作者	2022年	中国农业银行股份有限公司拉萨分行
肖 舟	男	苗族	湖南怀化	中共党员	中国农业银行股份有限公司堆龙德庆区支行	优秀共产党员	2022年	中国农业银行股份有限公司拉萨分行
洛松丁增	男	藏族	昌都	群众	堆龙德庆区人民检察院	疫情防控工作荣誉证书	2022年11月	拉萨市疫情防控领导小组办公室酒店统筹组
王立峰	男	汉族	山东阳信	中共党员	古荣镇人民政府	最美抗疫先锋	2022年12月	拉萨市应对疫情工作领导小组办公室、堆龙德庆区东嘎街道应对疫情工作领导小组办公室
次玉珍	女	藏族	堆龙德庆	群众	古荣镇人民政府	最美抗疫先锋	2022年12月	拉萨市应对疫情工作领导小组办公室、堆龙德庆区东嘎街道应对疫情工作领导小组办公室
阿 努	男	藏族	拉萨	中共党员	通嘎社区	民族团结先进个人	2022年12月	堆龙德庆区人民政府

说明：由于各单位资料提供不全，可能有遗漏

坚持严的基调不动摇
以钉钉子精神持之以恒正风肃纪反腐
为开启堆龙德庆区现代化建设
新征程提供坚强纪律保证

——在中共拉萨市堆龙德庆区第三届纪律检查委员会第三次全体会议上的报告

中共堆龙德庆区委常委、纪委书记、监委主任候选人　多　吉

（2023 年 2 月 15 日）

这次全会的主要任务是：全面贯彻落实党的二十大精神，贯彻落实二十届中央纪委二次全会特别是习近平总书记重要讲话精神，贯彻落实自治区纪委十届三次全会特别是王君正书记讲话精神，贯彻落实市纪委十届三次全会特别是普布顿珠书记讲话精神，总结 2022 年工作，部署 2023 年任务。堆龙德庆区委高度重视纪检监察工作，石运本书记多次听取纪检监察、巡察工作情况汇报，提出要求，反复强调党风廉政建设和反腐败工作的重要性。刚才，石运本书记作了讲话，对推动全面从严治党向纵深发展作出了安排部署，为我们做好各项工作指明了方向、提出了要求、传授了方法。我们要认真学习领会，坚决贯彻落实。

一、2022 年工作回顾

2022 年，在市纪委监委和堆龙德庆区委的坚强领导下，堆龙德庆区纪委常委会团结带领全区纪检监察干部，始终坚持以习近平新时代中国特色社会主义思想为指导，把学习贯彻党的二十大精神作为首要政治任务，以新时代党的自我革命实践不断深化对纪检监察工作高质量发展的认识，不断提高政治“三力”，在“两个维护”中践行对党忠诚，在深化纪检监察改革中实现战略重塑，在正风肃纪反腐中彰显担当作为，守正创新、坚定稳妥，为推动堆龙德庆区现代化建设提供了坚强纪律保证。

（一）以习近平新时代中国特色社会主义思想为指引，始终坚定正确政治方向。坚持把学习贯彻党的二十大精神作为首要政治任务，重点围绕党的二十大报告、党章（修正案）等，集中学习研讨 6 次，认真组织理论知识测试、党的二十大精神知识推送、“每日一典”等学习活动，迅速掀起学习宣传贯彻热潮。坚持“第一议题”制度，召开常委会会议 18 次，深入学习贯彻习近平总书记系列重要讲话和指示批示精神，学习贯彻党中央和各级党委、纪委监委重要会议文件精神，推动全体纪检监察干部深刻领悟“两个确立”决定性意义，增强“四个意识”、坚定“四个自信”、做到“两个维护”，自觉用党的二十大精神统一思想和行动，在思想上政治上行动上始终同以习近平同志为核心的党中央保持高度一致。坚持调查研究，结合“领导干部下基层大接访办实事”“四联四包”等活动，针对群众身边的难点热点问题，开展专题调研并形成报告 4 份，解决群众急难愁盼问题 5 件，为全面提升纪检监察工

作质效奠定坚实基础。

（二）强化政治监督，自觉担负“两个维护”重大政治责任。严格政治监督，认真落实市纪委监委《推进政治监督常态化具体化的实施方案》，聚焦学习贯彻习近平总书记重要讲话和指示批示精神，党中央和各级党委重要会议、重要文件精神，巩固拓展脱贫攻坚成果同乡村振兴有效衔接、严肃党内政治生活等，细化监督任务清单 3 张、具体要求 53 条，开展监督 14 次，发现并整改问题 12 个。严肃政治生活，开展净化政治生态谈心谈话和干部任前廉政谈话 600 余人次。严抓廉责“双述”工作，组织区直单位“一把手”现场述责述廉 3 人。严守请示报告制度，第一时间向上级纪委监委和堆龙德庆区委主要领导请示报告重大事项、提交会议研究重要议题 10 个。严明党的政治纪律和政治规矩，紧盯“七个有之”，聚焦“三个不增加”落实、反分裂斗争纪律执行、党员不得信仰宗教情况等，以“基层组织淡化宗教消极影响”主题监督月活动为契机，专常结合，抵近监督，发现并纠治问题 16 个。严实疫情防控监督，督促整改涉疫问题 320 个，收到并处置涉疫问题线索 4 件，给予党纪政务处分 6 人，诫勉谈话 3 人。严把选人用人政治关、廉洁关，充分发挥纪检监察机关在干部提拔、推荐、评先选优等关键环节的监督作用，严防“带病上岗”“带病评优”，出具党风廉政意见回复函 121 期 3055 人。

（三）聚焦纪检监察监督第一职责，充分发挥监督保障执行、促进完善发展作用。聚焦“一把手”监督，制定《2022 年堆龙德庆区开展领导干部家访工作方案》和《堆龙德庆区关于加强对“一把手”和领导班子监督的工作方案》，家访“一把手”58 人，开展随机检查 3 次，发现并纠治问题 2 个。聚焦中央环保督察，重视追责问责工作，配合监督检查 4 次，发现并纠治问题 5 个。聚焦农村乱占耕地建房和“两违”整治，采取随机与专项督查相结合的方式，督促拆除违建 2 宗。聚焦“每月一监督”主题，开展“一卡通”等监督工作，依托“纪检监察协作片区 + 镇（街）纪（工）委 + 村（居）纪检监督员”监督体系，检查发现并督促整改问题 54 个；特别是依托纪检监察协作片区机制开展执纪审查工作，实现镇（街）纪（工）委立案“零的突破”。

（四）一体推进不敢腐、不能腐、不想腐，坚决打赢反腐败斗争攻坚战持久战。在切实强化“不敢”的氛围上下功夫，坚持问题导向、拓宽监督渠道，聚焦重点领域、重要岗位和“关键少数”，狠抓办案措施，规范办案流程，整合执纪力量，持续加大执纪审查调查力度，始终保持反腐败斗争高压态势。全年接收并处置问题线索 28 件，立案 11 件（涉及 15 人），给予党纪政务处分 15 人，其中“双开”并移送检察机关 2 人。严肃查处何虹、杜曾严重违纪违法案，实现堆龙德庆区纪委监委办理“第四种形态”案件的新突破。在继续完善“不能”的机制上做文章，紧盯普遍性问题和反复出现的问题，督促各级党组织建立廉政风险清单，摸排廉政风险点 413 个、问题表现形式 816 个、制定防控措施 911 条、进行诫勉谈话 12 人，下发纪检监察建议书 3 份。在持续增强“不想”的自觉上出实招，贯彻落实王卫东书记调研慰问堆龙德庆区纪委监委机关时的讲话精神，配合区委认真开展“双化”教育工作，以“身边事警示教育身边人”推进以案促改“敲警钟”，全力摄制并督促各级各部门集中观看《忏悔录》210 场次，2043 人次；集中观看《零容忍》等警示教育片 71 场次，685 人次，开展集中研讨 114 场；组织参观拉萨市“身边事教育身边人警示教育展”，涉及党组织 51 个，党员干部 325 人；签订拒绝酒驾等承诺书等 5700 余份；会同组织部门开展 1 名党员干部的失实澄清正名工作。

（五）坚持把贯彻落实中央八项规定精神作为重要政治任务来抓，持之以恒纠治“四风”顽瘴痼疾。紧盯改进作风狠抓落实工作，督促各级党组织贯彻落实《堆龙德庆区关于常态化推进改进作风狠抓落实的实施方案》，认真开展“四查四问”，强化监督执纪问责，不断巩固拓展落实中央八项规定精神成果，重点整治“不愿为”等 7 个方面 36 项作风问题。紧盯各级党组织落实《中共拉萨市堆龙德庆区委全面落实从严治党主体责任清单》情况，围绕领导干部“下基层大接访”和“3455”任务落实等，强化监督跟踪问效，发现并纠治问题 6 个。紧盯假日节点，强化专项监督与警示教育，以勤提醒、常提示，倡导廉洁过节。紧盯群众反映强烈与社会关注问题，对“一卡通”管理、涉粮领域、学生餐等问题开展专项监督12次，及时纠改问题8个。紧盯风腐易发多发问题，开展“私车公养”专项清查2次，反馈立行立改问题10个；严肃查处违反中央八项规定精神问题1件2人，参与赌博问题2件2人，违反生活纪律问题1件2人。

（六）全面深化政治巡察，彰显全面从严治党利剑作用。充足巡前准备，指导制定堆龙德庆区委《2022—2026年巡察工作规划》《2022年巡察工作计划》《三届区委第二轮巡察工作方案》，进一步明确巡察目标任务和工作要求。补足巡察力量，选派纪检监察干部参与指导第二轮巡察干部培训，协力推动三届区委第二轮巡察工作；协助健全完善区委巡察组长库、人才库，抽派优秀干部参加巡察，切实把好巡察干部政治素质关。做足巡后整改，研究制订第九、十、十一轮巡察回访督查方案，对整改遗留问题、未办结的巡察移交事项，以“群众满意率、整改到位率、移交事项办结率”三项指标，评估被巡察单位整改情况；牵头成立联合督查组，严格审查被巡察单位整改方案、整改报告，压实整改责任，对市委涉粮问题专项巡察和第一轮巡察反馈问题整改进展情况，开展实地督查5次，下发整改通知书1份。

（七）坚持和弘扬自我革命精神，努力锻造高素质专业化纪检监察干部队伍。在提升纪检监察干部履职能力上发力，结合“跟班跟案+专项培训”模式，安排纪检监察干部参加上级纪委组织的线上线下学习培训和跟案跟班学习15人次，抽调镇（街）、村（居）纪检监察干部参与何虹、杜曾留置案件办理12人次。在提高纪检监察干部理论素养上发力，严格“三会一课”制度，加强党章党规党纪与国家法律法规规定学习，开展党支部学习活动26次，组织开展作风建设应知应会、疫情防控等知识测试8次。在强化纪检监察干部管理监督上发力，加强对纪检监察干部监督工作的领导、管理和监督，严格平时考核，制定考核细则，规范干部考核；完善纪检监察干部廉政报告77份，签订拒绝酒驾醉驾67份，积极开展“内部小巡视回头看”和谈心谈话等工作。

成绩的取得离不开上级纪委监委和区委主要领导的高度重视，离不开区委区人大区政府区政协及各单位各部门的全力支持，离不开全区每一名纪检监察干部冲锋在前，但我们也要清醒认识到，堆龙德庆区党风廉政建设和反腐败斗争形势依然严峻复杂，清除存量、遏制增量，巩固反腐败压倒性胜利的任务依然艰巨繁重，有力加强政治监督还不够精准，一体推进“三不腐”的思维还不够系统，特别是一些领域的廉政风险和行业的腐败隐患仍未彻底消除，“四风”问题反弹回潮的隐患压力犹存，纪检监察干部队伍自身建设短板弱项仍在，执纪执法理念水平能力与上级纪委监委要求仍有差距。对这些问题，必须高度重视，认真加以解决。

二、2023年主要工作

2023年是贯彻落实党的二十大精神的开局之年，是实施“十四五”规划承前启后的关键一年，是堆龙发展历史上极为重要的一年，做好纪检监察工作责任重大、任务艰巨、使命光荣。总体要求是：坚持以习近平新时代中国特色社会主义思想为指导，全面贯彻党的二十大精神，贯彻落实二十届中央纪委二次全会精神，贯彻落实自治区第十次党代会和自治区党委十届三次全会及自治区纪委十届三次全会精神，贯彻落实拉萨市第十次党代会和市委十届四次全会及市纪委十届三次全会精神，贯彻落实区委工作要求，更加深刻领悟“两个确立”的决定性意义，进一步自觉增强“四个意识”、坚定“四个自信”、做到“两个维护”，以自我革命精神持之以恒把全面从严治党向纵深推进，更好发挥监督保障执行、促进完善发展作用，为建设团结富裕文明和谐美丽的社会主义现代化新堆龙提供坚强纪律保证。

（一）以强有力的政治监督，推动党的二十大战略部署落地见效。推进政治监督具体化，凝心铸魂，激发动力。紧盯党的二十大精神、自治区党委十届三次全会、拉萨市委十届四次全会、堆龙德庆区委三届四次全会学习贯彻情况跟进监督，督促各级党组织把加强学习贯彻落实到主体责任、总体规划、具体措施和实际成效上，坚定拥护“两个确立”、坚决做到“两个维护”，确保党的二十大精神在堆龙德庆区深入人心、落地生根。推进政治监督精准化，服务中心，增添助力。紧盯党中央和自治区党委重大决策部署，市委和区委重要事项、重点工作贯彻落实，围绕中心、服务大局突出全程监督，强化定期调度，坚持事前指导、事中提醒、事后跟踪，确保党的政策执行不偏向、不变通、不走样。推动政治监督常态化，围绕主责，强化压力。紧盯党员领导干部这一“关键少数”，聚焦“一把手”和领导班子履职履责做表率，做实政治监督，严肃政治纪律，从严查处“七个有之”问题，及时辨别和坚决清除政治上的“两面人”“骑墙派”，推动《堆龙德庆区委常委会关于坚定坚决维护以习近平同志为核心的党中央集中统一领导的规定》等制度执行。

（二）坚定不移深化政治巡察，充分发挥党内监督利剑作用。强化上下联动，主动对接，自觉接受上级巡视巡察机构督促指导。全面贯彻中央巡视工作方针，结合自治区党委巡视和市委巡察工作部署，健全制度，规范流程，突出政治巡察定位，进一步提高发现问题和解决问题的能力，认真做好区委第三、四、五轮巡察工作方案制定、巡察培训、政治巡察等工作，把“两个维护”作为根本任务，把学习宣传贯彻党的二十大精神作为重中之重，把严的要求贯彻到巡察全过程各环节，确保对重点行业领域和重点镇（街）、村（居）巡深巡透。推动巡审联动，优势互补，主动深化与审计等各项监督贯通融合。按照中央构建和完善中国特色社会主义监督体系要求，结合王卫东书记在堆龙德庆区调研时的指示精神，从审计监督入手，在“先审后巡”“先巡后审”“巡审同步”“专项巡审”上探索推进巡察、审计双轨并行，聚力发现问题精准“把脉”，整改问题深挖“病灶”，释放“1+1>2”的叠加效应。同时，继续深化以党内监督为主导，推动各类监督贯通融合。推进监巡联动，靶向治理，切实激发政治巡察标本兼治战略作用。贯彻自治区党委《关于进一步深化县级纪检监察体制改革的意见》，探索建立“办组融合、平战结合”内部运行机制，持续构建系统集成、信息共享、协同高效的工作格局。认真落实中央《关于加强巡视整改和成果运用的意见》，强化被巡察党组织落实巡察整改主体责任，强化纪检监察机关、组织部门巡察整改落实情况日常监督责任，深化信息互通、监督互动、措施互补、成果共享，紧盯“一把手”和领导班子，压紧压实全面从严治党主体责任和“一岗双责”，以“查漏洞、补短板、防反弹、促实效”为着力点，认真开展第一、二轮巡察整改督查工作，坚决防止巡察整改“后半篇文章”沦为“纸面文章”。

（三）靶向纠治“四风”顽瘴痼疾，巩固改进作风狠抓落实工作成果。紧盯各级党组织及党员干部贯彻执行中央八项规定及其实施细则精神情况，坚持露头就打、决不姑息，对党的二十大后依然不收敛不收手、顶风违纪的，依规依纪依法从严从重从快处置。紧盯“作风建设年”工作，督促各级党组织践行“六个表率”、做到“八个落实”，深入开展“四查四问”，重点整治形式主义、官僚主义，重点纠治“等靠要”“庸懒散”“推绕拖”“做虚功”问题，对不作为乱作为慢作为假作为的党员干部严肃追责问责，释放鼓励担当作为、严惩怠政失职的强烈信号。紧盯违规发放津补贴、违规收送礼品礼金、违规吃喝、带彩打牌等问题，着力发现和查处利用吃喝送礼搞利益交换、权钱交易、请托办事等现象，深挖转嫁接待费用、不吃公款吃老板等隐形变异问题。要紧盯群众急难愁盼问题，持续开展漠视侵害群众利益问题专项整治，重点整治教育、市场流通等重点行业领域，坚决惩处涉黑涉恶腐败和“保护伞”问题。紧盯“节日病”，继续深化节前提醒、节中监督、节后总结的工作模式，更加关注节日期间制止餐饮浪费行为，抵制歪风邪气和陈规陋习，严防“四风”反弹回潮。

（四）全面加强党的纪律建设，以严明的纪律管党治党。坚持教育在前。经常开展纪律教育，督促各级党组织把党章党规党纪纳入理论学习和党校开展各项培训必修课、各级书记带头讲廉政党课，促进党员干部增强纪律规矩意识；常态长效推进“双化”教育，通过“身边事教育身边人”以案释纪释法、组织参观廉政教育基地、观看廉政警示教育片等举措，筑牢党员干部拒腐防变思想防线；系统谋划党员干部日常教育和监督管理，及时学习通报中央、区市和本县（区）典型案例及相关工作要求，做到早提醒、早预防、早纠治。坚持挺纪在前。正确使用“第一种形态”，坚持惩前毖后、治病救人，注重抓早抓小、防微杜渐，综合运用谈话函询、提醒批评等处置方式咬耳扯袖、红脸出汗，在日常教育中体现组织的严管厚爱；坚持从严执纪问责同容错纠错机制有机结合，落实好“三个区分开来”，严格执行拉萨市《激励干部担当作为容错纠错实施细则（试行）》，依规依纪开展干部失实澄清正名工作，实现政治效果、纪法效果、社会效果有机统一。坚持规范在前。建立健全制度规范，督促指导发生重大违纪违法案件的党组织召开处分决定宣布会、召开民主生活会、参与职务犯罪案件庭审旁听，提升以案促改工作质效；提高领导干部监督质效，规范全区科级干部廉政档案建设与管理，加强政治生态分析研判，严格廉政意见回复，督促领导干部发挥“头雁效应”，以上率下，层层示范，徙木立信，带动广大党员干部把纪律严起来、把规矩立起来、把作风抓起来。

（五）坚持严的基调不动摇，坚决打赢反腐败斗争攻坚战持久战。保持零容忍态度反腐惩恶，巩固不敢腐的强大震慑。深刻认识当前反腐败斗争新形势新任务，聚焦权力集中、资金密集、资源富集的部门和单位，深化工程建设、国企改革、教育医疗、执法司法等重点领域，紧盯征地拆迁、补偿补助、涉农项目等易腐易发多发重点环节，突出关键少数特别是“一把手”，专注贪腐年轻化趋势和“小官巨腐”“身边人”借势腐败等现象，坚决查处政治问题和经济问题交织的腐败，坚决查处领导干部结党营私、成为利益集团和权势团体的代言人、代理人的问题，坚决查处政商勾连、破坏发展环境和公平正义的问题，坚决查处新型腐败和隐性腐败，坚决查处各种损害群众利益的腐败问题，继续推进运用“第四种形态”查处腐败问题常态化，绝不以权势大而破规、绝不以问题小而姑息、绝不以违者众而放任，全力营造风清气正的政治生态。坚持常态化重点监督检查，强化不能腐的刚性约束。加强惠民政策落实情况的专题调研和专项监督，维护群众利益，聚焦就业就学、医疗卫生、养老社保、生态环保、安全生产、食品安全等领域，严查民生领域“微腐败”，严惩群众身边“蝇贪蚁腐”，开展乡村振兴领域不正之风和腐败问题专项整治，对踩“红线”、越“底线”、闯“雷区”行为严厉打击，努力把基层的问题解决在基层。秉持“治未病”理念把脉问诊，筑牢不想腐的思想堤坝。坚持惩治防贯通融合，用“全周期管理”方式系统推进反腐败工作，深化以案为鉴、以案促改、以案促治，系统推进挽救党员干部、挽回损失影响、完善体制机制等工作；坚持行贿受贿一起查，建立行贿人员“黑名单”，有力震慑“围猎者”；紧盯“三重一大”、重大事项请示报告、民主集中制度落实等重要环节，加强纪检监察建议工作，完善内控机制；强化党员干部教育监督管理，突出关键少数与年轻干部教育，注重家庭教育和家风建设，推进新时代廉洁文化建设。

（六）深化纪检监察体制改革，提高基层纪检监察治理效能。把准改革方向。依据自治区党委《关于进一步深化县级纪检监察体制改革的意见》要求，坚持党的领导统领改革全局，推进纪检监察工作双重领导体制具体化、程序化、制度化，加强上级纪委监委对下级纪委监委的领导，进一步优化内设机构、职能职责和工作机制，实现集中兵力精准监督办案，提升基层纪检监察干部履职质效，提高基层纪检监察治理效能。突出改革重点。坚持审查与审理分离，结合区情实际，探索审理专班建设，提升执纪执法能力水平；坚持整合监督力量，继续落实完善《堆龙德庆区纪委监委深化内设机构改革试点工作方案》，进一步加强纪检监察室、协作片区、镇（街）和村居纪检监察力量整合、工作融合，探索协同检查、联动监督和联合办案机制，促进各级纪检监察机构作用发挥、质效提升。深化改革效果。层层压实管党治党政治责任，做实“一把手”监督，以高质量监督促进基层高效能治理；总结纪检监察体制改革工作经验，为上级决策提供参考。

（七）从严从实加强队伍建设，锻造新时代纪检监察铁军。加强思想政治建设。扎实开展党中央部署的主题教育，深入学习领会习近平新时代中国特色社会主义思想，增强“四个意识”、坚定“四个自信”、做到“两个维护”；坚持双重领导体制，严格执行“双报告”制度，围绕监督检查、审查调查等关键环节，加强对镇（街）纪（工）委的领导指导；坚持组织路线，严格“三会一课”制度，加强支部建设与党员日常管理，保持对党、对人民绝对忠诚，打造一支更团结的纪检监察“铁军”。加强业务能力建设。坚持规范办案，严格流程管理，提高问题线索处置率、办结率、成案率，严守案件质量“生命线”，实现“三个效果”有机统一；坚持巡视巡察移交、上级纪委监委及领导交办，以及涉及违反政治纪律和政治规矩的问题线索优先处置，及时反馈；坚持“无安全不办案”，规范办案场所建设，严格落实办案安全责任制，经常性开展“八个严禁”“五个落实”监督检查；坚持边学习、边调研、边工作、边总结，继续推行“跟班跟案＋专项培训＋轮岗交流”模式，促进纪检监察干部履职能力提升；坚持将政治纪律和政治规矩放在首位，自觉从讲政治高度判断形势任务、应对复杂局面、解决实际问题、推动工作开展，打造一支更担当的纪检监察“铁军”。加强廉洁队伍建设。坚持有令即行，有禁必止，深化纪检监察系统教育整顿；坚持以上率下、同频共振，以区委“作风建设年”活动为契机，发挥好纪委常委会示范引领作用，加强自我监督，主动接受党内和社会各方面的监督，巩固深化纪检监察系统“限酒”“禁赌”成果；坚持刀刃向内，清毒除瘤，筑牢廉洁防线，坚决防止“灯下黑”，打造一支更纯净的纪检监察“铁军”。

同志们，立足新起点、迈步新征程，纪检监察工作任重而道远。让我们更加紧密地团结在以习近平同志为核心的党中央周围，沿着党的二十大指引的方向，在上级纪委监委和堆龙德庆区委的坚强领导下，坚持底线思维，增强忧患意识，发扬斗争精神，练就斗争本领，坚定不移全面从严治党，推动新时代纪检监察工作高质量发展，为开启堆龙德庆区现代化建设新征程而团结奋斗。

堆龙德庆区人民检察院工作报告

——在堆龙德庆区第三届人民代表大会第四次会议上

堆龙德庆区人民检察院党组书记、检察长 索朗旺庆

（2023年1月5日）

2022年工作回顾

2022年，堆龙德庆区人民检察院在区委、市检察院的坚强领导下，在区人大及其常委会的有力监督下，在区政府的大力支持下，在区政协的民主监督下，在社会各界的关心支持下，坚持以习近平新时代中国特色社会主义思想为指导，认真践行习近平法治思想，全面贯彻落实党的十九届历次全会、党的二十大、习近平总书记关于西藏工作的重要论述和新时代党的治藏方略及中央第七次西藏工作座谈会精神，贯彻落实全市检察机关干部大会精神和重点任务，着力推进“四个创建”、“四个走在前列”、当好“七个排头兵”，深刻领会“两个确立”的决定性意义，增强“四个意识”、坚定“四个自信”、做到“两个维护”，忠实履职尽责，统筹开展检察业务工作和疫情防控工作，各项工作取得新成效。

全年共办理各类案件599件。其中，办理刑事检察案件295件，受疫情影响案件量同比有所下降；办理民事、行政检察案件82件，办理公益诉讼案件181件；办理其他类案件41件。

一、服务大局，以能动司法助推堆龙高质量发展

坚决维护国家安全和社会稳定。8月，我市新型冠状病毒肺炎疫情发生后，我院在区委的一声令下，闻令而动、尽锐出战，第一时间下沉2/3的干警力量开展疫情防控工作，与基层同志一道连续奋战四个月，共克时艰，各项工作得到了区委的肯定，展现了疫情防控工作中的检察担当。同时，积极参与社会面稳控工作，全年参加常态化备勤、楚布寺、达扎寺执勤共1000余人次，参加社会面巡逻70余人次。

坚决深化法律监督，推进社会治理。一是践行新时代“枫桥经验”，扎实开展院领导包案办理首次信访专项活动，建立完善“12309”检察服务中心，提供更加便捷高效的“一站式”检察服务，受理控告申诉案件32件（其中网络信访2件），其中院领导包案办理控申案件13件；严格落实信访信息系统填录工作要求，群众信访7日回复率、3个月答复率100%；主动担当化解涉法涉诉难点、堵点案件，落实“基层院领导包案”制度，开展“领导干部下基层大接访办实事”活动20次。二是持续开展“司法救助助力巩固拓展脱贫攻坚成果助推乡村振兴”和“关注困难妇女群体 加强专项司法救助”专项活动，全年受理国家司法救助案件3件，向当事人发放救助金13万元。三是贯彻落实《关于建立教职员工准入查询性侵违法犯罪信息制度的意见》，对堆龙德庆区1543名在职教职员工进行准入查询，排查出有性侵害、暴力伤害等犯罪记录人员2人、受行政治安处罚人员2名，向相关部门制发检察建议1份，切实维护未成年人合法权益。四是联合区教体局、区妇女联合会会签《家庭教育指导协作机制》，成立西藏自治区首家“家庭教育工作站”，开展家庭教育、未成年人专业心理辅导各2次。五是与

公安机关设立"侦查监督与协作配合办公室",加强侦查监督与协作配合,全年提前介入涉疫刑事案件等14件、立案监督3件,针对办案中发现的侦查活动存在的问题,发出纠正违法通知书4份、侦查活动监督通知书1份,合力提升办案质效。

坚决推进扫黑除恶常态化。提高政治站位,重点打击群众反映强烈的违法犯罪,办理开设赌场、组织卖淫等"九类"案件7件55人、电信诈骗关联案件3件6人。结合典型案例以案释法,大力宣传《中华人民共和国反有组织犯罪法》,向群众普及扫黑除恶知识,增强群众举报线索意识,进一步提升社会公众治理理念,维护人民群众合法权益。

坚决护航民营经济健康发展。立足检察职能,充分考虑民营企业发展特点,坚持少捕慎诉慎押原则,办理涉民营企业案件7件12人,对其中5人作出不批准逮捕决定,对1人开展羁押必要性审查,变更强制措施后开展企业合规,帮助企业构建内部"防火墙"。严厉打击职务侵占、挪用资金等犯罪,对7人作出批准逮捕决定,对1起重大事故责任案关口前移,监督行政机关将线索移送至公安机关侦查立案,立案后主动提前介入,引导侦查取证,积极营造法治化营商环境。

二、强化监督,以检察履职维护公平正义

落实审前主导、全程监督责任,持续做优刑事检察。主动落实新时代少捕慎诉司法理念,对情节轻微、社会危害性较小的犯罪嫌疑人作出不批准逮捕34件58人、不捕率为62%,不起诉61件72人、不诉率为39.5%,大幅度节约司法资源、减少了社会对抗。持续推进认罪认罚从宽制度,适用认罪认罚191人、适用率为88.4%,对于提起公诉的案件提出确定刑量刑建议115人,其中被人民法院采纳107人、采纳率93%。检察长列席审委会1次,自行补充侦查案件5件,刑事和解6件6人,追赃挽损3.1万元。办理职务犯罪案件2件2人,涉案金额达920余万元,提前介入并已提起公诉。

坚持权力监督与权利救济相结合,持续做强民事检察。全年办理民事案件63件,与去年同期相比增长96.9%,其中申请监督案件3件、支持起诉1件、依职权监督案件55件、审判程序违法案件4件。首次依靠拉萨检察大数据平台,通过线上裁判文书与相关部门数据进行碰撞,发现监督线索,梳理可能存在问题的案件,继而通过审查卷宗、生效裁判、调解文书等方式审查民事案件,对发现的问题制发检察建议4份,检察建议采纳率为100%。

推进"严格依法行政",持续做实行政检察。通过走访询问了解、调阅卷宗、调查取证等方式对土地执法查处、保障妇幼权益、保障农民工工资等领域开展专项监督检查,依职权监督行政案件19件,其中行政裁判结果监督案件1件,制发检察建议2份,检察建议采纳率为100%。

当好"公共利益代表",持续做好公益诉讼检察。坚持把"诉前实现公益目的"作为最佳司法状态,办理行政公益诉讼案件181件,发出诉前检察建议7份、督促提示函2份、责令整改通知书5份,向上级院报请移送案件线索2件。督促清除建筑生活垃圾5000余立方米、清运河湖建筑垃圾和工程弃土2处,不定期对辖区农贸市场、餐饮行业、外卖平台、医药诊所、饮用水源地等检查35次,在经开区百益超市内设立临时食品安全快速检测站,促使食品药品行业规范经营,向拉萨市人民检察院报送食药领域、安全生产领域典型案例3件。开展检察建议集中"回头看"专项活动,监督检查公益诉前检察建议落实效果3次,切实维护社会公共利益。

促进实现刑事执行法律功能,深化刑事执行检察监督。开展好疫情防控下刑事执行检察工作,对监管场所安全专项监督检查4次、参加看守所狱情分析会3次、远程开展谈心谈话15人次,对本辖区社区矫正工作进行专项监督检查15次,开展谈话8人次、"电话回访及抽访"81人次。全年对刑事执行领域存在的问题,向看守所、公安局、法院及司法行政部门等制发检察建议3份、纠正违法通知书4份。

倾心护航未成年人健康成长,持续深化"检察为民办实事"。认真落实"一号检察建议",落实教育感化方针,依法对涉罪未成年人不起诉2件4人。深入推进检察长、检察官担任"法治副校长"工作,开展"远离校园欺凌"等送法进校园活动及检察开

放日活动、关爱农村留守儿童结对帮扶活动3场次。联合区教体局、区妇联，借助西藏教育“珠峰旗云”平台为全区8所中小学、近150个班级、6183名师生现场直播以“法治宣讲进校园 护航青春助成长”为主题的开学第一堂法治课，切实为未成年人的健康成长保驾护航。

三、司法为民，让检察权在阳光下运行

主动接受外部监督。始终把接受外部监督作为新时代检察工作发展的助推动力，向人大代表、政协委员汇报检察工作2次。全年共审核、公开法律文书158份，接待律师现场、网上阅卷20次，充分保障了律师执业权利；推送公开案件信息474条，实现程序性信息推送“四大检察”全覆盖；邀请人民监督员监督办案40件，推进人民监督员工作全面深入开展；认真落实认罪认罚从宽制度，签署《律师坐班服务协议》，在值班律师见证下签署《认罪认罚具结书》191份，全年与司法局共同支付值班律师费用58200元。

强化内部监督制约。主动申请首批系统内部政治督查，接受上级院检务督察部对我院进行系统内部监督检查，结合“改进作风 狠抓落实”工作，全面推进我院党的政治建设、作风建设和纪律建设。严把涉案财物的“入口关”“流转关”“出口关”，切实加强检察机关涉案财物的管理。以“质量建设年”为抓手，着力推动检委会工作规范化建设，不断规范上会议题审查及程序，加大对检委会决定事项执行的督办力度。全年共召开检委会14次，审议案件议题67件。

推进案件公开听证工作。依法保证人民群众监督办案，深入贯彻落实《人民检察院审查案件听证工作规定》，建立本院听证员库，聘请听证员12名，邀请人民监督员、人大代表、政协委员、值班律师等担任听证员，邀请侦查人员、辩护人、被害人出席听证会并进行同步录音录像。全年，召开公开听证会7次、公开听证案件21件，让检察权在阳光下运行。

四、从严治检，以自我革命锻造检察铁军

有序推进司法改革财务统管工作。全面推动司法体制改革，初步完成2023年本院人员经费、日常公用经费及项目经费等预算编制，完成办公业务用房、公务车辆、办公办案设备等资产的清查工作，积极对接协调相关单位确保本院经费保障水平，为按时完成资产划转做好准备。

抓实科学管理。严格按照“全员、全程、同步、规范”的要求，实现案件在检察机关统一业务应用系统内流程监控全覆盖；坚持每季度召开业务态势分析会，以数据态势分析为基础，科学引导监督，推动“四大检察”结构更加优化；以“案–件比”指标引领解决司法案件无效供给问题，全年刑事检察“案–件比”1∶1.08，有效减少了司法程序空转问题。

不断加强队伍建设。始终督促加强干警作风建设、营造干事创业氛围，依托政务微信、指纹签到等上下班纪律执行情况，执行部门工作周报制度，逐级抓好监督；坚持鲜明的选人用人导向，突出政治标准，选用对党忠诚、信念坚定、勇于担当的干部，大力培养和选拔优秀年轻干部，激发干警的干事创业精神。2022年，遴选1名员额检察官、晋升11名干警职级。

各位代表，过去的一年，堆龙德庆区人民检察院立足新时代新阶段、贯彻新发展理念、构建新发展格局，攻坚克难、忠诚履职、开拓奋进，全面加强党的建设、组织建设、作风建设、队伍建设和业务建设，激发新时代检察官责任感、使命感，司法办案提质增效、法律监督精准有效、抗击疫情突出实效。我们深知，过去的一年，检察工作所取得的成绩，是区委坚强领导、人大有力监督、政府大力支持、政协民主监督以及代表委员和社会各界共同关心帮助的结果。在此，我谨代表堆龙德庆区全体检察干警致以衷心的感谢和诚挚的敬意！

我们也清醒地认识到，我院检察工作与党和人民更高要求、新时代新方位新形势新要求，服务保障堆龙长治久安和高质量发展要求，推动检察工作自身高质量发展要求还有不少亟须解决的问题和短板：一是堆龙经济多元发展，各类新型违法犯罪案件逐年增长，检察队伍素质的提升与当前我区经济社会快速发展及检察业务工作高质量发展的需要存在差距。二是随着经济社会信息化高速发展，

"数字检察"在检察工作中的作用逐渐凸显，但由于资金、人力因素制约，基层院"数字检察"建设相对滞后，与新时代检察事业数字赋能的高质量发展要求存在差距。三是检察建议监督缺乏刚性，影响诉源治理成效。最高检一至八号检察建议的制发，是检察机关能动履职，推进诉源治理的生动实践。但在司法实践中监督方式单一，监督刚性不足的问题也是制约诉源治理成效的重要因素。

2023年堆龙检察工作总体思路

我院将坚持以习近平新时代中国特色社会主义思想为指导，深入贯彻习近平法治思想，深入学习贯彻落实党的二十大精神，深化落实《中共中央关于加强新时代检察机关法律监督工作的意见》及拉萨市委《关于贯彻落实〈中共中央关于加强新时代检察机关法律监督工作的意见〉的具体举措（试行）》的通知精神，紧紧围绕稳定、发展、生态、强边"四件大事"，依法能动履职，推动建设更高水平的平安堆龙。

一、深刻领会党的二十大精神内涵，以更高站位拥护"两个确立"

深入学习习近平新时代中国特色社会主义思想，深刻认识"两个确立"的决定性意义，全面贯彻习近平法治思想，把党的绝对领导落实到检察工作的各方面和全过程，以听党指挥的实际行动忠诚践行"两个维护"。

二、大力维护堆龙社会和谐稳定，以稳定保障堆龙高质量发展

坚持总体国家安全观，坚决维护国家安全、社会稳定、人民安宁，坚决防范和严厉打击分裂国家、自焚、颠覆国家政权、组织实施恐怖活动等犯罪，积极参与社会治理与社会面稳控工作，为堆龙高质量发展贡献检察力量。

三、大力推进科技强检，以"数字检察"创新开展检察工作

适应新形势发展要求，牢固树立检察大数据思维，深入落实科技强检战略，提升检察生产力，加紧推进未成年人心理辅导室、远程提讯室、数字化档案室、检察文化室、认罪认罚（同步录音录像）听取意见室等信息化建设，深化其在检察办案中的应用。积极学习和使用"文书宝""案卡医生"等办案软件，进一步优化刑事检察，深化民事检察，强化行政检察，推进公益诉讼检察全面协调充分发展，实现大数据赋能新时代检察工作高质量发展的"乘法效应"。

四、大力开展公益诉讼，不断提升堆龙检察办案质效

聚焦司法为民，继续积极、稳妥深化公益诉讼新领域实践探索，持续落实群众"舌尖上""头顶上""脚底下""钱袋子"等安全问题，重点拓展市场监管、国有财产、国有土地使用权出让、英烈保护、个人信息、安全生产等领域案件办理，推动公益诉讼办案质效全面提升。

各位代表，为党的事业保驾护航、为人民守护平安幸福、为社会维护公平正义，是检察机关永恒不变的目标和追求。我们将高举习近平新时代中国特色社会主义思想伟大旗帜，坚持走中国特色社会主义法治道路，在区委和上级院的正确领导下，忠实履行法律监督职责，全面贯彻习近平法治思想，全面贯彻《中共中央关于加强新时代检察机关法律监督工作的意见》，不忘初心、踔厉奋发、勇毅前行，努力创造无愧于新时代的检察业绩，为建设团结富裕文明和谐美丽的社会主义现代化新堆龙不懈奋斗！

名词解释

1. 四大检察：指刑事检察、民事检察、行政检察和公益诉讼检察。

2. 十大业务：指普通刑事犯罪检察业务、重大刑事犯罪检察业务、职务犯罪检察业务、经济金融犯罪检察业务、刑事执行和司法人员职务犯罪检察业务、民事检察业务、行政检察业务、公益诉讼检察业务、未成年人检察业务、控告申诉检察业务。

3. 检察建议：是指人民检察院为促进法律正确实施、促进社会和谐稳定，在履行法律监督职能过程中，结合执法办案，建议有关单位完善制度，加强内部制约、监督，正确实施法律法规，完善社会管

理、服务，预防和减少违法犯罪的一种重要方式。

4. 公益诉讼：指特定的国家机关和相关的团体和个人，根据法律的授权，对侵犯国家利益、社会公共利益或不特定的他人利益的行为，向法院提起诉讼，由法院依法追究相对人法律责任的诉讼活动。

5. 认罪认罚从宽制度：是指对犯罪嫌疑人、被告人自愿如实供述自己的罪行，对指控的犯罪事实没有异议，同意量刑建议并签署具结书的，依法从宽处理。

6. 司法救助：指检察院在办理案件过程中，对遭受犯罪侵害或者民事侵权，无法通过诉讼获得有效赔偿，生活面临急迫困难的当事人采取的辅助性救济措施。

堆龙德庆区人民法院工作报告

——在堆龙德庆区第三届人民代表大会第四次会议上

堆龙德庆区人民法院院长 欧阳建川

（2023 年 1 月 4 日）

2022 年工作回顾

2022 年是极不平凡的一年。堆龙德庆区人民法院坚持以习近平新时代中国特色社会主义思想为指导，以迎接党的二十大、学习宣传贯彻党的二十大精神为主线，以开展改进作风、狠抓落实为抓手，聚焦“四个创建、四个走在前列”和践行“当好七个排头兵”，在区委的坚强领导、区人大及其常委会有力监督、市中院正确指导和区政府、区政协及社会各界大力支持下，深入贯彻习近平法治思想，扎实履行审判职责。特别是八月以来，我们响应区委号召，全力以赴投入疫情防控阻击战，克服疫情对审执工作造成的冲击影响，各项工作取得新成效。受理案件 6361 件，占全市法院的 27%；审执结 5538 件，结案率 87.06%，员额法官人均办案 244 件。

一、聚焦政治建院，确保审执工作正确方向

坚持把思想政治建设摆在首位。深入开展“两个确立”主题教育，持续巩固拓展党史学习教育成果，搭建“五个一”学习平台，全覆盖开展政治轮训，推动习近平新时代中国特色社会主义思想、习近平法治思想、党的二十大精神入脑入心，党组理论学习中心组学习 39 次、交流研讨 68 次。

坚持党对法院工作的绝对领导。落实《中国共产党政法工作条例》，主动向区委、区委政法委请示报告重点工作、重大事项、重要案件 30 次。配合区高法、市中院开展司法巡查、审务督察，全面整改 9 个具体问题，建立健全纪律规矩、审判管理、队伍建设工作机制 3 项。

从严落实意识形态工作责任。深入开展反分裂斗争形势教育。创新“你讲我学、我讲你评”学习教育形式，推进法院文化建设，做到讲政治与抓业务有机统一，站稳站牢司审判意识形态政治立场，获评全区法院文化建设先进集体。

二、狠抓执法办案，全力维护社会公平正义

服务平安堆龙建设。受理各类刑事案件 140 件，审结 129 件。审结故意伤害、诈骗、强奸等案件 13 件 17 人，维护人民群众生命财产安全；审结开设赌场、伪变造国家机关公文等案件 11 件 13 人，维护公共秩序安全；践行类案同审改革，集中审理 35 件危险驾驶、交通肇事等犯罪案件。配合司法部门做好社区矫正工作，促进 60 名罪犯悔过自新。

推进诉源治理。主动融入区委主导的市域治理现代化工作，与区妇联、区信访，镇街综治、司法等建立多元解纷机制，推进个案协调、事后化解向源头预防、前端治理，合力化解基层矛盾纠纷 1699 件、司法确认 36 件，法院民商事案件调撤率达 43%。会同羊达街道、德庆镇在当地法庭建立诉源治理工作站，共同探索人民调解新模式，得到自治区主要领导肯定。

全面履行普法职能。择优选任 8 名干警组建法律宣讲团，积极开展扫黑除恶、环境保护、防范养老诈骗法治宣传，解答法律咨询 9000 人次，流动法庭行程 5000 公里。依托“法律七进”活动，开展“拒

绝校园霸凌”“保障打工者合法权益”等为主题的法治讲座、模拟法庭活动20场次。

三、服务中心大局，助力高质量发展

服务经济高质量发展。受理民商事案件3523件，审结3049件，结案标的6亿元。审结影响企业正常发展、扰乱金融市场秩序的违法犯罪案件5件，审结涉民营企业股东出资、股权转让案件22件，助推法治化营商环境；审结买卖、承揽合同案件1154件，审结涉工程领域案件58件，服务保障堆龙新城建设；倡导守约诚信行为，审结借款、民间借贷案件350件。

助力法治政府建设。将履行行政审判职能与服务党委、政府中心工作紧密结合，审结涉堆龙、尼木、曲水行政案件17件。加大对违法行政行为和渎职行为的监督力度，行政机关负责人出庭应诉4件，我区法治政府建设向上向好。

全力服务保障。在战“疫”一线组建“党员志愿者”队伍，50名党员干警下沉东嘎街道桑木、南嘎、东嘎社区，羊达街道邦普村、羊达社区等参与疫情防控，深化“我为群众办实事”活动，投入资金11万元、保障车辆19辆，为民办实事好事800件，受到居民群众肯定和赞扬，相关工作被“学习强国”平台转发。通过“诉讼无忧”“人民法院在线服务”等平台，向群众提供无接触式诉讼服务，疫情防控期间，承办了全市法院70%的案件，受到区高法、市中院高度肯定。

四、聚焦司法为民，着力提升群众司法获得感

“智慧法院”建设成效明显。紧扣服务群众的出发点和落脚点，建成科技感十足、信息化功能完善的诉服中心。开通了涉农、涉疫、涉民生绿色通道，推进了“网上立”“跨域立”“自助立”服务。实现网上立案2366件、网上保全50件，跨域立案48件、自助立案67件，完成在线调解1318件。大力开展领导大接访活动，接诉即答、接单即办，接待群众400人次，办结群众诉求130件，涉诉信访案件同比下降25%。

充分保障民生权益。审结拖欠农民工工资案件485件，追回款项304万元。深化家事审判改革，保障妇女儿童、老弱群体合法权益，“温馨家事调解室”调解涉婚姻家庭、抚养赡养、继承案36件。推动“为群众办实事”示范法院创建，加大对困难、弱势群体的司法救助力度，对生活困难诉讼群众发放司法救助金6.7万元，减免诉讼费28.8万元。落实人权司法保障，为20名刑事案件被告人指定辩护律师，对61名罪行轻微被告人适用缓刑。

持续发力解决执行难。实践“诚信预执行”“分段集约执行”新模式，受理各类执行案件2534件，执结2108件，到位金额1.29亿元。开展“夜间行动”“凌晨突击”“周末执行”“拔钉行动”等，突出打击逃避执行、拖延执行、拒绝执行等行为，攻克人难找、钱难执、物难寻等问题，点对点发放案款984万元。制作《对“老赖们”节前再催告》《曝光老赖王荣顺》等微视频，强化执行威慑力度。对928名失信被执行人限制高消费，50人迫于压力主动履行义务。1名执行法官荣获全国法院“办案标兵”称号。

五、锻造能力过硬司法队伍

深化司法体制综合配套改革。严格执行“四类案件”监督机制，院庭长监督办案3706件、占全院案件58%。完成内设机构改革，树立重实干、重业绩的选人用人导向，择优选升四级高级法官3人，提拔使用、晋升职级33人。搭建院校合作平台，与西藏大学等高校共建法律实习基地，先后派遣57名干警参加区内外各类业务培训，5名干警通过国家司法考试，完善绩效考核办法，建成数字化、可视化的业绩考核系统，进一步激励法官多办案、办好案，法官人均办案量继续保持全区法院第一，荣获全区法院“司法改革创新奖”。

持续狠抓党风廉政建设。严格落实防止干预司法“三个规定”，坚持“逢问必录”。坚持把“以案促改”“肃清流毒”作为政治任务、政治要求，加强与纪委监委沟通联系，常态化开展警示教育，公开审理腾睿挪用公款犯罪案。狠抓作风建设，常态化推进政法队伍教育整顿，大力整治“庸懒散”等顽瘴痼疾，运用监督执纪“四种形态”处理干警4人。

强化接受监督自觉。主动接受人大监督，加强与代表、委员的联络沟通，通过上门走访、旁听庭审、见证执行等方式联络代表19人次。依法接受

法律监督，配合检察机关开展诉讼监督，依法审核公诉机关量刑建议 114 条。接受民主监督，畅通人民群众监督审判的渠道，召开座谈会 4 次，推动解决群众反映突出问题 6 项。依托司法公开“四大平台”，深入推进司法公开，公开裁判文书 304 份、审判直播 1015 场，推送审判流程信息 2979 条、执行信息 1056 条，人民陪审员参审案件达 730 件。

各位代表，回顾 2022 年堆龙法院审判执行工作的发展进步，离不开区委的坚强领导，区人大及其常委会的有力监督，区政府的大力支持，区政协的民主监督，以及社会各界的鼎力支持。在这里，我谨代表堆龙德庆区人民法院，向关心支持法院工作的各位领导、各位代表，向全区人民表示诚挚的感谢，并致以崇高的敬意！

我们也清醒地认识到，法院工作还存在一些短板和不足：一是案件量持续上升同审判力量不足的矛盾进一步加剧；二是人民法庭建设较为滞后，服务基层社会治理的能力亟待提升；三是科技助力审判作用发挥不够明显，智慧法院建设工作还要强化；四是从严治党、从严治院还有差距，服务群众、解决群众急难愁盼问题的意识和能力还需要进一步提升。对此，我们将切实采取措施，努力予以解决和克服。

2023 年工作安排

2023 年，堆龙法院将以学习宣传贯彻党的二十大精神为主线，以习近平新时代中国特色社会主义思想为指导，贯彻落实习近平法治思想，按照三届区委四次全会的安排部署，以推进法治堆龙、深化平安建设为使命，以深化司法体制改革和智慧法院建设为重点，以锻造忠诚干净担当法院铁军为保障，忠实履职尽责，为全面建设社会主义现代化新堆龙提供优质高效司法服务和保障。

一是筑牢政治忠诚。把全面学习、全面把握、全面落实党的二十大精神作为当前和今后一个时期的首要任务，以政法系统学习贯彻二十大精神“三项活动”为载体，深刻领会“两个确立”的决定性意义，增强“四个意识”、坚定“四个自信”、做到“两个维护”，切实把党的二十大作出的重大决策部署转化为激励干警履职尽责、担当作为的具体行动，转化为推动法院工作高质量发展的实际成效，牢牢坚持党对司法工作的绝对领导。

二是维护安全稳定。坚定不移贯彻总体国家安全观，始终把维护政权安全、制度安全放在首位贯穿审判执行全过程，推动建设更高水平的平安堆龙。严惩黄赌毒、盗抢骗、食品安全等违法犯罪，推进扫黑除恶常态化，保障人民安居乐业。依法审理生产、分配、流通、消费等领域纠纷，营造法治化营商环境。坚持和发展新时代“枫桥经验”，加大涉诉信访化解力度，深度参与诉源治理，努力推动从源头减少诉讼增量。妥善审理行政案件，促进行政争议实质化解，服务法治政府建设。

三是保障民生权益。坚持以“为群众办实事”示范法院创建活动为契机，积极回应人民群众的新要求、新期待。健全一站式多元解纷和诉讼服务体系，加快推动一站式建设向基层、向社会、向网上、向重点领域延伸，为群众提供更加优质高效暖心的司法服务，努力为群众提供更加灵活多样、分层递进的纠纷解决渠道，切实维护人民群众合法权益。

四是坚持改革创新。加快构建系统完备、规范高效的监督体系，健全案件评查、目标责任考核、积分评价等机制，推动审判质效和司法公信力进一步提升，进一步倒逼法官不断提升司法能力，促进公正高效。严格规范执行行为，提升执行质效，持续推进“切实解决执行难”，突出打击有钱拖延不还、故意逃避执行等恶劣行径，特别是拖欠农民工、农牧民群众“血汗钱”的行为，该罚款的罚款、该拘留的拘留、该判刑的判刑，绝不手软。坚持科技赋能，进一步实现全流程网上办理、全业务协同办理、全系统互联互通，努力创造更高水平的数字正义。

五是加强自身建设。切实增强全面从严治党永远在路上的政治觉悟，改进作风、狠抓落实，促进政治生态、司法作风、院风院貌持续向好。加大司法廉洁风险防控力度，常态化开展警示教育，严格落实防止干预司法“三个规定”和新时代政法干警“十个严禁”等铁规禁令，确保队伍绝对忠诚、绝对纯洁、绝对可靠。

各位代表，堆龙德庆区人民法院将在区委坚强领导、区人大及其常委会有力监督，区政府的大力支持和区政协的民主监督下，认真落实本次大会决议，弘扬伟大建党精神，始终做到“三个务必”，发扬斗争精神、增强斗争本领，对党忠诚、不负人民，推进新时代新征程人民法院工作高质量发展，为建设团结富裕文明和谐美丽的社会主义现代化新堆龙作出更大贡献。

名词解释

1. 四个创建：着力创建全国民族团结进步示范区；着力创建高原经济高质量发展先行区；着力创建国家生态文明高地；着力创建国家固边兴边富民行动示范区。

2. 四个走在前列：努力做到民族团结进步走在全国前列；努力做到高院经济高质量发展走在全国前列；努力做到生态文明建设走在全国前列；努力做到固边兴边富民行动走在全国前列。

3. 七个排头兵：在坚定捍卫“两个确立”、坚决做到“两个维护”上当好排头兵，在维护社会和谐稳定、实现长治久安上当好排头兵，在着力创建全国民族团结进步模范区上当好排头兵，在着力创建高原经济高质量发展先行区上当好排头兵，在着力创建国家生态文明高地上当好排头兵，在着力创建国家兴边富民行动上当好排头兵，在全面加强党的建设上当好排头兵。

4. 两个确立：确立习近平同志党中央核心、全党的核心地位，确立习近平新时代中国特色社会主义思想的指导地位。

5. 五个一：坚持党建与业务工作有效融合，定期开展“每天一推、每周一案、每月一讲、每季一谈、一问一答”的“五个一学习”大学习大讨论，院领导、审判委员会发挥表率作用，走上讲台，把办案经验报告出来、把群众工作的心得介绍出来、把信访举报的教训总结出来、把重大改判和发回重审的案件指导归纳出来。

6. “四类案件”：涉及群体性纠纷，可能影响社会稳定的；疑难、复杂且在社会上有重大影响的；与本院或上级法院的类案判决可能发生冲突的；有关单位或者个人反映法官有违法审判行为的案件。

7. “三个务必”：务必不忘初心、牢记使命，务必谦虚谨慎、艰苦奋斗，务必敢于斗争、善于斗争。

8. 新时代政法干警“十个严禁”：严禁搞两面派、做两面人；严禁有令不行、有禁不止；严禁放任错误思潮侵蚀影响；严禁不正当交往、干预执法司法；严禁玩忽职守、徇私枉法；严禁违规参与营利活动；严禁包庇纵容黑恶势力；严禁滥用执法司法权；严禁不作为、耍特权抖威风；严禁跑风漏气、失密泄密。

9. 防止干预司法“三个规定”：《领导干部干预司法活动、插手具体案件处理记录、通报和责任追究规定》《司法机关内部人员过问案件的记录和责任追究规定》《关于进一步规范司法人员与当事人、律师、特殊关系人、中介组织接触交往行为的若干规定》，以上简称“三个规定”。

10. 员额法官：“员”指的司法人员，“额”就是额度，意思是法官的数量得按照一定比例的额度配备。2022年，区法院在编干警69人，员额法官26人，占比37.68%。

堆龙德庆区2022年国民经济和社会发展计划执行情况与2023年国民经济和社会发展计划草案报告

——在堆龙德庆区第三届人民代表大会第四次会议上

堆龙德庆区发展和改革委员会

（2023年1月4日）

一、2022年国民经济和社会发展计划执行情况

2022年，全区上下坚持以习近平新时代中国特色社会主义思想为指导，坚持以迎接服务、宣传贯彻党的二十大为主线，围绕“四件大事”“四个确保”“四个创建”“四个走在前列”，有力落实市委市政府、区委区政府决策部署，坚持稳中求进工作总基调，高效统筹疫情防控和经济社会发展，认真执行《政府工作报告》和2022年国民经济和社会发展计划，全区经济社会在挑战中高质量发展。

（一）疫情防控和经济社会发展统筹推进

经济指标保持稳中固基态势。全区深入贯彻落实习近平总书记关于“疫情要防住、经济要稳住、发展要安全”的重要指示精神，努力保持经济指标在可控范围内。初步预计，全年全区完成地区生产总值67.68亿元，同比下降1.3%，第四季度较第三季度降幅收窄0.2个百分点；全社会固定资产投资完成47.9亿元，同比下降31.6%，第四季度较第三季度降幅收窄0.8个百分点；社会消费品零售总额完成19.02亿元，同比下降8.59%；规模以上工业增加值完成5.9亿元，同比下降49.2%；一般公共预算收入完成4.5亿元，剔除政策性因素比上年下降25.21%；农村居民人均可支配收入24534元，同比增长7.2%；城镇调查失业率控制在2%以内。多个指标第四季度降幅收窄，筑底固基态势明显。

科学有序推进复工复产复商复市。加大指导服务，严格落实防控措施，及时协调解决复工复产工作中防疫物资供给、材料供应、劳务用工方面的堵点卡点问题，推进复工复产复商复市。堆龙河西岸综合治理工程、民族团结主题公园、滨河路经开段等43个项目已复工。高争建材、藏地吉龙、藏建实业、嘉堂物流等12家企业已复产。天天超市等8家商贸领域企业复商复市。

用心用情用力解决好群众的急难愁盼问题。坚持以人民为中心的发展思想，用心用情用力解决好疫情期间群众急难愁盼问题。第一时间向1335名群众发放困难群众一次性生活补贴，共计111.8万元。加大疫情期间困难群众临时救助工作力度，确保更多困难群众及时得到救助，充分发挥12349救助热线的作用，及时为群众答疑解惑，全年共接听社会救助热线近1.6万次，累计物资救助6043人，发放1585名困难群众临时救助金158.5万元。加强外来务工人员临时性救助，对不能复工复商复市的8762名临时务工人员发放了26天临时性生活补助金1139.83万元。加强稳岗就业帮扶，兑现高校毕业生各类创业就业补贴资金共计459.04万元，兑现1家符合条件的农牧民转移就业基地奖励资金30万元。

积极落实市场主体帮扶纾困政策。加大中小微企业和个体工商户帮扶力度，助力经济发展。辖区邮储银行、农行和民泰村镇银行对44家中小微企业和个体工商户的0.7亿余元贷款实施展期；区属国有企业对小微企业和个体工商户、经营困难的民办非企业单位减免租金88.31万元；区税务局落实留抵退税近2.7亿元（本级国库退税1.33亿余元）；为受疫情影响生产经营暂时困难的中小微企业和个体工商户缓缴社保费80万元；扎实落实用水、用电、用气"欠费不停供"政策，对符合条件的中小微企业和个体工商户水电气费用按照10%予以补贴，全部免收污水处理费、生活垃圾处理费；辖区10处停车场均已免收停车费。

（二）产业结构调整和优化升级统筹推进

净土健康产业优化发展。农牧产品供给有力，全区完成粮食产量1.22万吨，出栏畜禽3万余头（只），肉、奶、蛋产量分别达0.25万吨、0.9万吨和144吨。2020年高标准农田建设项目已基本完工，古荣、德庆、马镇三大设施农业产业园基本建成。青色麦田系列产品生产加工厂、净土奶牛养殖中心、乳制品加工厂、天然饮用水厂等项目持续推进，"净土.上谷名优"品牌知名度不断提高。

文化旅游产业巩固发展。"上古之夜·老电影"活动、"拉萨人游拉萨"、第二届林卡音乐节以及玉妥文化旅游季推介会、开幕式成功开展，文旅品牌影响力和知名度持续巩固。药王谷景区、楚布沟景区旅游基础设施持续推进。"象雄美朵"成功被评为国家AAAA级景区，弥补了我区A级景区的空白；西藏米瑞金属工艺雕刻有限公司和堆龙日姆勉唐派唐卡艺术农民专业合作社被评为第五批西藏自治区级文化产业示范基地，文化产业的总体实力和竞争力不断提高。全年累计接待旅游101.03万人次，旅游收入共计3570.33万元。

绿色工业稳步发展。大力支持企业技改投入力度，引进先进设备，生产工艺不断提升，企业产能效益不断提高。吉祥哈达、金谷农业等企业已基本完工，正达、高业等新建企业持续推进。全年新入规上工业企业1家，规模以上工业企业已达到12家。

现代服务业逐步发展。振通、通嘎仓储物流项目积极推进，领峰物流"数字化标杆建设"顺利推进，"三园一中心"物流项目促消费降成本作用凸显，3小时经济圈物流配送网络正逐步形成。金融业持续健康发展，村镇银行全年人民币各项存贷款余额分别达4.78亿余元、5.56亿余元。

（三）稳投资和促消费统筹推进

项目建设加快推进。把重点项目建设作为推动高质量发展的重要引擎，中科·国际花苑、第二初级中学主体等24个项目已基本完工，城区水系连通、堆龙河两岸综合治理、人大附中拉萨学校、拉萨市北环西延线、综合保税区—工业园区基础设施内联外通、偏嘎水库配套灌区、净土便民服务中心、上谷壹号等项目持续推进。全年争取中央、自治区、市级各项资金近7.2亿元。

消费潜力不断释放。"助企惠民·悦享消费""助企惠民·乐购拉萨""促流通扩消费竞赛季""上谷之夜·老电影"夜市等一系列促消费扩内需活动大力实施，辖区内商贸企业积极参与，推进商超、成品油、电子产品、家具家电等商品消费效果明显。在消费券活动的带动下，节日消费、假日经济、夜间经济、文化旅游消费势头强劲。全年重点培育限额以上企业2家，限额以上企业已达28家。

（四）新型城镇化和乡村振兴统筹推进

堆龙新城品质不断提升。中心公园、滨河景观市政工程、拉贡路景观、内联外通等新城基础设施建设持续推进，城市休闲、娱乐、景观活力带已见雏形，"畅通堆龙"纵深推进。阿里安居房、那曲市拉萨集资房等项目加快推进，居住供给能力持续增强。深入推进城市数字治理、车辆乱停、交通乱行、违章乱搭、绿化乱毁整治，城市精细化管理不断加强。

乡村振兴高质量实施。邱桑民宿、加入生猪养殖、那嘎乡村旅游等乡村产业项目持续实施，效益逐步显现，脱贫户享受红利逐步增加，脱贫人口人均收入达2.2万余元，同比增长13.54%。"美丽乡村幸福家园"建设持续推进，厕改率达90.9%以上，农村垃圾处理率达95%，污水集中处理率60%以上，畜禽粪便资源化利用率达100%。

（五）改善保障民生和治理能力提升统筹推进

社会保障体系持续完善。就业优先政策全力实施，充分发掘辖区就业岗位，全年实现城镇新增就业1699人，全区登记失业率控制在2%以内；实现农牧民转移就业8909人，转移就业实现收入8640万元；2022年应届高校毕业生共有501人已实现就业。全民参保计划深入实施，养老保险、失业保险、工伤保险实现应保尽保，参保率达100%。

社会事业全面发展。教育事业不断提升，积极参与和开展“五级培训”，实现全体教师年人均培训学时达到90课时，教师整体业务水平不断提升。教育“双减”深入实施，疫情期间认真完成网络教学，共计477名教师参加了线上授课，学生参与率达到99.43%。“健康堆龙”深入推进，医疗保障制度不断健全，公共卫生服务能力持续提升，家庭医生辖区内户籍人口签约率达98%，高血压患者规范化管理率达91.52%，产妇住院分娩率达100%。文化、体育、妇女儿童、残疾人保护、退役军人等事业全面发展。

生态环境质量保持良好。以《堆龙德庆区着力创建国家生态文明高地努力做好生态文明建设走在全国前列的实施意见》起草工作引领生态环境质量改善，持续推进大气、水、土壤污染防治，2022年矿山修复工程项目积极推进，空气优良率达99%，水源地水质和水系水质持续保持良好，土壤环境质量处于安全水平，疫情期间共计收集转运处置医疗废物615吨。国土绿化行动不断深化，拉萨南北山绿化工程共种植苗木4.5万余株，面积达2700亩；2022年国土绿化项目已种植苗木1.2万余株，总面积385亩；完成乡村“四旁”植树种植苗木19.84万株；草原生态修复面积3.5万亩；飞播种草总面积3万余亩；飞播造林总面积3.7万余亩。

各类改革大力实施。行政审批改革积极推进，“最多跑一次”“你体验、我改进”、“帮办代办”、“敞口征集问题”“接诉即办”等工作深入开展，行政效能不断提升，行政审批事项办结率达到99.3%，便民服务事项办结率为100%。规范发展新型经营主体，成功申报国家级示范社3家，自治区级示范社5家，拉萨市级示范社15家。有效保障项目施工前用地，共完成用地审核12宗。引导农牧民规范流转耕地，对农村土地流转给予大力支持和鼓励，土地流转实现增收1149万元。狠抓招商引资，招商引资项目实际到位资金21.74亿元。能源安全保障有力，电力、成品油、天然气等供给充裕，供需总体平衡。社会治理能力不断提升，“六查六防六到位”安全专项行动深入推动，各类公共安全事件发生有效遏制。民族团结进步示范深入推进，“三个意识”教育深入开展，社会大局持续稳定。

各位代表，2022年对我区经济社会发展是极具挑战的一年，在经济社会高质量发展逐步向好之时，突如其来的新冠肺炎疫情打乱了发展脚步，全社会按下了暂停键，疫情防控导致原材料供应链不畅，企业销售链不畅，企业人员流失多，产业发展受到较大影响，项目复工复产进度推进困难多，经济目标任务受到不同程度的影响。同时，需求收缩、供给冲击和预期转弱三重压力的传导依然存在，基本公共服务特别是公共卫生应急保障体系还存在短板，我们的工作还存在一些不足，面临不少困难和问题。这就要求我们必须增强忧患意识，坚持底线思维，做到居安思危、未雨绸缪，准备经受风高浪急甚至惊涛骇浪的重大考验。前进道路上，对这些问题，我们一定要高度重视，采取有效措施，加大工作力度加以解决。

二、2023年国民经济和社会发展总体要求

——总体要求。坚持以习近平新时代中国特色社会主义思想为指导，深入贯彻落实党的二十大精神，贯彻落实中央第七次西藏工作座谈会精神、习近平总书记关于西藏工作的重要指示和新时代党的治藏方略，贯彻落实自治区第十次党代会和自治区党委十届三次全会精神，拉萨市第十次党代会和市委十届四次全会精神，区第三次党代会和区委三届四次全会精神，捍卫“两个确立”，增强“四个意识”、坚定“四个自信”、做到“两个维护”，坚持以中国式现代化全面推进中华民族伟大复兴，坚持“三个赋予一个有利于”，坚持稳中求进工作总基调，立足新发展阶段，完整准确全面贯彻新发展理念，服务融入新发展格局，锚定“四件大事”“四个确保”，聚力“四个创建”“四个走在前列”，着力在补短板、

强弱项、固底板、扬优势上下功夫，全面落实以“强中心”战略为抓手，凝心聚力保稳定、促发展、护生态，不断开创长治久安和高质量发展新局面。

——发展目标。全区实现地区生产总值增长10%左右；规模以上工业增加值增长8%，一般公共预算收入平稳增长，社会消费品零售总额增长10%左右；城乡居民人均可支配收入分别增长10%、13%左右，城镇调查失业率控制在5%以内，居民消费价格涨幅控制在3.5%以内；空气质量优良率达到100%，地表水水质达标率100%，土壤环境质量符合《土壤环境质量标准》。

三、2023年国民经济和社会发展任务举措

2023年是贯彻落实中共二十大精神的关键之年，要坚持以推动高质量发展为主题，把实施扩大内需战略同深化供给侧结构性改革有机结合起来，推动经济实现质的有效提升和量的合理增长。

（一）推动疫情防控和经济社会发展高效统筹

高效执行疫情防控政策。坚决贯彻国务院联防联控第九版方案、二十条和新十条，严格执行自治区、拉萨市关于疫情防控的相关要求，确保“疫情要防住、经济要稳住、发展要安全”。持续加强定点医院建设，最大限度保障患者的救治水平和质量。加强医疗资源建设，统筹好新冠肺炎救治与日常医疗服务保障工作。要持续加强发热门诊的建设，加大医疗和生活物资储备，确保群众生产生活物资充足。

狠抓稳经济一揽子政策落地。要积极落实自治区、拉萨市助企纾困政策，推进各企业与银行开展银企对接活动，取得金融部门的支持，缓解企业资金压力。把优化营商环境同改进作风狠抓落实工作结合起来，着力改进工作作风，正确处理好亲清新型政商关系，在进一步优化营商环境上想办法，出实招，努力化解制约我区经济发展的瓶颈。持续聚焦受疫情冲击影响较大的行业领域和中小微企业，用接续不断的政策组合拳“再扶一把”“再送一程”，为困难行业加油，为市场主体减负，为经济重振造血。围绕壮大市场主体、夯实微观基础、优化发展环境，再谋划一批针对性更强的政策措施。支持小微企业“小升规”，支持规上企业“规做强”，支持企业技术改造，适时建立技术改造升级奖励政策。适时举办以“送服务、办实事、促发展”为主题的“个体工商户服务月”，调动各方资源推动中小微企业健康发展。

开展经济运行监测调度。紧盯财税、工业、投资、消费、就业、收入等主要经济指标，对月度数据、季度数据进行纵向、横向对比分析，密切跟踪重点行业和企业运营情况，及时发现和解决重点行业、企业苗头性和倾向性问题，积极应对经济运行中出现的困难和挑战，针对重点领域集中优势资源、优势力量组织推进，着力破解当前经济运行中的瓶颈，促进经济指标加快回归到合理区间内。

（二）推动产业提质增效取得新成效

优化发展净土健康产业。坚守耕地保护红线和粮食生产安全底线，大力实施高标准农田建设，加强品种选育和改良，全面提升农副产品供给水平。发挥好“上三镇”净土健康产业园基地作用，大力发展城郊现代农业，打造净土健康名优品牌。推进净土项目建设，确保项目按计划完成并投入运营。启动供销社建设，打通净土健康产品产业链。

创新发展绿色工业。坚持优地优用，合理谋划“工业上楼”“堆叠式厂房”，适度提高园区容积率、厂房建筑高度，提升单位地上产业承载垂直增效，提高亩均产值和税收，打造新型城郊工业集群。强化数字赋能，紧抓数字经济时代机遇和政策红利，实现园区智慧化管理、产业数字化发展。大力发展绿色工业，积极推动“绿色工厂”申报。鼓励工业园区利用加入、羊达文化遗产，注重更新打造园区文化软实力。

持续发展文化旅游业。整合林卡音乐节、楚布沟山地自行车竞速赛、糌粑文化旅游节、赛马节等子项目，继续开展2023年“玉妥”文化旅游节，深化文旅产业与其他产业融合发展。引导象雄美朵、德吉藏家等企业落实“本地游”政策，推出“冰雪旅游”产品，参与消费券发放活动。倒排工期，加快推进旅游项目建设进度。加快编制文旅产业发展规划，谋划城郊大休闲、乡村微度假。

着力发展现代服务业。加快建设现代物流中枢承载地建设，增强冷链中心、领峰物流对企业的

吸纳能力，推动领峰物流“数字化”标杆建设。引导品牌连锁业态发展，鼓励企业进社区、下乡村，支持传统零售和生鲜配送、快递、家政等相关业态发展。持续推动电子商务向农牧区延伸和覆盖。

（三）推动扩投资促消费加快见效

积极扩大有效投资。为了保障重点项目资金需求，发挥政府债券资金对稳投资、扩内需、补短板的重要作用，更好发挥积极财政政策作用。全力推进142个项目加快建设进度，力争项目早日投入运行，项目单位要安排专人负责对符合入库的项目开展情况排查，切实做到“应统尽统、及时入统”。超前谋划建设一批新型基础设施、城镇老旧小区改造、生态环保、棚户区改造、城市停车场、地下综合管廊等项目，强化基础设施发展对生产力布局的支撑。

大力促进消费扩容。狠抓文旅促消费，促进消费提质扩容。利用自治区、拉萨市的各类展销、促销活动，助推辖区商贸企业有序向好发展。加快推进净土便民服务中心、龙腾创业创新中心、欧西钻石广场、堆龙万达广场项目建设，促其投产运行进度，提升对消费贡献。扩大以工代赈促就业增收入带消费。鼓励团购买房，支持刚性和改善性住房需求，减轻商品房库存压力，缓解购房观望情绪。

（四）推动城乡融合发展加快实施

继续加大新城建设。提升堆龙中心城市功能，发挥人口、产业、资本、公共服务等资源作用，强化极点提升能级。加快推进城区水系连通工程、滨河景观市政工程等项目建设，确保按期完工。继续督促新城集中联片开发、世邦·湿地公园等项目加快进度。加大市政基础设施建设供给力度，提升垃圾处理设施实际处理能力，加大污水终端处理设施配备，加快天然气管道建设，优化提升城市管网建设，实现市政“从无到有”向“从有到好”转变。加强对新城配置公共资源能力，增强新城建设对资源、信息、新兴要素吸引能力。

全面推进乡村振兴。以“美丽乡村·幸福家园”建设为抓手，以“八到村、村十有、十到户”为标准，完成住房新建改造提升。统筹推进“产业扶贫”与“产业振兴”有效衔接，加快培育和发展优势产业、主导产业，健全完善产业扶持政策，持续深化产业发展利益联结机制建设，不断延伸产业链、价值链，持续推动村集体经济向更高水平迈进，让农牧民群众就近就便融入产业发展、实现稳定增收。

（五）推动深化改革和开放释放新活力

提升政务服务效率。大力整合行政审批资源，强化集中审批，真正实现项目进驻到位，窗口授权到位。推动“减证便民”，简化办事流程，力争做到“环节最简、时间最短”。按照“四级十同”要求，参照市直部门，进一步精简服务环节和优化办理流程，持续优化行政审批效率。推行网上审批，提供网上办理指导，提供上门指导或委托代办方式，确保群众能办事、办成事。

深入推进重点领域改革。深化财税改革，加大盘活国有资源资产力度，多渠道盘活闲置资产，带动非税收入增长，探索研究利用政策将金融资源转化为财政资源，减轻财政下降幅度。深化国企改革，鼓励民营经济与国有企业合资合作，实现抱团发展。深化风险防控，建立“白名单”房企制度，警惕和监视房企爆雷问题，防止信用风险外溢引发系统性风险。探索有风险趋势的房企采用股权投资政策推动企业重组，斩断房地产可能出现的风险传播链条。加快集体资产改革，推进集体资产建账工作。全面提高土地保障能力，继续开展好永久基本农田划定和补划整改工作，推进土地招拍挂，做好经济预留地划拨。

深化开放发展工作。健全援受工作机制，完善项目资金管理制度，发挥好北京市、门头沟区援藏资源、资金、干部人才优势，增添发展动力。支持和鼓励援藏省份和北京市企业到堆龙投资兴业、设立分支机构。依托综合保税园区，培育发展对外贸易，支持各类跨境电商企业在堆龙设立边贸仓。

（六）推动打造生态家园建设取得新进展

持续做好生态文明创建工作。继续开展国家生态文明建设示范区后期维护系统填报工作，推动“绿水青山就是金山银山”实践创新基地相关工作落到实处。出台并实施《堆龙德庆区着力创建国家生态文明高地努力做好生态文明建设走在全国前列的实施意见》。

推动环保和环境“双领先”。持续推进环保基础设施建设。巩固疫情防控期间的整治成果，推动医疗废物、废水的规范化管理。持续深入打好蓝天、碧水、净土保卫战，切实开展黑臭水体、土壤污染源头防控、城乡人居环境整治专项行动，守护堆龙碧水蓝天美丽生态。持续深化国土绿化行动，加大种植植物养护管护，提高绿化覆盖率。完成草原生态修复治理。

（七）推动保障和改善民生再上新台阶

积极扩大就业。促进人力资源优化配置，满足企业和各类用人单位的需求。推动高校毕业生多渠道市场就业，多举措并举做好高校毕业生就业工作。搭建双向选择平台，鼓励高校毕业生继续提升学历、参军入伍、报考“三支一扶、西部志愿者”计划、自主创业等形式积极就业。围绕“五大产业”，进一步拓宽农牧民就业渠道，促其增收致富，继续加大力度开展“订单式”“走出去”培训，拓宽农牧民视野，增强就业创业信心。

统筹教育均衡发展。进一步完善优化学校布局，加大第二初级中学及第二、三小学等学校建设力度，科学配置教师资源，提高教育教学质量。规范招生，坚持免试就近入学、规范有序入学，确保公平、公正、公开。进一步加强师资队伍建设，补足配齐幼教师资队伍，加大师资培养培训力度。

推进健康堆龙建设。加快区人民医院综合楼、疾控中心能力提升项目建设，确保投入运行。推进以“三减三健”为主的健康生活方式促进行动，加强健康教育普及，深入开展爱国卫生运动。制定医共体内部和县域外转诊管理办法，健全分级诊疗制度，扎实开展双向转诊工作。

健全社会保障。加快老年人日间照料中心运营及适老化改造工作。加强残疾人、儿童、妇女等重点人群工作，切实维护好妇幼权益。切实兜住兜牢民生底线，加大困难群众返贫动态预警机制的排查与落实。

各位代表，做好2023年经济社会发展工作意义重大，我们要更加紧密地团结在以习近平同志为核心的党中央周围，全面贯彻市委市政府、区委区政府的决策部署，落实区三届人大四次会议决议，自觉接受人大监督，听取政协的意见和建议，坚定信心、锐意进取，不断开创堆龙德庆区长治久安和高质量发展新局面，为全面建设社会主义现代化新堆龙而努力奋斗！

拉萨市堆龙德庆区 2022年财政预算执行情况和2023年财政收支预算草案报告

——在堆龙德庆区第三届人民代表大会第四次会议上

堆龙德庆区财政局

（2023年1月5日）

一、2022年财政预算预计执行情况及主要工作

2022年，是党的二十大胜利召开之年，是贯彻落实"十四五"规划的关键之年，财政工作坚持以习近平新时代中国特色社会主义思想为指导，深入贯彻党的二十大精神，贯彻落实习近平总书记关于西藏工作的重要论述和新时代党的治藏方略，贯彻落实区市党委第十次党代会精神，在区委区政府的坚强领导下，在区人大依法监督和区政协民主监督下，锚定"四件大事""四个确保"，聚焦"四个创建、四个走在前列"，对标对表当好"七个排头兵"，充分发挥财政工作职能，贯彻落实积极财政政策，有力统筹疫情防控和经济社会发展，重点项目和民生支出得到有力保障，预算执行总体平稳，为建设社会主义现代化新堆龙提供了坚实保障。

（一）2022年财政预算预计执行情况

经堆龙德庆区三届人大第三次会议审议批准的2022年全区财政总财力安排为50.50亿元，其中，一般公共预算安排财力为37.08亿元，政府性基金预算安排财力为3.64亿元，国有资本经营预算财力为205万元，盘活存量资金为9.77亿元。

在年度预算执行过程中，根据财力变化情况，经堆龙德庆区三届人大常委会七次会议批准，分别为：一般公共预算安排财力为44.39亿元，政府性基金预算安排财力为4.77亿元，国有资本经营预算安排财力为14万元。

初步测算，2022年，全区财政总财力预计达到48.51亿元，比上年决算减少1.04亿元，下降2.09%。一般公共预算财力预计达到43.03亿元，比上年决算下降4.60%，其中，一般公共预算收入完成4.34亿元，比上年决算下降46.89%，主要是地方级留抵退税1.33亿元、减税降费0.29亿元、政策性减收和受疫情影响，部分企业业务停滞，招商引资企业持观望态度，不愿意体现税收等因素，剔除因素后一般公共预算收入保持平稳增长；一般公共预算支出预计完成30.91亿元，比上年决算增长2.36%，上解支出1914万元，滚存结余12.70亿元，年内实现收支平衡，略有结余。政府性基金预算财力预计达到5.48亿元，比上年决算增长24.51%，其中，政府性基金预算收入完成1.54亿元，比上年决算增长11.69%；政府性基金预算支出预计完成2.50亿元，比上年决算增长49.16%，结转2.98亿元。国有资本经营预算财力预计达到14万元，比上年决算减少96.85%，其中，国有资本经营预算收入0万元，比上年决算下降100%；上级补助收入1万元；国有资本经营预算支出预计完成0万元，比上年决算下降100%，结转资金13万元。

以上财政收支决算预计执行数待拉萨市财政

审核批复后,将专题向区人大常委会报告。

（二）2022 年财政资金主要支出情况

2022 年,财政工作紧紧围绕区委区政府重大决策部署,积极发挥财政职能作用,统筹调度各类财政资金,聚焦持续增进民生福祉,最大限度发挥财政资金效益,既为抗击疫情提供了有力支撑,也为恢复经济赢得了主动。

1. 全力保障,统筹推进疫情防控和经济社会发展

防控经费保障有力。面对来势汹汹的疫情,坚持人民至上、生命至上,把疫情防控作为最重要、最紧迫的工作来抓。第一时间启动特急资金拨付机制,开通政府采购“绿色通道”,全年共拨付疫情防控资金 2.4 亿元,全力保障疫情期间物资供给,提升医疗机构建设规范化。

一揽子政策落实有力。坚持减税与退税并举,精准落实组合式税费支持政策,预计全区退税减税降费 1.62 亿元,其中：减税降费 0.29 亿元,增值税留抵退税 1.33 亿元。持续强化财力保障,优化支出结构,加大力度提高财政支出,切实兜牢“三保”支出和重点项目支出,坚持优先安排民生支出,民生支出占一般公共预算支出比例达 70% 以上。盘活存量资金预计 4.97 亿元,重点用于保障和改善民生等领域。加快地方政府政府债券发行使用并扩大支持范围。2022 年一般债券已到位资金 1.2 亿元,专项用于乡村振兴人居环境整治 8 个项目资金。申报地方债券 8.44 亿元,其中,一般债券资金 1.4 亿元,主要用于第二中学、第三小学建设；专项债券资金 7.04 亿元,共涉及于拉萨市堆龙德庆综合保税区——工业园区基础设施内联外通项目（堆龙滨河北岸、经开段、柳东段、乃加二路和桑木二路）、新城市政工程等 6 个项目。加大政府采购支持中小企业的力度。巩固经济发展多样性、稳定性基础,降低中小企业参与门槛,持续优化政府采购营商环境。授予中小微企业采购合同金额 2060.75 万元。全面落实现阶段国有房屋租金政策。深入贯彻落实《关于稳经济若干临时性措施》,堆龙德庆区净土公司和堆龙德庆区龙腾公司两大国企共减免房屋租金 112.62 万元。

临时性措施救助有力。发放困难残疾人和重度残疾人、城镇低保边缘户等困难群众一次性生活补贴 59.04 万元。落实资金 155.40 万元,保障受疫情影响须临时救助人员的基本生活需求。向 60 岁（含）至 80 岁（不含）确诊新型冠状病毒肺炎老人发放一次性生活补贴 2.1 万元。落实资金 1071.35 万元,实施外来务工人员临时性救助,向 5308 名临时务工人员发放临时性生活补助经费 689.75 万元,向 71 个复工复产工地 3454 名工人发放临时性生活救助经费 450.08 万元。解决大量货车和司乘人员滞留问题,为 5016 台空车发放返程补助资金 500 万元。对疫情期间在国有公共停车场、公共道路临时停车泊位以及医院、车站、景区景点滞留的社会车辆,免收停车费。对受疫情影响出现经营困难的中小微企业和个体工商户补贴 10% 水电费。

2. 紧盯关键,加大力度支持经济高质量发展

支持基础设施建设。安排 2022 年固定资产投资建设 228 个项目资金 7.35 亿元,解决人民群众关心的教育、医疗、生态宜居、城市基础设施等热点、难点问题。投入 1.58 亿元用于堆龙德庆区第二初级中学、堆龙德庆区第三小学、拉萨市堆龙德庆综合保税区—工业园区基础设施内联外通项目（堆龙德庆区滨河路经开段（团结路—格桑路）等项目建设。

支持乡村振兴建设。安排资金 1.2 亿元用于“美丽乡村 · 幸福家园”建设行动计划整村推进项目。统筹整合中央、自治区、拉萨市、本级涉农资金共计 3.02 亿元,用于全区生产发展（含产业项目）类、农村基础设施类、生态保护和建设类、扶贫贷款贴息方面共计 14 个项目,安排生态岗位 1587 个,产业扶贫贷款贴息 0.22 亿元。

支持企业发展壮大。安排产业扶持资金 2 亿元,向 36 家企业兑现产业扶持资金 0.73 亿元。落实落细助企纾困政策措施,助力企业绿色可持续发展。安排招商引资资金 1411.88 万元,打造良好的营商环境。落实“双创”资金 236.29 万元,强化双创服务,扶持双创企业发展。

3. 精准聚焦,持续稳步增进“人民幸福”

聚焦教育优质均衡发展。预计投入教育资金

4.74亿元促进义务教育优质均衡发展，用于教育“三包”、义务教育阶段学生营养改善、更新教学设备、购置校车等。安排教育“三包”经费2705.45万元，落实“双减”政策资金166万元。

聚焦卫生健康事业快速发展。预计投入卫生健康资金3.26亿元用于医疗和服务能力提升。落实高龄老人补贴资金160万元，落实全民健康免费体检资金637万元，实施堆龙德庆区人民医院（二级甲等）综合楼建设项目、各村卫生院标准化建设等项目，公共卫生保障能力不断增强。

聚焦文化事业繁荣发展。预计投入文化旅游体育与传媒资金0.23亿元，用于精神文化建设。安排“玉妥”文化旅游节经费500万元，安排非物质文化遗产保护资金171万元，文物保护资金275.28万元。实施象雄美朵园区旅游厕所建设、直龙寺遗址数字建模、寺庙电器线路改造等项目。

聚焦就业保障优先。预计投入社会保障和就业资金2.34亿元，用于稳就业、保民生，提升社会保障能力。落实困难群众生活保障和救助、基本医疗和养老保险补助等资金1143万元；落实高校毕业生就业创业补贴、农牧民技能培训补助资金、高校毕业生市场就业补贴等、优抚对象补助和优抚对象医疗补助等资金2229万元。规范机关事业单位编外聘用人员管理，全年落实“三支一扶”、乡村振兴专干、村干部、环卫工人、辅警及护林员等政府购买人员经费1.89亿元。

聚焦城市面貌持续改善。预计投入住房保障资金1.30亿元，交通运输资金0.38亿元，用于提升城市公共服务能力和水平。2021年棚户区改造项目如期建成，2022年棚户区改造项目稳步实施，民族团结主题公园、新城中心公园、拉贡路景观工程、滨河景观市政工程等项目有序推进，31个行政村公交线路全覆盖。预计投入“两违”专项经费2.44亿元，城市维护经费0.6亿元，环境卫生工作经费1085.56万元，用于提升城市面貌、规范城市秩序。

聚焦办好民生实事。预计投入强基惠民资金0.09亿元，安排6个镇（街道）为群众办实事经费0.92亿元，用于办理人大、政协建议提案，解决群众急难愁盼问题，建设小而散、短平快的民生项目。

4. 持续投入，推动生态文明建设

持续加大财政资金投入，安排生态文明建设资金1.19亿元，用于加强生态环境综合治理，打好污染防治攻坚战，开展生活垃圾分类，落实国家生态综合补偿机制，全面推进生态保护修复，实施乡村“四旁”植树行动。投入资金265万元，推动堆龙河沿线环境保护，推进堆龙河支流综合治理，统筹山水林田湖草系统治理，打造宜居宜业新堆龙。

5. 从严预算，不断提高财政管理水平

积极争取上级资金。准确把握国家政策导向，加强与上级部门的工作对接，积极争取棚户区改造、农田建设及各类项目衔接资金等共计22.49亿元，有力缓解了我区财政支出压力。下达直达资金预计4.65亿元，落实直达资金管理常态化机制，直达资金直接用于民生领域和基层财力保障，提升资金配置效率。

支出有保有压。牢固树立政府过紧日子思想，非刚性、非重点、非急需支出平均压减整合10%，统筹资金优先用于抗击疫情，保障全区重点项目。

深入推进预算绩效管理。将绩效目标作为财政资金项目库入库及编制预算的前置条件，全区74家预算部门整体绩效目标设置全覆盖。注重绩效目标与预算、政策匹配度，强化部门“花钱”与“办事”有机统一的绩效意识。

整体来看，2022年我区统筹疫情防控和经济发展，发挥了稳定经济和社会大局的关键作用。但仍面临一些困难和问题：一是面对疫情性减收、经济性减收、政策性减收，“三叠加”等因素影响，财政收入持续下降，收支矛盾异常突出。二是受疫情等多种因素的影响，全区预算执行不理想，预算资金闲置在部门和年底突击花钱等情况较突出；三是资金使用绩效有待提高。在预算绩效管理过程中部门存在绩效管理意识不强、目标编制不明确等情况。对此，我们将在今后的工作中采取有效措施，认真加以解决。

二、2023年财政收支预算草案

根据《中华人民共和国预算法》《预算法实施条例》的规定，结合我区实际，编制完成2023年堆龙德庆区财政预算草案。

（一）预算编制指导思想

坚持以习近平新时代中国特色社会主义思想为指导，全面贯彻落实党的二十大精神及中央第七次西藏工作座谈会精神、习近平总书记关于西藏工作的重要指示和新时代党的治藏方略，深入贯彻落实自治区第十次党代会精神和区党委十届三次全会精神，贯彻落实拉萨市第十次党代会和市委十届四次全会精神，贯彻落实区第三次党代会和区委三届四次全会精神，坚持稳中求进工作总基调，立足新发展阶段，完整、准确、全面贯彻新发展理念，服务融入新发展格局，锚定“四件大事”、聚焦“四个创建、四个走在前列”，全面落实以“强中心”战略为抓手、“七大行动”为支撑的若干举措，对标“两城三区”发展定位，聚力“当好七个排头兵”，加强财力保障，优化财政支出结构，严肃财经纪律，强化预算约束和绩效管理，不断提高预算编制的科学性和精准性。

（二）预算编制基本原则

量入为出，量力而行。强化零基预算运用，坚持能增能减、有保有压的预算分配机制，合理确定支出预算规模。树牢政府“过紧日子”思想，厉行勤俭节约，严控一般性支出。加强重大政策等财政承受能力评估，确保财政可持续。

科学精准，强化执行。预算编制应与经济社会发展水平相适应，与集中财力办大事相统一，与保障部门正常履职相一致，与本级财力供给相匹配。约束预算行为，加快预算执行。严控预算执行追加，除特殊情况外，一律不予追加。

数字赋能，强化管理。健全预算编制全过程管理体系。加强项目库管理，预算支出全部以项目形式纳入预算项目库，未纳入项目库的项目一律不得安排预算。严控预算执行调整，尽量避免在预算执行中出现调整调剂情形。

规范透明，提升绩效。加大预算信息公开力度。提升部门绩效自评质量，将开展部门整体支出绩效自评作为预算安排的前置条件，完善事前绩效评估结果运行机制，提升财政资源配置效率和资金使用效率。

严肃纪律，强化责任。压实部门单位预算编制主体责任，坚持先有预算、后有支出，严禁无预算、超预算安排支出。严肃财经纪律，落实巡视巡察、审计和财政监督查出问题与预算安排有效衔接。

（三）2023年预算安排总体情况

2023年，全区财政总财力安排为42.49亿元，同比上年下降15.86%，其中，一般公共预算安排财力为32.70亿元，政府性基金预算安排财力为3.48亿元，国有资本经营预算财力26万元，盘活存量资金为6.30亿元。

1. 一般公共预算财力情况

2023年，一般公共预算安排财力为32.70亿元，同比上年预算下降11.80%。其中，本级一般公共预算收入为6亿元，同比上年预算下降33.33%，主要受政策性减收因素影响，剔除因素，一般公共预算收入保持平稳增长；上级补助收入13.91亿元，同比上年预算增长6.46%；动用预算稳定调节基金12亿元，同比上年预算下降20%，从国有资本经营预算调入一般公共预算同比上年减少81万元。

2. 政府性基金预算财力情况

2023年政府性基金预算安排财力为3.48亿元，同比上年预算下降4.34%。其中，本级政府性基金预算收入0.39亿元，同比上年预算增长103.41%；上级补助收入为0.11亿元，同比上年预算下降85.21%；上年结余收入2.98亿元，同比上年预算增长9.36%。

3. 国有资本经营预算财力情况

2023年国有资本经营预算安排财力26万元，同比上年预算下降87.16%。其中，本级国有资本经营预算收入同比上年预算减少270万元，减少100%；上级补助收入为13万元，同比上年增长331.60%；国有资本经营预算调出同比上年减少81万元，减少100%；上年结余收入13万元，同比上年预算持平。

（四）预算安排的重点

安排重点项目资金6.35亿元，实施各类市政工程项目、第二初级中学、公园建设等项目，着力完善城市基础设施，提升公共服务能力。

安排乡村振兴资金3.29亿元，实施人居环境整治、智慧农业、旅游发展等产业项目，巩固拓展脱贫成果同乡村振兴有效衔接，系统提升农牧民住房、乡村基础设施、村容村貌和乡村治理水平。

安排产业扶持资金2亿元，落实助企惠企政策，助力实体经济加快恢复发展，推动产业转型升级，促进经济高质量发展。

安排教育专项资金4.23亿元，保障学校正常运转，提升教育基础能力，完善教育基础设施，确保教育资源供给水平稳步提升，推进教育现代化建设。

安排卫生健康资金1.53亿元，补齐医疗卫生服务短板，注重基层医疗服务能力提升，强化突发公共卫生事件应急处置，全面提升公共卫生安全保障，切实维护人民健康安全。

安排文化事业资金0.42亿元，不断提升文化保障水平，有效完善公共文化服务体系，更高质量地满足广大群众的精神文化需求，不断提升群众的幸福感、获得感。

安排生态文明建设资金1.44亿元，加快绿色低碳发展，强化生态保护修复，开展环境综合治理，助推全区生态文明建设提质升级。

安排就业保障资金0.34亿元，全力支持保就业稳就业工作落实，保障实施就业优先战略，提升公共就业服务能力，全力促进各项就业创业政策落地落实。

安排两违专项资金2亿元，不断完善执法体系，逐步改善城市面貌，全力打造宜居品质新城。

（五）完成2023年预算目标的主要措施

1. 坚持稳中求进，聚力财源建设

巩固拓展减税降费成效。继续落实好减税降费政策，为实体经济和民营经济发展营造更优环境、释放良好预期，切实为各类市场主体减轻负担、降低成本、增强活力。进一步整合资源、统筹财力，支持项目建设，鼓励企业发展，推动产业壮大，积极培育税收增长点。积极主动向上争取对接，抢抓发展机遇，在重大战略、重大项目、重大工程等方面，积极向上争取政策和资金等方面支持。加大存量资金盘活力度，优化支出结构，不断加大教育、科技、就业和社会保障、卫生健康、农业农村、生态环保等重点领域的保障力度。

2. 坚持协调推进，提升财政治理能力

全面深化财税体制改革，强化零基预算理念，深入推进预算绩效管理改革，通过提高资金使用绩效，有效缓解收支矛盾。继续坚持过“紧日子”思想，进一步严控一般性支出，进一步精细重大项目资金管理，坚决杜绝低效无效支出，集中财力保障重大政策、重大改革和重大项目落地。完善全覆盖预算绩效管理体系，探索实施部门整体预算和重点项目预算绩效评价，提升评价结果的科学性、真实性和准确性，进一步强化结果应用，深化预算绩效与预算安排挂钩机制，强化预算执行激励约束。

3. 坚持监督检查，保障财政资金安全

建立健全监督检查长效机制，将内控监督纳入财政监督的主要内容，加强对预算单位预算编制、预算执行、政府采购、资产管理等方面的全过程监督，进一步维护财经秩序，巩固财经秩序专项整治行动成果。严肃查处各类铺张浪费行为，决不让财政纪律当“稻草人”，坚持“零容忍”打击财务造假行为，推动维护和规范市场经济秩序。完善责任追究机制，强化监管成果运用，加大典型案例曝光力度，提高财政透明度，强化对权力运行的制约监督。

各位代表，做好2023年的财政工作，任务艰巨，责任重大！我们要更加紧密地团结在以习近平同志为核心的党中央周围，坚持以习近平新时代中国特色社会主义思想为指导，在区委区政府的坚强领导下，在区人大、区政协的监督指导下，认真贯彻落实本次大会决议，踔厉奋发，笃行不怠，以一往无前的奋斗姿态、风雨无阻的精神状态，推动堆龙财政工作再上新台阶，为堆龙长治久安和高质量发展贡献财政力量。

名词解释：

一般公共预算：是对以税收为主体的财政收入，安排用于保障和改善民生、推动经济社会发展、维护国家安全、维持国家机构正常运转等方面的收支预算。

政府性基金预算：是对依照法律、行政法规的规定在一定期限内向特定对象征收、收取或者以其他方式筹集的资金，专项用于特定公共事业发展的收支预算。

国有资本经营预算：对国有资本收益作出安排的收支预算。国有资本经营预算应当按照收支平衡的原则编制，不列赤字，并安排资金调入一般公共预算。

一般公共预算收入：指实施分税制财政体制改革后，各级财政部门通过一定的形式和程序组织并纳入本地区（或本级）预算管理的各项收入（不含基金收入），包括税收收入和非税收入。其中：税收收入主要包括增值税、企业所得税、个人所得税、契税、印花税等；非税收入主要包括纳入预算管理的行政事业性收费收入、罚没收入、专项收入等。

存量资金：指预算已经安排、尚未形成实际支出的财政资金。

上解支出：下级政府按照有关法律法规及财政体制规定，按照一定标准和计算方法测算，上交上级政府，并由上级政府统筹安排的资金。

减税降费：包括“税收减免”和“取消或停征行政事业性收费”两部分。

留抵退税：全称“增值税留抵税额退税优惠”，就是对现在还不能抵扣、留着将来才能抵扣的“进项”增值税，予以提前全额退还。

地方政府债券：是指经国务院批准同意，以省、自治区、直辖市和计划单列市政府为发行和偿还主体，由地方政府财政部门发行并办理还本付息和支付发行费的政府债券

直达资金：指政府拨款直接到达地方的资金，资金下达“提速”，建立特殊转移支付机制，将新增财政资金通过增加中央对地方转移支付、安排政府性基金转移支付等方式，第一时间全部下达市县。

预算绩效管理：指在预算管理中融入绩效理念，将绩效目标设定、绩效跟踪、绩效评价及结果应用纳入预算编制、执行、监督全过程，以提高预算的经济、社会效益为目的的管理活动。

零基预算：是不考虑过去的预算项目和收支水平，以零为基点编制的预算，具体指不受以往预算安排情况的影响，一切从实际需要出发，逐项审议预算年度内各项费用的内容及其开支标准，结合财力状况，在综合平衡的基础上编制预算的一种科学的现代预算编制方法。

预算稳定调节基金：财政通过超收收入和支出预算结余安排的具有储备性质的资金，视预算平衡情况，在安排下年度预算时调入并安排使用，或用于弥补短收年份预算执行的收支缺口。

堆龙德庆区2022年国民经济和社会发展统计公报

堆龙德庆区统计局

2022年，是堆龙德庆区发展进程中极不寻常的一年。面对疫情多轮冲击和艰巨繁重的改革发展稳定任务，全区上下深入学习宣传贯彻党的二十大精神，坚持稳中求进工作总基调，全面落实“疫情要防住、经济要稳住、发展要安全”的重要要求，高效统筹疫情防控和经济社会发展，积极应对各类风险挑战，在严峻复杂的形势下实现经济持续稳定恢复。

一、综　合

全区实现地区生产总值63.58亿元，同比下降0.6%，其中，第一产业2.77亿元，同比增长4.5%；第二产业28.43亿元，同比下降3.5%；第三产业32.38亿元，同比下降2.9%。农牧民人均可支配收入24534元，同比增长7.2%。一般公共预算收入完成4.34亿元，同比下降46.94%。社会消费品零售总额196387.6万元，同比下降5.6%。规模以上工业增加值45944.4万元，同比下降51.9%。全社会固定资产投资同比下降40.8%。

堆龙德庆区2021、2022年度主要经济指标完成情况统计表

表1

指标	2021年		2022年	
	总量	增速(%)	总量	增速(%)
地区生产总值(亿元)	67.58	6.6	63.58	-0.6
一般公共预算收入(亿元)	8.18	-21.84	4.34	-46.94
规模以上工业增加值(万元)	92255.9	-23.4	45944.4	-51.9
全社会固定资产投资完成额	—	7.8	—	-40.8
社会消费品零售总额(万元)	208028.5	7.2	196387.6	-5.6
农村居民人均可支配收入(元)	22876	15.9	24534	7.2

二、农林牧渔

全区农业总产值5.25亿元，增速5.0%，其中，农业产值2.31亿元，林业产值0.15亿元，牧业产值2.75亿元，农林牧渔服务业产值0.03亿元。

农业：全区粮食作物播种面积2537.97公顷，其中，小麦186.26公顷，青稞2104.51公顷。全年粮食产量1.22万吨，同比增长12.61%。

林业：全区林地面积44681.31公顷，占16.74%。其中，森林面积36124.74公顷，占林地面积的80.85%。活立木总蓄积量60331立方米，其中森林蓄积量54179立方米，占89.80%。年末全区森林覆盖率达到13.53%，林木绿化率达到14.50%。

2022年，全年义务植树面积90亩，种植株数6990株；国土绿化建设规模为营造防护林25.7公顷（385.5亩），苗木种植量为44642株；营造林先造后补项目共计完成50.83公顷（755.55亩），苗木种植量95375株；"四旁"植树共计完成苗木种植18.78万株。

牧业：全区主要牲畜存栏头数71314头（只、匹），其中，牛63315头、猪979头、羊6079只、马919匹、驴12头、骡10头、禽85979只。肉产量1985.71吨，其中，猪肉321.91吨，牛肉1452.27吨，羊肉19.54吨，禽肉191.99吨。蛋产量201.42吨、奶产量6498.88吨。

三、工业和建筑业

全区共有规模以上工业企业12家。其中，国有控股企业占比41.6%，私营占比58.3%；全年实现规上工业总产值12.26亿元，工业销售产值12.6亿元，增加值4.59亿元，工业总产值较上年下降50.16%，工业销售产值较上年下降47.5%；全年规上工业增加值下降51.9%。全年规上工业企业用电量约为2.22亿千瓦时，较上年下降43.1%；统计名录库在库规模以下工业企业248家（正常经营42家），增加值18330.5万元，同比下降33.4%。全年引进并开工招商引资项目32个，其中，1000万元—5000万元项目5个，5000万元—1亿元项目5个，1亿元—3亿元项目4个，3亿元—5亿元项目7个，5亿元项目11个。

全区规模以上建筑业企业共4家，本年无新入库企业，建筑业总产值1.74亿元，同比减少74.4%。

四、固定资产投资

全区共有固定资产投资开复工项目134个，其中5000万元以上项目64个，500万—5000万元项目70个，房地产开发项目18个。计划总投资308.05亿元，国有投资占总投资项目的89.6%，民间投资占总投资的10.4%。全年完成固定资产投资增速-40.8%，其中，民间投资同比减少48.8%。

五、人口就业

全区常住人口为91065人（"七人普"数据）。

截至2022年底，全区总户数19114户，户籍人口53269人，户籍人口中，城镇人口12685人，乡村人口40584人。其中，男性25703人，女性27566人。按年龄分，0—17岁12805人，18—34岁13312人，35—59岁20727人，60及以上6425人。本年出生人口527人，其中，男性288人，女性239人。本年死亡人口279人，其中，男性166人，女性113人。本年迁入人口419人，其中，省内迁入170人，省外迁入249人。本年迁出人口551人，其中，迁往省内83人，迁往省外468人。

截至2022年底，全区办理居住证人口14020人（东嘎10403人，乃琼2438人，羊达967人，古荣180人，马7人，德庆25人）。办理居住登记卡人数17920人（东嘎13223人，乃琼2545人，羊达1727人，古荣374人，马41人，德庆10人）。暂住证注销人数76536人（东嘎49091人，乃琼14437人，羊达9588人，古荣1253人，马1051人，德庆1116人）。

全年新增城镇就业岗位1699个，城镇登记失业率控制在3%以内。2022年应届毕业生732人，就业714人，就业率97.41%。脱贫群众家庭学生62人，61人实现就业。农牧区劳动力转移就业11004人，实现增收1.134亿元。1个创业创新平台、87家孵化企业，带动就业591人。

六、社会保障

年末全区参加城镇职工基本养老、失业、工伤保险人数分别为3789人、5117人、6737人，分别比上年末增加866人、827人和469人。年末参加城乡居民养老保险人数738人，其中农村居民参保人数647人，参加城乡居民养老保险人数比上年末增加391人。全区享受城镇居民最低生活保障的人数378人，享受农村居民最低生活保障的人数321人。

七、基层党组织、工会组织建设情况

全区共有党组织351个，党委25个（其中3个街道党工委），党总支20个，党支部306个，其中，机关党支部72个，离退休党支部4个，国企党支部2个，学校党支部12个，非公组织党支部51个，寺管会党支部7个，村（社区）党支部158个。

全区基层工会组织177个，其中，企业工会组织109个，镇（街道）工会组织6个，行政村（居委会）工会组织31个。镇（街道）、行政村（居委会）共有会员3225人，其中女会员1367人，工会专职工作人员37人。

八、财政金融

全区一般公共预算收入完成4.34亿元，比2021年减少3.84亿元，同比下降46.94%；政府性基金预算收入为1.54亿元，同比增加0.16亿元，同比增长11.59%。各项本级入库税收达3.6亿元，一般公共预算支出30.91亿元。其中，农林水事务支出5.49亿元；卫生健康支出3.26亿元；教育支出4.74亿元。财政供养人员2376人，财政供养人员全年工资总额4.72亿元。

全区年末金融业存款余额54.49亿元；同比增长28.61%，金融业贷款余额43.60亿元；同比增长19.13%，各项保费收入11.2万元；同比下降87.12%，全年累计投放各类贷款5501笔，同比增加608笔；金额21.62亿元，同比增长164.63%。

九、旅游与贸易

全区旅行社1家，旅游商品定点企业8家；旅游从业人员752人，共接待国内外游客101.03万人次，旅游总收入3570.33万元，同比下降46%。全年新增私营企业848户，新增注册资金64.86亿元；新增个体工商户2515户。年末全区实有个体工商户18459户；实有私营企业6978户，注册资金1330.92亿元。社会消费品零售总额19.64亿元，同比下降5.6%。

十、教育文化

全区共有初级中学1所，完全小学9所，区级幼儿园6所，镇（街道）级中心幼儿园5所，行政村（居）级幼儿园29所，另有民办幼儿园2所。全区在职专任教师951名，其中正高级教师1名、高级教师110名（副高级职称）、一级教师297名（中级职称），教师学历合格率为100%，本科以上学历者占比为67.82%。全区在校中小学生、在园幼儿人数共12933名，其中堆龙户籍以外学生6425人，占全区在校生的49.68%。区中学在校生2698名，其中新招七年级新生1000人；各小学在校生6369名，其中新招一年级新生1185人；各幼儿园在园幼儿3866名，其中新招幼儿1340人。据统计，初中毛入学率102.82%，小学入学率100%，学前教育入园率96.41%。

全区共有区级文化活动中心1处，各镇（街道）综合文化站6个，行政村文化室31个，村民小组文化室31个，行政村文艺演出队31个，农家书屋30个，“寺庙书屋”17个。全区有3家文艺表演团体，全年共举办大型文化活动25场，群众性文化活动259余场，专业文艺团体演出467场，各类表演团体送文化下乡180余场，创作剧（节）目5个。电视转播发射台0座，电视综合人口覆盖率100%，广播覆盖率100%。有1家数字影院，1块影幕。公共图书馆和文化馆各1家，音像制品经营单位3家，歌舞娱乐场所18家，网吧19家。

十一、民政卫生

全区下辖3个镇、3个街道，32个村（居）（其中1个为德吉康萨），其中，21个行政村、11个社区（其中1个为德吉康萨），共有140个自然组。

全区脱贫户1944户6189人，脱贫户人均纯收入达22438.05元，同比增长13.40%。全区共有农村低保81户321人，其中建档立卡低保户53户242人，非建档立卡低保户27户79人。城镇低保378户396人，其中，残疾人最低生活保障人数28人。

全区共有残疾人数1647人，其中，建档立卡贫困户中的残疾人数320人；城镇居民最低生活保障人数中的残疾人数28人。0—16岁残疾儿童人数87人，贫困残疾人数119人。残疾人两项补贴人数508人，阳光家园补贴人数10人，不能自理残疾人数62人，重点关爱残疾人数47人，残疾人燃油补贴人数21人。为残疾人免费配发辅助器具412件；261人次残疾人得到康复服务。

全区共有二级乙等医院1所，床位58张，卫生技术人员111人，执业医师及助理医师42人。镇（街）卫生院6所，床位19张，卫生技术人员87人，执业医师及助理医师27人。村卫生室29所，执业医师及助理医师0人。疾病预防控制中心（防疫站）1所，卫生技术人员30人，执业医师及助理医师16人。医疗诊所34所，执业医师及助理医师77人。平均每千人3.51张病床、4.53名医护人员、0.33名疾控人员、1.78名执业医师。全区育龄妇女总数为

10671人,孕产妇总数554人,建卡554人,建卡率100%。产妇总数415人,活产数415人,住院分娩率达100%。享受住院分娩补助373人,补助兑现率达100%。0—6岁儿童总数为4192人,0—3岁总数为1708人。

十二、安全生产

全区出动检查人员320人次,排查治理安全隐患530余处,打掉0处非法储存经营危险化学品窝点,上缴行政罚款133.8万元,排查协调各类矛盾纠纷5起,涉及资金84万元。

全区共发生各类生产安全事故11起,死亡13人,与2021年相比,事故起数减少10起,同比下降47.6%,死亡人数减少8人,同比下降38.1%,实现事故起数和死亡人数“双下降”。全年辖区共发生各类道路交通事故2832起,使用简易程序1141起,一般程序16起,其中死亡6起,造成6人死亡;伤人10起,19人受伤,财产损失84.96万元,与2021年相比,事故总起数减少2292起,同比下降80%;一般程序减少71起,同比下降443.75%,死亡人数下降16人,同比下降266%,受伤人数下降57人,同比下降300%;直接财产损失减少39.19万元,同比下降46%,全年未发生一次死亡3人以上的较大交通事故。

十三、公路情况

全区农村公路共467.438公里,共有117条农村公路,其中县道2条55.188公里,乡道3条79.585公里,专用公路11条21.81公里,村道101条310.855公里。其中,沥青混凝土路面142.755公里,水泥混凝土路面112.247公里,砂石路面211.794公里,石质路面0公里,渣土路面0.642公里。6个街(镇)、31个行政村和140个自然组123条道路通畅,17条道路通达。

十四、环境保护

全区拥有环境空气监测点1个。全区空气质量有效监测天数364天,优良天数202天,优良率达100%;空气主要污染物二氧化硫、二氧化氮,全区PM10平均浓度同比下降18毫克/立方米;危险废弃物安全处置率100%;集中式饮用水源地水质达标率100%,堆龙河地表水水质均能保持《地表水环境质量标准》(GB 3838—2002)Ⅲ类质量要求。

全区探索垃圾源头减量化,提高生活垃圾分类标准率,因地制宜在四分类标准模式中增加灰土垃圾,形成“2+2+1”模式,全区道路清扫保洁面积(机械化)达到197.6万平方米,市容环卫专用车辆设备数119辆,公共厕所(三类以上)53座,生活垃圾转运站1座。

全区100%公共机构和100%的行政村开展生活垃圾分类工作,覆盖131个党政机关、57家学校、12家医院、21家寺庙,其中上三镇党政机关和各类机构实现了全覆盖,全区清运垃圾2.9万余吨,垃圾清运量同比增长61.1%,生活垃圾处置无害化达到100%,逐步达到“减量化”的目的;生活垃圾资源回收利用率达到80%,有效改善城乡环境,促进资源回收利用,提高城镇化质量和生态文明建设。

索 引

说 明

一、本索引采用主题分析法编制。索引范围包括篇目、类目、部(门)目、条目等。
二、本索引按主题词首字汉语拼音音序(同音按音调)排列,若首字拼音相同则按第二字音序排列,以此类推。
三、索引款目后的数字表示内容所在的页码,数字后的拉丁字母(a、b、c)表示栏别(从左至右)。
四、篇目、类目、部(门)目用黑体字。

A

B

C

D

E

F

G

H

J

K

L

M

N

P

Q

R

S

T

Y

Z